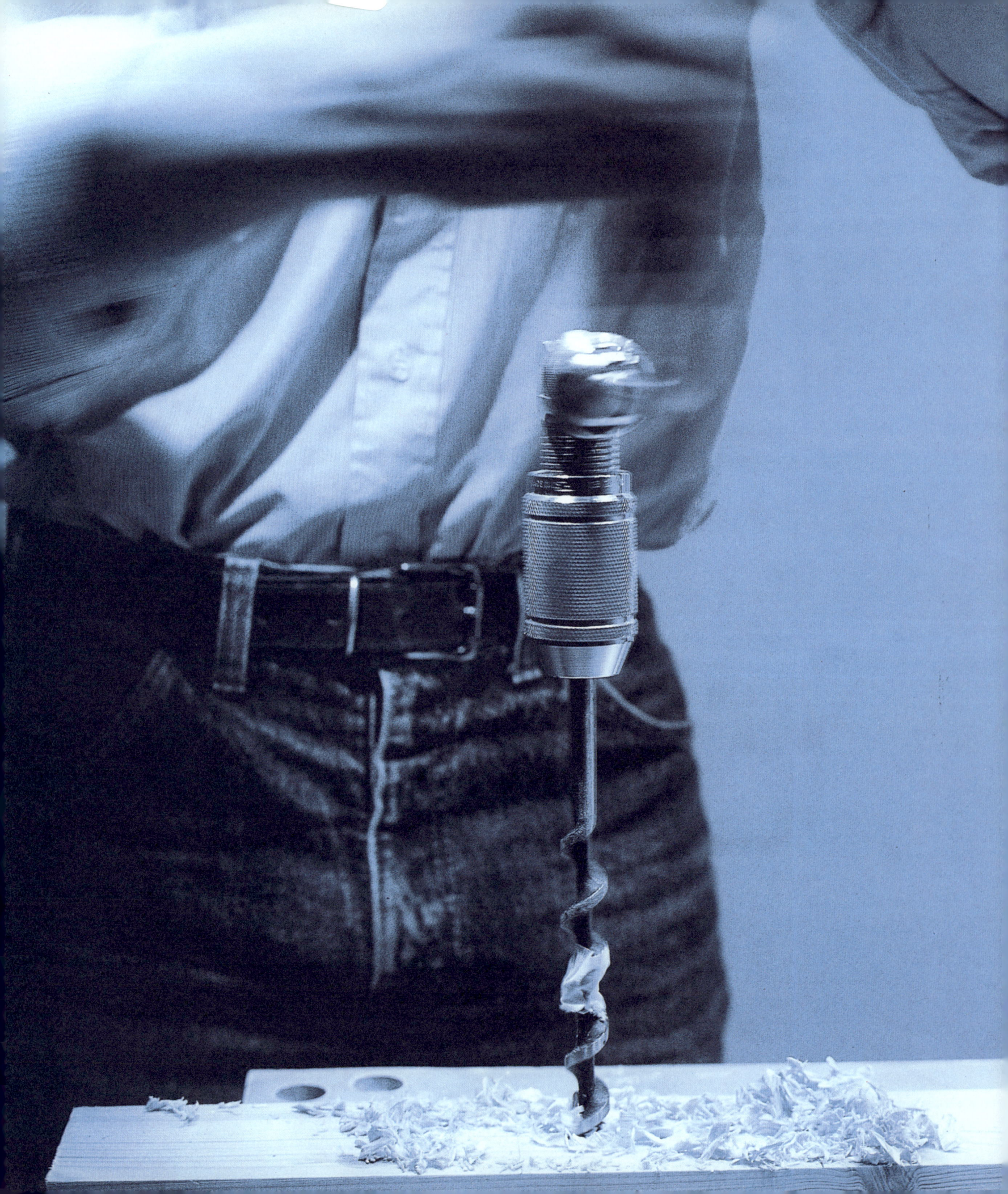

1. UN ATELIER CHEZ SOI 9

2. OUTILS À MAIN 17

5. FERRURES ET ACCESSOIRES 81

3. OUTILS MOTORISÉS 33   **4. TECHNIQUES DE BASE** 49

6. FINITIONS 89

7. ASSEMBLAGES 67

8. CONCEPTION 161

**9. PLACAGE
ET MARQUETERIE** 169

L'encyclopédie de la
menuiserie

Sous la direction de
Declan O'Donoghue

Photographes
Colin Bowling et Paul Forrester

**10. TOURNAGE
SUR BOIS** 177

**11. SCULPTURE
SUR BOIS** 185

**12. BOIS
ET DÉRIVÉS** 193

13. PLANS 209

LA MAISON RUSTIQUE
Flammarion

SOMMAIRE

Introduction 8

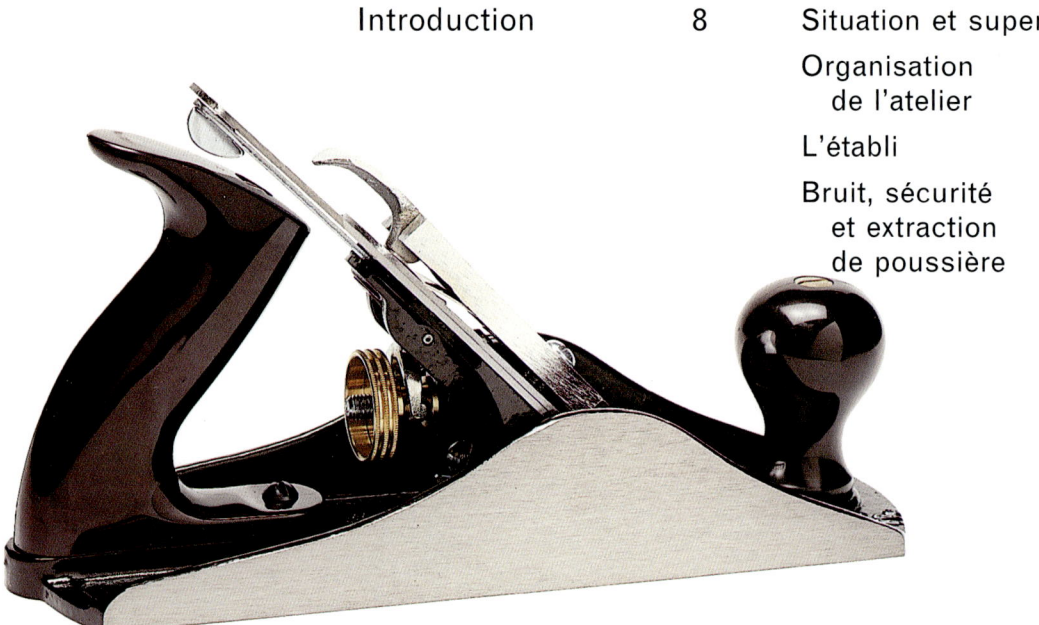

1. UN ATELIER CHEZ SOI 9

Situation et superficie 10

Organisation
de l'atelier 12

L'établi 14

Bruit, sécurité
et extraction
de poussière 16

4. TECHNIQUES DE BASE 49

Sélection
du bois de débit 50

Premières étapes
du corroyage 52

Dressage
des chants et
découpes à largeur 54

Traçage 56

Rabotage manuel
des faces
et des chants 58

Utilisation
des scies à main 60

Utilisation
des ciseaux à bois 64

Rabotage manuel
sur bois de bout 68

Découpe à longueur 70

La défonceuse
comme combiné
à bois 72

Perçage, mortaisage
et fraisage 76

Façonnage, cintrage
et lamellé-collé 78

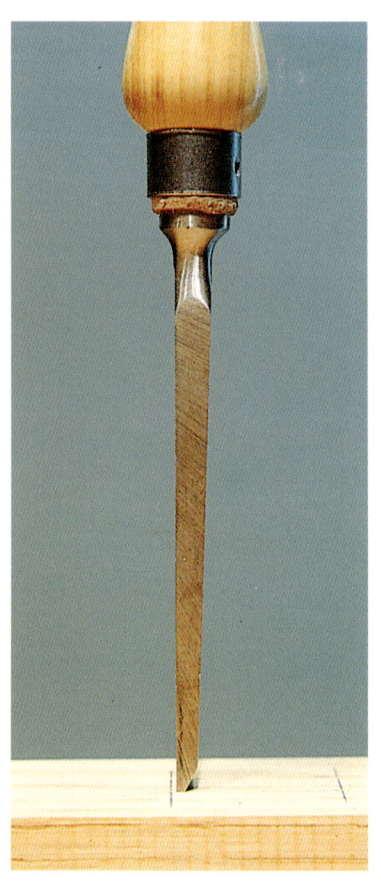

5. FERRURES ET ACCESSOIRES 81

Poignées et boutons 82

Butoirs, loquets
et charnières 84

Montage
d'une charnière
rectangulaire 86

Montage
de charnières
invisibles
à fermeture
automatique 88

2. OUTILS À MAIN 17

Outils de mesure
et de traçage 18

Ciseaux à bois 20

Outils de rabotage 22

Préparation des outils
tranchants 24

Affûtage des outils
tranchants 26

Scies d'établi 28

Serre-joints
et presses à manche 30

Marteaux et tournevis 32

3. OUTILS MOTORISÉS 33

Scies à ruban 34

Scies circulaires
sur table 36

Raboteuses
et dégauchisseuses 38

Défonceuses 40

Scies électroportatives 42

Perceuses
et mortaiseuses 44

Ponceuses 46

Combinés à bois 48

6. FINITIONS 89

Préparation
des surfaces 90

Matériaux et techniques
de finition 92

Finitions et sécurité 96

7. ASSEMBLAGES 97

Assemblage à mi-bois 98

Table à plateaux
de verre (ouvrage) 102

Assemblage à tourillons
et à lamelles 108

Coffret à disques
compacts (ouvrage) 113

Assemblage
à tenon et mortaise 116

Établi (ouvrage) 122

Assemblage
à plat-joint d'onglet 130

Cadre de miroir
(ouvrage) 134

Assemblage à entaille 138

Bibliothèque (ouvrage) 142

Assemblage
à queues d'aronde 148

Plateau de petit-déjeuner
(ouvrage) 154

8. CONCEPTION 161

La démarche créative 162

Techniques du dessin
et du croquis 164

Deux exemples de
processus créatif 166

9. PLACAGE ET MARQUETERIE 169

Outils et équipement
de base 170

Préparation et pose de
feuilles de placage 172

Miroir mural et tablette
(ouvrage) 175

11. SCULPTURE SUR BOIS 185

Outils, accessoires
et bois 186

Techniques de base 188

Boîte à bijoux
(ouvrage) 190

12. BOIS ET DÉRIVÉS 193

Caractéristiques
des bois tendres
et des bois durs 194

Séchage et débitage 196

Techniques de débitage
et choix des pièces
de bois 198

Savoir acheter
le bois 200

Panneaux
manufacturés 204

Placages 206

Colles à bois 207

Problèmes
d'environnement 208

10. TOURNAGE SUR BOIS 177

Outils et accessoires
de tournage 178

Tournage sur plateau
et entre pointes 180

Jatte à fruits
(ouvrage) 182

13. PLANS 209

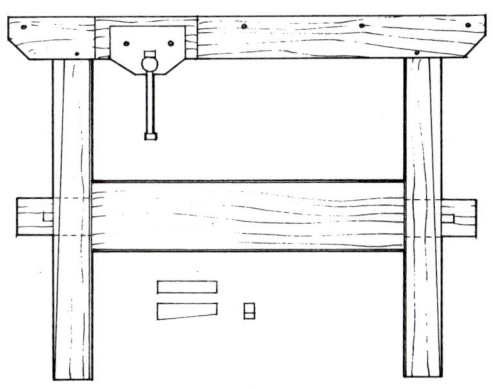

Table à plateaux
de verre 210

Coffret à CD 212

Établi 214

Cadre de miroir 216

Bibliothèque 217

Plateau
de petit-déjeuner 218

Miroir mural
et tablette 220

Jatte à fruits 222

Boîte à bijoux 223

Glossaire 225

Index 228

Remerciements 232

Traduit de l'anglais par Thomas Guidicelli

Titre de l'ouvrage original : ''The Hamlyn Book of Woodworking'',
publié par Hamlyn/Octopus Publishing Group Ltd. à Londres.
© 1997 Octopus Publishing Group Ltd Londres
© 1999 La Maison Rustique/Flammarion, Paris, pour l'édition en
langue française

Achevé d'imprimer en juillet 2000

ISBN : 2-7066-0632-0
N° d'édition : FX063202

Imprime en Chine

Adaptation graphique : Graffic, Paris
Suivi éditorial : Stéphanie Hoyos-Gomez
Couverture : Studio de création Flammarion

Avertissement
Le travail du bois est une activité à risque, de par l'emploi
d'outils tranchants, potentiellement dangereux s'ils sont mal
utilisés.
Dans la présentation des techniques et des ouvrages à réaliser,
l'auteur et l'éditeur ont chaque fois que faire se pouvait mis
en avant et recommandé les méthodes de travail garantissant
le maximum de sécurité.
Ils ne sauraient être tenus pour responsables d'accidents
ou de dommages issus de l'utilisation des outils mentionnés
ou de la réalisation des objets proposés dans ce livre.

INTRODUCTION

C'est à la fin des années 1970 que pour la première fois j'eus entre les mains un jeu d'outils de menuiserie neufs ; j'étais prêt à entamer une longue histoire d'amour avec l'un des matériaux les plus merveilleux et les plus polyvalents qui soient : le bois. Ce jour-là, fort de mes illusions d'adolescent, je me figurais entreprendre immédiatement la construction de meubles superbes, mais je fus promptement ramené à la réalité ! Mes deux premières semaines de formation furent consacrées à la préparation de mes précieux outils à l'aide de poudre de carborundum, de white-spirit et d'une plaque de verre, activité salissante et éreintante s'il en est. Ce délai me rendit plus impatient encore d'en découdre enfin avec le bois, ce matériau d'une générosité incomparable, si riche par la diversité de ses couleurs, de ses textures et de ses odeurs.

Cette expérience eut cependant le mérite de m'inculquer un certain sens de l'excellence, non seulement dans la réalisation de l'objet, mais aussi dans la façon d'aborder les divers aspects du travail – préparation des outils neufs, rangement, affûtage, sélection des pièces de bois, conception du projet. Lorsque je repense à la somme de connaissances recueillies en ce laps de temps si bref,

et que j'observe par ailleurs les progrès spectaculaires des équipements et des techniques, j'ai le sentiment qu'il n'y a aucune raisons pour que vous, lecteur, ne puissiez prétendre à acquérir le savoir-faire des professionnels.

Dans cet ouvrage très complet sont expliquées par le menu les diverses techniques de travail du bois, le maniement des outils à main et électroportatifs ; vous y trouverez également des plans et des instructions pour quelques superbes réalisations. Trop souvent éludée dans les manuels de menuiserie, la conception figure ici en bonne place ; les pages qui lui sont consacrées doivent vous permettre de vous servir des techniques présentées comme d'une base pour vos projets personnels. Une partie de l'ouvrage est consacrée aux diverses essences du monde ainsi qu'à la sélection, au stockage et à la préparation des pièces de bois brut.

Les intervenants qui ont contribué à cet ouvrage sont tous des travailleurs du bois professionnels, jeunes ou confirmés. Rompant avec le secret dont aimaient s'entourer les menuisiers et ébénistes de jadis, ils ont généreusement accepté de vous faire partager leur expérience.

J'espère que ce livre vous incitera à vous lancer dans l'aventure du travail du bois, et à réaliser, avant de nombreux autres, les quelques projets présentés ici !

Declan O' Donoghue, directeur de l'ouvrage

1. UN ATELIER CHEZ SOI

Il est bien sûr possible d'effectuer des travaux de menuiserie dans un garage ou sur une table de cuisine, mais il est évidemment préférable de disposer d'un local spécifique. Les outils, toujours bien affûtés, y seront rangés en bon ordre dans des râteliers disposés à proximité de l'établi, lui-même parfaitement plan et convenablement éclairé; les éléments de bois seront stockés à portée de main, prêts à être assemblés. Un atelier doit être un lieu de réflexion, propice à la conception et à la réalisation d'objets chaque fois plus élaborés.

Situation et superficie   10

Organisation de l'atelier   12

L'établi   14

Bruit, sécurité et extraction de poussière   16

SITUATION ET SUPERFICIE

La situation et la superficie de votre atelier sont
déterminées par vos possibilités matérielles
et par le type de travail auquel vous le destinez.
La construction de petits objets à l'aide d'outils
manuels peut s'effectuer avec succès dans un vaste
placard à balais aménagé. Il n'est pas non plus
nécessaire de disposer d'une grande pièce
si vous faites découper et dresser les pièces de bois
par un professionnel, pour ensuite les assembler
à l'aide de ciseaux, de scies et d'un ou deux outils
électroportatifs. À l'inverse, si vous travaillez
avec des machines en poste fixe sur des projets de
plus grande envergure, une superficie plus importante
s'avère indispensable. Garages, chambres d'amis,
abris de jardin et greniers sont parmi les options
les plus courantes pour l'installation d'un atelier.

Conception

Au moment de choisir la localisation de votre atelier, prenez
le temps de vous poser les questions suivantes. Tout d'abord,
l'installation de machines-outils est-elle vraiment nécessaire, ou
bien avez-vous la possibilité de faire découper et corroyer les pièces
de bois par un artisan de votre quartier ? Si votre principale
ambition est de maîtriser les techniques d'utilisation des outils
à main, vous pouvez sans doute, dans un premier temps, faire
l'économie du bruit, de la poussière et de l'inconfort provoqués
par les outils électroportatifs et machines-outils.
Attachez une importance particulière au chauffage et au contrôle
de l'humidité dans votre nouveau lieu de travail. Le bois découpé
est très sensible aux variations hygrométriques ; un atelier non
chauffé connaîtra une humidité persistante, cause de déformation
des pièces de bois et d'oxydation des outils. À cet égard, il est
impératif d'isoler murs, plafond et sol des garages et abris de
jardin. Dotez de préférence un atelier indépendant de la maison
d'un système dispensant une chaleur sèche : certains dispositifs
de chauffage portatifs à gaz, bien qu'économiques, créent
une humidité importante. Un chauffage d'appoint permanent
de faible intensité, couplé à un déshumidificateur, donne la plupart
du temps un résultat satisfaisant.

*Ci-contre Un atelier courant,
avec établi, plans de travail
et outils accrochés au mur ou posés
sur une étagère.*

1. UN ATELIER CHEZ SOI

CI-CONTRE *Pour travailler en toute sécurité, il est impératif que machines et surfaces de travail soient correctement éclairées.*

CI-DESSOUS *Si vous prévoyez de construire des objets de grandes dimensions, votre atelier doit être facile d'accès : il vous faudra y faire rentrer des pièces de bois de grande longueur, puis en sortir l'objet fini.*

Éclairage et alimentation électrique

Le bon éclairage d'un atelier est primordial, mais prenez garde à l'exposition directe de pièces de bois aux rayons du soleil à travers une fenêtre : elle risque de les déformer. Placez si possible l'établi à proximité d'une source de lumière naturelle et installez plusieurs éclairages directionnels que vous pourrez pointer directement sur votre travail en cours. Veillez particulièrement au bon éclairage des machines-outils.

Installez des prises à intervalles réguliers tout autour de la pièce, de façon à éviter la présence au sol de rallonges électriques.

S'il vous faut malgré tout installer une machine au centre de l'atelier, faites courir le câble d'alimentation au sol entre deux lattes de bois biseautées, de manière à prévenir les accidents.

POUR EN SAVOIR PLUS

Organisation de l'atelier   12

L'établi   14

Bruit, sécurité et extraction de poussière   16

ORGANISATION DE L'ATELIER

Travaillez d'abord sur le papier : dessinez à l'échelle un plan du local puis collez dessus des morceaux de papier figurant les établis, plans de travail, machines-outils et rangements que vous souhaitez y inclure.

Machines-outils

Si vous avez l'intention d'installer une ou plusieurs machines, tenez compte dans votre plan des contraintes de place qui découlent d'un travail sur des planches de 1,80 ou 2,40 m de long. Tirez le meilleur parti des diagonales et des ouvertures. Vérifiez s'il est possible de faire entrer dans l'atelier des panneaux de contreplaqué ou de medium, ou s'il faudra les faire débiter en morceaux de dimensions plus modestes par votre détaillant. Une pile de pièces de bois de petites dimensions est peu encombrante, mais une fois assemblées, les six chaises à la construction desquelles vous les destinez occuperont une place non négligeable ! L'utilisation d'une table modulable pouvant supporter une scie circulaire, une défonceuse ou une scie sauteuse permet, outre un investissement moindre, une substantielle économie de place. Certaines machines peu encombrantes, telles que mortaiseuses, perceuses à colonne ou meules, ne nécessitent qu'un plan de travail. Un vieux bahut de cuisine, soigneusement fixé au mur pour une parfaite stabilité, peut à la fois servir de base à un tel équipement et offrir des compartiments de rangement pour des outils électroportatifs et leurs accessoires.

Profitez du fait que le plan de support d'une scie à ruban est plus élevé que celui d'une scie circulaire sur table ou d'une raboteuse pour positionner votre scie à ruban de sorte que les planches à découper puissent être présentées latéralement, au-dessus d'une machine adjacente. Utilisez portes et fenêtres à votre avantage; si les fenêtres de votre atelier sont suffisamment basses, il vous sera possible de présenter une pièce de bois sur une raboteuse ou une scie à ruban de manière qu'elle franchisse, en sortie, une fenêtre adjacente ouverte. L'idéal est de pouvoir allouer à chaque machine une place permanente, mais il reste toujours possible de déplacer les machines les moins lourdes afin, par exemple, de raboter une pièce de bois de longueur exceptionnelle.

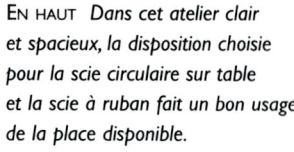

POUR EN SAVOIR PLUS

Situation et superficie   10

L'établi   14

Bruit, sécurité et extraction de poussière   16

Stockage du bois dans l'atelier   203

EN HAUT *Dans cet atelier clair et spacieux, la disposition choisie pour la scie circulaire sur table et la scie à ruban fait un bon usage de la place disponible.*

CI-DESSUS, À GAUCHE *Une perceuse à colonne est un outil précieux pour la réalisation de trous parfaitement verticaux et de mortaises.*

CI-DESSUS, À DROITE *Quelques outils de tournage placés en bon ordre et à portée de main sur un râtelier mural.*

CI-CONTRE, À GAUCHE *Une table destinée à recevoir plusieurs outils électroportatifs en poste fixe permet un gain de place substantiel.*

Rangements

Les râteliers muraux et les placards sont très utiles pour ranger outils et accessoires, notamment à proximité de l'établi. Les travailleurs du bois professionnels consacrent un soin particulier à cette organisation pour qu'après chaque utilisation, les outils soient facilement et rapidement remis à leur place. Placez par exemple les fraises de la défonceuse dans un bloc de bois percé de trous de diamètre adéquat. Les serre-joints, ainsi d'ailleurs que les scies et les ciseaux, se rangent verticalement ou horizontalement dans des râteliers. Il est toujours plus simple de placer les accessoires d'une machine sur des étagères ou dans un placard situés à proximité de celle-ci. Si vous faites usage d'une ponceuse, et même si vous disposez de dispositifs d'extraction pour la sciure, il est préférable de ne pas installer de placards ou râteliers ouverts, qui auront tôt fait de se transformer en pièges à poussière : vos outils et accessoires se couvriraient d'une pellicule jaune pâle.

Prévoyez un emplacement spécifique pour votre projet en cours, où vous disposerez successivement une pile de planches brutes, les éléments sciés et rabotés, divers assemblages partiels puis enfin l'objet terminé.

N'oubliez pas, lors de la conception de votre atelier, de prendre en compte le risque d'incendie car pièces de bois brut, chutes, copeaux, poussière, huiles et vernis sont tous très inflammables. Par prudence, informez votre compagnie d'assurances que vous envisagez l'aménagement d'un petit atelier à l'intérieur de votre habitation.

Établi d'affûtage

Il pourra être utile d'installer un petit établi annexe servant de support d'affûtage et muni par exemple d'une meule et de pierres à affûter. Vous aurez soin de le placer non loin de l'établi principal, de façon qu'une lame émoussée puisse être ravivée sans nuire à la continuité du travail. Soignez particulièrement l'éclairage de cet établi annexe, car l'examen d'un tranchant affûté ne peut s'effectuer qu'à la faveur d'une lumière franche et crue. Assurez-vous également que la hauteur du plateau de cet établi d'appoint vous permet d'y travailler debout afin, par exemple, de raboter une pièce de bois de longueur exceptionnelle.

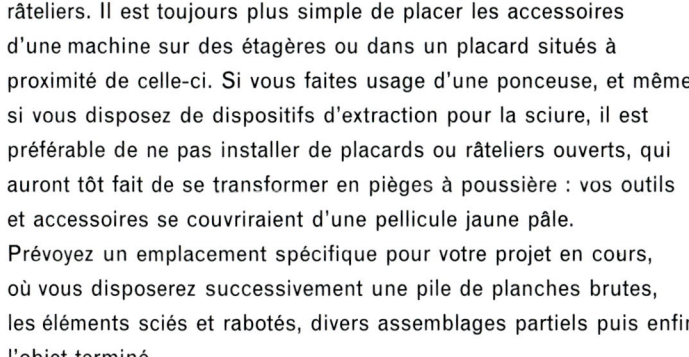

Ci-contre *Cet assortiment de serre-joints a été rangé de façon habile.*

Ci-dessous *Ce plan d'un atelier indique la disposition de diverses machines et montre comment l'usage de certaines d'entre elles peut être facilité par un simple changement d'orientation.*

Ci-dessus *Affûtage à la meule d'outils de tournage.*

Ci-contre *Une défonceuse et quelques-unes des fraises utilisées avec cette machine.*

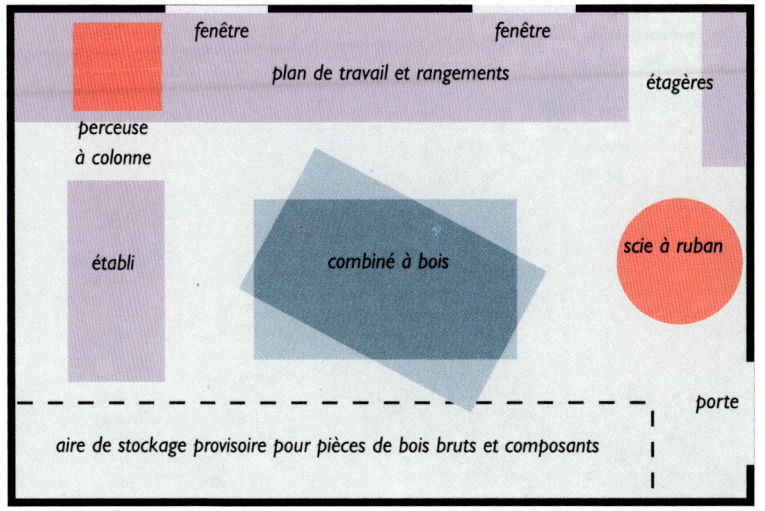

fenêtre   fenêtre

plan de travail et rangements

étagères

perceuse à colonne

établi

combiné à bois

scie à ruban

porte

aire de stockage provisoire pour pièces de bois bruts et composants

L'ÉTABLI

L'ébéniste compare souvent son établi à un autel. Cette association illustre clairement l'importance de cet équipement, sans lequel il est difficile de produire un travail de bonne qualité. L'achat ou la fabrication d'un solide établi doivent donc être la première préoccupation d'un aspirant ébéniste. Son coût (en heures passées et en matériaux) n'est certes pas négligeable, mais il s'agit à long terme d'un investissement tout à fait rentable.

Fonctions de l'établi

La première fonction d'un établi est de maintenir les pièces de bois sur lesquelles vous travaillez, à la manière d'une gigantesque presse. Ce solide maintien permet de garder les mains libres et de se placer dans la meilleure position pour effectuer sa tâche. Un établi de bonne qualité doit être lourd et massif; il est capital que son plateau demeure stable et immobile durant le travail.

La planéité du plateau est essentielle car vous vous en servirez comme d'une face de référence, notamment pour le rabotage et le dressage des pièces de bois. Il est donc important de conserver la surface de votre établi propre et en parfait état; au besoin, nettoyez et resurfacez le plateau au rabot avant d'entamer la réalisation d'un projet important.

Lors de son installation, faites en sorte de positionner le plateau de l'établi parfaitement à l'horizontale; ainsi, vous pourrez utiliser ses arêtes comme lignes de référence pour la fixation des pièces à travailler dans l'une ou l'autre des presses.

CI-DESSUS *Un établi robuste et massif permet un travail de précision. Ici, la pièce de bois est maintenue à l'aide d'une presse parisienne et de deux griffes.*

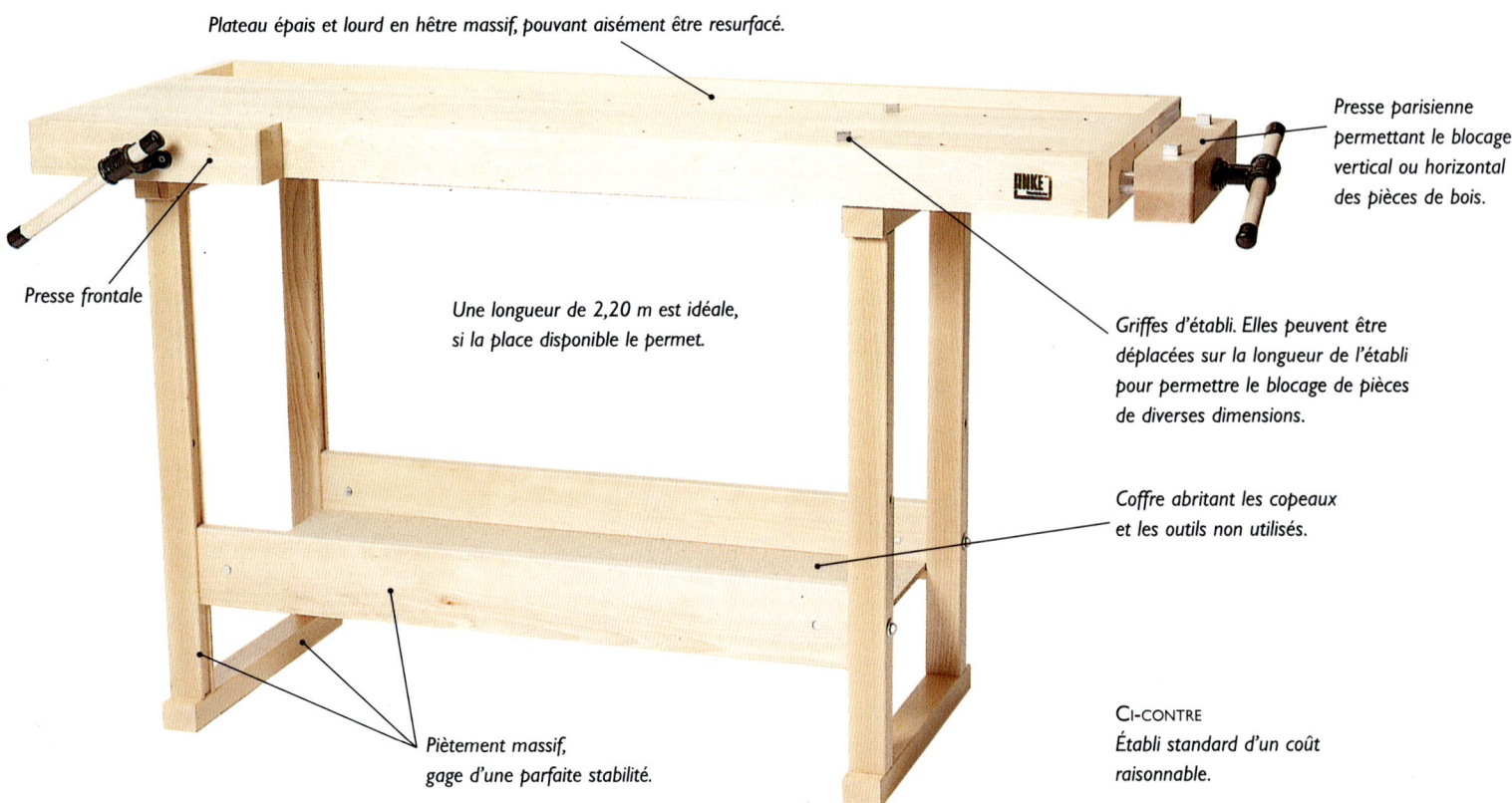

Plateau épais et lourd en hêtre massif, pouvant aisément être resurfacé.

Presse parisienne permettant le blocage vertical ou horizontal des pièces de bois.

Presse frontale

Une longueur de 2,20 m est idéale, si la place disponible le permet.

Griffes d'établi. Elles peuvent être déplacées sur la longueur de l'établi pour permettre le blocage de pièces de diverses dimensions.

Coffre abritant les copeaux et les outils non utilisés.

Piètement massif, gage d'une parfaite stabilité.

CI-CONTRE
Établi standard d'un coût raisonnable.

Il est beaucoup plus facile d'effectuer un sciage droit lorsque la pièce travaillée est maintenue parfaitement à la verticale ou à l'horizontale. L'établi offre deux ustensiles de blocage pour les pièces de bois : la presse frontale, située le plus souvent sur la gauche du meuble, et la presse parisienne, positionnée le plus souvent à droite. Ces deux presses permettent de caler le bois verticalement, mais couplée à deux griffes d'établi (butées amovibles en bois ou en métal), la presse parisienne permet également le maintien sur le plateau de pièces de bois à l'horizontale. Cette particularité facilite le rabotage ou tout autre travail sur la surface d'une planche

POUR EN SAVOIR PLUS

Situation et superficie   10

Organisation de l'atelier   12

L'établi (ouvrage)   122

CI-CONTRE *La presse de ce robuste établi offre de multiples possibilités pour le blocage des pièces de bois.*

CI-DESSUS *Une simple table pliante peut devenir une surface d'appoint bien pratique.*

CI-DESSOUS *Avec le temps, chaque travailleur du bois met au point « sa » méthode de rangement des outils et accessoires dans l'atelier.*

ou d'une pièce de bois de faibles dimensions. C'est à l'aide de cette presse que vous maintiendrez un élément de petite taille pour un assemblage ou une ultime passe de rabot.

À ces divers accessoires s'ajoute le valet d'établi, presse amovible qui permet le blocage ponctuel d'une pièce de bois sur le plateau pour faciliter une opération telle que le sciage.

Autres surfaces de travail

Établis pliables de type Workmate, tréteaux et chèvres de charpentier sont d'autres dispositifs de support employés en menuiserie. Un plan de travail repliable, fixé à l'un des murs, offre une surface d'appoint utile, notamment pour les assemblages. Pour les travaux de finition, et afin d'éviter les taches de colle ou de vernis, il est judicieux de poser un plateau escamotable sur la surface de l'établi. De cette manière, vous éviterez en outre les marques de copeaux ou de rebuts de bois sur les faces de l'objet fini.

BRUIT, SÉCURITÉ ET EXTRACTION DE POUSSIÈRE

Pour votre propre santé (ainsi que pour le confort de votre entourage), il est indispensable de diminuer autant que possible les nuisances telles que poussière et bruit dans votre atelier.

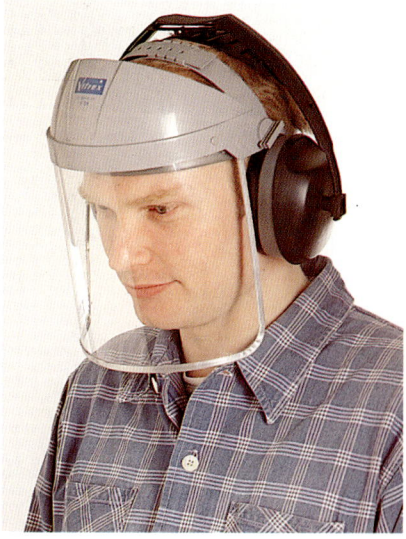

CI-CONTRE, À DROITE *Pour limiter les risques d'accident, et notamment pour vous protéger efficacement les yeux, portez systématiquement les accessoires de sécurité appropriés.*

CI-CONTRE, À GAUCHE *Un extracteur mobile est ici couplé à une scie à ruban.*

Sécurité dans l'atelier

Ayez toujours à l'esprit les dangers potentiels liés aux travaux de menuiserie. En dérapant, le tranchant acéré d'un outil à main peut infliger de profondes blessures; machines-outils et outils électroportatifs sont assez puissants pour trancher en un éclair un ou plusieurs doigts. Gardez une trousse de premiers secours à portée de main et abstenez-vous d'utiliser une machine-outil lorsque vous êtes seul à la maison (si par malheur vous vous coupez un doigt, entourez-le de glace pour le transport jusqu'à l'hôpital; il est souvent possible, aujourd'hui, de recoudre un doigt sectionné). Les pertes auditives liées à l'usage intensif de machines bruyantes sont fréquentes chez les professionnels du bois. Gardez-vous d'une telle éventualité en portant des bouchons ou un casque antibruit lorsque vous vous servez d'un outil électrique. Protégez également vos yeux, particulièrement lors de l'utilisation de scies et défonceuses, à l'aide, par exemple, d'une visière transparente.

Les machines-outils et les outils électroportatifs, particulièrement lors du travail des panneaux de médium et des panneaux manufacturés, dégagent une importante quantité de sciure et de poussière, potentiellement dangereuse pour la santé. Pour préserver vos poumons et le plaisir que vous prendrez au travail du bois, il est fortement conseillé, si vous utilisez ces équipements, d'installer un ou plusieurs dispositifs d'extraction de poussière. Un simple aspirateur ménager s'avère utile pour un usage autour de l'établi et peut être relié directement à la plupart des outils électroportatifs, ce qui permet de recueillir la poussière avant qu'elle ne se disperse dans l'air ambiant. Lorsque vous utilisez une défonceuse, portez un masque anti-poussière; vous éviterez une exposition prolongée aux fines particules produites par cet outil. Les machines-outils requièrent l'usage d'un extracteur mobile, que vous brancherez tour à tour sur la machine utilisée.

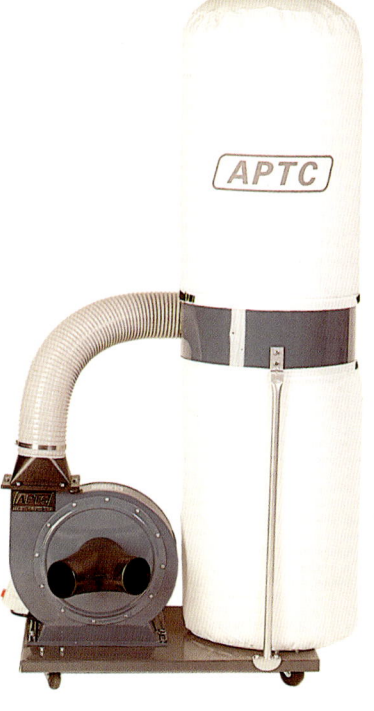

CI-CONTRE *Un tel extracteur peut être relié à une machine-outil, ou bien couplé à plusieurs outils électriques plus petits.*

POUR EN SAVOIR PLUS

Situation et superficie	10
Organisation de l'atelier	12
Finitions et sécurité	96

2. OUTILS À MAIN

Les menuisiers amateurs renoncent souvent à employer les outils à main, leur préférant la rapidité et la précision des machines-outils et outils électroportatifs. Ils se privent ainsi du plaisir d'un travail au calme dans un atelier sans poussière ; ils ignorent la joie d'un rabotage progressif et la satisfaction qui naît du façonnage de pièces de bois à l'aide de lames et de fers parfaitement aiguisés. Les connaissances nécessaires à la préparation, à l'affûtage et à l'utilisation des rabots, ciseaux et scies s'acquièrent assez facilement. Il vous en coûtera un peu de temps et de patience, mais les résultats récompenseront votre persévérance.

Outils de mesure et de traçage	18
Ciseaux à bois	20
Outils de rabotage	22
Préparation des outils tranchants	24
Affûtage des outils tranchants	26
Scies d'établi	28
Serre-joints et presses à manche	30
Marteaux et tournevis	32

OUTILS DE MESURE ET DE TRAÇAGE

Travailler avec précision ne présente pas grande difficulté. Il suffit pour cela de marquer avec soin les dimensions des divers éléments, puis de les découper, toujours avec le plus grand soin, le long des lignes tracées. De cette façon, les différentes parties d'un assemblage ne peuvent que s'emboîter exactement. Ce processus commence par un traçage net et propre, effectué, dans un premier temps, à l'aide d'un couteau à tracer.

Couteaux à tracer

On les préfère généralement aux crayons – dont le trait présente toujours une certaine épaisseur –, car leur lame biseautée sur une seule face permet un marquage d'une très grande précision. Achetez un outil de qualité et affûtez-le avec soin, comme vous le feriez pour un ciseau. La lame doit être d'un acier capable de résister aux frottements répétés contre l'arête des équerres et réglets métalliques.

Trusquins

Les trusquins de traçage et de coupe s'emploient respectivement pour le marquage des pièces dans le sens et en travers du fil. À la différence du trusquin de traçage, doté d'une simple pointe en acier, le trusquin de coupe est équipé d'une petite lame biseautée sur une seule face. Il peut être utile de disposer de deux ou trois trusquins, de façon à conserver un même réglage sur l'un d'eux pendant toute la durée d'un travail. L'achat d'un trusquin de coupe n'est pas indispensable; moyennant un léger affûtage de sa pointe, un trusquin de traçage travaillera aussi bien dans le sens qu'en travers du fil. Le trusquin d'assemblage, doté de deux pointes dont l'une est réglable, permet le traçage simultané de lignes parallèles figurant, par exemple, les joues d'une mortaise ou d'un tenon. C'est un outil indispensable; optez de préférence pour un modèle dont la pointe mobile se règle par le biais d'un papillon ou d'une molette.

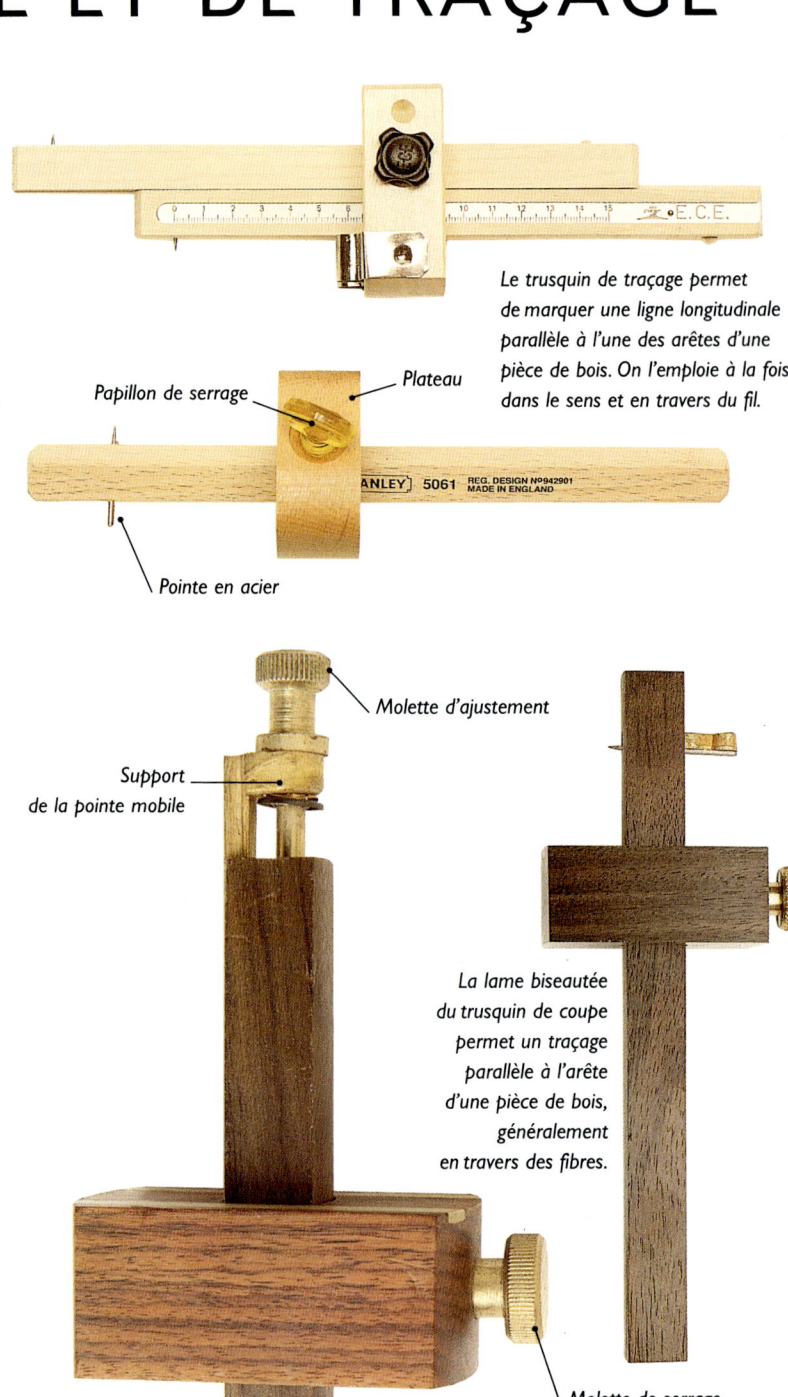

Le trusquin de traçage permet de marquer une ligne longitudinale parallèle à l'une des arêtes d'une pièce de bois. On l'emploie à la fois dans le sens et en travers du fil.

Papillon de serrage — Plateau

Pointe en acier

Molette d'ajustement

Support de la pointe mobile

La lame biseautée du trusquin de coupe permet un traçage parallèle à l'arête d'une pièce de bois, généralement en travers des fibres.

Molette de serrage

Pointe mobile

Pointe fixe pour utilisation en trusquin de traçage simple

Pointe fixe

Le trusquin d'assemblage est doté de deux pointes ; l'une est réglable, et son écartement peut être ajusté pour correspondre à la largeur de lame d'un ciseau à bois. Il permet le traçage simultané des joues d'un tenon ou d'une mortaise.

POUR EN SAVOIR PLUS

Premières étapes
du corroyage   10

Traçage   12

Assemblages   96

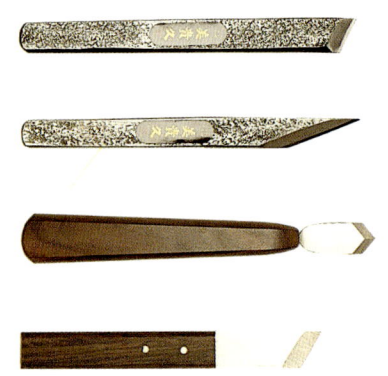

Chacun choisit parmi les divers modèles de couteaux à tracer en fonction de critères personnels.

Règle métallique de 60 cm

Mètre à ruban en acier

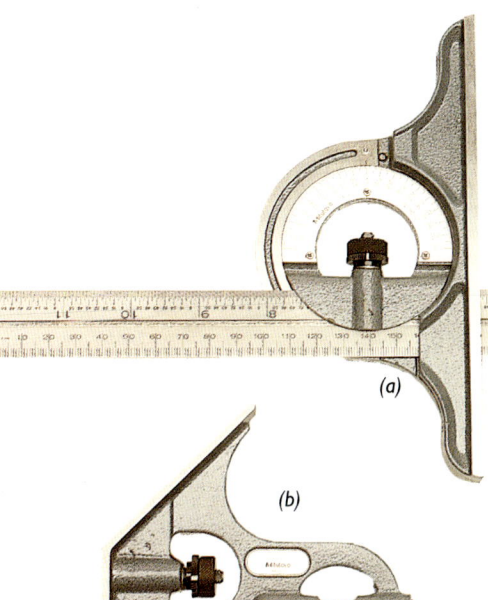

Équerre à usages multiples, formée d'un réglet métallique de 30 cm pouvant recevoir divers accessoires : (a) tête rapporteur, (b) tête équerre 45° et 90° avec niveau à bulle, (c) tête de centrage.

(a)

(b)

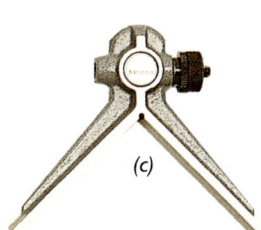

(c)

Équerre de menuisier traditionnelle, à lame métallique et talon de bois habillé de laiton

Équerre droite métallique de type industriel

Pied à coulisse. Selon le modèle, la mesure d'une grande précision est affichée sur le cadran numérique ou lue sur une échelle graduée. La pointe extensible fait office de jauge de profondeur.

Fausse équerre de menuisier traditionnelle

Fausse équerre de type industriel

Rapporteur

Équerre à onglet

Règles, réglets et limandes

Ces instruments sont indispensables pour dimensionner les éléments d'un projet. Une règle plate graduée en millimètres est plus facile à lire si n'y figurent pas aussi les demi-millimètres. Je vous conseille de posséder à la fois une règle métallique de 60 cm, rangée non loin de l'établi, et un réglet de 15 cm, à glisser dans la poche du bleu de travail. On se sert parfois du mètre à ruban pour mesurer des éléments de grandes dimensions, mais cet instrument est moins précis qu'une règle métallique. On utilise la limande – lourde règle métallique – de 40 cm avant tout pour vérifier la planéité des composants et des surfaces. Il vaut mieux en effet éviter, pour un tel travail, de vous fier à l'arête d'une règle ordinaire, dont la rectitude se révèle souvent incertaine. Superbes instruments, les pieds à coulisse s'emploient fréquemment dans l'atelier pour mesurer l'épaisseur des pièces de bois. Un modèle en plastique gradué jusqu'au quart de millimètre, moins coûteux et plus résistant qu'un modèle en acier, suffit à la plupart des travaux de menuiserie.

Équerres

Les équerres à usages multiples, bien que très utiles, sont lourdes et encombrantes ; de plus, seuls les modèles les plus coûteux offrent une précision satisfaisante. Les fausses équerres servent au traçage d'angles ; choisissez de préférence un modèle en acier de

type industriel. Parmi les gabarits de traçage, notamment ceux pour queues d'aronde, évitez les modèles en laiton qui s'usent rapidement au contact de la lame des couteaux à tracer.

Rien n'est plus désagréable qu'une équerre qui n'est pas fiable. Si possible, achetez des équerres droites en acier : deux petites équerres, l'une de 15 cm et l'autre de 5 cm, suffiront à la majorité de vos travaux. Un traçage sur des éléments de plus grandes dimensions, pour lequel la précision n'est pas essentielle, est parfaitement réalisé avec une équerre de menuisier traditionnelle, à talon de bois et lame métallique.

Outils de mesure et de traçage

CISEAUX À BOIS

Les ciseaux à lame chanfreinée sont des outils à main indispensables, et la presque totalité de vos travaux au ciseau seront effectués à l'aide d'outils d'une largeur de lame comprise entre 6 et 20 mm. Il est rare que l'on ait besoin d'un ciseau d'établi de largeur supérieure ou d'un ciseau à dresser. Pour un premier achat, faites-vous la main sur un jeu de ciseaux de taille standard, à la fois pour le maniement et pour l'affûtage, avant de vous tourner vers des outils plus imposants et plus onéreux. Rien ne vous oblige à posséder un jeu complet de ciseaux à bois; de fait, bien des artisans du bois emploient le plus souvent un assortiment d'outils d'une largeur de lame inférieure à 12 mm. À moins de travailler de façon régulière sur des projets de grandes dimensions, ils complètent généralement cette série par trois ciseaux de largeurs de lame diverses, dont la plus élevée excède rarement 30 mm.

Choix des ciseaux

Dans le choix de votre jeu de ciseaux, privilégiez le confort d'utilisation. Le poids du manche doit contrebalancer celui de la lame. Cet aspect, ainsi que le profil de la lame, importe davantage que la dureté de l'acier formant le tranchant de l'outil. Les ciseaux à bois japonais à large lame rendent de fiers services car ils présentent un tranchant en acier laminé qui, lorsqu'il est bien utilisé, demeure affûté deux ou trois fois plus longtemps que le tranchant d'un ciseau européen. Les ciseaux japonais de grande largeur tirent également avantage du creusement de la planche de l'outil, une pratique propre aux fabricants de ce pays. Malgré tout, la plupart des travailleurs du bois leur préfèrent encore les ciseaux traditionnels européens, de dimensions plus modestes, plus légers et plus faciles à affûter.

POUR EN SAVOIR PLUS

Préparation des outils tranchants	24
Affûtage des outils tranchants	26
Utilisation des ciseaux à bois	64
Sculpture sur bois Chapitre 11	

Plus lourds, les ciseaux droits, bédanes et ciseaux à mortaiser ne sont plus d'un usage très fréquent aujourd'hui. Les ciseaux de dressage à lame chanfreinée de 15 et 30 mm de large servent essentiellement à des travaux fins et délicats; il est déconseillé de les utiliser avec un maillet. D'autres ciseaux de formes particulières méritent de figurer dans votre investissement de départ : tout d'abord, des ciseaux à lame chanfreinée oblique à droite et à gauche, indispensables pour terminer le façonnage des angles de queues d'aronde recouvertes, souvent utilisées pour l'assemblage de la face visible d'un tiroir. Ce même travail s'effectue également à l'aide d'un ciseau droit, mais pour un résultat de moindre qualité.

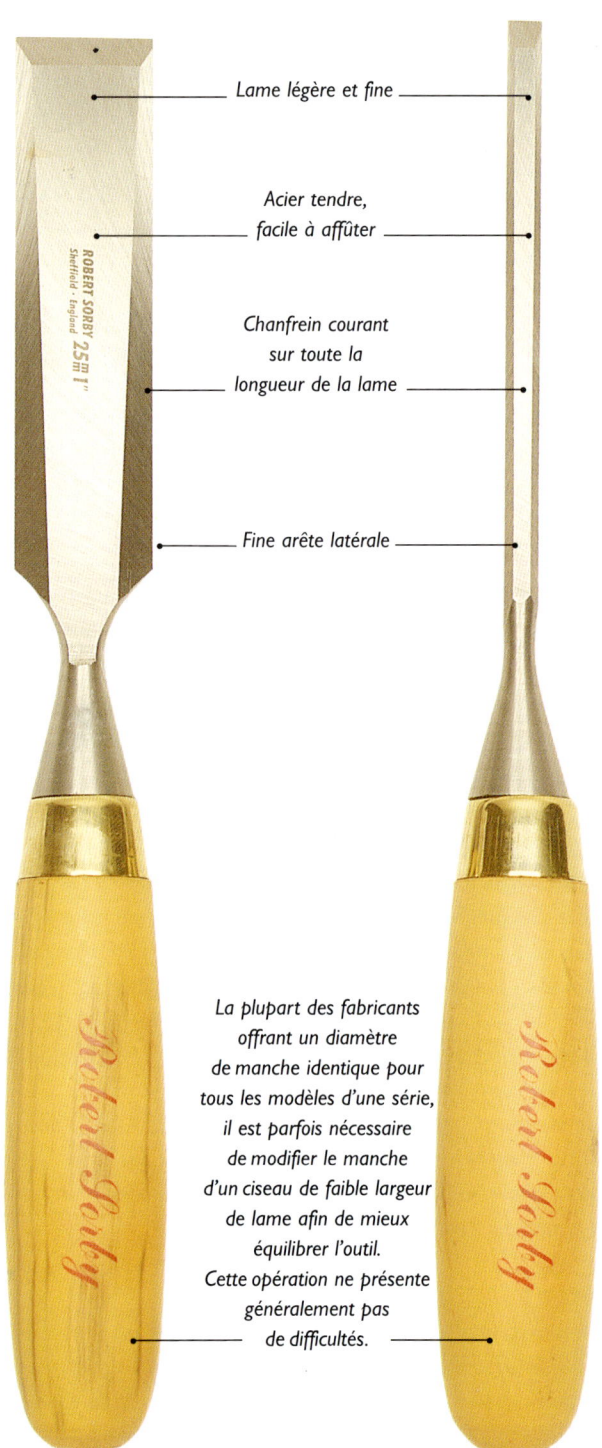

Lame légère et fine

Acier tendre, facile à affûter

Chanfrein courant sur toute la longueur de la lame

Fine arête latérale

La plupart des fabricants offrant un diamètre de manche identique pour tous les modèles d'une série, il est parfois nécessaire de modifier le manche d'un ciseau de faible largeur de lame afin de mieux équilibrer l'outil. Cette opération ne présente généralement pas de difficultés.

Ci-contre, à droite *Deux ciseaux à lame chanfreinée de bonne qualité. Notez la façon dont la lame se raccorde au manche.*

Si vous ne parvenez pas à trouver ces deux outils chez un détaillant spécialisé, choisissez deux de vos ciseaux les moins utilisés (ou achetez deux ciseaux d'occasion) et façonnez-les vous-même.

Le dernier de ces outils est un ciseau à dresser coudé, très utile pour la finition intérieure de carcasses assemblées. Sans lui, il est presque impossible d'en éliminer les résidus de colle à demi-solidifiés.

Manche en bois dimensionné de façon à contrebalancer le poids de la lame

Lame en acier laminé

Virole amovible en acier destinée à éviter que le bois ne se fende

Ci-DESSOUS La planche creusée, typique des ciseaux à bois japonais, est ici bien visible.

Acier dur de qualité supérieure

Lame courte et massive, susceptible d'être utilisée avec un maillet ou un marteau en acier

Ci-DESSUS Trois ciseaux à bois japonais, dont la forme diffère nettement de celle des ciseaux européens.

Bédane

Ciseau à mortaiser

Ciseau de dressage coudé

Ciseaux de dressage de grande longueur

Gouge à tranchant extérieur

Ciseaux obliques pour droitier et gaucher

OUTILS
DE RABOTAGE

L'un des aspects essentiels du travail de l'ébéniste est de s'assurer que les surfaces travaillées sont parfaitement planes et rectilignes. Un tel résultat s'obtient par le rabotage, technique d'un apprentissage agréable, et riche en satisfactions dès qu'on en possède une certaine maîtrise.

Rabots d'établi

La plupart des travailleurs du bois les emploient pour préparer les surfaces avant finition et pour assurer le bon emboîtement des éléments d'un assemblage. Avec un rabot correctement ajusté, quelques passes suffisent à adapter un assemblage problématique. Rabotées à la main, certaines essences ne nécessitent pour toute finition qu'un léger patinage à la cire. Du plus court au plus long, les rabots d'établi se répartissent en quatre catégories : rabots à replanir, riflards, demi-varlopes et varlopes. Avant que n'arrivent sur le marché les raboteuses et dégauchisseuses, si pratiques pour corroyer les pièces de bois brut, les artisans du bois devaient posséder un jeu complet de ces rabots, chacun voué à une tâche particulière : riflard pour le dégauchissage, demi-varlope pour le dressage final des faces, varlope pour le dressage des chants à angle droit et rabot à replanir pour la rectification des carcasses assemblées. La plupart des menuisiers d'aujourd'hui se contentent d'un riflard de moyenne longueur et d'un rabot à replanir. Les rabots en bois sont plus volontiers utilisés, car plus faciles à affûter et d'un usage plus agréable que leurs homologues en métal.

Rabots spécialisés

Les rabots spécialisés, parmi lesquels guillaumes ou rabots à recaler, forment une catégorie d'outils bien distincte de celle des rabots d'établi, mais ils sont tout aussi utiles. Très polyvalents, grâce à leur lumière (orifice de sortie du fer) réglable, les rabots à recaler s'emploient à la fois dans le sens et en travers du fil. À l'inverse des rabots d'établi décrits plus haut, ils travaillent selon un angle d'attaque relativement faible, généralement compris entre

10 et 20°. À cette particularité s'ajoute la position du fer, engagé dans l'outil face biseautée sur le dessus (le fer d'un rabot d'établi travaille face biseautée contre le bois, selon un angle d'attaque sensiblement égal à 45°). En fait, compte tenu de l'inclinaison à 30° du biseau, cette disposition produit un angle de découpe proche de celui d'un rabot d'établi.

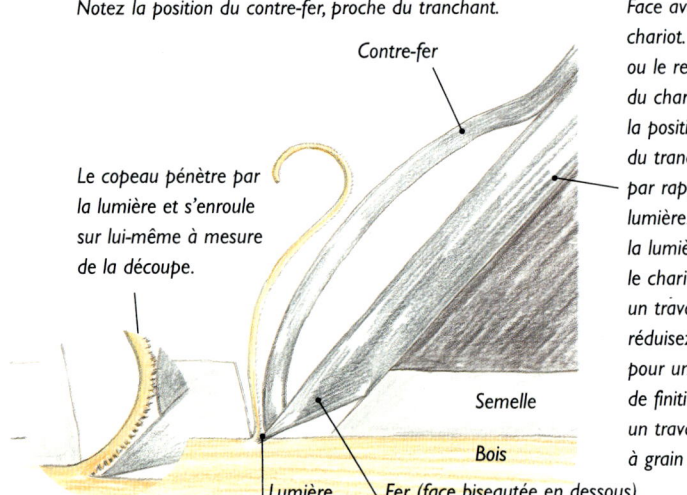

Notez la position du contre-fer, proche du tranchant.

Contre-fer

Le copeau pénètre par la lumière et s'enroule sur lui-même à mesure de la découpe.

Face avant du chariot. L'avance ou le recul du chariot modifie la position du tranchant du fer par rapport à la lumière. Agrandissez la lumière (reculez le chariot) pour un travail grossier, réduisez-la pour un rabotage de finition ou un travail sur bois à grain serré.

Semelle

Bois

Lumière

Fer (face biseautée en dessous)

Vue en coupe d'un rabot durant une découpe

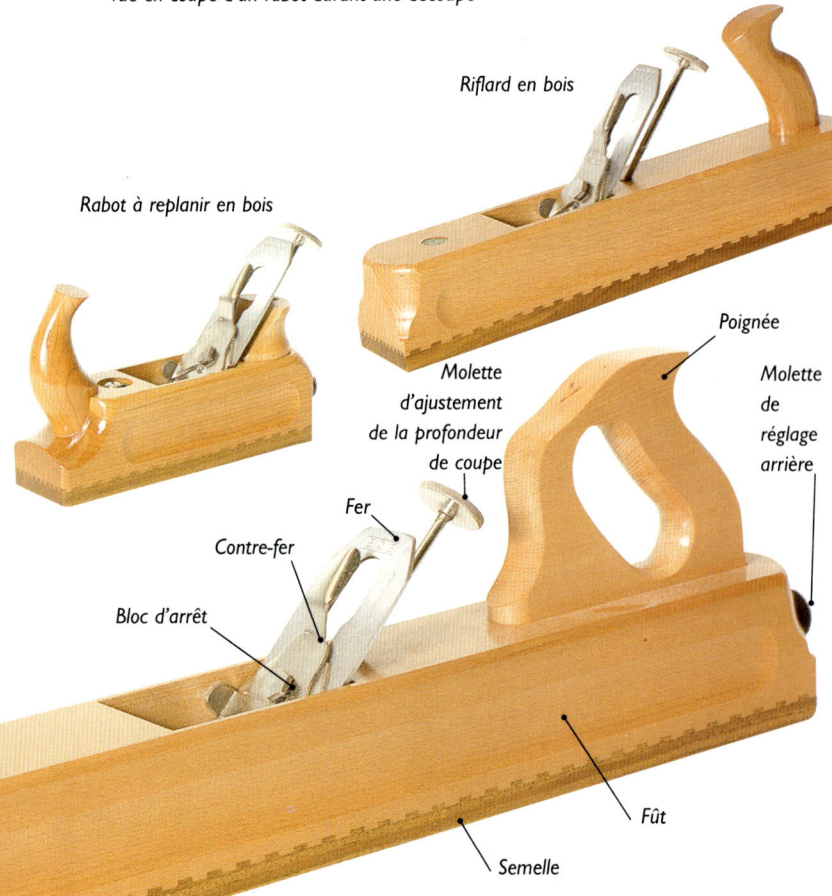

Riflard en bois

Rabot à replanir en bois

Poignée

Molette d'ajustement de la profondeur de coupe

Molette de réglage arrière

Fer

Contre-fer

Bloc d'arrêt

Vis de réglage avant

Fût

Semelle

Varlope en bois

En France, les rabots d'établi en bois sont de plus en plus supplantés par des outils métalliques. En Scandinavie et en Allemagne, ils sont toujours fabriqués et couramment employés.

POUR EN SAVOIR PLUS

Raboteuses et dégauchisseuses	38
Premières étapes du corroyage	52
Rabotage manuel des faces et des chants	58
Rabotage manuel sur bois de bout	68

Elle offre cependant l'avantage, non négligeable lorsque l'on doit travailler sur un bois à grain très irrégulier, de permettre la modification de l'angle d'attaque de l'outil par un simple meulage du fer.

Conçus selon le même principe, les guillaumes sont dotés d'un fer qui occupe toute la largeur de la semelle, ce qui se révèle très utile pour dresser une feuillure ou un épaulement. La plupart des travaux de rabotage peuvent être réalisés avec seulement deux guillaumes, l'un de grande taille et l'autre plus petit.

Le guillaume latéral est un rabot dont vous n'aurez que très rarement l'usage, par exemple pour élargir légèrement une rainure afin qu'elle puisse accepter le chant d'un panneau. En cette occasion précise, il vous sera cependant impossible d'effectuer correctement le travail avec un autre outil.

Fers

Ils forment deux catégories bien distinctes. Le fer des guillaumes et des rabots à recaler attaque le bois face biseautée au-dessus, selon un angle relativement plat. Sur les rabots d'établi, le fer est incliné selon un angle voisin de 45°; il est couplé à un contre-fer et positionné face biseautée au-dessous. Le contre-fer facilite le passage des copeaux dans la lumière du rabot et garantit un rabotage souple et sans à-coups. Le réglage fer/contre-fer est essentiel et doit être effectué avec grand soin.

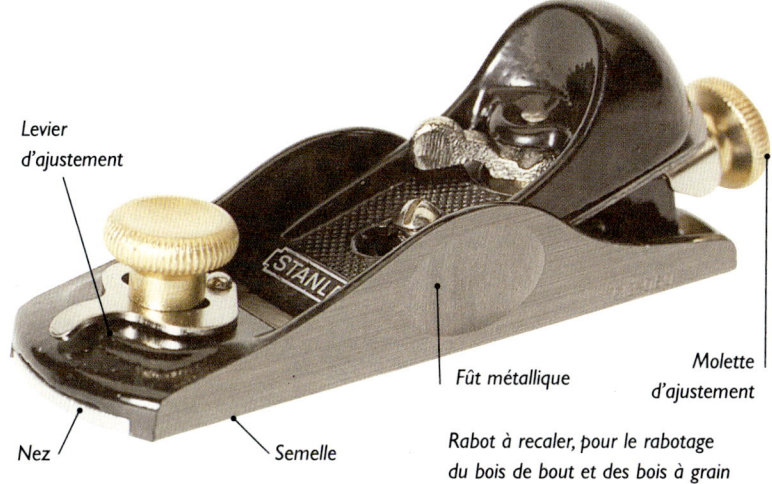

Levier d'ajustement

Fût métallique

Molette d'ajustement

Nez

Semelle

Rabot à recaler, pour le rabotage du bois de bout et des bois à grain irrégulier.

Rabot à recaler en bois

Petit guillaume d'ébéniste à fer en bout

Rabot à replanir en métal

Riflard en métal

<small>Ci-contre et ci-dessous</small>
Deux guillaumes d'ébéniste de dimensions standard

Les rabots d'établi métalliques sont d'un usage courant dans de nombreux pays.

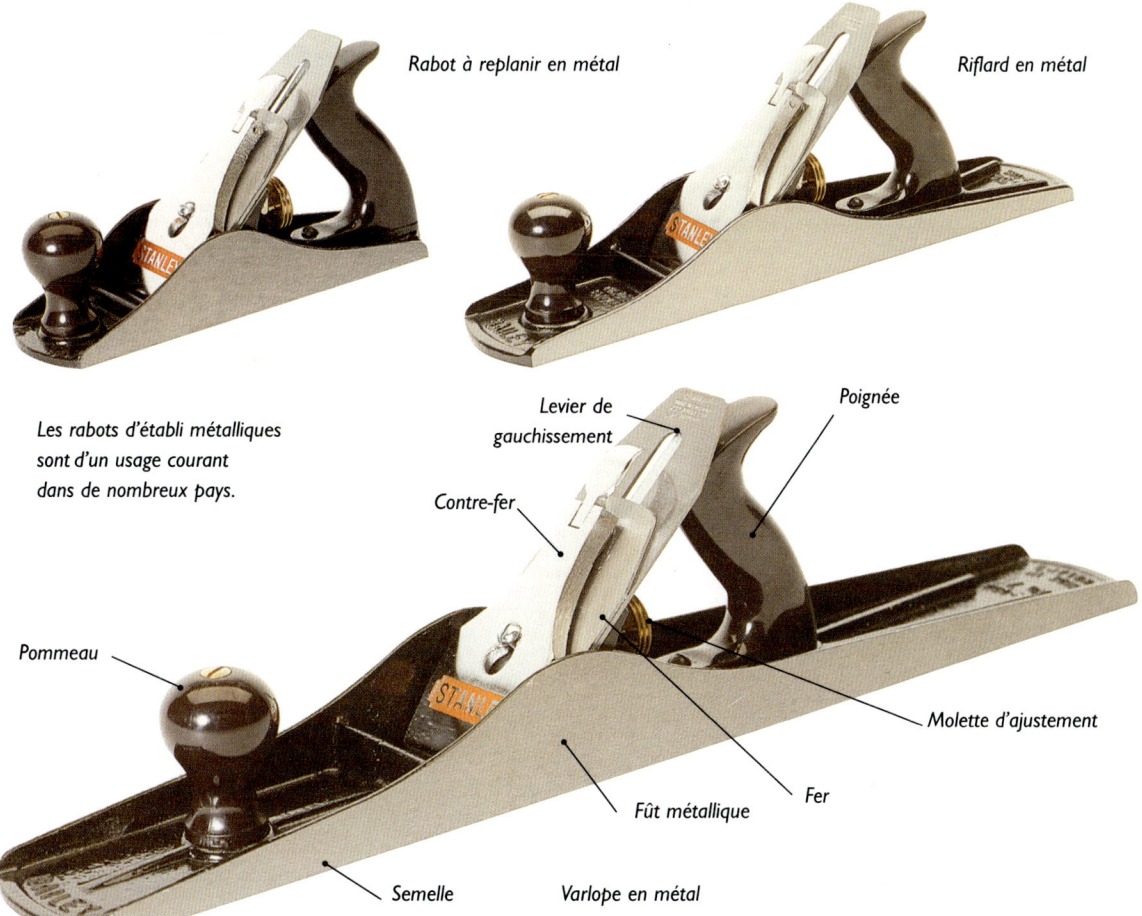

Levier de gauchissement

Poignée

Contre-fer

Pommeau

Molette d'ajustement

Fer

Fût métallique

Semelle

Varlope en métal

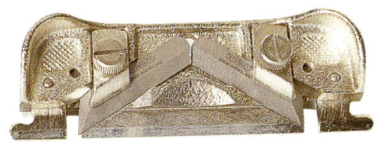

Guillaume latéral

PRÉPARATION DES OUTILS TRANCHANTS

L'opération qui consiste à préparer un outil tranchant préalablement à son affûtage ne s'effectue généralement qu'une seule fois dans la vie d'un outil. Elle permet d'amener l'instrument à un niveau de performance qui, pour des raisons économiques, est hors d'atteinte des fabricants. La préparation d'un ciseau consiste à lisser la planche de la lame de manière à obtenir une surface parfaitement plane : la planche ainsi polie ne devrait plus avoir affaire qu'à vos pierres à affûter les plus fines.

Préparation des ciseaux à bois

Vous devez dans un premier temps vous assurer que la lame de l'outil est parfaitement plane; l'affûtage en sera facilité d'autant. Pour ce faire, procurez-vous une plaque en acier, de la poudre de carborundum et un lubrifiant, qui peut être eau ou huile (pour un moindre coût, remplacez la plaque d'acier par une plaque de verre aux arêtes chanfreinées). Frottez la planche de la lame contre la plaque métallique saupoudrée de matière abrasive jusqu'à obtenir une surface d'une teinte grisée uniforme. La poudre de carborundum se décompose en particules de plus en plus fines à mesure du travail : ayez soin d'en incorporer la totalité dès le début du processus car des grains introduits en cours de lissage risquent de rayer la surface que vous vous efforcez de corriger. À la fin du travail (il faut environ 15 minutes pour lisser une lame large de 1 cm), vérifiez le résultat obtenu en lissant le dos de la lame sur une pierre à grain 1000, puis sur une autre à grain 6000; si vous n'obtenez pas rapidement une surface lisse et brillante, le retour à la plaque d'acier s'impose. Il est inutile de tenter de dresser les lames de vos outils tranchants sur une pierre à eau; ces pierres exclusivement destinées au lissage et à l'émorfilage ne donneraient pas un résultat satisfaisant. Votre objectif est d'obtenir une surface d'un lustré uniforme jusqu'au tranchant et aux angles de l'outil, ces derniers effectuant généralement le travail le plus efficace.

POUR EN SAVOIR PLUS

Ciseaux à bois	20
Outils de rabotage	22
Affûtage des outils tranchants	26

La planche des ciseaux à bois japonais est traditionnellement creusée d'une cavité. La préparation de ces larges outils en acier dur en est grandement simplifiée.

Préparation des rabots

La semelle d'un rabot en acier neuf n'est pratiquement jamais plane. C'est pourquoi les rabots métalliques doivent eux aussi subir une préparation initiale. Utilisez, pour ce faire, une feuille de papier abrasif de grain 60 fixée sur une surface plane (par exemple le plateau d'une machine-outil). Vérifiez le résultat à l'aide d'une limande, en examinant la semelle à la lumière. Il vous sera peut-être nécessaire de répéter cette opération une ou deux fois durant la première année d'utilisation, après quoi l'acier sera parfaitement stabilisé.

Après avoir aplani la semelle de l'outil, il est nécessaire de régler la position du chariot, support métallique sur lequel repose le bloc de coupe. Vérifiez qu'il s'adapte bien au fût de l'outil, et n'hésitez pas, si besoin est, à procéder à un léger limage. Assurez-vous ensuite que le bloc de coupe s'ajuste parfaitement sur le chariot. Pour finir, faites glisser l'ensemble chariot/bloc de coupe pour ouvrir la lumière à environ 2 mm, positionnez le chariot et serrez les vis de réglage. Cet ajustement facilite l'utilisation du rabot et évite les déchirements lors de travaux sur des bois durs et irréguliers. Pour qu'un rabot fonctionne correctement, son tranchant doit être très légèrement convexe, afin de favoriser la découpe centrale d'un copeau de 25 à 35 mm de large.

Inventaire des **outils**

Les outils à main et motorisés présentés dans ces pages sont ceux les plus fréquemment rencontrés dans un atelier de travail du bois. Lorsque vous faites l'acquisition d'outils de menuiserie et d'ébénisterie – et particulièrement pour les outils à main –, ne lésinez pas sur la qualité. Un outil à main d'une bonne marque conservera son efficacité plus d'une génération, et rendra de fiers services même s'il est acheté d'occasion. N'achetez que les outils dont vous avez un réel besoin ; nombre d'artisans n'en possèdent qu'un nombre limité, mais ils en font le meilleur usage.

Ciseaux et gouges

Râpe d'ébéniste
Pour le façonnage
et le lissage de finition.

Ciseau à lame chanfreinée
Ciseau tous usages, couramment employé.

Ciseau à mortaiser
Ciseau à lame droite de grande largeur, doté d'une virole et d'une
bague de cuir absorbant les chocs. S'utilise avec un maillet.

Bédane
Ciseau droit conçu pour la découpe de mortaises étroites
et profondes. S'utilise sans maillet.

Ciseaux japonais
Ciseaux droits ou
chanfreinés à lame en acier
de très bonne qualité.

Ciseau de dressage
Sa lame chanfreinée très longue convient pour le dressage
des surfaces.

Ciseau de dressage coudé
Permet le dressage d'une surface à l'intérieur d'une carcasse.

Ciseaux obliques à droite et à gauche
Leur tranchant de forme oblique et effilée les rend précieux
pour les découpes d'assemblage.

Rabot électrique
Outil électroportatif employé
principalement pour
le rabotage de pièces de bois
de faibles dimensions.

Gouge à biseau intérieur
Sert au dressage de profils concaves. Son biseau est
intérieur, à l'inverse de celui de la gouge de sculpteur.

Outils et accessoires pour l'affûtage

Touret à meuler mixte
Petite machine associant meule d'établi et bande d'affilage.
Employée sans précaution, la meule risque de "brûler"
les lames en acier au carbone.

Pierre multiprofils
Pierre à émorfiler utilisée
pour l'affûtage des gouges
et outils à tranchant incurvé.

Polissoir
On l'emploie pour le lissage des racloirs d'ébéniste.

Support d'affûtage
Accessoire permettant
le maintien d'une lime à 90° par rapport à la surface
travaillée. Précieux pour l'affûtage des racloirs d'ébéniste.

Meule à eau mixte
Convient mieux que
la précédente à l'affûtage
des lames et fers en acier
au carbone.

**Rangement
pour pierres à affûter**
Permet de conserver
les pierres à affûter à eau.

Pierre à eau japonaise
Destinée au lissage
et à l'émorfilage des lames
et fers droits.

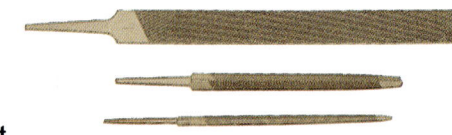

Limes tiers-point
Limes de section triangulaire employées pour l'affûtage des
dentures de scie.

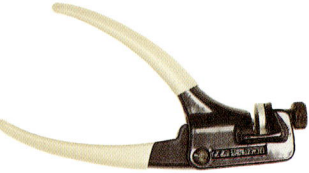

Pince à avoyer
Permet d'incliner
les dents d'une scie
selon l'angle requis.

Affiloir diamant
Sert à l'aiguisage des fraises en carbure de tungstène des
machines-outils.

Outils de ponçage et de rabotage

Rabots à replanir
Utilisés pour le lissage final des surfaces.

Riflards
Rabots tous usages présents dans la plupart des ateliers de travail du bois.

Varlopes
Rabots à longue semelle souvent utilisés pour le rabotage des chants de planches de grandes dimensions.

Guillaume latéral
Permet le ponçage des rainures et feuillures.

Rabots à recaler
Rabots de petite taille, souvent utilisés pour le travail sur bois de bout.

Petit guillaume d'ébéniste à fer en bout Pour les travaux de rabotage très délicats.

Guillaume d'ébéniste
Guillaume tous usages et pour l'ajustement des découpes d'assemblage.

Guillaume d'ébéniste à fer large La largeur de fer permet un rendement plus important qu'avec les autres guillaumes.

Guillaume à combinaisons
Outil polyvalent combinant les fonctions de bouvet, de feuilleret et de guillaume.

Guillaume à chant
Outil spécialisé permettant le rabotage d'un chant à 90° par rapport à la surface d'appui.

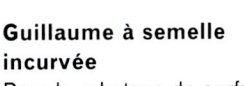

Guillaume à semelle incurvée
Pour le rabotage de surfaces incurvées.

Trusquin à moulurer
Utilisé pour le façonnage de moulures décoratives.

Plane à lame incurvée
Permet de façonner et de chanfreiner les chants d'une pièce de bois.

Plane
Même vocation que la précédente.

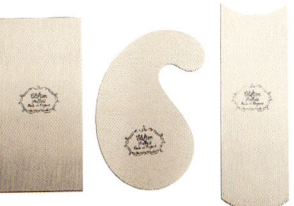

Racloirs d'ébéniste
Utilisés pour le lissage final des surfaces.

Dégauchisseuse
Permet le lissage d'une face de référence.

Wastringue à tranchant convexe
Pour le façonnage manuel de surfaces convexes.

Wastringue à tranchant concave
Pour le façonnage manuel de surfaces concaves.

Wastringue
Outil de façonnage à main couramment utilisé.

Wastringue droite
Pour le lissage final de surfaces plates.

Raboteuse
Elle permet la taille à épaisseur des planches de bois.

Raboteuse/ dégauchisseuse
Utilisée à la fois pour le rabotage et pour la taille à épaisseur des planches de bois.

Outils de mesure et de traçage

Mètre à ruban
S'emploie pour des prises de cotes approximatives. À éviter pour un travail de précision.

Réglet métallique
Indispensable pour la prise de mesures et le marquage de précision.

Règle en aluminium
Accessoire tous usages existant en diverses longueurs.

Limande
Règle droite de bonne qualité, très utile pour vérifier la planéité d'une surface.

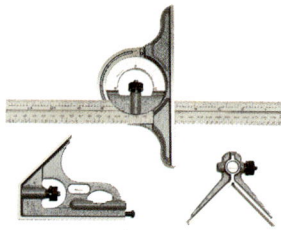

Équerre droite métallique
Ces équerres entièrement en acier sont plus fiables que celles à talon de bois.

Équerre de menuisier
Utilisée dans l'atelier et sur les chantiers. Un peu moins précise que l'équerre métallique.

Équerre à usages multiples
Ensemble avec tête rapporteur, tête équerre et tête de centrage, permet une mesure et un traçage très précis de tous les angles.

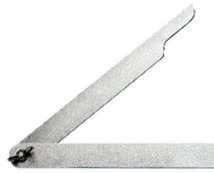

Fausse équerre de menuisier
Outil traditionnel à talon de bois, réglé au moyen d'un rapporteur.

Fausse équerre de type industriel
Version tout acier du modèle précédent. Ces deux outils servent au marquage et au traçage des angles.

Équerre à onglet
Pour marquer et tracer les angles à 45°.

Rapporteur
Outil de type industriel. Un verre grossissant facilite la lecture des graduations et accroît la précision.

Trusquin de coupe
Trusquin en bois de rose doté d'une molette de réglage en laiton.

Trusquin de traçage
Ce trusquin comprend deux tiges distinctes.

Trusquin de traçage
Trusquin à tige unique, de forme traditionnelle, avec molette de réglage en plastique.

Trusquin d'assemblage
Outil en bois de rose au dispositif de réglage de grande précision. Très utile et parfaitement fiable.

Couteau à tracer anglo-saxon
Largement utilisé dans les pays anglo-saxons. Trop souvent doté d'une lame en acier de médiocre qualité.

Couteau à tracer japonais
Sa lame en acier laminé de haute qualité en fait un instrument précieux.

Couteau à tracer universel
Grâce à sa lame à double orientation, il peut être employé indifféremment par un droitier ou un gaucher.

Équerres à queue d'aronde
Servent au traçage des queues d'aronde sur bois tendres et durs.

Gabarits à queue d'aronde
Pour un marquage rapide et précis des queues d'aronde.

Compas à pointes sèches
Outil de traçage équipé d'une molette pour un réglage plus précis.

Pied à coulisse (lecture numérique)
Sert à mesurer l'épaisseur des pièces de bois.

Niveau à bulle
Outil traditionnel à fût en teck et plaque de parement en étain.

Scies

Scie à panneau
La plus courte des scies d'établi, pour les découpes d'assemblages de moyennes dimensions.

Scie à tronçonner
Un peu plus robuste que la précédente, elle s'emploie principalement pour la découpe transversale de bois durs et de panneaux manufacturés.

Scie à refendre
Sert le plus souvent à la refente (découpe dans le sens du fil) des pièces de bois massif.

Accessoires d'extraction de poussière

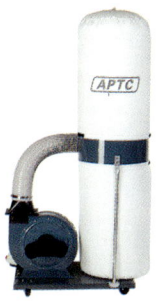

Aspirateur industriel
Peut être relié à tous les outils électroportatifs ; permet aussi le nettoyage autour de l'établi. Ici, il est couplé à une défonceuse.

Extracteur à sac
Permet d'éviter l'accumulation de sciure et de poussière dans l'atelier. Indispensable lors de l'utilisation de machines-outils.

Capot d'extraction sur pied
Placé à proximité des accessoires de coupe d'une machine-outil afin d'ôter poussière et copeaux de la surface de travail.

Outils de placage

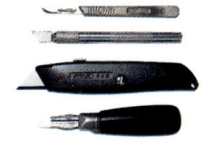

Canifs et cutters
Pour la découpe des éléments de placage.

Scie à placage
Bien affûtée, elle sert à la découpe de feuilles de placage en travers du fil.

Marteau à plaquer
Pour la pose de feuilles de placage à la colle animale.

Pot à colle traditionnel
Sert au chauffage de la colle animale.

Griffe à araser
Pour éliminer les rebuts de placage dépassant d'un support.

Encolleur
Permet l'application d'une pellicule de colle fine et homogène sur un support.

Outils pour cintrage et lamellé-collé

Dispositif de pressage sous vide
Utilisé pour la pose de placage et la réalisation de pièces en lamellé-collé.

Outils de tournage sur bois

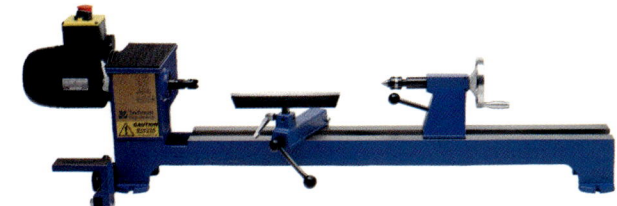

Tour à bois
Permet le tournage entre pointes ou sur plateau.

Outils à manche pour tournage sur bois
Disponibles en une grande variété de dimensions et de formes. Certains sont réservés au tournage entre pointes, d'autres au tournage sur plateau.

Outils de sculpture sur bois

Couteau de planisculpture
Pour la découpe de motifs géométriques répétitifs.

Gouges, fermoirs et burins
Le jeu présenté ici témoigne de la diversité des dimensions et des profils. Nombre de ces outils peuvent être achetés d'occasion, pour un rapport qualité/prix souvent intéressant.

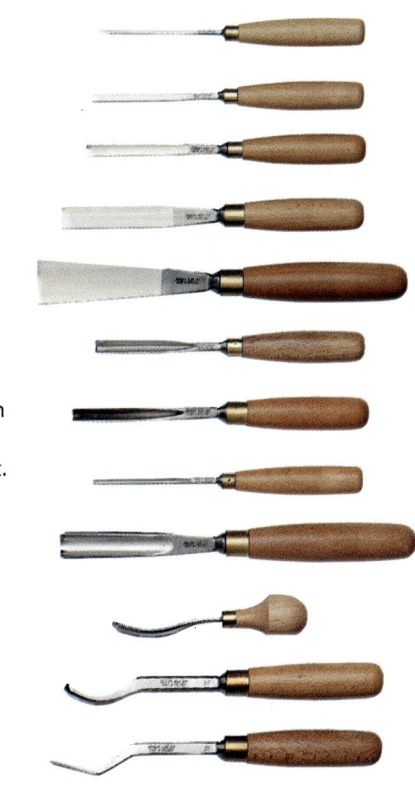

Râpes et limes miniatures
Servent au façonnage et au lissage de détails.

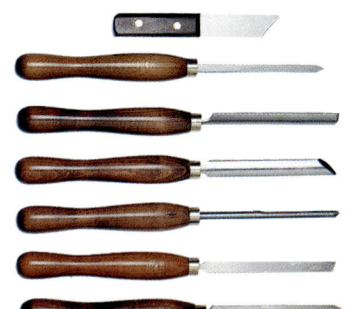

Outils de perçage et de mortaisage

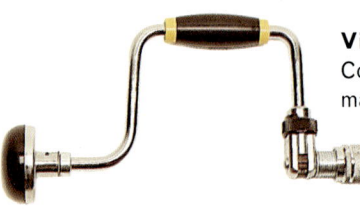

Vilebrequin
Couplé à un jeu de mèches-torses, il permet le perçage manuel du bois brut.

Porte-forets
Outil de perçage manuel acceptant une grande variété de forets et d'embouts.

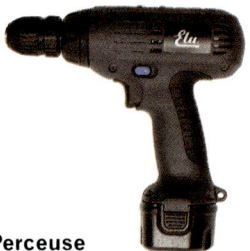

Perceuse à colonne sur pied
Cette machine sur pied s'utilise indépendamment de l'établi.

Kit de mortaisage
Permet d'utiliser une perceuse à colonne pour des travaux de mortaisage.

Perceuse sans fil
Très pratique et largement utilisée pour le perçage, le vissage et le ponçage.

Perceuse à colonne d'établi
Perce des trous parfaitement droits dans des pièces de faibles dimensions.

Mortaiseuse
Permet la découpe de mortaises avec une grande précision.

Support de perçage
Accessoire permettant l'utilisation d'une perceuse électroportative en poste fixe.

Presses et outils d'assemblage

Presse à vis
Permet la mise sous presse rapide des éléments d'un assemblage.

Presse à vis en G
Similaire à la précédente mais de plus ample portée.

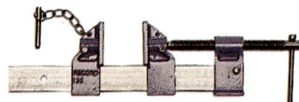

Presse à manche
Également appelée presse à serrage rapide. Fonctionnement semblable aux deux précédentes, mais installation plus rapide.

Serre-joint dormant à profil rectangulaire
Pour la mise sous presse d'assemblages de grande longueur.

Outils de ponçage et de finition

Ponceuses à cylindre
Machine servant au ponçage de pièce de bois courbes de faibles dimensions.

Combiné ponceuse à disque/à bande
Façonnage et ponçage de pièces de bois de faibles dimensions.

Ponceuse à bande électroportative
Permet l'élimination rapide d'un important volume de rebut.

Ponceuse excentrique
Elle ne laisse pas de marques sur la surface travaillée.

Ponceuse à disque
Principalement pour le façonnage à dimension et le ponçage du bois de bout ; utile pour la finition d'une pièce de formes irrégulières.

Ponceuse vibrante
Ponceuse à patin demi-feuille, de plus en plus souvent remplacée par la ponceuse excentrique.

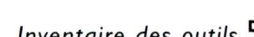

Ponceuse à patin triangulaire
Très utile pour le ponçage dans les angles peu accessibles.

Bâton à décrasser
Bâton abrasif utilisé pour le décrassage des bandes et disques de ponçage.

Serre-joint dormant à profil en T
Version plus solide et plus coûteuse du précédent. Principalement utilisé par les professionnels.

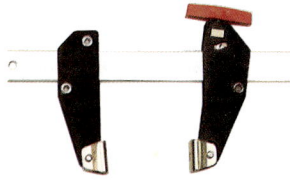

Têtes à presser amovibles
Elles permettent, selon leur orientation, un pressage vers l'intérieur ou vers l'extérieur.

Serre-joint à came à deux têtes mobiles
Plus léger et plus maniable qu'un serre-joint métallique, mais moins efficace.

Serre-joint à came à une tête mobile
Grâce à sa butée fixe, peut être utilisé comme un serre-joint dormant.

Serre-joint dormant en aluminium
Efficace et léger, utile pour la mise sous presse d'assemblages de faibles dimensions.

Presse à bande
Ici, est utilisée pour le collage d'un cadre.

Serre-joints pour lattes assemblées à chant
S'utilisent de la même façon que les serre-joints dormants.

Serre-joints miniatures
Serre-joints en laiton, utiles pour la mise sous presse de pièces de bois de faibles dimensions.

Surfaces de travail et supports

Établi d'ébéniste
L'accessoire le plus important pour le travail du bois, équipé ici d'une presse frontale et d'une presse parisienne.

Trépied de support
Utile pour le support et le maintien des pièces de bois.

Cale d'établi
Accessoire d'établi utilisé pour la taille à dimension de pièces de bois de faible longueur.

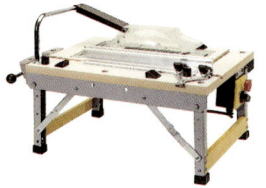

Table de support pour outils électroportatifs
Permet l'utilisation en poste fixe d'une scie sauteuse, d'une scie circulaire ou d'une défonceuse.

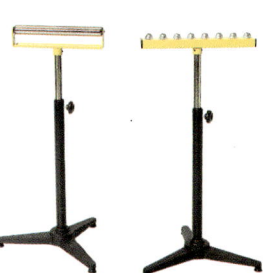

Table pliante
Aisément rangée lorsqu'elle n'est pas utilisée.

Plateau mobile
Ce plateau de support peut être déplacé dans toutes les directions.

Marteaux, maillets et tournevis

Marteau à pointes fines
Pour la pose de semences et de pointes fines.

Marteau de menuisier
(forme anglo-saxonne)
On utilise la panne pour amorcer la pose des clous de petite taille.

Marteau de charpentier
Souvent préféré au marteau de menuisier. La panne fendue permet l'arrachage des clous.

Tournevis automatique
Permet le vissage par pressions verticales sur le manche de l'outil.

Maillet à tête en caoutchouc
Montage et démontage des carcasses sans dommages pour le bois.

Massette
S'utilise pour l'assemblage de carcasses. Particulièrement efficace pour l'expulsion des surplus de colle.

Maillet de menuisier
On l'emploie pour engager dans le bois gouges et ciseaux à mortaiser.

Tournevis d'ébéniste
Permet la pose de vis à têtes fendues pour tous les travaux d'assemblage.

Tournevis à cliquet
Fort de ses six embouts de vissage interchangeables, ce tournevis est très pratique pour les petits travaux.

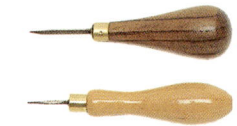

Poinçon et alène
Ces deux outils diffèrent par la forme de leur lame ; celle du poinçon est de section cylindrique, celle de l'alène, de section carrée. On utilise souvent une alène pour marquer l'emplacement des vis lors de la pose d'une charnière.

Tréteau
Souvent construits dans l'atelier, les tréteaux sont des accessoires très pratiques pour le support de planches et autres pièces de bois.

Servantes
À billes ou à rouleaux, elles supportent les pièces de grande longueur durant leur façonnage à la machine.

Scie à queue d'aronde
Longue de 20 à 25 cm, elle sert aux petites découpes d'assemblages.

Scie à tenon
Longue d'environ 30 cm, on l'utilise pour les découpes d'assemblages de moyennes dimensions.

Scie sterling
Cette scie à manche droit s'emploie comme une scie à queue d'aronde.

Dozuki
Scie à dos japonaise.

Ryoba
Scie japonaise utilisée pour les découpes de précision.

Dutsuki-me
Scie japonaise à denture très fine.

Scie à onglets
Scie couplée à un guide permettant une découpe précise des onglets.

Scie à archet
Permet la découpe de formes courbes.

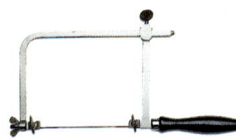

Scie à coupe courbe
Scie à cadre réglable, employée pour la découpe de formes courbes à faible rayon.

Scie à coupe courbe fixe
Même usage que la précédente, mais le cadre est fixe.

Guillotine
Pour la taille des bois de bout sur les pièces de faibles dimensions.

Scie circulaire sur table
Dispositif de découpe rotative à lame circulaire avec table de support.

Scie circulaire sur table
Autre configuration, montée sur établi.

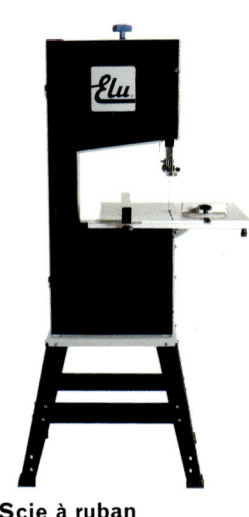

Scie à ruban
Machine de faible encombrement servant pour les découpes rectilignes ou courbes.

Scie radiale
Utilisée pour la taille de pièces de bois à longueur (tronçonnage).

Scie circulaire sur table de chantier
Moins élaborée et moins précise qu'une scie circulaire sur table d'atelier.

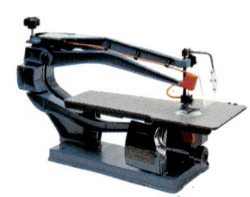

Scie à chantourner
Sa lame très fine permet la découpe de courbes de faible rayon.

Scie sauteuse
Scie électroportative convenant à la découpe de formes courbes et rectilignes.

Fraiseuse à lamelles
Permet la réalisation rapide d'assemblages à lamelles.

Scie sabre
S'utilise également pour le ponçage, moyennant l'adaptation d'un embout spécial.

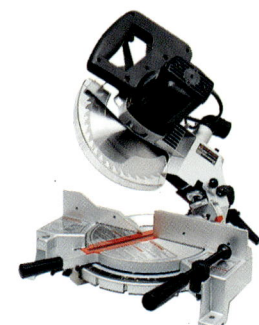

Scie radiale d'établi
Utilisée pour la découpe d'onglets ou pour la taille à longueur des pièces de bois.

Scie circulaire électroportative
L'outil présenté ici est une scie circulaire sans fil, très pratique pour le travail sur chantier.

Défonceuses

Défonceuse
Ce modèle de forte puissance, destiné à des travaux importants, dispose d'un variateur de vitesses.

Défonceuse sur table
La défonceuse est positionnée fraise en haut pour une utilisation sur table.

Combinés à bois

Ce combiné à bois de dimensions moyennes comprend une scie circulaire sur table, une dégauchisseuse et une raboteuse. Certaines machines sont également équipées d'une toupie.

Préparation d'un rabot métallique

1 Fixez solidement, à l'aide de toile adhésive, une feuille de papier abrasif de grain 60 sur une surface plane.

2 Frottez la semelle du rabot d'avant en arrière sur la longueur du papier abrasif.

3 Vérifiez la planéité de la semelle avec une limande ou la lame d'une équerre droite.

4 Complétez la vérification en plaçant la semelle dans l'alignement de votre œil, sous un éclairage direct.

5 Vérifiez que l'arête du contre-fer est plaquée contre le fer, pour éviter le passage intempestif de copeaux.

6 Après un lissage approprié du fer, donnez au tranchant une très légère courbure convexe.

La pierre à eau japonaise est employée pour lisser lames de ciseaux et semelles de rabots.

Le contre-fer, qui vient reposer au dos du fer, doit être limé et ajusté afin qu'il s'y accole étroitement. Il est essentiel que ces deux pièces d'acier ne soient séparées par aucun interstice, dans lequel les copeaux pourraient se coincer. Lissez également la surface supérieure du contre-fer de façon à ce que les copeaux glissent librement dessus.

Préparation d'un ciseau

7 Passez la planche de la lame sur une pierre diamantée à grain fin pour obtenir une surface parfaitement lisse et uniforme.

AFFÛTAGE DES OUTILS TRANCHANTS

L'affûtage est une opération essentielle qui permet d'obtenir un parfait contrôle sur l'action du tranchant d'un outil. En outre, un bon affûtage réduit l'effort musculaire nécessaire pour forcer le tranchant de l'outil dans une pièce de bois (notamment s'il s'agit d'un bois dur) et augmente en conséquence la précision du geste. Attachez-vous à conserver les tranchants de vos ciseaux parfaitement affûtés, et tentez de sentir la façon dont ils travaillent le bois. Ne laissez pas un ciseau s'émousser; repassez son tranchant à la pierre dès que vous décelez la moindre résistance.

Meulage

Le premier stade de l'affûtage, réalisé à la meule, consiste à donner au biseau d'une lame ou d'un fer un angle proche de 25°. Les meules et tourets à meuler refroidis à l'eau sont les plus simples d'utilisation; le refroidissement empêche une surchauffe de l'acier, susceptible de modifier la dureté du tranchant et d'abîmer irrémédiablement les outils, même les plus onéreux. Consacrez une part non négligeable de votre budget initial à l'achat d'un outil de meulage performant, car il est primordial de pouvoir affûter

ses outils sans trop d'efforts. On trouve aujourd'hui des ciseaux et des gouges à des prix relativement modiques; à condition de les affûter fréquemment, ces outils de moindre coût vous serviront aussi bien et aussi longtemps que les modèles les plus onéreux.

Lissage et émorfilage des ciseaux à bois

Une fois le meulage terminé, il est temps de faire usage de pierres à affûter. Il en existe de nombreux modèles, mais les pierres à eau japonaises en matière synthétique sont les moins onéreuses, les plus faciles à utiliser et les plus efficaces. Deux pierres vous seront nécessaires : une pierre à grain 1000 et une autre à grain 6000, pour le lissage final. Le lissage du tranchant s'effectue en présentant le ciseau face biseautée en dessous. Pressez légèrement la planche de l'outil de manière à bien plaquer le tranchant contre la surface abrasive.

Meule à eau
équipée d'un disque d'affilage
en caoutchouc dur.

Ce petit touret à meuler est équipé
d'une meule au carborundum (à droite)
et d'une bande abrasive pour l'affilage
(à gauche).

POUR EN SAVOIR PLUS

Ciseaux à bois 20

Outils de rabotage 22

Préparation des outils
tranchants 24

Outils de tournage 179

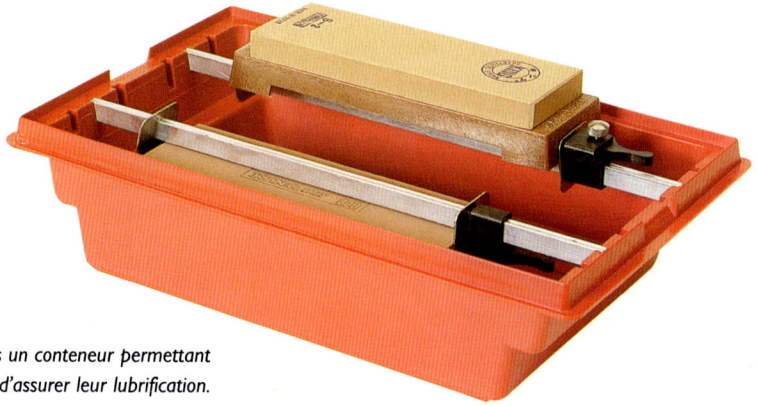

Pierres à affûter japonaises dans un conteneur permettant
à la fois de les conserver et d'assurer leur lubrification.

2. OUTILS À MAIN

Après avoir bien stabilisé la lame en position, ramenez-la doucement vers vous, et répétez l'opération jusqu'à obtenir un biseau secondaire d'environ 1 mm. Cette technique est relativement simple à acquérir, mais vous pouvez, si vous le souhaitez, utiliser un guide.

Après quelques passes sur la pierre, le passage d'un doigt sur le tranchant révèle la formation d'une barbe. Placez maintenant l'outil sur la pierre à grain 6000 et passez alternativement les deux faces délimitant le tranchant (planche et biseau) sur la surface abrasive jusqu'à la chute de la barbe (ne tentez pas de l'ôter avec les doigts). Le tranchant de l'outil est maintenant affûté à la perfection et prêt à être utilisé.

3 Lissage d'un fer de rabot sur une pierre diamantée.

4 Un fer de rabot avant lissage et émorfilage (à gauche), et après ces deux opérations (à droite).

Lissage des lames de ciseaux

5 La barbe de métal formée après lissage est ici bien visible.

6 Après émorfilage, le tranchant apparaît net et acéré.

Utilisation d'une meule

7 Affûtage à la meule d'une gouge de tournage en acier rapide. Il est déconseillé d'affûter une lame ou un fer en acier au carbone sur une meule d'établi.

Lissage des fers de rabot

1 Le lissage d'une lame ou d'un fer peut être effectué à l'aide d'un guide prévu à cet effet.

2 Le guide maintient le fer à l'angle adéquat. Avec un peu de pratique, vous découvrirez que l'on peut facilement se passer d'un tel accessoire.

Affûtage des outils tranchants 27

SCIES D'ÉTABLI

Les scies à refendre et les scies à tronçonner, principales scies d'établi, diffèrent principalement par leur denture. Les dents d'une scie à refendre sont meulées dans leur largeur et présentent une arête de coupe frontale quasi verticale; elles fendent les fibres du bois à la manière de minuscules lames de ciseau. Celles d'une scie à tronçonner sont meulées en biais et présentent une arête de coupe frontale légèrement inclinée vers l'arrière de l'outil; elles tranchent les fibres à la façon de petits couteaux. Une scie à tronçonner s'avère particulièrement utile pour un travail sur un bois tendre et humide, alors qu'une scie à refendre donne sa pleine mesure lors du délignage de bois durs et secs. Nombre d'ébénistes transforment aujourd'hui leurs scies à panneaux en scies à refendre en modifiant l'avoyage de la denture. Les panneaux en aggloméré et médium (MDF) usent très rapidement les dents d'une scie à main; pour scier ces matériaux, utilisez une scie d'un prix peu élevé, à denture renforcée et non affûtable. Les scies d'établi de bonne qualité présentent souvent une lame affinée dans la partie supérieure pour faciliter le guidage et la pénétration dans le bois. Si vous ne faites pas usage de scies motorisées, une scie à panneaux de longueur moyenne, possédant environ 10 dents par pouce, vous sera des plus utiles.

Scies à dos

Caractérisées par une barrette d'acier ou de laiton qui enserre le dos de lame, les scies à dos, parmi lesquelles scies à tenon et scies à queue d'aronde, sont elles aussi très utilisées. À l'instar de la plupart des outils à main modernes, elles doivent être préparées pour offrir un rendement optimal. Ainsi l'avoyage, qui permet la formation d'un trait de scie plus large que l'épaisseur de la lame, est-il souvent excessif sur les scies neuves. Pour tenter de le diminuer, retirez la couche de vernis qui recouvre le métal et frappez doucement la lame posée sur une enclume avec une pierre à affûter multiforme ou un petit marteau. Cette diminution de l'avoyage permet de réduire l'effort nécessaire au maniement de la scie, et donc de gagner en précision. La plupart des travailleurs du bois possèdent trois scies à dos : une scie à tenon pour les travaux d'ordre général et les découpes d'assemblages de grandes dimensions, une scie

Scie à panneaux

Scie à tronçonner

Scie à refendre

CI-DESSUS *Jeu de scies d'établi. La scie à refendre permet une découpe dans le sens des fibres;la scie à tronçonner attaque le bois en travers des fibres; la scie à panneaux est d'un usage plus polyvalent.*

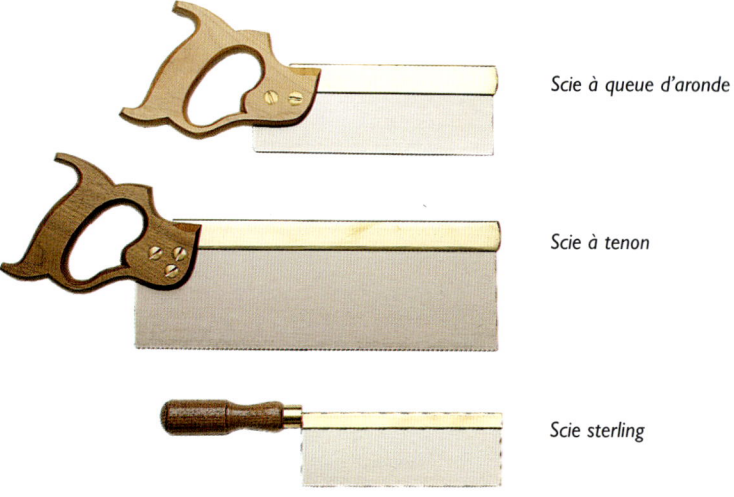

Scie à queue d'aronde

Scie à tenon

Scie sterling

CI-DESSUS *Jeu de scies à dos. Une scie à queue d'aronde, une scie à tenon et une scie sterling à denture très fine.*

Denture à tronçonner

Denture à refendre

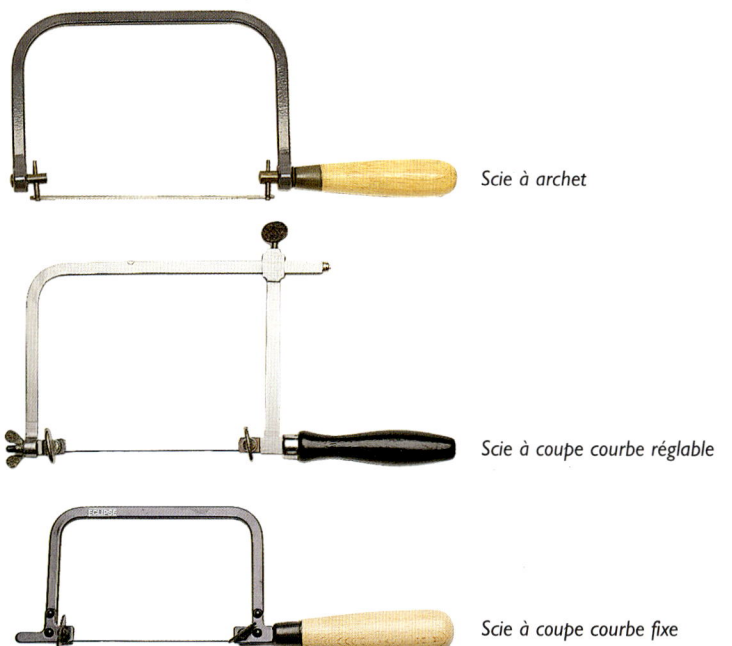

Scie à archet

Scie à coupe courbe réglable

Scie à coupe courbe fixe

Cι-DESSUS *Jeu de trois scies pour découpes courbes. La scie à archet, la plus courante, est parfois employée pour le façonnage de queues d'aronde; les deux autres servent le plus souvent à la découpe de fenêtres.*

Dozuki - pour les découpes de petits assemblages. L'équivalent de la scie à tenon occidentale.

Ryoba - scie à double denture pour travaux de refente et de tronçonnage sur des pièces d'assemblage.

Dutsuki-me - scie à denture très fine souvent préférée à la scie à queue d'aronde occidentale.

Cι-DESSUS *Les scies japonaises sont de plus en plus utilisées en Occident. Elles sont dotées d'une lame très fine qui découpe généralement sur la traction.*

à queue d'aronde à lame de 20 cm et à faible avoyage pour les découpes de petits assemblages, et une scie de dimension intermédiaire, à lame de 25 cm.

Autres scies à main

Superbement affûtées dès leur fabrication, les scies japonaises permettent le façonnage d'un trait de scie net et fin, mais ont l'inconvénient de découper sur la traction (et non sur la poussée, comme les scies occidentales). Les scies à archet et les scies guichet sont spécialement utiles pour la découpe de petites pièces courbes, tandis que la scie sterling, bien que ne pouvant remplacer une scie à queue d'aronde correctement avoyée, s'emploie plus particulièrement pour les travaux fins et délicats. La scie à onglet est une scie à cadre moderne couplée à un support de guidage, qui permet le tronçonnage d'une pièce de bois selon un angle déterminé.

Affûtage des scies à main

Il n'est pas recommandé de procéder soi-même à l'affûtage des scies à main; adressez-vous plutôt à un professionnel, qui possède les instruments et les connaissances nécessaires. L'affûtage des scies à dos de petites dimensions reste cependant un exercice à votre portée; affûtez une scie à queue d'aronde en passant une lime plate "taille douce" sur le tranchant de chacune des dents. Répétez cette opération à intervalles réguliers.

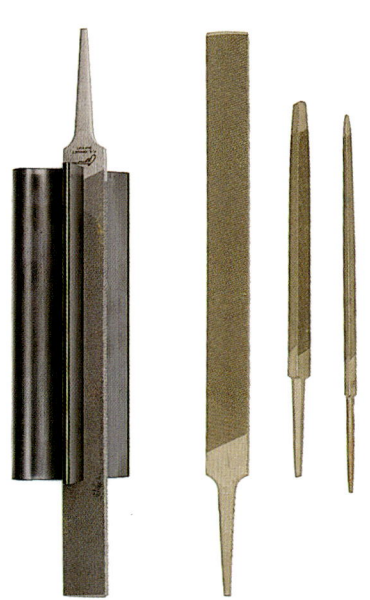

Jeu de limes pour l'affûtage des lames de scie et accessoire permettant un parfait positionnement de la lime durant ce travail.

Pince à avoyer

Scie à onglet moderne

POUR EN SAVOIR PLUS

Scies électroportatives	42
Utilisation des scies à main	60
Façonnage à la scie	78
Assemblage à plat-joint d'onglet	130

2. OUTILS À MAIN

Scies d'établi

SERRE-JOINTS
ET PRESSES À MANCHE

Le maintien provisoire de pièces de bois assemblées par collage est une pratique courante de la menuiserie et de l'ébénisterie. On utilise à cette fin des presses à vis, pour les pièces de faibles dimensions, ou des serre-joints, pour des éléments de dimensions plus importantes, tels que portes et fenêtres.

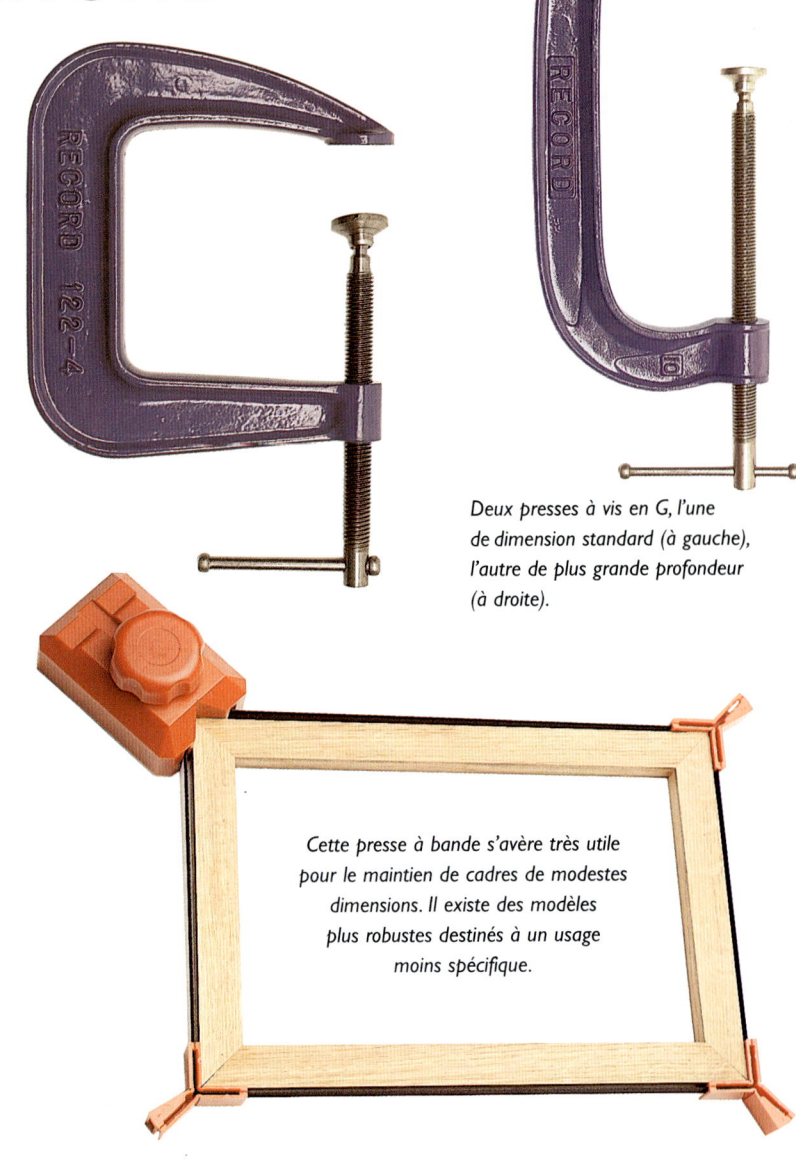

Deux presses à vis en G, l'une de dimension standard (à gauche), l'autre de plus grande profondeur (à droite).

Les divers modèles

Disponibles en de multiples largeurs et longueurs, les presses métalliques en G permettent d'imprimer une pression très importante, dont vous n'aurez en fait que rarement l'utilité. Un assemblage bien réalisé ne nécessite qu'un faible volume de colle et s'accommode parfaitement d'un serrage modéré. Il est en revanche indispensable que la pression s'exerce uniformément sur les parties encollées ; c'est pourquoi il n'est pas rare d'avoir à utiliser de dix à douze presses pour le maintien d'un seul petit assemblage.

Les serre-joints à came en bois, s'ils n'exercent qu'une pression limitée, offrent l'avantage d'être légers, très faciles à utiliser et, en outre, peu onéreux.

L'outil de maintien le plus fréquemment utilisé est la presse à manche, souvent appelée presse à serrage rapide. Cette presse permet un travail rapide et efficace, mais elle est souvent d'un prix élevé.

La pince à serrer, que l'on manie d'une seule main, se révèle précieuse lorsqu'il est nécessaire de tenir l'assemblage pour le mettre sous presse. En dehors de cet avantage indiscutable, cet outil de pressage est trop fragile pour supporter un usage intensif.

Utilisés à l'origine pour la construction de portes et fenêtres, les serre-joints dormants sont plus particulièrement destinés au maintien de planches assemblées chant à chant.

Cette presse à bande s'avère très utile pour le maintien de cadres de modestes dimensions. Il existe des modèles plus robustes destinés à un usage moins spécifique.

POUR EN SAVOIR PLUS

Marteaux et tournevis   32

Assemblages   Chapitre 7

Placage   174

Accessoires de fixation et étaux de sculpteur   187

Colles à bois   207

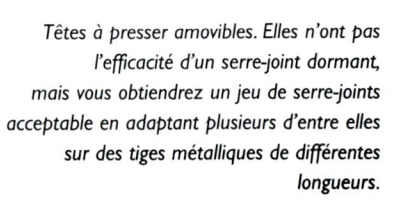

Ces presses spécifiques sont très pratiques pour assembler plusieurs planches chant à chant. Préférez-leur malgré tout les serre-joints dormants, d'un usage plus polyvalent.

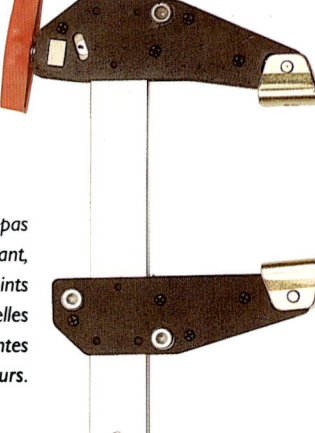

Têtes à presser amovibles. Elles n'ont pas l'efficacité d'un serre-joint dormant, mais vous obtiendrez un jeu de serre-joints acceptable en adaptant plusieurs d'entre elles sur des tiges métalliques de différentes longueurs.

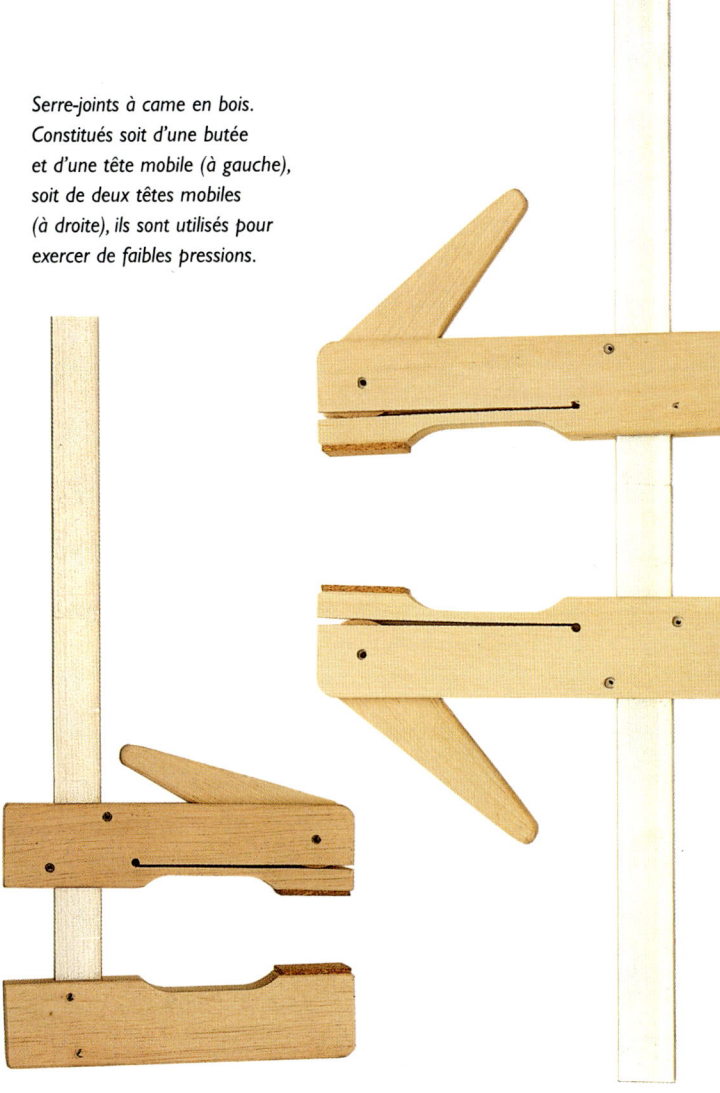

Serre-joints à came en bois. Constitués soit d'une butée et d'une tête mobile (à gauche), soit de deux têtes mobiles (à droite), ils sont utilisés pour exercer de faibles pressions.

Presse à serrage rapide. Ces presses sont très utiles, mais ayez soin d'acheter des modèles de bonne qualité.

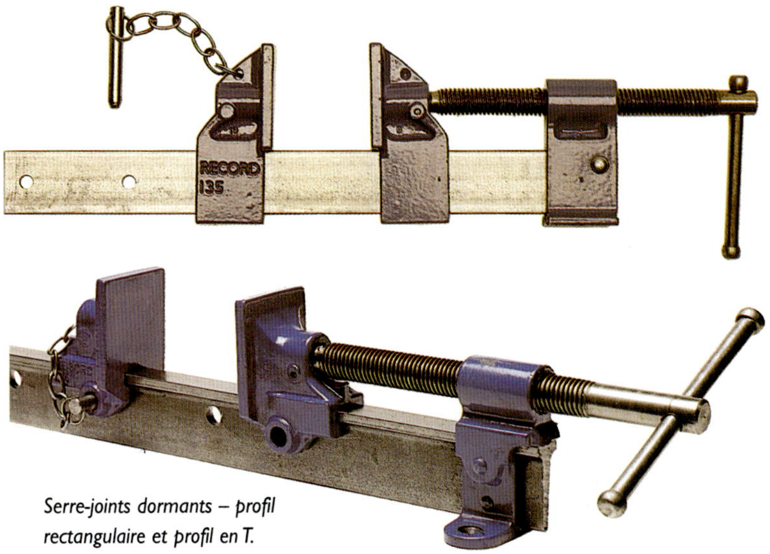

Serre-joints dormants – profil rectangulaire et profil en T. L'un des outils d'assemblage les plus efficaces. Les modèles à profil rectangulaire conviennent aux petits travaux, les modèles à profil en T, aux pièces de grandes dimensions.

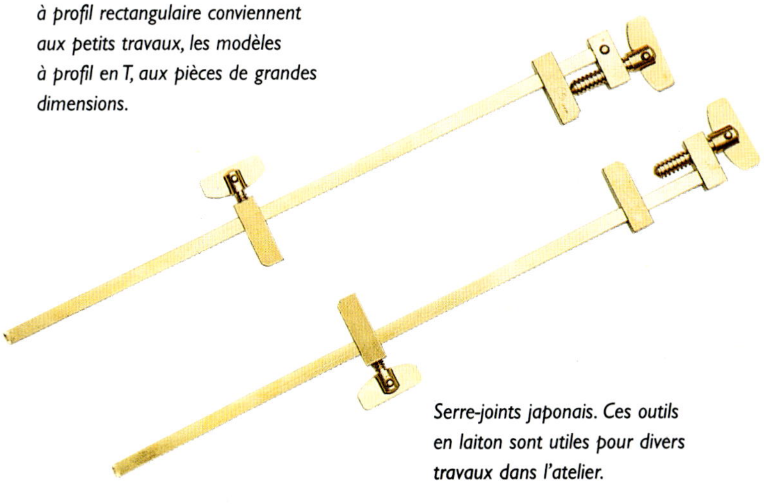

Serre-joints japonais. Ces outils en laiton sont utiles pour divers travaux dans l'atelier.

Disposez-les tous les 15 cm, tour à tour sur l'une et l'autre face du panneau fabriqué. Les serre-joints dormants de faible section conviennent à la réalisation de petits travaux; pour un usage polyvalent dans l'atelier, optez de préférence pour des modèles plus robustes à profil en T. Gardez toujours les barres de ces serre-joints parfaitement lubrifiées et exemptes d'éventuelles bavures de colle. Veillez également à protéger les surfaces pressées en intercalant des cales de bois entre celles-ci et les mâchoires des serre-joints. Au moment de mettre un travail sous presse, souvenez-vous qu'un assemblage bien réalisé s'accommode de peu de colle et d'un pressage de faible intensité. Plutôt que d'imprimer une pression importante pour joindre les composants d'un assemblage, efforcez-vous de rectifier celui-ci avant collage. Vous n'aurez jamais trop de presses et de serre-joints dans votre atelier. Dans un premier temps, faites l'acquisition de six presses et de quatre serre-joints, puis complétez cette collection à mesure de vos besoins. Les pinces à serrer séduisent souvent le menuisier débutant, tout comme certains serre-joints proposés à des prix imbattables; ne négligez pas l'importance de ces outils de pressage et préférez les modèles de qualité.

Serre-joints et presses à manche   **31**

MARTEAUX ET TOURNEVIS

Les marteaux, maillets et tournevis s'avèrent précieux pour la réalisation de certains travaux d'ébénisterie, parmi lesquels l'assemblage d'un tiroir. Cette opération s'effectue le plus souvent à l'aide d'un petit marteau à embout synthétique ou à tête métallique. L'assemblage d'une carcasse plus imposante nécessitera l'emploi d'un outil de taille supérieure.

Outils à frapper

La massette de maçon de 2 kg reste l'un des outils les plus efficaces pour l'assemblage de carcasses à queues d'aronde de grandes dimensions. Les frappes successives assurent le parfait emboîtement des éléments et l'expulsion complète des surplus de colle. Les marteaux à face en caoutchouc ou en matière synthétique sont couramment employés en préassemblage car ils ne marquent pas la surface des pièces travaillées. Pour l'assemblage final, les professionnels leur préfèrent souvent un marteau à tête en acier, qui permet de travailler "à l'oreille" (le son produit par l'outil devient de plus en plus mat à mesure de l'emboîtement des composants).

Tournevis

Employez toujours un tournevis dont la tête correspond exactement à l'empreinte de la vis à poser. Pour cela, faites l'acquisition d'un jeu complet de ces outils, et n'hésitez pas, au besoin, à limer la tête droite de certains d'entre eux afin d'obtenir un emboîtement plus précis. La pose de vis permet la réalisation d'assemblages sans l'aide de presses ou de serre-joints; dissimulez alors la tête des vis à l'aide de bouchons de bois.
Le filetage à double spirale des vis cruciformes modernes permet une parfaite accroche dans le bois de bout. Utilisez-les lorsqu'il vous est nécessaire d'assembler deux composants par vissage. Choisissez un tournevis cruciforme avec grand soin, en vous assurant que sa tête correspond bien à l'empreinte des vis employées.

Marteau pour pointes fines, léger et précis pour la pose des semences et des pointes sans tête.

Marteau de menuisier, voué à un usage plus polyvalent.

Marteau de charpentier.

Massette, très utile pour l'assemblage de carcasses de grandes dimensions.

Maillet à tête synthétique, pour les préassemblages et les petits travaux.

Maillet en bois traditionnel, existant en divers poids et dimensions, souvent utilisé pour le façonnage de mortaises au ciseau ou pour l'assemblage de composants.

Tournevis d'ébéniste. Il est nécessaire de posséder un jeu complet de ces outils pour la pose de vis de différentes tailles.

POUR EN SAVOIR PLUS

Serre-joints et presses à manche 30

Perceuses et visseuses sans fil 44

Assemblages Chapitre 7

Tournevis court à cliquet avec six embouts de vissage interchangeables.

Tournevis automatique, doté d'embouts de vissage interchangeables et fonctionnant par pressions verticales sur le manche.

Les outils motorisés se répartissent
en deux groupes : outils électroportatifs
(tels que ponceuses, perceuses et défonceuses)
et machines-outils. Certains appartiennent tour
à tour à l'une ou l'autre de ces catégories,
telle la scie circulaire électroportative, qui peut
être montée sur une table pour une utilisation
en poste fixe.
Ayez toujours à l'esprit les dangers liés
à l'utilisation de ces machines et vérifiez
que vous disposez d'une assurance adéquate.
L'installation des divers accessoires et dispositifs
de sécurité relève de votre seule responsabilité;
au besoin, prenez conseil auprès d'un
professionnel ou suivez un stage de formation
sur ce sujet.

Scies à ruban	34
Scies circulaires sur table	36
Raboteuses et dégauchisseuses	38
Défonceuses	40
Scies électroportatives	42
Perceuses et mortaiseuses	44
Ponceuses	46
Combinés à bois	48

SCIES À RUBAN

De toutes les machines-outils disponibles sur le marché, la scie à ruban est probablement l'une des plus polyvalentes, et pourtant l'une des moins utilisées. À condition que la lame soit changée régulièrement – d'autant plus fréquemment que la scie est petite – et qu'elle soit correctement tendue et positionnée, la scie à ruban est capable d'une grande précision dans la refente et le tronçonnage, voire même (à la différence d'une scie circulaire sur table) dans la réalisation de découpes courbes. Si vous travaillez avec une lame émoussée ou mal réglée, il vous sera pratiquement impossible de maintenir la découpe le long d'une ligne préalablement tracée.

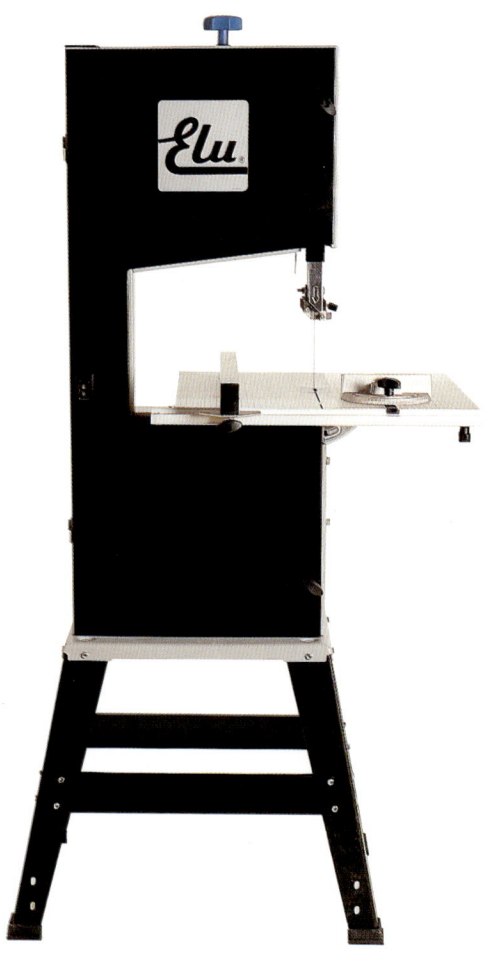

Scie à ruban prête à l'emploi.

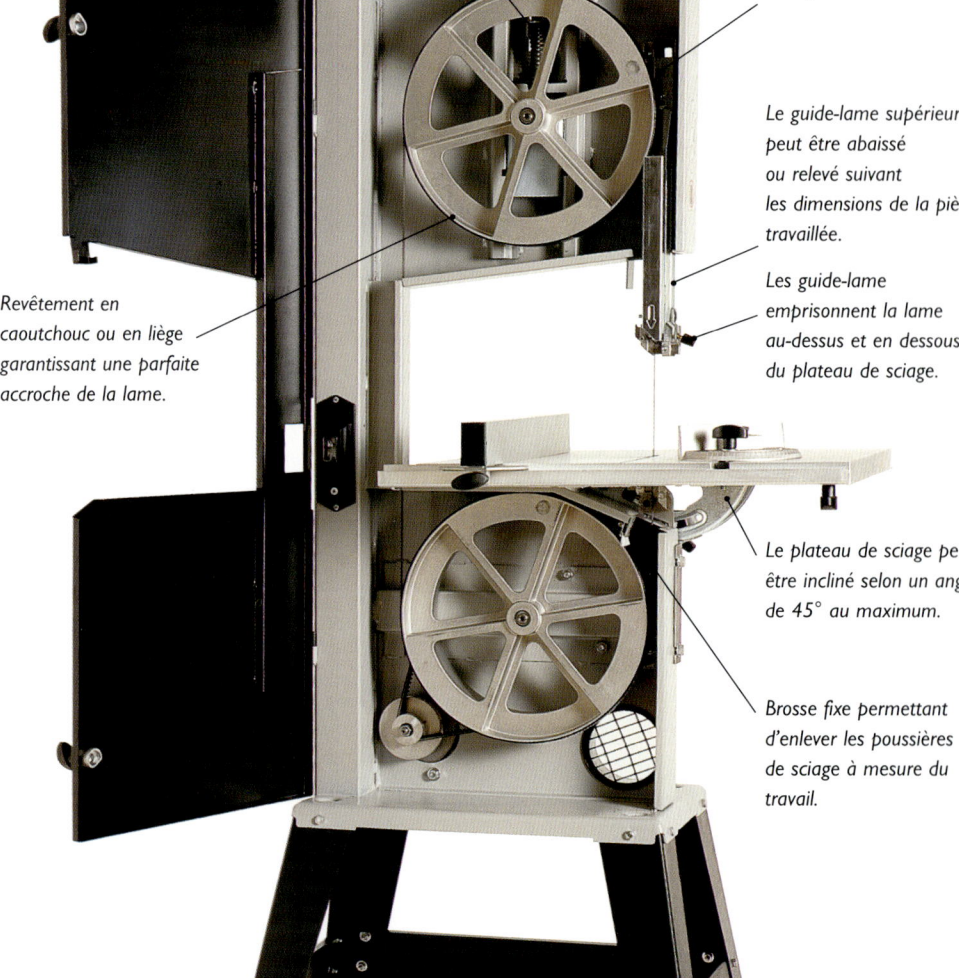

Dispositif de tension et d'ajustement de la lame situé derrière le volant supérieur.

Lame sans fin portée par les volants inférieur et supérieur.

Le guide-lame supérieur peut être abaissé ou relevé suivant les dimensions de la pièce travaillée.

Les guide-lame emprisonnent la lame au-dessus et en dessous du plateau de sciage.

Revêtement en caoutchouc ou en liège garantissant une parfaite accroche de la lame.

Le plateau de sciage peut être incliné selon un angle de 45° au maximum.

Brosse fixe permettant d'enlever les poussières de sciage à mesure du travail.

POUR EN SAVOIR PLUS

Scies d'établi	28
Scies circulaires sur table	36
Dressage des chants et découpes à largeur	54
Découpes à longueur	70
Façonnage, cintrage et lamellé-collé	78

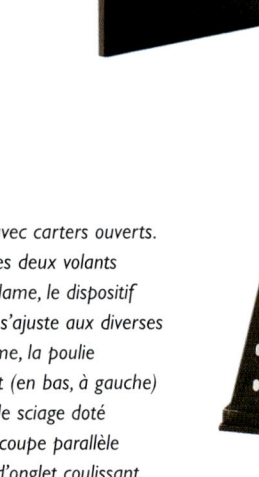

Scie à ruban avec carters ouverts. On distingue les deux volants supportant la lame, le dispositif de tension qui s'ajuste aux diverses largeurs de lame, la poulie d'entraînement (en bas, à gauche) et le plateau de sciage doté d'un guide de coupe parallèle et d'un guide d'onglet coulissant.

Dans le choix d'une scie à ruban, deux paramètres sont à prendre en compte. Le premier est la distance qui sépare le plateau du guide-lame en position haute; elle correspond en théorie à la hauteur maximale de sciage. De fait, la plupart des scies à ruban de petite taille ne doivent pas être employées pour des découpes de pièces épaisses de plus de 15 cm. Au-delà de cette cote, l'emploi d'une scie à ruban plus imposante, rarement présente dans l'atelier d'un amateur, devient nécessaire. Le second paramètre est la largeur de passage, c'est-à-dire la distance entre la lame et le montant du carter. Une largeur de passage d'environ 38 cm s'avère largement suffisante pour la réalisation de la plupart des travaux non professionnels.

La lame

C'est bien sûr l'élément essentiel de la machine. Les dentures des lames de scie à ruban sont ordinairement soit de type « traditionnel », soit de type « gencive », ce dernier profil étant particulièrement

adapté au débit rapide du bois dur. Les lames elles-mêmes sont dites « ordinaires » ou « bimétal ». Le terme bimétal s'applique aux lames à denture trempée ou durcie à chaud, lesquelles possèdent des arêtes de coupe plus dures et sont plus résistantes. Elles sont préférables aux lames ordinaires mais ne peuvent être affûtées par un professionnel que deux ou trois fois au cours de leur vie, car il est impossible d'en modifier l'avoyage, si bien que la largeur de la voie et donc celle du trait de scie sont réduites à chaque affûtage.

Après avoir été placée sur les volants, la lame est ajustée au centre de la bande de roulement puis tendue par le biais d'une molette située sur le dessus de la machine. Elle est ensuite insérée dans les guide-lame situés au-dessus et en dessous du plateau de sciage. Les patins de chaque guide-lame doivent être réglés de manière à maintenir solidement la lame sans jamais la toucher.

Il existe des lames de diverses largeurs, toutes adaptables sur la plupart des machines. Certaines scies à ruban de petite taille acceptent une lame de 6 mm de large qui, tout comme les autres lames étroites, convient plus particulièrement aux découpes courbes.

Ci-dessous Lames de diverses largeurs, affichant chacune un TPI (Teeth Per Inch : nombre de dents par pouce) différent.

4 TPI

14 TPI

18 TPI

14 TPI (lame étroite)

6 TPI

16 TPI (lame étroite)

Le plateau peut être incliné pour la réalisation de découpes obliques.

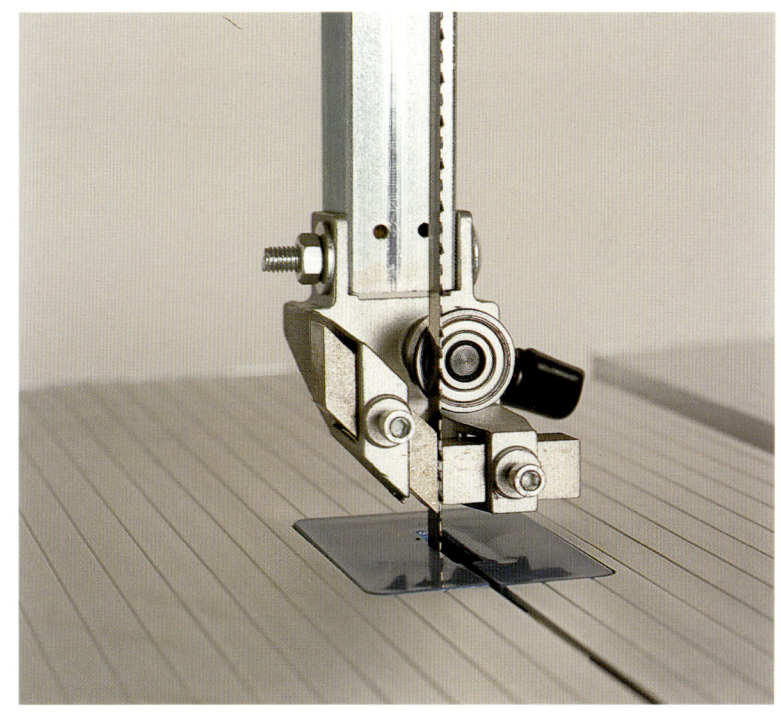

Ci-dessus Gros plan du guide-lame. Les deux coussinets sont positionnés de part et d'autre de la lame pour assurer une course parfaitement rectiligne; la roulette métallique située derrière la lame absorbe la pression exercée sur celle-ci durant le sciage.

SCIES CIRCULAIRES SUR TABLE

La scie circulaire sur table, qui compte parmi les machines les plus utiles dans l'atelier d'un menuisier, permet des découpes d'une grande précision, tant pour la refente que pour la taille à longueur des pièces de bois. Il existe une grande diversité de modèles et de dimensions sur le marché, ainsi qu'une large gamme d'accessoires.

Scies circulaires

Les lames de scies circulaires renforcées au carbure de tungstène sont capables de découpes aussi nettes et fines que celles d'un rabot. Pour cette raison, ces machines sont souvent préférées aux scies à ruban, à la découpe plus grossière. Très pratique pour la mise à dimension des pièces dans le sens ou en travers des fibres, la scie circulaire sur table est la machine favorite de nombre de fabricants de meubles. Elle s'emploie également pour le façonnage de moulures et les découpes obliques, mais sa qualité principale, à laquelle le débutant est particulièrement sensible, est la précision dont elle fait preuve dans les découpes rectilignes et d'équerre.

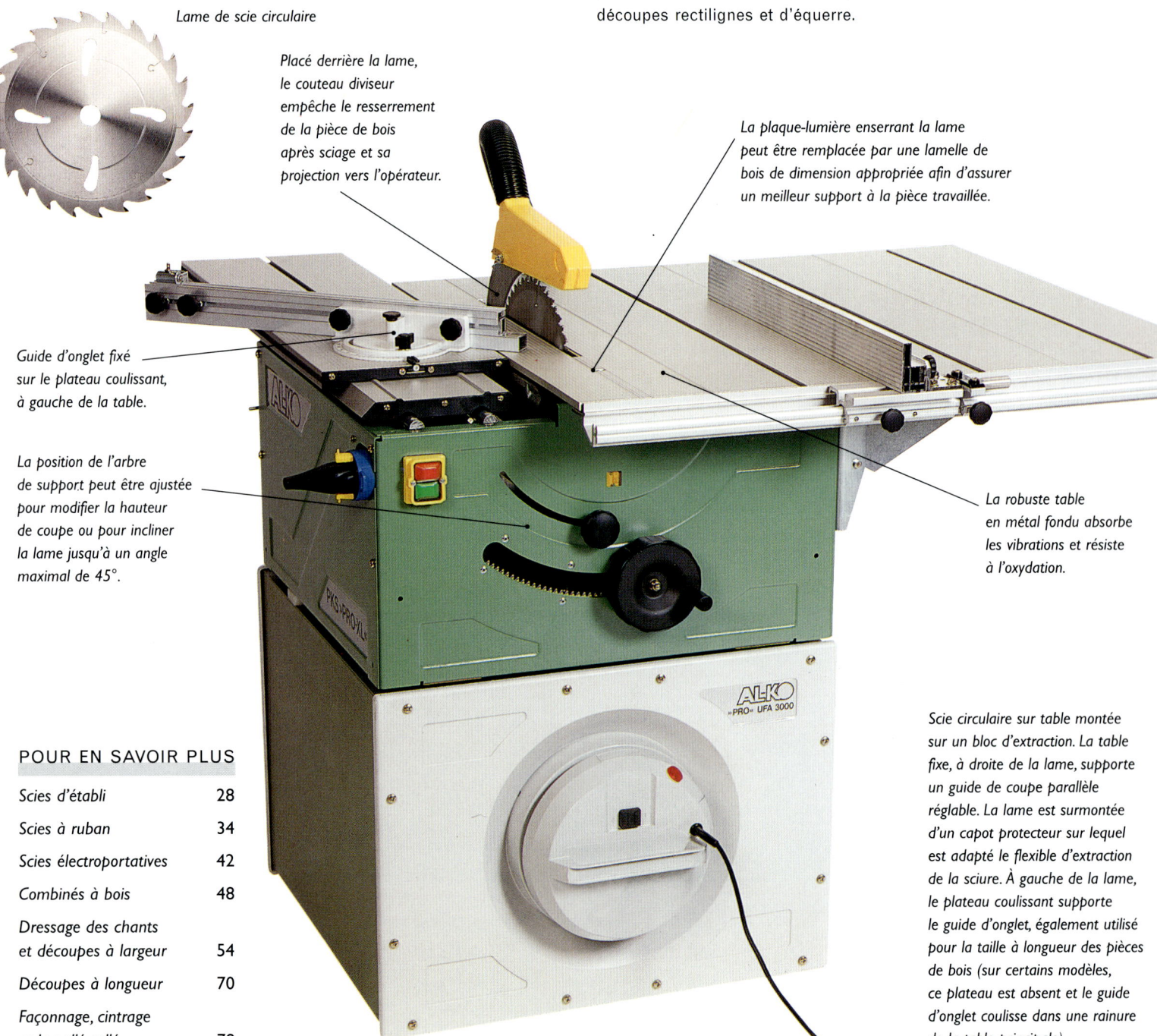

Lame de scie circulaire

Placé derrière la lame, le couteau diviseur empêche le resserrement de la pièce de bois après sciage et sa projection vers l'opérateur.

La plaque-lumière enserrant la lame peut être remplacée par une lamelle de bois de dimension appropriée afin d'assurer un meilleur support à la pièce travaillée.

Guide d'onglet fixé sur le plateau coulissant, à gauche de la table.

La position de l'arbre de support peut être ajustée pour modifier la hauteur de coupe ou pour incliner la lame jusqu'à un angle maximal de 45°.

La robuste table en métal fondu absorbe les vibrations et résiste à l'oxydation.

Scie circulaire sur table montée sur un bloc d'extraction. La table fixe, à droite de la lame, supporte un guide de coupe parallèle réglable. La lame est surmontée d'un capot protecteur sur lequel est adapté le flexible d'extraction de la sciure. À gauche de la lame, le plateau coulissant supporte le guide d'onglet, également utilisé pour la taille à longueur des pièces de bois (sur certains modèles, ce plateau est absent et le guide d'onglet coulisse dans une rainure de la table principale).

POUR EN SAVOIR PLUS

Scies d'établi	28
Scies à ruban	34
Scies électroportatives	42
Combinés à bois	48
Dressage des chants et découpes à largeur	54
Découpes à longueur	70
Façonnage, cintrage et lamellé-collé	78

La scie peut être inclinée pour la réalisation de découpes obliques.

Elle peut être orientée parallèlement au guide de coupe pour un travail longitudinal.

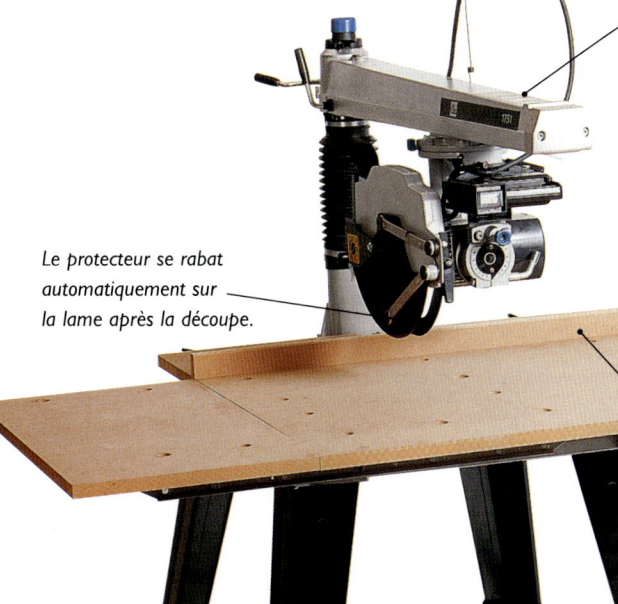

Le protecteur se rabat automatiquement sur la lame après la découpe.

Le bloc de coupe est tiré à lui par l'opérateur, le long du bras de support, pour tronçonner la pièce travaillée. La scie radiale est idéale pour le travail en travers des fibres, mais elle ne convient pas pour le délignage.

Le bras de support peut être orienté latéralement pour une découpe verticale selon un angle quelconque.

Le guide arrière et le plateau fournissent un support approprié à la pièce travaillée, permettant les découpes d'onglet selon un plan vertical ou horizontal.

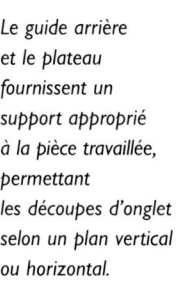

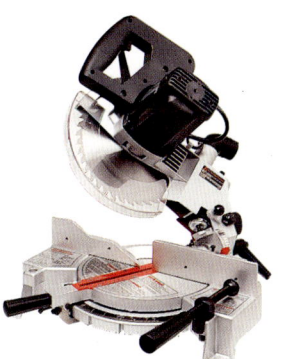

Cɪ-ᴅᴇssᴜs *Une scie radiale d'établi, vouée au tronçonnage droit ou oblique.*

Cɪ-ᴄᴏɴᴛʀᴇ *Scie circulaire sur table de chantier. Ce dispositif permet la refente des pièces de bois.*

Autres scies sur table

La scie radiale, outil beaucoup plus spécialisé, est utilisée notamment pour le tronçonnage. Bien qu'elle soit capable de diverses tâches, telles que le façonnage de moulures ou la découpe d'onglets pour assemblages à plat-joint, elle demeure avant tout une scie à découper en travers des fibres. Pour donner son plein rendement, elle doit être couplée à une table de grande largeur, ce qui explique qu'elle soit rarement présente dans un atelier de faible superficie. La scie à onglet est une scie circulaire articulée à un petit plateau sur lequel court un guide de coupe parallèle; elle s'utilise pour les découpes d'onglet ou la taille à longueur des petits composants. Assez légère, elle offre l'avantage d'être facilement transportable.

On peut également adapter une scie circulaire sur une table légère et portable, très pratique sur un chantier. La plupart de ces tables sont conçues pour accueillir indifféremment une scie circulaire, une scie sauteuse ou une défonceuse, offrant de la sorte un gain de place non négligeable.

La dernière des scies sur table rencontrées dans l'atelier du travailleur du bois est la scie à chantourner, dotée d'une lame très fine permettant la découpe des courbes les plus serrées. Les plus récentes sont si précises que les découpes produites – nettes, propres et lisses – ne nécessitent la plupart du temps aucune finition avant assemblage.

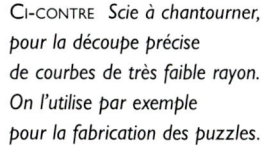

Cɪ-ᴄᴏɴᴛʀᴇ *Scie à chantourner, pour la découpe précise de courbes de très faible rayon. On l'utilise par exemple pour la fabrication des puzzles.*

RABOTEUSES ET DÉGAUCHISSEUSES

Raboteuses, dégauchisseuses et machines combinant ces deux fonctions servent à la préparation du bois de débit. La dégauchisseuse s'utilise plus particulièrement pour le dressage de la face de référence des planches brutes de sciage, lesquelles sont sujettes, lors du séchage, à la torsion ou au tuilage. Pour assurer pleinement cette fonction – aplanir et lisser –, elle est pourvue d'un arbre porte-fer encadré de deux longues tables de support. La largeur de travail d'une dégauchisseuse dépasse rarement 30 cm. Il est peu recommandé de se procurer un porte-fer excédant cette cote car après dressage, les planches de bois larges de plus de 25 cm sont de toute façon sujettes à déformation. Certaines dégauchisseuses plus étroites, équipées d'un porte-fer de 15 à 20 cm de large, servent essentiellement au dressage des chants ou à la préparation des pièces de petites dimensions.

Raboteuses

La raboteuse, dont la table de support est située sous le porte-fer, permet d'achever le corroyage des pièces de bois après un premier passage à la dégauchisseuse. La distance entre la table et la face inférieure du porte-fer est réglable, pour donner à la planche travaillée l'épaisseur souhaitée. Certaines machines sont dotées de tables de dégauchissage escamotables (on parle alors de raboteuses/dégauchisseuses), qu'il est nécessaire de démonter pour une utilisation de l'outil en mode rabotage.

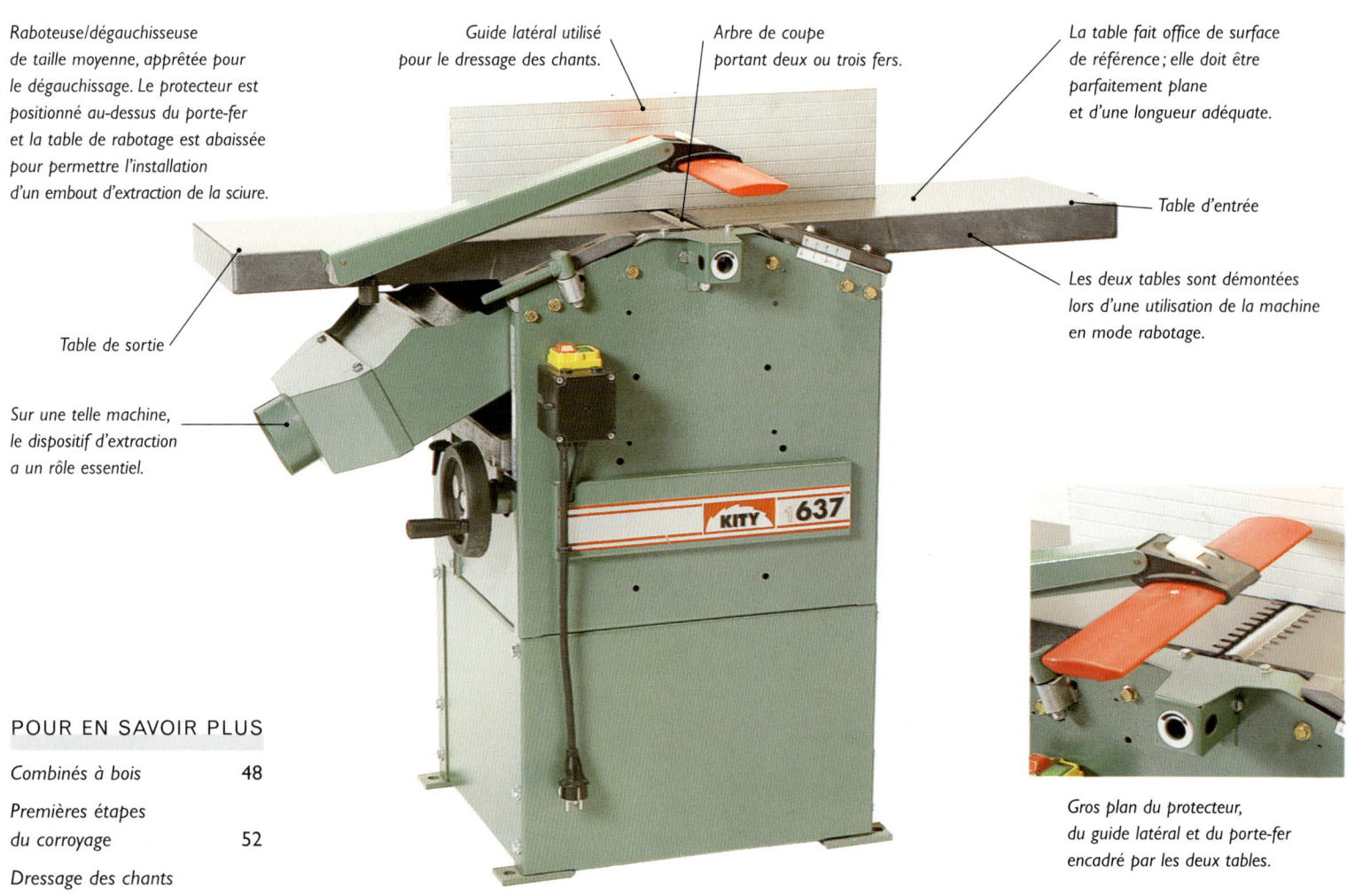

Raboteuse/dégauchisseuse de taille moyenne, apprêtée pour le dégauchissage. Le protecteur est positionné au-dessus du porte-fer et la table de rabotage est abaissée pour permettre l'installation d'un embout d'extraction de la sciure.

Guide latéral utilisé pour le dressage des chants.

Arbre de coupe portant deux ou trois fers.

La table fait office de surface de référence ; elle doit être parfaitement plane et d'une longueur adéquate.

Table d'entrée

Les deux tables sont démontées lors d'une utilisation de la machine en mode rabotage.

Table de sortie

Sur une telle machine, le dispositif d'extraction a un rôle essentiel.

KITY 637

Gros plan du protecteur, du guide latéral et du porte-fer encadré par les deux tables.

POUR EN SAVOIR PLUS

Combinés à bois   48

Premières étapes
du corroyage   52

Dressage des chants
et découpes à largeur   54

Raboteuses et dégauchisseuses attaquent le bois par le biais d'un arbre de coupe rotatif porteur de deux ou trois fers. Le réglage de la profondeur de coupe s'effectue en levant ou en abaissant la table d'entrée (dégauchisseuse) ou la table (raboteuse). Ces machines, et notamment la raboteuse, doivent être utilisées avec un extracteur, car elles produisent une quantité importante de sciure et de poussière de bois. Non collectés, les copeaux et les particules en suspension sont dangereux pour votre santé et menacent, par leur inflammabilité, la sécurité de votre atelier. Le rabot électroportatif, autre outil de rabotage motorisé, s'emploie principalement sur les chantiers ; il est de peu d'utilité dans un atelier.

La préparation du bois de débit : une affaire d'experts

La préparation des pièces de bois brutes de sciage fait partie des tâches incombant au travailleur du bois, mais elle ne représente malgré tout qu'une petite partie de la réalisation d'un projet. Il s'avère souvent plus sage de laisser ce travail à un professionnel. De cette manière, vous éviterez l'installation dans votre atelier de machines encombrantes et rarement utilisées. Si vous suivez ce conseil, faites malgré tout l'acquisition d'une petite dégauchisseuse, telle celle présentée ici, qui s'avérera très utile pour la rectification de pièces de faibles dimensions.

Ci-DESSUS *Cette dégauchisseuse de taille modeste sert au dressage des petits éléments. Elle n'est pas équipée d'une table de rabotage. Les deux volants situés sur la face avant de la machine permettent de lever ou d'abaisser les tables d'entrée et de sortie.*

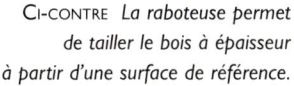

Ci-CONTRE *La raboteuse permet de tailler le bois à épaisseur à partir d'une surface de référence.*

Rabot électroportatif

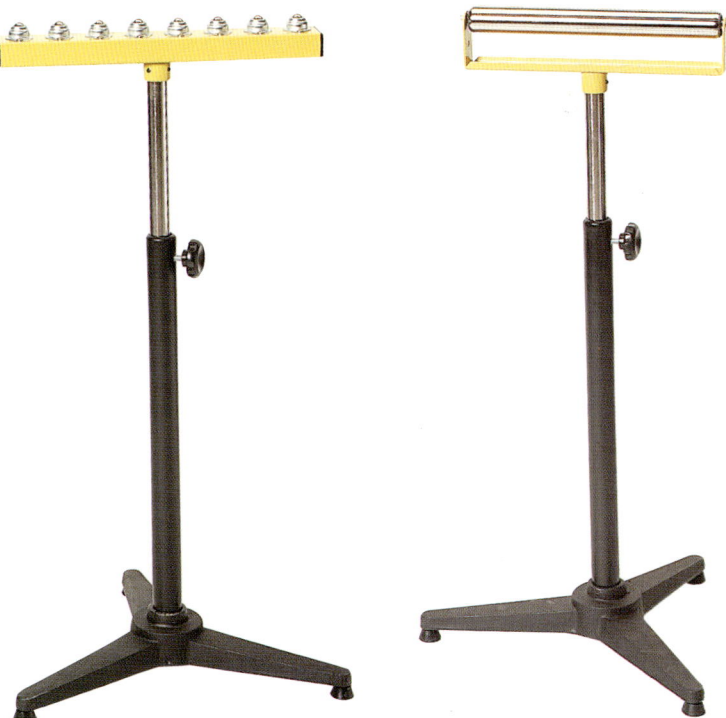

Ci-DESSUS *Il est souvent nécessaire de soutenir des planches de grande longueur à la sortie d'une scie circulaire sur table ou d'une dégauchisseuse, particulièrement lorsque l'on travaille seul. Ces servantes, à sphères ou à rouleaux, s'acquittent fort bien de cette tâche.*

DÉFONCEUSES

Une défonceuse est composée d'un bloc-moteur, qui coulisse dans un plan vertical sur deux colonnes solidaires de la semelle de l'outil. Un mandrin situé à la base du bloc-moteur permet l'adaptation d'accessoires de découpe interchangeables, appelés fraises. La vitesse de rotation, choisie par l'opérateur, atteint sur les outils les plus puissants 30 000 tours/mn. La fraise peut être engagée dans le bois selon un plan vertical (on parle alors de travail en plongée) ou latéral, après un positionnement approprié de la machine. Il est également possible de monter une défonceuse en poste fixe sur une table adéquate ; l'outil est alors retourné et la fraise dépasse du plan de travail.

Le fait qu'elle accepte un grand nombre de fraises de divers profils fait de la défonceuse un outil très polyvalent. On peut sans craindre de se tromper affirmer que la défonceuse a révolutionné la menuiserie : grâce à elle, il est devenu possible aux menuisiers amateurs de réaliser des moulures, de façonner des éléments, de creuser des mortaises ou de découper des feuillures parfaitement

nettes et d'équerre, toutes opérations qui nécessitent ordinairement l'emploi d'un assortiment complet d'outils à main. Dans l'atelier, la défonceuse électroportative remplit le rôle d'un combiné à bois miniature, capable d'une grande variété de tâches pour un investissement relativement peu élevé.

Les défonceuses de faible à moyenne puissance acceptent des fraises à queues de 6 mm de diamètre ; les modèles plus performants sont dotés d'un mandrin permettant l'adaptation de fraises à queues de 6 et 12 mm de diamètre. Les travailleurs du bois préfèrent souvent utiliser une défonceuse de puissance moyenne, plus légère et plus maniable. En certaines occasions cependant, par exemple pour le façonnage des larges moulures d'un panneau de porte décoratif, l'emploi de fraises à queues de 12 mm s'avère nécessaire.

CI-CONTRE Sur cette défonceuse de qualité professionnelle, montée sur rails de guidage, on distingue le mandrin et le guide de coupe parallèle.

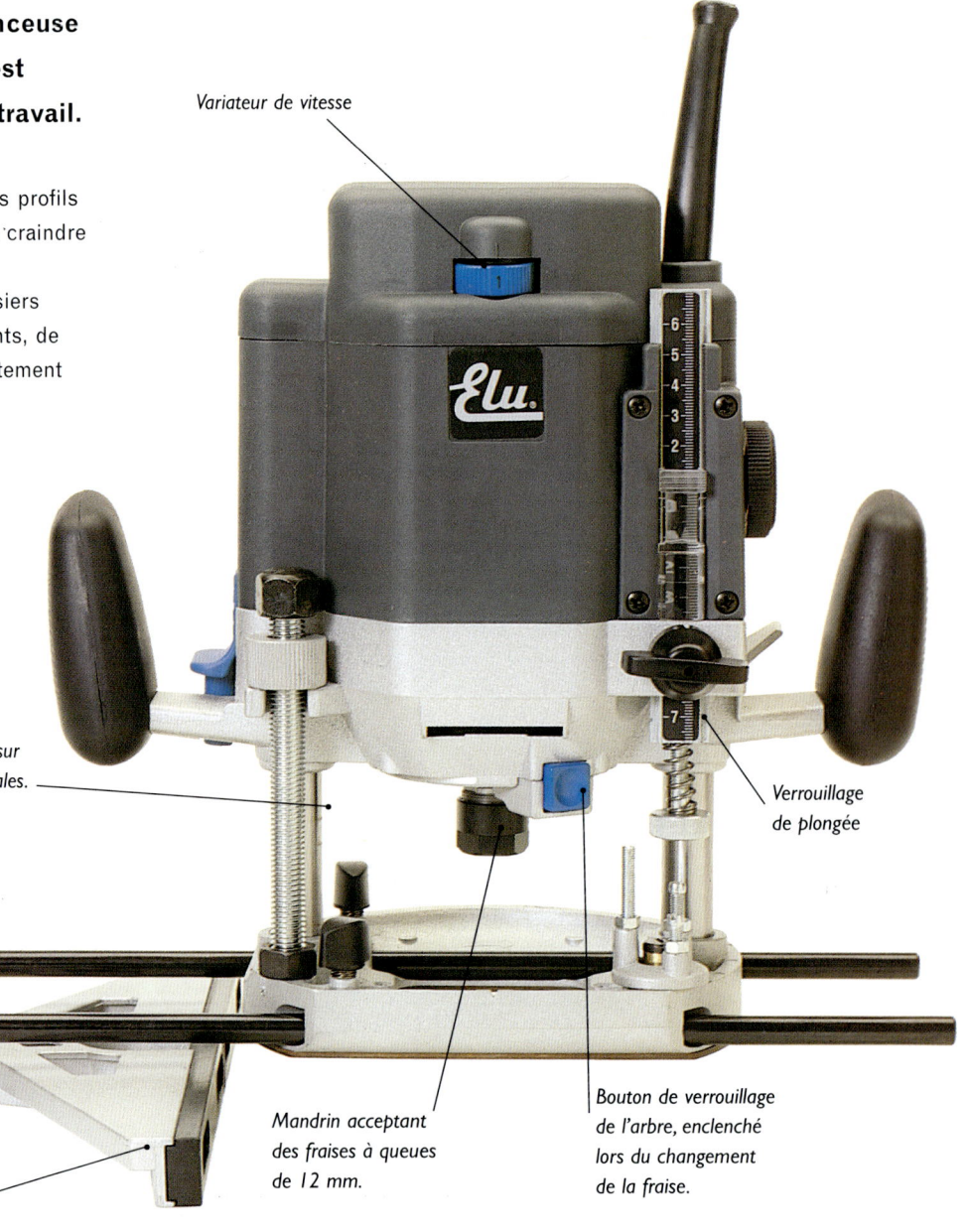

Variateur de vitesse

Le bloc-moteur coulisse sur les deux colonnes verticales.

Verrouillage de plongée

Guide de coupe parallèle, rattaché à la semelle de l'outil.

Mandrin acceptant des fraises à queues de 12 mm.

Bouton de verrouillage de l'arbre, enclenché lors du changement de la fraise.

POUR EN SAVOIR PLUS

Bruit, sécurité et extraction de poussière   16

Découpes à longueur   70

La défonceuse comme combiné à bois   72

3. OUTILS MOTORISÉS

Bruit et poussière

Le variateur électronique, dispositif d'une grande utilité dont sont équipées certaines défonceuses, permet de régler la vitesse de rotation en fonction du type de fraise employée. Les défonceuses produisent un bruit strident et de forte intensité ; aussi est-il très utile, lorsque l'on travaille avec une fraise de faible dimension, de pouvoir réduire le régime du moteur sans affecter les performances de la machine. Outre leur niveau sonore élevé, les défonceuses ont pour inconvénient de produire un volume de poussière important, en particulier lors de travaux sur des panneaux manufacturés. Une intervention, même courte, à l'aide d'une défonceuse non pourvue d'un extracteur génère suffisamment de poussière pour recouvrir l'atelier et l'opérateur d'une couche uniforme de fines particules. Heureusement, la plupart des modèles récents peuvent être munis d'un dispositif d'extraction sans que celui-ci ne masque à l'opérateur la fraise ou la profondeur de coupe. L'extraction de poussière est un aspect à considérer en priorité lors de l'acquisition d'une telle machine ; évitez absolument d'utiliser une défonceuse sans extracteur, même pour un travail de courte durée.

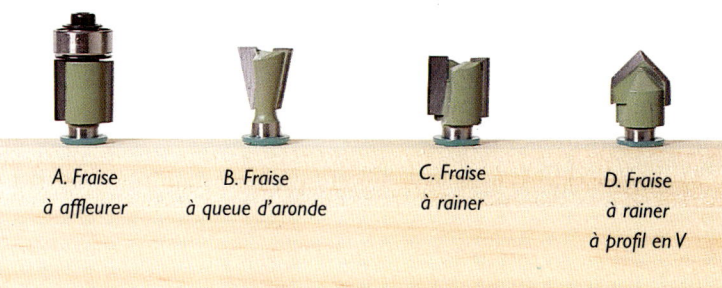

A. Fraise
à affleurer

B. Fraise
à queue d'aronde

C. Fraise
à rainer

D. Fraise
à rainer
à profil en V

E. Fraise
à chanfreiner

F. Fraise
à quart de rond

G. Fraise
à congé

H. Fraise
à doucine

CI-DESSUS *Quelques-unes des diverses fraises commercialisées. A, E, F, G, H sont équipées d'un tenon-guide appuyé sur l'arête inférieure du chant à travailler. B, C et D nécessitent l'emploi d'un guide de coupe monté sur la machine.*

Fraises

La défonceuse doit son succès au fait que l'on peut rapidement et à peu de frais modifier la tête travaillante de l'outil. Les fraises, en acier rapide ou à pastilles au carbure de tungstène, disponibles en de nombreuses formes et dimensions, se répartissent en deux catégories : la première regroupe les fraises employées pour le façonnage des pièces de bois et les découpes d'assemblages (telles les fraises droites et les fraises à feuillurer), la seconde les fraises destinées à la réalisation de moulures décoratives. Les fraises en acier rapide produisent une découpe très fine mais leur durée de vie est courte. Celles à pastilles au carbure de tungstène compensent une finition de moindre qualité par une plus grande résistance et par la possibilité d'être affûtées plusieurs fois (par un spécialiste). On peut également tenter de « réparer » une fraise en acier rapide quelque peu émoussée en lissant les tranchants à l'aide d'une petite pierre abrasive multiforme.

CI-DESSUS *Défonceuse professionnelle, montée en poste fixe sur une table conçue à cet effet.*

Défonceuse électroportative reliée à un extracteur.

SCIES ÉLECTROPORTATIVES

Aussi efficaces sur un chantier que dans l'atelier, les scies électroportatives permettent d'accomplir des tâches très diverses. Elles s'emploient également en poste fixe, à condition d'être montées sur un support approprié.

Scies circulaires

Ces scies électroportatives s'avèrent fort utiles pour les travaux sur chantier, par exemple la taille de pièces à longueur ou la découpe de panneaux manufacturés de grandes dimensions. On trouve sur le marché deux types de scies circulaires. Sur les modèles les plus courants, la profondeur de coupe est réglée et le moteur lancé avant l'engagement de la lame dans la pièce travaillée. Plus élaborées, les scies circulaires plongeantes sont dotées d'un dispositif qui permet de poser la machine sur la surface à découper avant d'engager la lame ; elles conviennent particulièrement à la découpe de fenêtres dans les panneaux manufacturés.

Dans l'atelier, il est courant de rencontrer la scie circulaire montée en poste fixe sur un support (panneau de médium à face mélaminée ou table conçue à cet effet) capable d'accueillir également une défonceuse ou une scie sauteuse. Ce mode d'utilisation permet de bénéficier des avantages d'une scie circulaire sur table sans avoir à recourir à un investissement important. Un tasseau de 5 cm de section fixé à l'aide de serre-joints constitue un guide de coupe parallèle tout à fait acceptable ; quant au guide d'onglet, il peut être acheté chez un détaillant et adapté dans une rainure façonnée à la défonceuse dans la surface du support.

La scie circulaire sans fil, apparue récemment sur le marché, est un outil léger et de petite taille, spécialement utile autour de l'établi, pour tailler à dimension les éléments d'un projet.

Les lames de scies circulaires diffèrent par le nombre et la forme de leurs dents. D'un usage courant, les lames à pastilles rapportées au carbure de tungstène sont recommandées pour la découpe de panneaux manufacturés, notamment ceux en aggloméré. Il existe des lames spécifiques pour la refente et le tronçonnage, mais la plupart des scies sont équipées d'une lame à denture universelle, apte à fonctionner correctement dans toutes les situations.

Scie circulaire sans fil

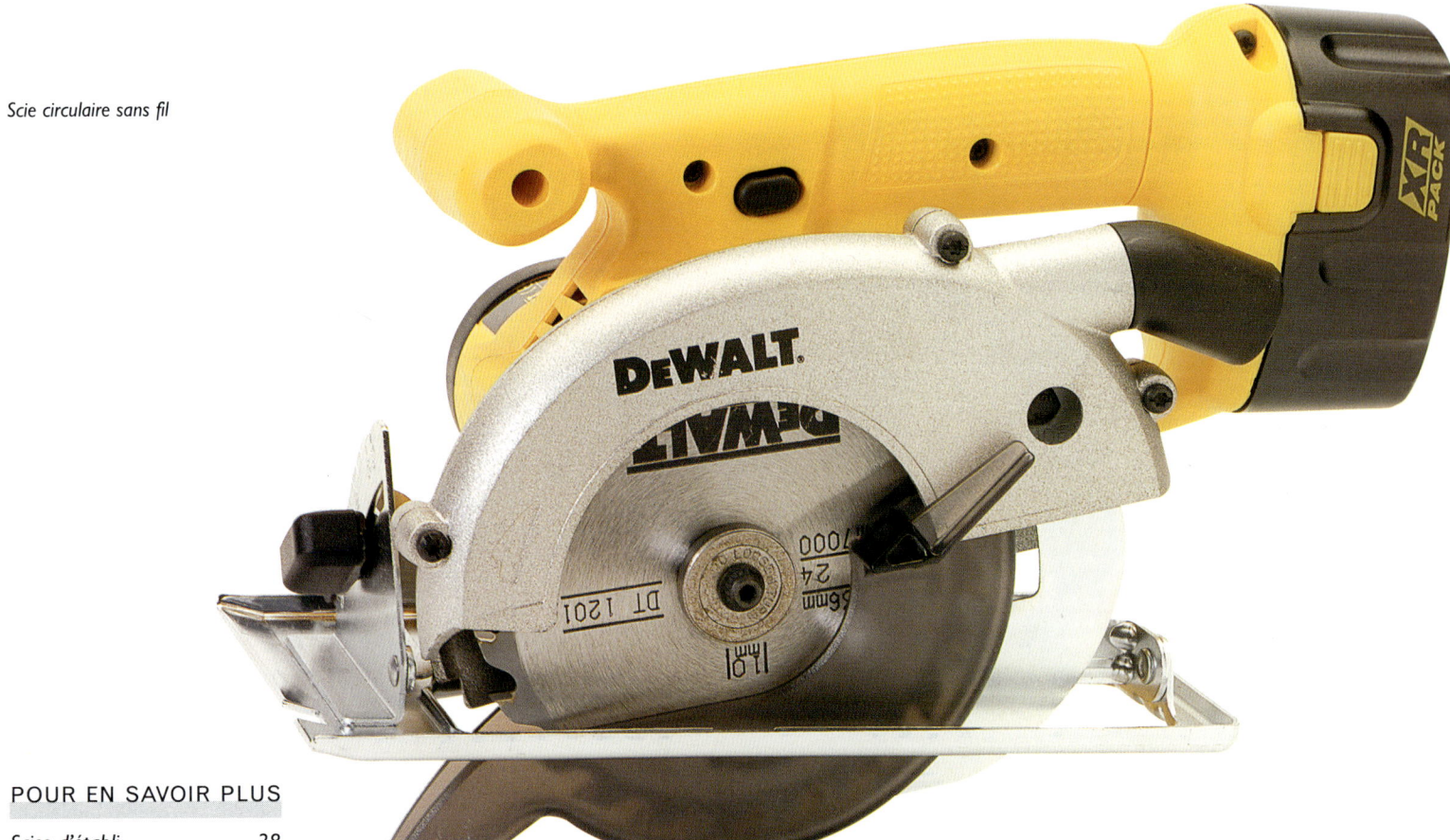

POUR EN SAVOIR PLUS

Scies d'établi   28

Scies à ruban   34

Scies circulaires sur table   36

Construction
d'un assemblage à lamelles   111

Petite scie sauteuse à main

Fraiseuse à lamelles standard. La petite lame circulaire agit en plongée pour la découpe des fentes d'assemblage.

Embouts de ponçage pour scie sauteuse (en haut) et pour scie sabre (en bas)

Encolleur et lamelles

Scies sauteuses

Les scies sauteuses sont équipées d'une lame étroite travaillant en va-et-vient qui, du fait de sa faible largeur, se prête bien à la découpe de formes courbes. Même s'il existe aujourd'hui des lames rigides offrant une plus grande précision dans les découpes rectilignes, la scie sauteuse n'est pas l'outil adéquat pour le dimensionnement de pièces de bois. Elle est cependant d'une grande utilité pour diviser un panneau ou une planche de grandes dimensions en parties plus maniables. Grâce à son action de va-et-vient, on peut aussi, en lui adjoignant un embout conçu à cet effet, l'employer pour le ponçage des pièces de bois. La scie sabre est un outil similaire à la scie sauteuse, mais elle accepte une lame plus large et plus robuste. Moyennant le montage d'un embout approprié, elle convient également au ponçage à main levée.

Scie sabre équipée d'un embout de brossage

Fraiseuses à lamelles

La fraiseuse à lamelles est l'un des outils électroportatifs les plus utiles pour la fabrication de placards et de meubles de rangement. Plus particulièrement utilisée par les professionnels, elle permet la réalisation d'assemblages rapides et solides par de fines lamelles de bois, dont la forme épouse exactement celle de fentes façonnées par l'outil sur les éléments à assembler. Ce mode d'assemblage doit sa grande résistance au fait que les lamelles en hêtre compressé gonflent légèrement au contact de la colle. Les assemblages bord à bord sont réalisés très rapidement et avec une efficacité optimale. L'encolleur est un accessoire capable de déposer dans chaque fente le volume de colle adéquat, ce qui permet un gain de temps considérable.

PERCEUSES ET MORTAISEUSES

La façon la plus simple de percer un trou dans une pièce de bois est encore d'utiliser un vilebrequin équipé d'une mèche-torse à pointe filetée. L'avantage de cette technique, que beaucoup jugeront démodée, est que la pointe de la mèche mord dans le bois, ce qui permet un guidage très précis.

À l'origine, les perceuses électroportatives furent conçues pour le perçage du métal, mais leur utilisation pour le travail du bois, à l'aide de forets appropriés, est aujourd'hui généralisée. Les forets les plus performants et les plus faciles d'usage sont ceux à trois pointes ; la pointe centrale stabilise le foret à l'amorce du perçage tandis que les deux pointes latérales marquent la circonférence du trou.

Perceuse électrique sans fil à batterie rechargeable

Perceuses et visseuses sans fil

Destinées principalement au travail sur chantier, les perceuses sans fil s'emploient aujourd'hui de plus en plus dans l'atelier, car elles sont très pratiques. Elles ont cependant l'inconvénient d'être assez encombrantes, en raison de la taille de leur batterie rechargeable. Les perceuses sans fil peuvent servir au vissage, mais il faut alors se garder d'enfoncer exagérément les vis dans le bois. Il est préférable de recourir pour ce travail à une visseuse sans fil, dont la plupart possèdent un couple de serrage réglable garantissant la pose des vis à fleur de la surface travaillée.

Supports de perçage

Ces supports permettent de maintenir une perceuse en poste fixe dans un plan strictement perpendiculaire au plan de travail. À l'instar des perceuses à colonne, spécialement conçues pour ce type de travail, ils sont très utiles dans les ateliers de travail du bois. La plupart des perceuses à colonne sont pourvues d'un mandrin de 13 à 16 mm d'ouverture, protégé par un capot en

plastique transparent. La pièce travaillée est supportée par une table circulaire dont la hauteur se règle par une petite manivelle. Il existe également des modèles sur pied, très commodes pour le travail sur des pièces de bois de grande longueur. Le réglage de la vitesse de rotation du mandrin s'effectue en modifiant la position de la courroie d'entraînement placée dans le capot qui surmonte le bloc de perçage ; ce dispositif s'avère très pratique lorsque l'on utilise un foret de gros diamètre ou un accessoire de ponçage, pour lesquels une rotation lente est indispensable. La profondeur de coupe est établie par une butée installée sur la partie de la machine qui porte le mandrin et s'abaisse pour l'engagement du foret dans le bois. Très polyvalente, la perceuse à colonne peut servir tour à tour, moyennant l'adaptation d'accessoires et d'embouts appropriés, pour le ponçage, le mortaisage ou le fraisage.

POUR EN SAVOIR PLUS

Tournevis	32
Perçage, mortaisage et fraisage	76

Mèche hélicoïdale standard

Mèche à trois pointes

Mèche hélicoïdale de gros diamètre

Mèche plate

Mèches Forstner, l'une à tranchants latéraux lisses (à gauche), l'autre à tranchant latéraux dentés (à droite).

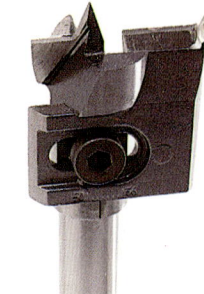

Mèche à couteau extensible, ordinairement utilisée avec un vilebrequin.

Support de perçage pour perceuse
électrique standard

Deux perceuses à colonne,
l'une pour établi, l'autre sur pied pour
station permanente dans l'atelier.

Mortaiseuse

Son emploi est relativement facile, mais assurez-vous toujours,
avant de mettre l'outil en marche, que le protecteur du mandrin
est correctement placé et que la course du foret n'est pas entravée.
Ayez soin de retirer cravate et bijoux ; évitez les vêtements amples
ou à manches longues.

Mortaiseuses

Il est possible d'adapter une perceuse à colonne pour le mortaisage,
mais cette option, à laquelle on préférera toujours une véritable
mortaiseuse, ne donne des résultats acceptables que pour
des travaux à échelle modeste. Le mortaisage consiste à percer
des réservations de profil rectangulaire par le biais d'un mèche à
mortaiser, accessoire composé d'une mèche (similaire à une mèche-
torse pour outil de perçage) et d'un ciseau creux carré appelé
bédane. La mèche attaque le bois légèrement en avant du bédane,
dont les angles tranchants taillent le profil de la mortaise.
La mortaiseuse travaille en plongée et maintient la pièce de bois
lors du relèvement de la fraise. L'opérateur déplace latéralement
la pièce travaillée pour permettre le façonnage des trous successifs
qui formeront la mortaise.

Mèches et forets

Les mèches anglaises (ou mèches plates) sont très pratiques pour
le percement de trous de gros diamètre ; assurez-vous que la tête
du foret est bien engagée dans le bois avant d'enclencher la perceuse.
Faciles à contrôler grâce à leur pointe de guidage, les mèches-torses
à pointe filetée sont couramment utilisées. Les mèches Forstner
se distinguent par le fait que leur perçage est guidé non par
une pointe centrale mais par des tranchants périphériques. Les trous
façonnés par ces mèches présentent un fond plat et sont propres
et précis. Elles conviennent particulièrement bien à la réalisation
de trous imbriqués ou s'ouvrant sur chant, car elles ne craignent
ni l'irrégularité du grain ni les nœuds. Les modèles à tranchants
latéraux dentés sont très efficaces pour un perçage en bois de bout.

Carotteuse

Trépan

Mèche
à combinaison

Mèche-torse
à pointe filetée

Mèche
américaine
à pointe filetée

Mèche à téton

Mèche-fraise
à tête conique

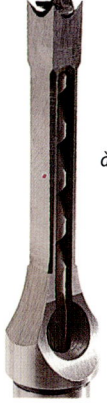

Mèche
à mortaiser

PONCEUSES

L'arrivée sur le marché des outils de ponçage électroportatifs ou à poste fixe a grandement facilité les opérations de ponçage et de lissage de finition dans les travaux du bois.

Ponceuse à bande standard

Ponceuses à bande

La ponceuse à bande est le plus courant des outils de ponçage motorisés. Elle est d'une telle efficacité que les artisans du bois hésitent à l'utiliser pour le lissage final des surfaces : déplacé librement sur la surface travaillée, cet outil relativement lourd peut aisément causer, si l'on n'y prend garde, une succession de creux et de bosses sur le bois. Cet inconvénient est également dû aux faibles dimensions de la surface d'appui de l'outil (le plus souvent 75 x 125 mm pour une ponceuse à bande standard). Les ponceuses à bande sont mieux adaptées au ponçage d'éléments relativement étroits, tels que bâtis de portes ou traverses. Certaines de ces machines peuvent être équipées d'un cadre métallique permettant d'agrandir la surface d'appui ; c'est un progrès considérable, et si vous projetez de poncer une surface de grande superficie, l'acquisition d'un tel accessoire est un investissement justifié. Il est également possible de monter une ponceuse à bande en poste fixe sur l'établi ou sur un support approprié. Cette disposition présente de nombreux avantages car dans l'atelier, le ponçage sur poste fixe est beaucoup plus efficace que le ponçage à main levée.

Ponceuse excentrique

Ponceuses vibrantes et ponceuses excentriques

La ponceuse vibrante est longtemps demeurée l'instrument préféré des professionnels pour le ponçage de pièces de grande superficie, et ce en dépit des minuscules éraflures courbes laissées sur le bois par les mouvements circulaires de son patin de forme rectangulaire. Cet inconvénient a été éliminé avec l'introduction de la ponceuse excentrique, dont le plateau travaille en combinant mouvements circulaires et vibratoires, ce qui permet d'obtenir une finition propre, régulière et totalement exempte de marques. La ponceuse excentrique n'est cependant pas un outil de dressage et ne doit être employée que sur une surface préalablement aplanie au rabot ou à la raboteuse. Les modèles les plus récents acceptent des feuilles abrasives adhésives ou à revêtement Velcro, ce qui simplifie encore leur utilisation. Dans la mesure du possible, veillez à équiper ces diverses machines de dispositifs d'extraction, car les particules de poussière et de matière abrasive qu'elles produisent risquent d'érafler la surface travaillée.

Ponceuse vibrante

Autres ponceuses à moteur

La ponceuse à patin triangulaire est une nouvelle venue dans la gamme des outils électroportatifs. Grâce à la forme de son patin, elle permet de travailler dans les angles de carcasses préassemblées. Il est toujours préférable de poncer et lisser les éléments avant de procéder à leur assemblage, aussi une telle ponceuse n'est-elle guère utilisée dans un atelier (sauf, peut-être, pour certains travaux spécifiques tels que le ponçage de moulures ou de formes sculptées).

Les ponceuses en poste fixe sont de divers types. Une machine associant les fonctions de ponceuse à bande et de ponceuse à disque rotatif est sans doute la plus appropriée dans un atelier de dimensions modestes.

POUR EN SAVOIR PLUS

Façonnage, cintrage et lamellé-collé   78

Préparation des surfaces   90

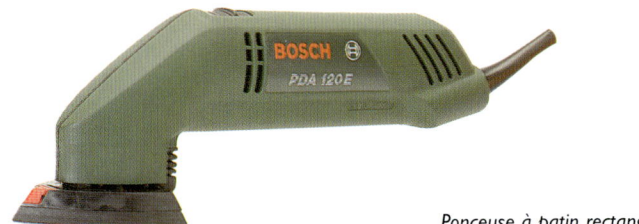

Ponceuse à patin rectangulaire

3. OUTILS MOTORISÉS

Moyennant l'adaptation de feuilles abrasives adéquates, un tel outil permet d'effectuer le façonnage comme le lissage de finition des différentes pièces d'un projet. Le ponçage rotatif est idéal pour arrondir les angles ou pour lisser une surface en bois de bout, tandis que la ponceuse à bande convient au ponçage des chants et des faces d'éléments de faibles dimensions.

La ponceuse à disque convient parfaitement pour un travail sur des formes convexes, mais elle est incapable de poncer des formes concaves. Une telle opération peut s'effectuer à l'aide d'une perceuse à colonne (moyennant le montage d'un embout approprié) ou d'une ponceuse à cylindre. Cette dernière imprime un mouvement de va-et-vient vertical au cylindre durant le ponçage, ce qui permet d'éviter un encrassement trop rapide de la surface abrasive.

Ponceuses à disque

Elles comptent parmi les plus efficaces des outils de ponçage en poste fixe. Il est cependant important que le disque de la machine soit d'un diamètre suffisant, car l'efficacité de cet accessoire réside davantage dans sa masse que dans sa vitesse de rotation. Notez également qu'un disque abrasif tournant à une vitesse trop élevée risque de brûler la surface travaillée. Le ponçage rotatif s'avère particulièrement adapté pour le façonnage, le lissage ou le lustrage final des surfaces en bois de bout. Les machines de bonne qualité sont équipées d'une table de support positionnée rigoureusement à angle droit par rapport au disque de ponçage. La table peut également être inclinée en fonction du travail à effectuer.

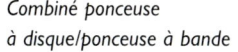

Combiné ponceuse à disque/ponceuse à bande

Le montage de la ponceuse à bande en position verticale est souvent très utile.

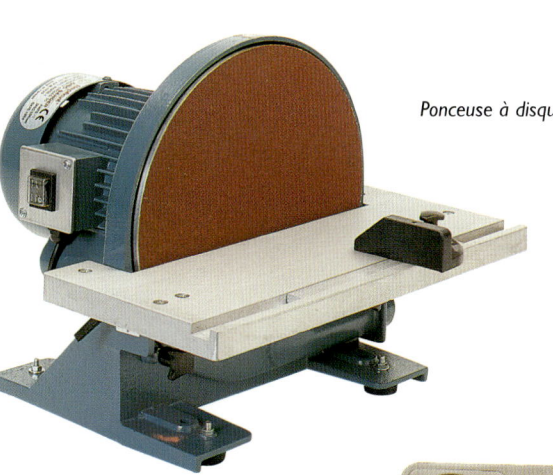

Ponceuse à disque

Ponceuse à cylindre. Durant le ponçage, le cylindre décrit un va-et-vient vertical en même temps qu'il tourne. La machine accepte des cylindres de divers diamètres.

(b) (c)

(a)

(a) Embout de lustrage

(b) Embout-brosse

(c) Cylindre à poncer en mousse synthétique

Jeu de cylindres de ponçage

COMBINÉS À BOIS

Dans un atelier de faible superficie, la présence d'une machine associant les fonctions d'une scie circulaire sur table, d'une raboteuse, d'une dégauchisseuse, voire même d'une toupie, offre l'avantage d'un gain de place important pour un coût inférieur aux prix cumulés de tous les outils en poste fixe qu'elle remplace.

Combiné à bois ou machines en poste fixe ?

La plupart des professionnels du bois possèdent au moins une scie circulaire sur table, une raboteuse, une dégauchisseuse et, pour certains, une toupie. Dotés de tables en fonte d'acier et de guides d'une grande précision, les combinés à bois cumulent sur une même machine les fonctions de ces quatre outils. Ils sont pour la plupart remarquablement bien conçus.

L'inconvénient d'un combiné à bois, variable selon la conception de la machine, est qu'il est nécessaire d'en modifier le réglage pour passer d'une fonction à l'autre. Ainsi, pour dresser, façonner et dimensionner une même pièce de bois, vous devrez peut-être passer successivement de la scie circulaire à la dégauchisseuse, à la raboteuse, puis à nouveau à la scie circulaire, et enfin à la toupie. L'enchaînement de telles opérations s'avère beaucoup plus simple et rapide lorsque les outils correspondants sont installés de façon permanente en divers points de l'atelier. Malgré tout, les travailleurs du bois amateurs se soucient généralement peu d'efficacité et de rendement, et pour nombre d'entre eux, le coût du matériel et la gestion de l'espace disponible sont des aspects autrement importants.

Par ailleurs, il est difficile, voire impossible pour plusieurs opérateurs d'officier en même temps sur un combiné à bois. Dans leur grande majorité, les professionnels préfèrent donc s'équiper de plusieurs machines en poste fixe.

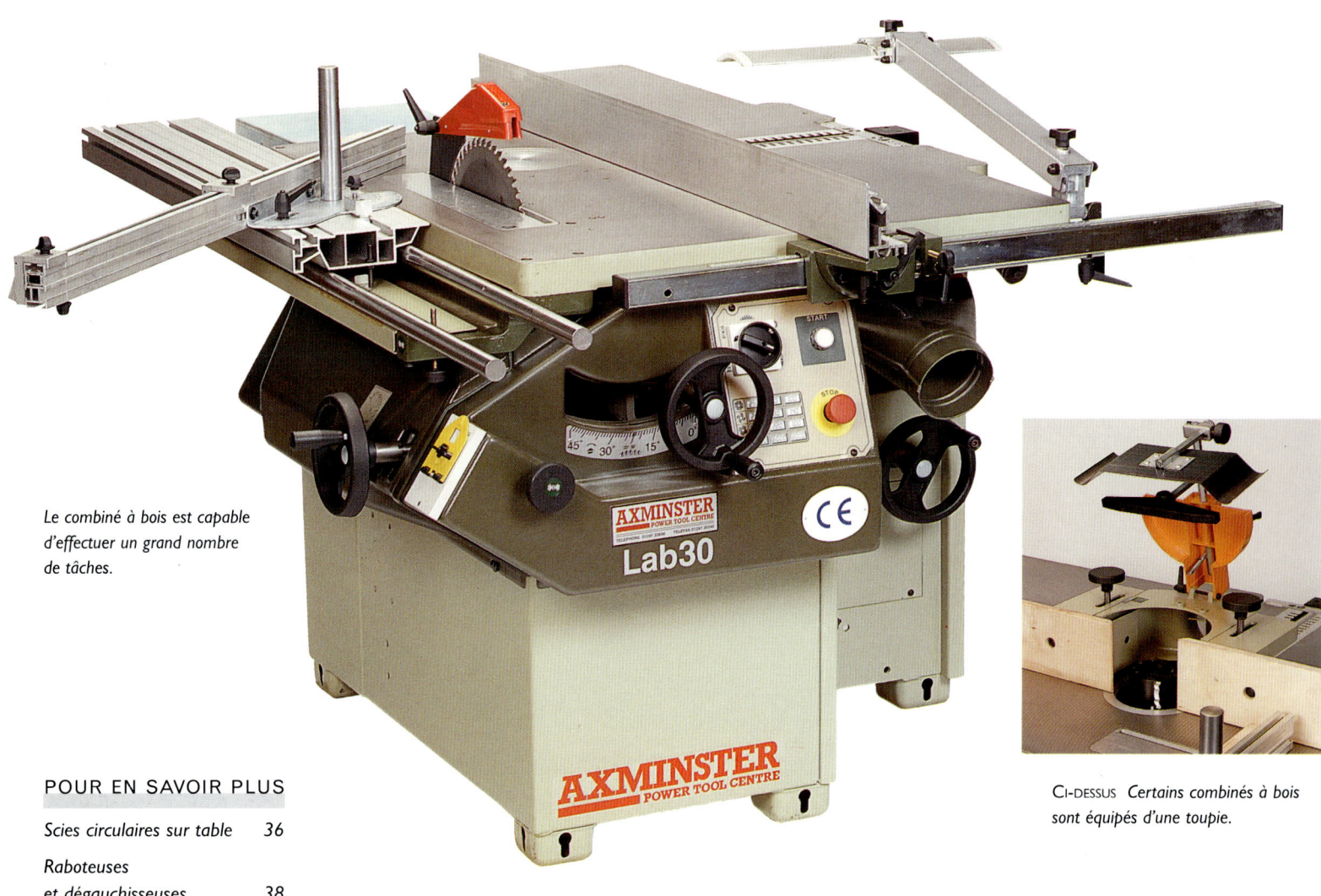

Le combiné à bois est capable d'effectuer un grand nombre de tâches.

CI-DESSUS *Certains combinés à bois sont équipés d'une toupie.*

POUR EN SAVOIR PLUS

Scies circulaires sur table 36

Raboteuses et dégauchisseuses 38

3. OUTILS MOTORISÉS

Sélection du bois de débit	50
Premières étapes du corroyage	52
Dressage des chants et découpe à largeur	54
Traçage	56
Rabotage manuel des faces et des chants	58
Utilisation des scies à main	60
Utilisation des ciseaux à bois	64
Rabotage manuel sur bois de bout	68
Découpes à longueur	70
La défonceuse comme combiné à bois	72
Perçage, fraisage et mortaisage	76
Façonnage, cintrage et lamellé-collé	78

4. TECHNIQUES DE BASE

Ce chapitre décrit les techniques de corroyage du bois de débit à l'aide d'outils à main ou motorisés.
À partir d'une planche brute de sciage, l'ensemble du processus de corroyage est détaillé, depuis la découpe en éléments de plus petites dimensions jusqu'au rabotage sur deux faces et au dimensionnement des pièces d'un projet. Figurent également des conseils sur l'utilisation efficace et sûre des machines à bois et des principaux outils à main.
Au-delà de ces principes de base sont abordées les techniques plus élaborées du fraisage, du façonnage et du lamellé-collé. Une fois bien maîtrisées, elles vous permettront de réaliser des assemblages précis, de tailler des pièces à la forme souhaitée et, pour les plus ambitieux, de façonner des pièces de formes courbes en lamellé-collé.

SÉLECTION DU BOIS DE DÉBIT

Le choix du bois doit être effectué avec soin. Il dépend en premier lieu de considérations d'ordre esthétique, telles que la couleur ou le grain, ainsi que l'utilisation, utilitaire ou décorative, de l'objet à réaliser, qui détermineront son aspect final. Ce choix est également fonction des essences disponibles chez votre détaillant et de facteurs purement pratiques, tels que l'angle de débit des pièces proposées et les dimensions des éléments à façonner.

Inventaire des éléments

La naissance d'un projet est toujours un moment très exaltant. Il faut cependant garder à l'esprit qu'un inventaire précis des divers éléments nécessaires à son élaboration (notez sur cette liste leurs longueurs, largeurs et épaisseurs), en préalable à l'achat du bois, permet de faire l'économie de beaucoup de temps et d'argent. Efforcez-vous par exemple de dimensionner l'épaisseur des éléments, de telle sorte qu'ils puissent être taillés dans une planche brute de sciage de 25 ou 50 mm rabotée sur deux faces. Dans la plupart des scieries, les grumes sont en effet débitées en planches de 30 mm d'épaisseur, valeur

qui se trouve réduite à environ 25 mm après séchage du bois. Une fois rabotée, cette planche permettra le façonnage de pièces de 20 mm d'épaisseur. Une planche brute de sciage de 50 mm d'épaisseur offrira, quant à elle, une épaisseur d'environ 45 mm après rabotage. Certains éléments, par exemple les parois latérales d'un tiroir ou les abattants d'une table à rallonge, nécessitent l'emploi de pièces de bois d'une grande stabilité. Optez alors pour des planches débitées sur quartier, moins sujettes au tuilage ou à la torsion. Renseignez-vous également sur le mode de séchage (à l'air ou par étuvage) des pièces de bois dont vous faites l'acquisition ; s'il s'agit de planches séchées à l'air, il vous faudra patienter au moins deux semaines (temps d'acclimatation du bois à la température et à l'hygrométrie de votre atelier) avant de pouvoir commencer le corroyage. Dans une même situation, les pièces de bois étuvées accuseront des déformations plus importantes mais en une période beaucoup plus courte. Vous pourrez donc les travailler plus rapidement.

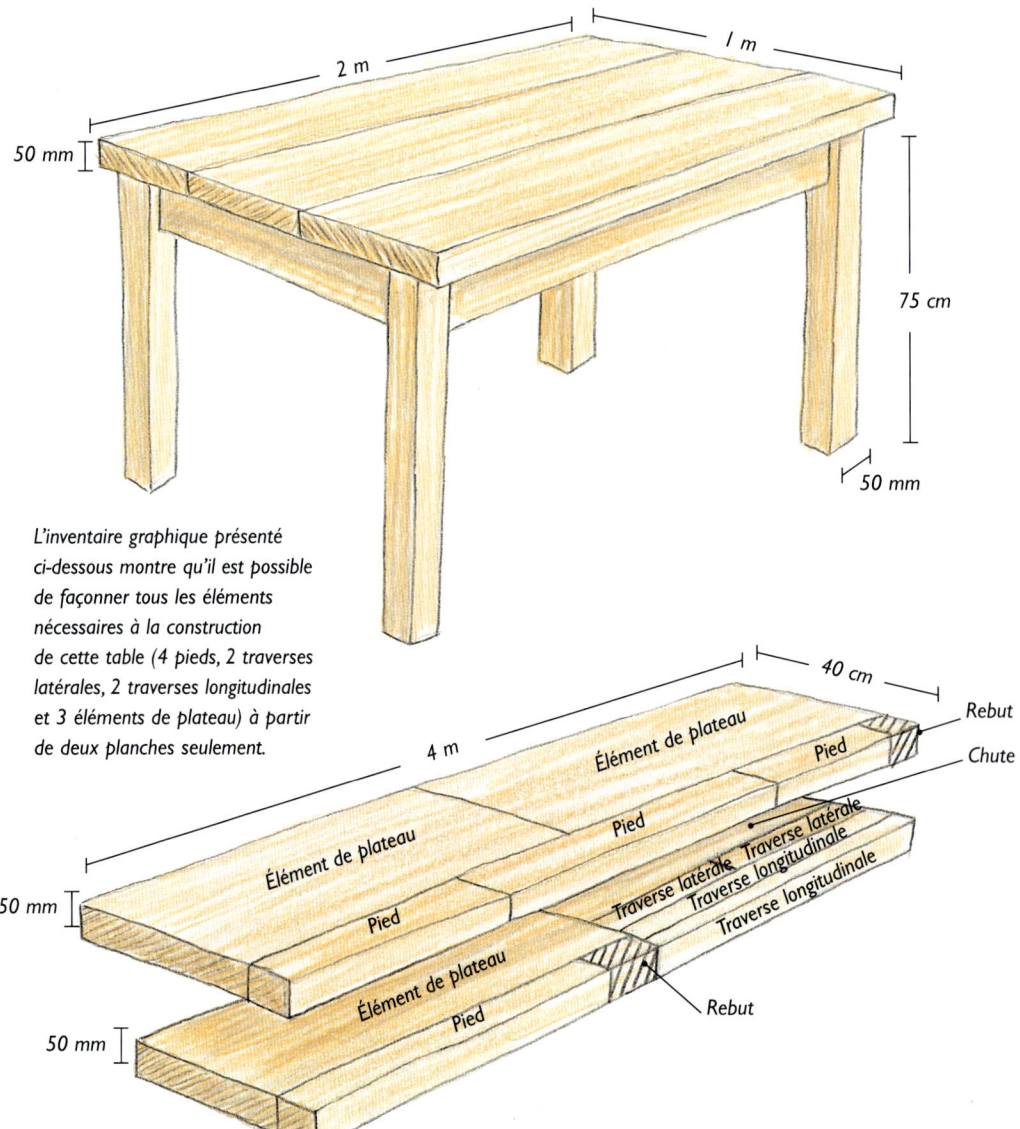

L'inventaire graphique présenté ci-dessous montre qu'il est possible de façonner tous les éléments nécessaires à la construction de cette table (4 pieds, 2 traverses latérales, 2 traverses longitudinales et 3 éléments de plateau) à partir de deux planches seulement.

POUR EN SAVOIR PLUS

Bruit, sécurité et extraction de poussière	16
Scies à ruban	34
Caractéristiques des bois tendres et des bois durs	194
Savoir acheter le bois	200

4. TECHNIQUES DE BASE

CI-CONTRE *Le rebut de cette bille débitée en plots est clairement visible : l'aubier, bois de teinte claire proche de l'écorce, est souvent éliminé par les ébénistes. Sur ces planches de châtaignier, seul le bois de cœur, de teinte foncée, est utilisable.*

À GAUCHE *Les lignes et dessins visibles sur la face sciée de cette pièce de bois tendre renseignent sur l'orientation de la lame lors du débit.*

Dimensionnement et découpe

Une fois toutes les pièces de bois nécessaires rassemblées dans votre atelier, vous allez déterminer avec quelle planche façonner chaque élément de votre projet. Pour ce faire, positionnez les planches à la verticale, afin de les tourner plus facilement. Le premier tronçonnage revêt une grande importance ; s'il permet un maniement plus facile des planches (une pièce de 1,25 m de long se transporte plus aisément qu'une de 2,50 m), il restreint également les possibilités de façonnage des éléments de grande longueur.

Pour effectuer un tracé sur la longueur d'une planche, utilisez un cordeau à tracer (voir illustration ci-contre). Ne tentez pas, dans un premier temps, de façonner les divers pièces à leurs cotes exactes ; contentez-vous d'un dimensionnement grossier, en ajoutant environ 10 mm à chaque cote. La scie à ruban est l'outil le mieux adapté à la découpe d'une planche en long suivant une ligne de traçage. Une main sûre et un éclairage adéquat de la machine assurent une exécution correcte de cette opération, pour laquelle le recours à un guide de coupe n'est pas nécessaire. Assurez-vous que la lame de la machine est bien tendue et affûtée, et réglez les guide-lame de manière que la partie libre de la lame au-dessus de la planche n'excède pas 10 mm. Éloignez vos mains de la lame et ne succombez pas à un excès de confiance ; bien que relativement facile à utiliser, la scie à ruban reste à tout moment capable d'infliger de graves blessures.

Préparation

1 Brossez les faces des planches à la brosse métallique afin d'éliminer terre, poussière et corps étrangers susceptibles d'émousser les lames ou les fers.

2 Tracez une ligne sur la longueur de la planche à l'aide d'un cordeau à tracer. Cet accessoire fréquemment utilisé par les maçons est en vente dans tous les magasins d'articles de bricolage.

3 Le cordeau imprégné de craie est tendu sur la longueur de la planche, puis "claqué" sur celle-ci pour obtenir un tracé propre, net et rapide.

Scie sauteuse

4 À défaut d'une scie à ruban, une scie sauteuse électroportative réalise de manière très efficace les découpes en travers et dans le sens du fil.

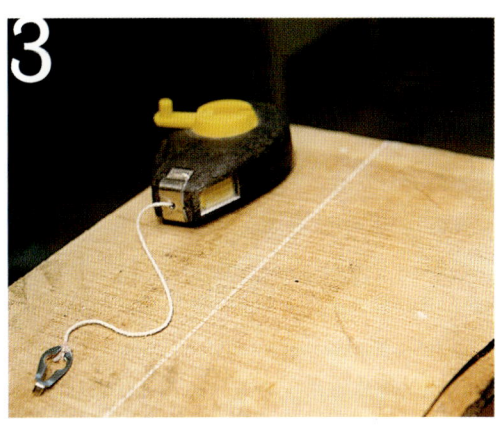

PREMIÈRES ÉTAPES DU CORROYAGE

Après la découpe à dimension des planches brutes de sciage, le premier stade du corroyage consiste à dresser une face de chacune des pièces obtenues. Il est possible d'effectuer cette opération à l'aide d'outils à main, mais la plupart des travailleurs du bois ont recours à une dégauchisseuse ou confient ce travail à leur détaillant. La dégauchisseuse est une machine simple d'usage, qui reste relativement sûre si elle est équipée des protections appropriées. Elle devient en revanche très dangereuse lorsqu'elle est employée sans le protecteur principal, accessoire malheureusement très facile à démonter. Avant un travail à la dégauchisseuse, pensez à nettoyer les faces des pièces de bois à l'aide d'une brosse métallique (voir page précédente) pour retirer les résidus de terre susceptibles d'endommager les fers et de rayer les tables de la machine.

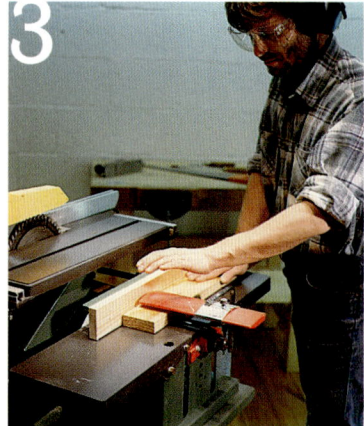

Utilisation de la dégauchisseuse

1 Après vous être équipé de lunettes de protection et d'un casque antibruit, posez la pièce de bois sur la table d'entrée.

2 Poussez la pièce de bois au-dessus du porte-fer.

3 Faites passer votre main gauche au-dessus du protecteur.

4 Commencez à transférer la pression sur la table de sortie.

5 Transférez le poids du corps de la table d'entrée vers la table de sortie à mesure du processus de dressage.

Utilisation de la dégauchisseuse

Avant de mettre la machine en marche, installez la table d'entrée à environ 1 mm en dessous du niveau des tranchants des fers et positionnez le protecteur frontal pour qu'il couvre toute la largeur de travail. Si vous souhaitez une sécurité supplémentaire, avancez le guide de coupe de sorte que la largeur de travail excède de 10 mm celle de la pièce travaillée. De cette façon, le protecteur couvre entièrement les fers. Pour finir, ajustez la hauteur du protecteur afin que la distance entre celui-ci et la table d'entrée soit légèrement supérieure à l'épaisseur de la pièce de bois travaillée.

Mettez la machine en marche et placez la pièce à dégauchir sur la table d'entrée, usuellement placée à main droite pour un droitier. Poussez la pièce vers l'arbre porte-fer ; l'attaque des fers dans le bois est généralement perceptible à l'oreille. Lorsque la pièce de bois apparaît sur la table de sortie, placez la paume de la main gauche sur celle-ci et déplacez progressivement votre poids de la table d'entrée vers la table de sortie à mesure de la découpe. Durant le processus, vos deux mains passent par dessus le protecteur mais elles ne doivent à aucun moment s'en approcher trop près. Encore une fois, souvenez-vous qu'il est absolument vital d'éviter les cheveux défaits et le port de vêtements amples lorsque l'on utilise une machine à action rotative. Prenez soin d'ôter cravates et bijoux, et vérifiez que le sol est exempt de traînées d'huile ou de rallonges électriques susceptibles de vous faire trébucher.

Établir une surface de référence

Après un premier passage sur la dégauchisseuse, vous aurez une idée plus claire des déformations de la pièce de bois en observant l'action des fers sur la surface travaillée.

L'établissement d'une surface parfaitement plane à l'aide de la dégauchisseuse est crucial, car c'est à partir de cette surface de référence que vont être façonnées les autres faces de l'élément, à savoir les chants (à 90° par rapport à la face travaillée) et la face

POUR EN SAVOIR PLUS

Bruit, sécurité et extraction de poussière 16

Raboteuses et dégauchisseuses 38

Séchage et débitage 196

4. TECHNIQUES DE BASE

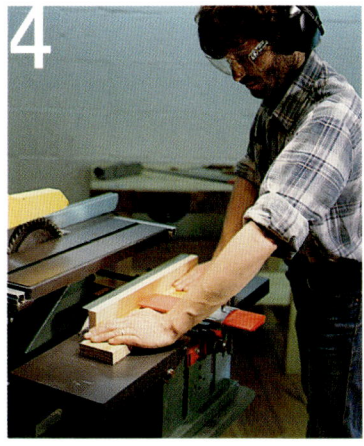
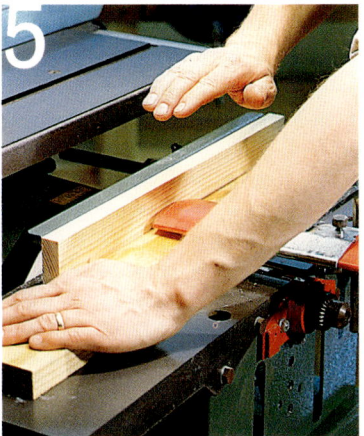
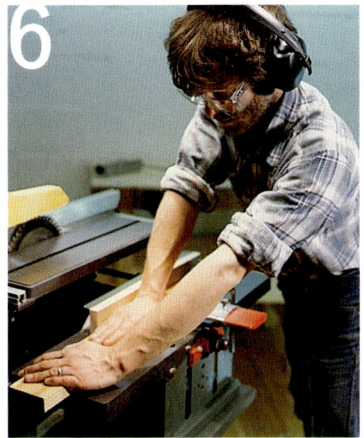

6 Concentrez maintenant la pression sur la table de sortie.

7 Finissez la découpe.

Opérations suivantes

8 Inspectez le travail pour déterminer si une nouvelle découpe est nécessaire.

9 Dressez la face opposée à la raboteuse.

opposée. Cette face doit donc être dressée avec grand soin puis marquée d'une petite boucle en forme de "f" au crayon. Traditionnellement, cette boucle est orientée dans le sens du grain et son pied pointé dans la direction du chant de référence. Durant le processus de dressage, il arrive que le grain du bois présente des traces d'arrachement sur de petites surfaces. Ces imperfections sont causées par un travail à contre-fil ; tournez la pièce de bois pour travailler dans le sens du fil.

Utilisation de la raboteuse

Après dressage de la face de référence, le rabotage de la face opposée est très facile à réaliser. Posez la pièce de bois, face dressée en dessous, sur la table de la raboteuse et réglez celle-ci afin d'obtenir une découpe à l'épaisseur voulue. Utilisez de préférence un casque antibruit. Ayez soin également de relier votre raboteuse à un dispositif d'extraction car cette machine produit beaucoup de sciure et de poussière.

Lors du travail à la raboteuse, la pièce de bois passe sous l'arbre de coupe. Les risques d'accidents sont moindres qu'avec une dégauchisseuse car il n'est pas nécessaire, ici, de pousser la pièce travaillée. Malgré tout, évitez absolument de vous pencher pour évaluer les raisons d'un problème de fonctionnement, comme de poser vos mains sur la table pour y ôter un éclat de bois ou tenter de décoincer la pièce travaillée.

À ce stade du travail, dimensionnez l'épaisseur des composants de votre projet à 2 mm de plus que leur cote finale. Placez les pièces découpées sur de petits plots de bois durant au moins 24 heures afin que leurs quatre faces soient exposées à l'air ambiant.

10 Vérifiez l'épaisseur de la pièce de bois à l'aide d'un pied à coulisse.

DRESSAGE DES CHANTS ET DÉCOUPE À LARGEUR

Le dressage d'un chant de référence consiste à établir un chant plan et parfaitement perpendiculaire à la surface de référence. La "boucle" portée sur la face de référence doit pointer dans la direction du chant de référence, lequel a déjà subi une découpe relativement rectiligne à la scie à ruban. Pour procéder au dressage d'un chant, il est nécessaire d'appuyer la face de référence de l'élément sur le guide de coupe de la dégauchisseuse. Faites coulisser le guide de coupe vers les arêtes frontales des tables de support, de façon à réduire au minimum la largeur travaillante du porte-fer. Vérifiez ensuite le parfait équerrage du guide par rapport à la table d'entrée à l'aide d'une petite équerre métallique, puis positionnez le protecteur de manière à ménager un passage pour la pièce de bois. Lors du dressage d'un chant, attachez-vous tout particulièrement à travailler dans le sens du fil.

Après le dressage du chant de référence, il devient facile de découper la pièce de bois à largeur suivant une cote déterminée, à l'aide d'une scie circulaire ou d'une scie à ruban. Ce faisant, prévoyez toujours un "gras" de 1 mm qui permettra le lissage final de la pièce à dimension. En suivant scrupuleusement ce processus de préparation, vous aurez la certitude que tous les éléments de votre projet présentent très précisément les dimensions requises.

1 Opérez les différents réglages sur la dégauchisseuse.
2 Effectuez une première passe.

Découpe à largeur (refente) à la scie circulaire

La refente d'une pièce de bois à la scie circulaire, sans doute la meilleure façon d'obtenir un chant parfaitement d'équerre, nécessite le recours au guide de coupe parallèle. Cet accessoire strictement parallèle à la lame peut être éloigné ou rapproché de celle-ci pour obtenir la cote souhaitée. Quel que soit le réglage effectué, la distance séparant le guide et la lame correspond toujours exactement à la largeur de la pièce après sciage. Lors de la refente de pièces de bois, certains accessoires de la scie circulaire méritent une attention particulière : le couteau diviseur, plaque d'acier placée en arrière de la lame, et le protecteur, habituellement fixé sur le couteau diviseur et couvrant l'entière longueur de la lame, ne doivent être retirés sous aucun prétexte. Le rôle du couteau diviseur est de prévenir le resserrement des planches sur la lame au cours

POUR EN SAVOIR PLUS

Scies à ruban 34

Scies circulaires sur table 36

Découpes à longueur 70

4. TECHNIQUES DE BASE

de la découpe et plus particulièrement de celles séchées par étuvage. Dans une telle éventualité, et faute d'un positionnement adéquat du couteau diviseur, il existe un risque réel que la pièce soit projetée en arrière vers l'opérateur. Aidez-vous d'une petite équerre métallique pour positionner la lame de la scie à angle droit par rapport à la table. Pressez la pièce à scier contre le guide de coupe et engagez-la vers la lame en évitant absolument de placer vos doigts dans son voisinage immédiat. Pour le dernier stade du travail, ôtez vos mains de la pièce de bois et guidez celle-ci à l'aide d'un poussoir construit à cet effet. Ne procédez jamais à une découpe à la scie circulaire en tirant la pièce de bois vers vous. Lors de travaux de refente à la scie circulaire, portez toujours des lunettes de protection (qui vous protégeront des projections d'éclats toujours possibles) ainsi qu'un casque antibruit.

N.B. : Pour des raisons de clarté, le protecteur de la scie circulaire est présenté ici sans le flexible permettant l'extraction de la sciure.

Refente à la scie à ruban

La refente de pièces de bois peut également s'effectuer à la scie à ruban. Réglez soigneusement la position de la lame de façon que les découpes soient parfaitement d'équerre. Placez le guide-lame supérieur à environ 1 cm de la face supérieure de la pièce travaillée et positionnez le guide de coupe à la cote souhaitée. Bien qu'elle produise un trait de coupe légèrement plus épais que celui d'une scie circulaire, la scie à ruban est capable (à condition que la lame soit régulièrement remplacée) d'un travail précis et efficace. Elle s'avère des plus utiles dans un atelier de dimensions modestes.

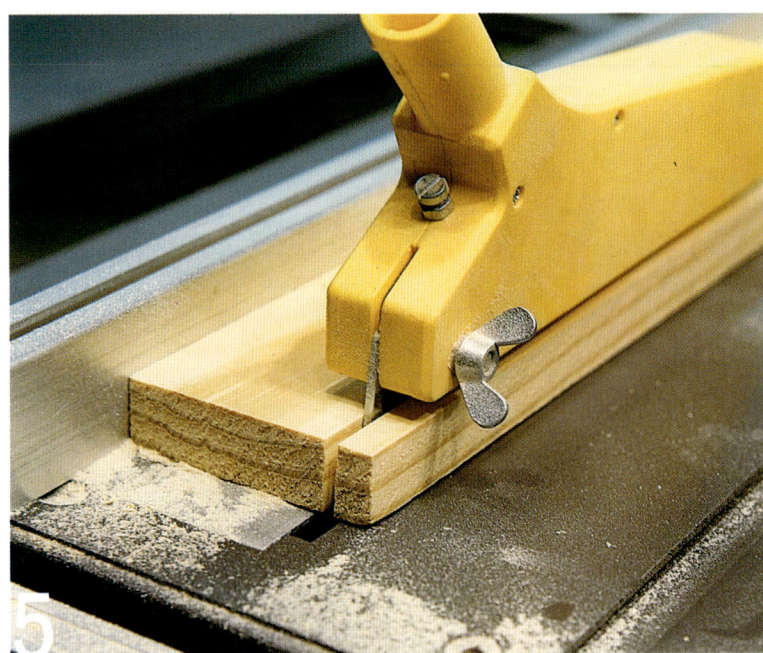

3 Pressez la pièce de bois contre le guide de coupe et engagez-la vers la lame.

4 Pour plus de sûreté, guidez la pièce à découper à l'aide d'un poussoir plutôt qu'avec vos mains.

5 Portez des lunettes de protection, car la fine lamelle de rebut attachée à la lame peut être projetée vers vous à tout moment.

6 La scie à ruban est une machine polyvalente, qui peut être utilisée pour la refente des pièces de bois.

TRAÇAGE

Le traçage permet de figurer sur les pièces de bois travaillées les découpes à effectuer, tant pour la taille des éléments proprement dits que pour leur assemblage. Si votre projet comporte plusieurs éléments de mêmes dimensions, tracez et découpez une première pièce, puis basez-vous sur celle-ci pour le façonnage des suivantes.

Une bonne technique de traçage est essentielle pour la précision des travaux entrepris. Consacrez le temps nécessaire à cette étape : vous y gagnerez en tranquillité d'esprit, car votre travail reposera sur de bonnes bases. Si vous découpez vos pièces de façon précise, en suivant un tracé réalisé avec soin, leur parfait ajustement est assuré.

Utilisation d'un couteau à tracer

Le couteau à tracer est un outil précieux. Les professionnels utilisent très peu le crayon car sa mine, même bien taillée, présente toujours une certaine épaisseur. À l'inverse, le couteau à tracer, grâce à sa lame biseautée sur une face, permet d'obtenir une marque d'une précision absolue. Lors du traçage, l'outil est placé à angle droit par rapport à la surface travaillée, face biseautée côté bois de chute. Il produit une entaille dont l'arête intérieure marque très exactement l'extrémité de l'élément à découper. Une ligne d'assemblage marquée au couteau à tracer demeure sur la pièce de bois jusqu'à l'achèvement du projet.

Pour procéder à un traçage au couteau à l'aide d'une équerre, appuyez son talon sur le chant de la pièce travaillée. Placez la lame du couteau sur le repère préalablement tracé et faites glisser l'équerre pour qu'elle vienne en butée. Procédez maintenant au traçage en faisant glisser la lame du couteau contre la lame

de l'équerre, que vous aurez soin de maintenir fermement. Optez pour une équerre d'un acier de qualité supérieure, seul capable de supporter sans usure les frottements répétés de la lame du couteau.

Utilisation des règles et équerres

Il existe une technique très simple pour effectuer une mesure précise à l'aide d'une règle métallique. Placez la graduation correspondant à la cote souhaitée sur l'arête de référence de la pièce à découper. Effectuez cette opération avec soin, votre œil exactement au-dessus de la ligne de graduation pour éviter les erreurs de parallaxe. Une fois la règle correctement positionnée, appuyez le couteau contre son extrémité pour marquer la cote d'un petit trait.

POUR EN SAVOIR PLUS

*Outils de mesure
et de traçage*   18

Assemblages   Chapitre 7

Dimensionnement et traçage

1 Le couteau à tracer assure une grande précision.

2 Appuyez la lame du couteau contre la lame de l'équerre, en ayant soin de maintenir fermement celle-ci.

3 Cette technique de mesure, qui consiste à marquer la cote en appuyant le couteau contre l'extrémité de la règle métallique, est la plus précise.

Le
design

Le design est aujourd'hui présent dans tous les aspects de notre vie quotidienne, jusqu'aux machines à café, matériel hi-fi ou accessoires de salles de bains. Malheureusement, ce terme anglais met en exergue l'apparence des objets et tend à faire oublier le processus long et complexe de conception qui a permis leur réalisation. Dans cet encart, nous avons rassemblé divers objets illustrant quelques tendances de la recherche formelle depuis le début du siècle.

Chaise à haut dossier *Tony McMullen*
La qualité esthétique et l'équilibre de cet objet apparaissent pleinement lorsqu'il est placé devant un fond uni. Le bois employé doit être stable et parfaitement sec, car la moindre déformation ruinerait la pureté de l'ensemble.

CI-DESSUS, DE HAUT EN BAS

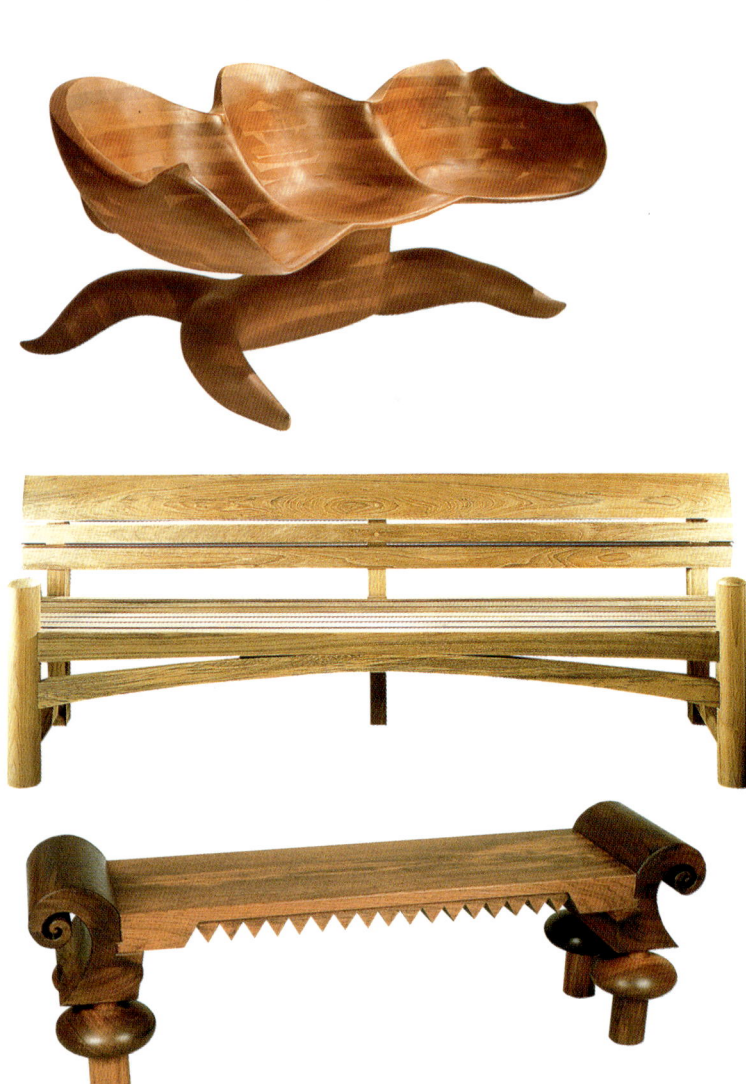

Banquette sculptée *Wendell Castle*

Cette élégante banquette a d'abord été formée par collages successifs de lamelles de bois dur, puis sculptée à forme. Son aspect très original ne contredit en rien sa force structurelle.

Banc rustique *Rod et Alison Wales*

Cette pièce d'une grande sobriété offre des proportions harmonieuses. La traverse frontale cintrée confère à l'ensemble une impression de légèreté. Les extrémités saillantes des pieds peuvent servir d'appui à l'utilisateur pour s'asseoir ou se lever.

Banc en lame de scie *Gary Bennet*

La construction de ce banc fait intervenir plusieurs techniques du travail du bois, dont le lamellé-collé et le tournage. La richesse du bois et le soin apporté aux détails d'inspiration exotique sont pour beaucoup dans l'évidente qualité de l'ensemble.

CI-CONTRE

Chaise-paon *Hans Wegner*

Cette superbe chaise allie une grande richesse de proportions à une qualité structurelle digne des meubles ruraux. Notez les renflements des montants du dossier, qui évoquent de façon très réussie les plumes d'un paon.

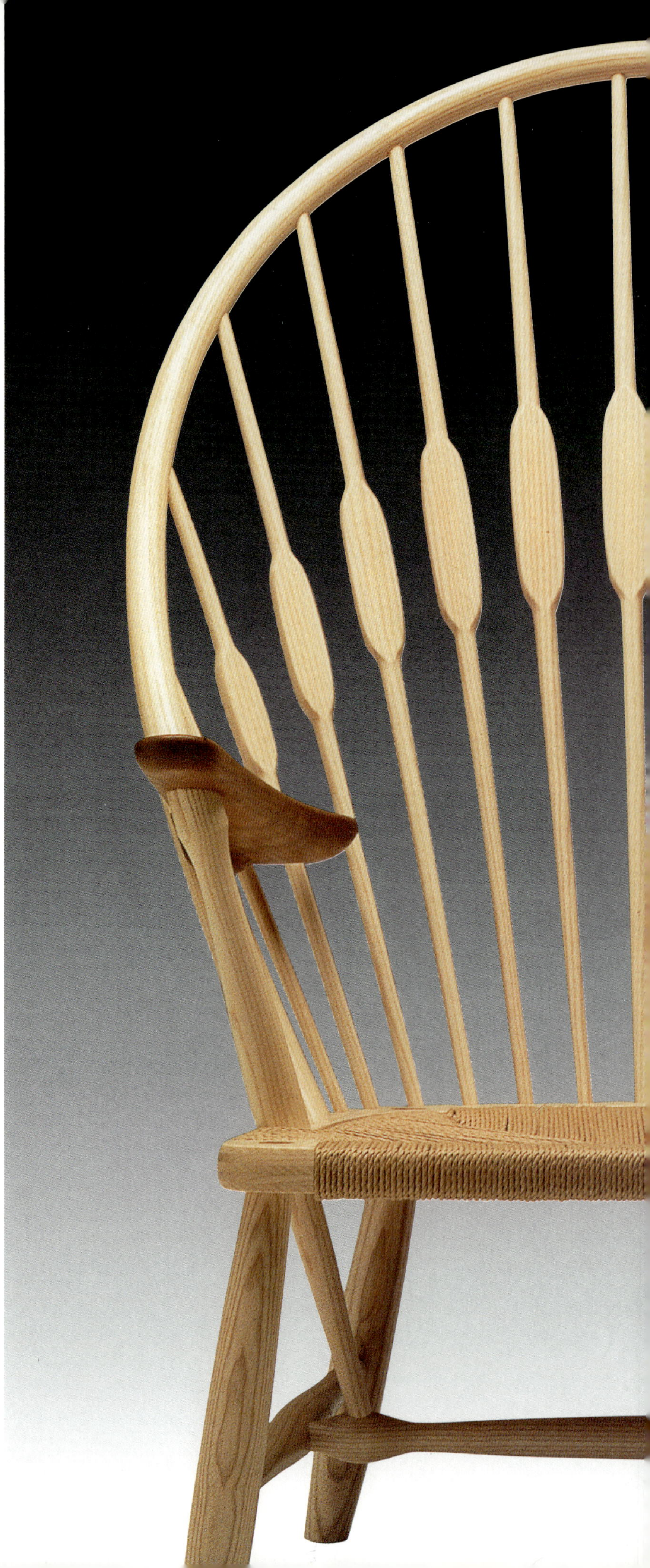

Sièges

La création d'un siège est considérée par les designers et les constructeurs de meubles comme le plus périlleux des challenges. Du fait de leur grande interaction avec le corps de l'utilisateur, les sièges doivent répondre à des impératifs structurels et anthropométriques très précis.

Chaise en bois lamellé-collé

Carlo Molino

Les éléments en lamellé-collé qui composent cette chaise d'une grande complexité sont formés de 10 feuilles de frêne. Le dossier comme le siège ont été retravaillés après collage, et la mise en évidence des couches de bois successives induit une texture grainée du plus bel effet.

Tables

Les quelques pièces présentées ici témoignent que la conception d'une table est souvent tout aussi riche et imaginative que celle d'une chaise ou d'un fauteuil.

CI-CONTRE, DE HAUT EN BAS

Table ovale

Charles Rennie Mackintosh

Les quatre lamelles décoratives intégrées aux pieds selon un plan perpendiculaire confèrent à cette table de forme simple une grande originalité.

Petite table d'appoint

Clément Rousseau

Cette table Arts Déco aux proportions simples et classiques emploie des matériaux élégants : wengé pour les baguettes soulignant les arêtes et placage figuré pour les surfaces. Le motif du plateau, représentant un soleil rayonnant, est à peine perceptible.

INSERT À GAUCHE

Détail du plateau d'une table de salle à manger

Toby Muir-Wilson

Les planches ont été creusées à chant d'arcs successifs, puis assemblées au moyen de queues d'aronde « papillon » façonnées dans un bois de teinte contrastée. L'effet de tension obtenu est des plus intéressants.

Console *Thomas Stender*
Les plis ornant l'une des extrémités du plateau ont été réalisés par pressage sous vide. Les quatre pieds sont incurvés dans la même direction, détail qui ajoute encore à l'originalité de ce meuble.

CI-CONTRE, DE HAUT EN BAS
Table gigogne
David Upfill-Brown
Les proportions harmonieuses et le soin apporté aux détails confèrent à cette pièce un caractère oriental.

Secrétaire
Andrew Varah
Ce meuble associe de façon savante dorures et bois exotiques, en accord avec le style de la demeure du commanditaire. Notez les retraits raffinés pour l'ouverture des tiroirs et les détails du château miniature.

Table basse
Declan O'Donoghue
Dans ce modèle résolument original, l'ondulation ménagée à chant du plateau de verre et les traverses hélicoïdales formées par pressage sous vide évoquent le sillage d'un bateau ou un mouvement de nageoires. L'ensemble dégage une grande impression de mouvement.

**Chaise
asymétrique**
Rupert Williamson
Cette chaise au
dessin exubérant
respecte malgré
tout les préceptes
anthropométriques
essentiels, tels
que hauteur et
profondeur du siège.

Ci-CONTRE
**Chaise
de table
à haut dossier**
Thomas Stender
Les courbes
subtiles du dossier
sont mises
en valeur par
la superbe veinure
du bois d'érable
utilisé pour
la construction.

Ci-DESSUS
Tabouret en bouleau
Alvar Aalto
Ce classique des années 1930,
construit à partir d'éléments
en lamellé-collé
et d'accessoires de fixation
ordinaires, est toujours
fabriqué aujourd'hui.
Il est disponible en différentes
hauteurs, muni ou non de son
petit dossier.

CI-CONTRE

Chaise futuriste

John Makepeace

Cette véritable prouesse technologique a été réalisée en bois de houx lamellé-collé. Les courbes aériennes du dossier font oublier les innombrables heures de travail nécessaires à sa construction.

CI-CONTRE, À DROITE

Fauteuil rouge et bleu

Gerrit Rietveld

L'œuvre de Rietveld est très marquée par la combinaison de formes simples et de couleurs vives. Ce fauteuil construit en 1918 se révèle étonnamment confortable à l'usage.

CI-CONTRE

Chaises empilables

David Colwell

Les pièces qui forment la structure de ces chaises ont été cintrées à la vapeur, une technique plus respectueuse de l'environnement que le lamellé-collé.

CI-CONTRE

Chaise Zupo

John Coleman

Les courbures peu accentuées de cette élégante chaise induisent une impression d'harmonie. Le dossier préformé, indépendant des pieds, est légèrement flexible, pour un confort encore accru.

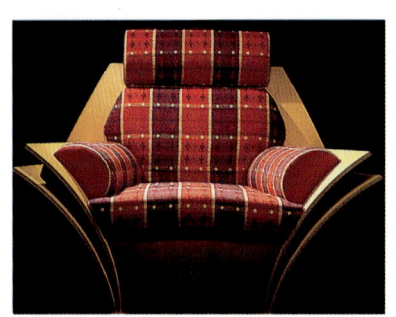

CI-CONTRE

Fauteuil

Fred Baier

La structure de ce fauteuil est formée à partir de panneaux manufacturés cintrés. Les éléments capitonnés sont amovibles, ce qui facilite leur nettoyage. Un fauteuil spectaculaire en même temps que confortable.

Pièces de collection

Quelques superbes
objets conçus
et réalisés
à l'occasion
de circonstances
particulières.

CI-DESSUS
Coffre à thé arlequin
Andrew Crawford
La marqueterie des faces
incurvées à motifs en losange a
nécessité la plus grande précision.

CI-DESSOUS
Lit flexible
Declan O'Donoghue
Les montants en lamellé-collé
sont flexibles et s'inclinent
légèrement sous la pression
lorsqu'on s'y adosse.
Les formes simples
et dépouillées mettent
en valeur la magnifique veinure
des placages d'érable
moucheté, habillés à chant de
bubinga.

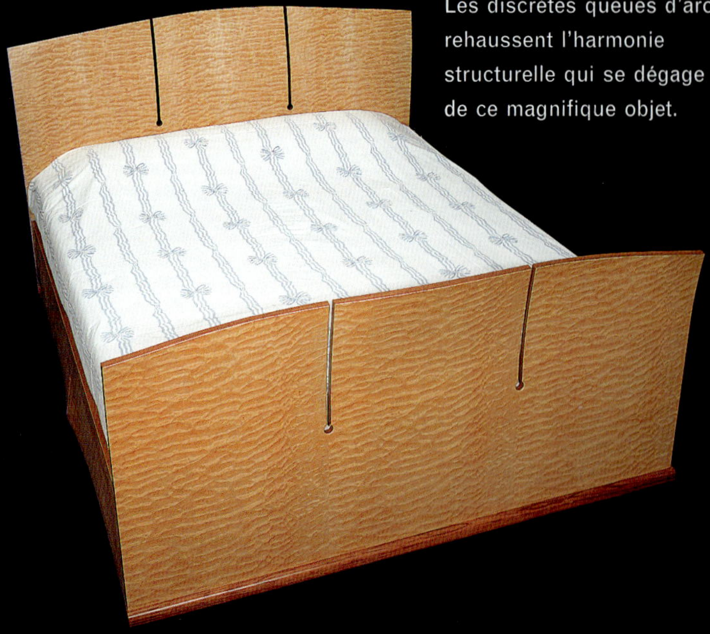

CI-CONTRE
Paravent
Frank Lloyd Wright
Cet objet simple et superbe a été
conçu dans les années 1950 par
le célèbre architecte américain.
Les motifs répétitifs de la frise
sommitale jouent de la lumière
naturelle pour produire un jeu
d'ombres intéressant.

INSERT CI-CONTRE
Détail d'un autel
Ian Heseltine
Les discrètes queues d'aronde
rehaussent l'harmonie
structurelle qui se dégage
de ce magnifique objet.

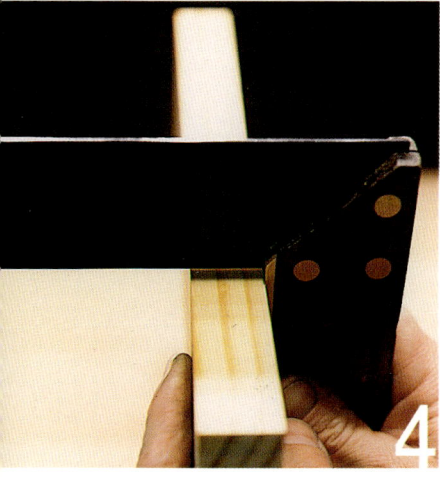

Utilisation des équerres

4 Vérification de l'équerrage d'un chant.

5 Un bon éclairage est essentiel pour vérifier la planéité d'une surface.

Cette méthode est plus précise que celle qui consiste à placer le zéro de la règle sur l'arête de référence de la pièce puis à porter une marque en face de la graduation appropriée.

Pour vérifier l'équerrage d'une pièce de bois, placez le talon d'une équerre contre l'une des faces et faites reposer l'arête inférieure de la lame sur le chant adjacent. Faites ensuite coulisser l'instrument sur la longueur de la pièce de bois en ayant soin de placer celle-ci sous un éclairage franc. Une lumière insuffisante est souvent la cause d'erreurs d'appréciation.

Utilisation des trusquins

Le trusquin de traçage sert le plus souvent à un marquage dans le sens du fil. Il est doté d'une pointe en acier qui peut être limée pour produire un trait fin et précis. Sur le trusquin à débiter, outil similaire au précédent, la pointe d'acier est remplacée par une petite lame biseautée qui s'affûte comme celle d'un couteau à tracer et s'utilise biseau orienté vers le bois de chute. On emploie plus particulièrement les trusquins à débiter pour le traçage en travers du fil, mais un trusquin de traçage correctement réglé s'acquitte tout aussi efficacement de cette tâche.

Le travail au trusquin s'effectue indifféremment à la traction ou à la poussée, selon le goût de chacun. Affinez le réglage de l'outil en tapotant la base de la tige sur le plateau de votre établi, puis bloquez-la en place en tournant le papillon de serrage.

Trusquins et pieds à coulisse

6 Marquage dans le sens du fil à l'aide d'un trusquin de traçage.

7 Le trusquin à débiter convient au traçage en travers du fil.

8 Un pied à coulisse à affichage numérique indique de façon très précise l'épaisseur d'une pièce de bois.

RABOTAGE MANUEL DES FACES ET DES CHANTS

Après avoir soigneusement réglé votre rabot à main, faites quelques passes d'essai sur une planche de bois. Le fer de l'outil doit présenter un tranchant légèrement courbe, propre à déterminer une largeur de découpe d'environ 15 mm, correspondant à celle du copeau émergeant au centre de la lumière. Un fer à tranchant plat produit une découpe plus large, mais oblige à une dépense d'énergie plus importante pour un travail de moindre précision. L'épaisseur d'un copeau taillé par un tranchant courbe n'est pas régulière ; elle est d'environ 0,25 mm en son centre et s'amincit progressivement vers les deux bords.

On se sert souvent d'un rabot à main pour éliminer les marques sur une planche de bois travaillée à la raboteuse. Cette opération requiert une grande maîtrise pour obtenir un lissage parfaitement régulier. Trois lignes parallèles tracées à la craie sur la largeur de la face travaillée vous permettront de visualiser le travail du fer et de repérer facilement les portions non encore rabotées. Au besoin, répétez l'opération si un lissage complémentaire s'avère nécessaire.

Rabotage dans le sens du fil

Efforcez-vous de raboter une surface selon la direction la plus facile, c'est-à-dire dans le sens du fil. Il est très fréquent que la disposition des fibres du bois dicte la direction du rabotage manuel. Faites-vous une idée de leur orientation en observant le chant de la pièce de bois.

Utilisation d'un rabot d'établi

Le travail au rabot d'établi consiste à exercer simultanément une pression et une poussée sur l'outil. Ce faisant, vous ne pourrez obtenir un rendement satisfaisant que si le rabot demeure à une faible distance de votre corps. Conservez une posture solide (pied gauche devant pour un droitier) et déplacez le torse au-dessus de la pièce travaillée en portant progressivement les genoux vers l'avant. Évitez de pousser le rabot par la seule action des bras et épaules, et procédez plutôt par d'amples mouvements du haut du corps. De cette façon, il est possible d'obtenir un contrôle optimal et un rabotage parfaitement régulier. Sur une pièce de grande longueur, travaillez de préférence par petites passes successives et bien retenues, en gardant toujours le rabot près du corps.

Tracé de guidage à la craie

1 Le traçage de lignes à la craie en travers de la face travaillée permet de visualiser l'action du fer.

2 Au fur et à mesure du rabotage, il est facile de déterminer les endroits où l'outil n'est pas encore passé.

3 Portez la pression sur le nez de l'outil à l'amorce de chaque passe, puis transférez progressivement cette pression vers le talon à mesure de la découpe.

Déterminer le sens du fil

4 Pour connaître le sens du fil, examinez attentivement les dessins apparaissant sur les chants de la pièce de bois.

POUR EN SAVOIR PLUS

Outils de rabotage	22
Premières étapes du corroyage	52
Rabotage manuel sur bois de bout	68

La bonne position pour le rabotage manuel

5 Le rabotage manuel nécessite à la fois une pression sur la pièce travaillée et une poussée sur l'outil utilisé. Amorcez la passe en pressant de la main gauche sur le nez du rabot.

6 Déplacez le haut du corps le long de la pièce travaillée par un léger balancement des genoux, en conservant la position pied gauche avancé.

7 Terminez la passe en pressant de la main droite sur le talon de l'outil.

Rabotage des chants

8 Fine découpe le long d'une arête d'un chant à l'aide d'un rabot bien affûté et correctement réglé.

9 Rabotage avec la partie centrale de la semelle.

Rabotage des chants

Gardez à l'esprit que le tranchant de votre rabot présente une forme légèrement courbe. Si le chant à traiter est déjà équarri par rapport à la face de référence, et qu'il s'agit simplement de réduire la largeur d'un élément, attachez-vous à travailler uniquement avec la partie centrale de la semelle. Si, au contraire, vous souhaitez rectifier l'équerrage du chant, rabotez suivant l'angle recherché avec l'une ou l'autre des extrémités latérales de la semelle. Une planche à dresser est un accessoire très utile pour le rabotage des chants d'une pièce de bois de faible épaisseur, sur lesquels il est difficile de stabiliser un rabot d'établi. Elle s'emploie indifféremment pour travailler dans le sens et en travers du fil. Lors d'un rabotage en travers du fil, ayez soin que la pièce de bois ne déborde pas trop par rapport au support ; faute d'une telle précaution, vous risquez un éclatement des fibres.

10 Travail avec l'un des bords de la semelle.

11 Une planche à dresser s'avère très utile pour le rabotage des chants de faible épaisseur.

UTILISATION DES SCIES À MAIN

Savoir se servir d'une scie à main avec confiance et précision est l'une des plus grandes satisfactions lorsqu'on travaille le bois. Il est dommage que certains débutants, considérant le sciage manuel comme un art mystérieux, préfèrent utiliser le premier outil électroportatif venu ou bien investir dans une machine-outil dont ils n'auront que rarement l'usage. Dans les lignes suivantes, il vous sera expliqué comment choisir une scie en fonction du travail à effectuer, et comment soutenir la pièce travaillée afin de pouvoir se concentrer uniquement sur le sciage. La technique et la position appropriées pour ce travail sont également détaillées.

Maintien de la pièce pour un sciage précis

La meilleure façon de maintenir une pièce de bois est de la placer dans la presse d'un robuste établi. Il devient alors facile de se positionner correctement et d'actionner la scie de manière appropriée. À l'inverse, s'il vous faut maintenir d'une main une pièce de bois qui ne demande qu'à s'échapper de tous côtés, il est plus que probable que la précision du travail en souffrira. Le sciage d'une planche posée horizontalement sur des tréteaux est une pratique courante. Le poids propre de la pièce de bois aide à son maintien durant le travail. Il est beaucoup plus problématique de tenter de tailler à longueur une planche posée sur un tréteau ou un établi portable de type Workmate. Sur la photographie ci-contre (3), le menuisier tente de scier une pièce de bois d'une main en la maintenant de l'autre ; les chances de réussite d'une telle opération sont faibles.

Une cale d'établi est un accessoire précieux pour le tronçonnage, car elle permet de caler une pièce de bois sur le plateau, en laissant à l'opérateur toute liberté de mouvement. Pensez cependant à soutenir l'extrémité d'une pièce de grande longueur au moyen d'une servante à billes ou à rouleaux, positionnée à même hauteur que le plateau de l'établi.

Avant d'entamer le sciage proprement dit, creusez le trait de coupe à l'aide d'un ciseau à bois, de manière à offrir un guidage efficace pour la lame de la scie et à garantir une amorce correcte de la découpe.

POUR EN SAVOIR PLUS

Scies d'établi	28
Scies électroportatives	42

Maintien de la pièce à découper

1 Refente d'une pièce de bois tenue verticalement par la presse frontale de l'établi.

2 Refente d'une planche lourde et massive, portée par des tréteaux. Il s'avère souvent utile d'étendre

l'index sur la poignée de la scie pour guider la découpe et gagner en précision.

3 Il est difficile de maintenir avec efficacité une pièce de bois de dimensions modestes lors d'un tronçonnage effectué sur un tréteau ou un établi portable de type Workmate.

4 Une cale d'établi en bois dur est un accessoire de maintien très utile pour le tronçonnage de pièces de faibles dimensions. Construisez-la vous-même, ou achetez-la chez un détaillant spécialisé.

5 Effectuez un tracé net et précis avant d'entamer le sciage.

6 À l'aide d'un ciseau, façonnez une rainure en V qui permettra le guidage de la lame à l'amorce de la découpe.

Éclairage

7 Une lampe d'établi correctement positionnée favorise une découpe nette et précise.

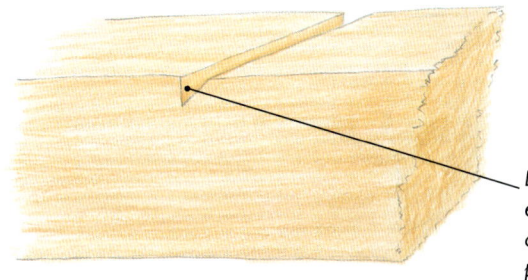

Le tracé au couteau est élargi à l'aide d'un ciseau à bois pour guider l'amorce de la découpe.

Cette précaution permet également d'établir une arête de coupe parfaitement rectiligne et exempte d'éclats, atout non négligeable lors d'un travail sur bois fibreux ou à grain fin.

Éclairage

Utilisez, dans la mesure du possible, un éclairage directionnel fixé sur l'établi, car il va de soi qu'une lumière insuffisante ou de médiocre qualité compromet très fortement la précision de votre travail. Correctement orientée, une lampe d'établi met en relief un tracé au couteau difficilement perceptible autrement et favorise un sciage net et précis.

Le trait de scie

Le trait de scie est la largeur de la découpe créée par l'instrument. Celle-ci est liée à l'avoyage, l'inclinaison latérale et alternative des dents, qui permet d'obtenir une découpe plus large que l'épaisseur de la lame. L'avoyage est essentiel car il évite le blocage de la lame et permet de corriger légèrement la course de la scie vers la gauche

ou vers la droite durant la découpe. Plus le trait de scie est large, plus les efforts consentis pour la découpe sont importants ; efforcez-vous, afin de gagner en précision, de réduire cette largeur au minimum sur vos scies.

Pour un sciage précis, positionnez le trait de scie sur le côté rebut du tracé. Un bon menuisier fait en sorte que le tracé demeure perceptible sur l'arête de la pièce sciée.

Choisir la bonne scie

Pour chaque type de travail, choisissez avec soin la scie dont vous avez besoin. La plupart des découpes peuvent être réalisées à l'aide d'une petite scie à panneaux, dotée d'une lame relativement courte mais à denture fine, ou bien d'une scie à dos telle qu'une scie à tenon. Pour les découpes les plus fines, utilisez de préférence une scie à queue d'aronde. Un grand nombre d'ébénistes utilisent une scie à queue d'aronde de 25 cm, dont ils élargissent la voie pour réaliser les découpes normalement effectuées à la scie à tenon, plus lourde et au trait de scie plus épais.

Apprendre à scier

Afin de mieux vous faire comprendre la façon d'utiliser une scie à main, nous détaillons ici les étapes de la refente d'une pièce de bois. Il s'agit de refendre, à l'aide d'une scie à queue d'aronde, une planchette d'acajou à grain fin de 20 mm d'épaisseur à environ 35 mm de l'une des arêtes longitudinales. On rencontre souvent ce type de découpe lors du façonnage de queues d'aronde ou de la taille à largeur de pièces. Le premier travail consiste à tracer la découpe et à immobiliser la pièce de bois à la verticale dans la presse frontale de l'établi, de sorte qu'elle dépasse d'environ 50 mm du plateau. Vérifiez que la pièce de bois est positionnée parfaitement à la verticale, afin de donner à votre découpe toutes les chances de réussite.

Position du corps Placez-vous devant l'établi, corps orienté à 45° par rapport à la face de la pièce de bois et pieds espacés d'environ 60 cm. Saisissez la scie et efforcez-vous de visualiser un plan parfaitement rectiligne dans lequel s'inscrivent l'extrémité de la lame, votre main, votre bras, votre coude et votre épaule. Le mouvement de va-et-vient du sciage est commandé par un balancement de cette dernière, qui doit toujours être placée en parfait alignement avec le trait de scie. Votre corps doit être orienté de trois quarts par rapport à l'établi, dans une attitude proche de celle d'un joueur de tennis s'apprêtant à servir, et non face à la pièce sciée, ce qui risquerait de compromettre l'alignement évoqué plus haut.

Technique du sciage Vous voici prêt à entamer la découpe. Placez l'ongle du pouce (ou de l'un des autres doigts de votre main gauche) sur le tracé et adossez la lame à l'ongle afin de guider la scie. L'amorce de la découpe est une étape capitale ; imprimez une poussée franche en évitant toute pression excessive sur la lame. Après cette entame nette et précise, vous pouvez maintenant vous consacrer entièrement à la direction du sciage, qui va être déterminée, pour une large part, par les deux premiers passages de lame : au-delà de la troisième passe, il devient très difficile de corriger une découpe mal orientée. Concentrez-vous sur le tracé et efforcez-vous de visualiser la course de la scie le long de celui-ci, à la manière d'un motard anticipant la course de sa machine sur une route sinueuse : l'inclinaison de la moto dans les virages résulte moins d'une volonté consciente que de la concentration et des réflexes du pilote. À ce stade du travail, il convient de relâcher un peu votre prise sur le manche de l'outil. Le poids de la barrette métallique enserrant le dos de la lame suffit à engager cette dernière dans le bois. En exerçant une pression excessive, vous risquez de chauffer exagérément la denture et d'engager la découpe sur une mauvaise ligne. Ne relâchez pas votre concentration durant le travail, et ne tentez pas de corriger la course de la scie par une torsion de la lame vers la droite ou la gauche.

12 Vérifiez que les deux ou trois premières passes de la lame suivent strictement le tracé pour assurer une direction de sciage correcte.

Position

8 Une position correcte est essentielle pour obtenir un sciage de qualité. Placez-vous devant la pièce à découper, corps orienté à 45° et pieds écartés d'environ 60 cm.

9 Les mouvements de va-et-vient de la lame sont induits par un balancement de l'épaule, qui doit demeurer dans l'alignement du trait de scie.

Techniques de sciage

10 La pièce d'acajou est immobilisée verticalement dans la presse frontale de l'établi. Le tracé est clairement visible.

11 L'amorce du sciage est capitale : aidez-vous en adossant la lame contre l'ongle de votre index ou de votre pouce placé à la verticale.

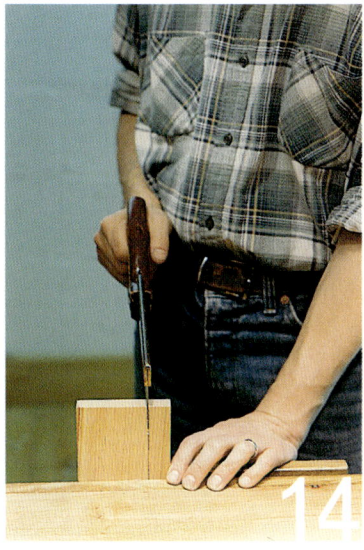

Modifiez l'orientation de la lampe d'établi à mesure de la découpe de façon à conserver une vision claire du tracé. Assurez-vous également que vous procédez par des mouvements fluides et que vous utilisez, à chaque passe, l'entière longueur de la lame. Il faut maintenant vous concentrer sur la fin du travail et, dans le cas d'une découpe arrêtée, stopper la lame à l'endroit exact indiqué par le tracé.

Avec un peu d'expérience et de pratique, le positionnement adéquat de la lame sur le tracé, gage d'un sciage réellement précis, devient automatique. La maîtrise de cette technique est relativement rapide et très gratifiante.

13 Relâchez votre prise sur le manche de la scie pour éviter de forcer la lame dans une mauvaise direction.

14 Sciez sans forcer, en visualisant la course de la lame.

15 Découpe arrêtée sur un tracé transversal. Il faut prendre garde à ne pas dépasser la ligne.

Utilisation d'une scie à archet

16 Utilisez une scie à archet pour découper une forme courbe à partir du chant de la pièce travaillée. Entamez la découpe de même manière que précédemment.

17 Continuez la découpe le long du tracé en accordant une importance particulière à la direction du sciage.

18 Pour procéder à la découpe d'une fenêtre à l'aide d'une scie à archet, percez un trou de petit diamètre à fleur de traçage, faites passer la lame par le trou puis montez-la sur la scie. Sciez ensuite le long du trait.

UTILISATION DES CISEAUX À BOIS

Lors d'un travail au ciseau à bois, il est absolument impératif que le tranchant de l'outil soit parfaitement affûté. Ne laissez jamais un ciseau à bois s'émousser ; repassez son tranchant sur une pierre à affûter dès qu'il devient nécessaire d'exercer une pression plus forte qu'à l'ordinaire pour engager l'outil dans le bois. Il n'est pas rare, en cas d'utilisation intensive, d'avoir à effectuer cette opération toutes les demi-heures.

Découpes verticales

Position du corps La technique de base consiste à tenir le ciseau coudes collés au corps, de façon à guider l'outil par des mouvements du torse plutôt qu'avec la seule aide des avant-bras et des mains. L'avant-bras gauche (pour un droitier) repose sur la pièce travaillée ; la main gauche tient la lame de l'outil entre le pouce et l'index et exerce une résistance à l'action de la main droite, laquelle tient le manche de l'outil et imprime une poussée verticale. Cet équilibre dans l'action des deux mains permet de concilier puissance et contrôle : de cette façon, il est possible d'effectuer une découpe verticale dans du bois de bout sans que la lame de l'outil ne glisse pour se ficher, comme il arrive souvent, dans le plateau de l'établi (lors d'un travail au ciseau, ayez soin de protéger le plateau de l'établi par une planche de chute).

Largeur de lame Avec un ciseau d'une largeur voisine de 5 mm, il est possible de travailler sur des bois tendres, tels que châtaignier ou acajou, en utilisant toute la largeur de la lame. Avec un outil plus large, il est impossible de travailler à pleine lame sans nuire au contrôle et à la précision de la découpe (certains ont alors recours au maillet, mais ce n'est pas non plus une solution satisfaisante). Les professionnels utilisent les ciseaux à large lame pour agrandir une découpe effectuée à pleine lame avec un ciseau plus étroit ; ce faisant, ils n'utilisent qu'un angle de la lame, le retrait central demeurant en l'état. Ainsi, pour agrandir de 2 mm de part et d'autre un retrait de 6 mm façonné à pleine lame, on utilisera un ciseau à lame de 8 mm.

Découpe d'un retrait vers une ligne transversale Pour cela, procédez à une succession de découpes très fines. Un ciseau à bois n'est rien moins qu'un coin au tranchant acéré ; si vous tentez d'ôter l'épaisseur de bois par une seule passe, la lame déviera de sa trajectoire verticale et dépassera le plan de la ligne d'arrêt transversale. Effectuez une première découpe sur les trois quarts de l'épaisseur de la pièce travaillée, puis retournez-la et effectuez une nouvelle

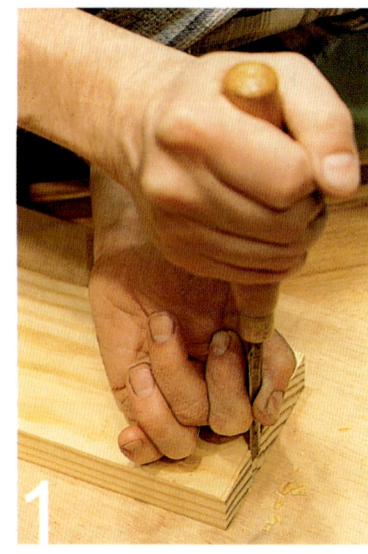

Tenue du ciseau pour une découpe verticale

1 La main gauche (pour les droitiers) repose sur la pièce travaillée et saisit la lame de l'outil entre le pouce et l'index. La main droite saisit le manche de l'outil et imprime une poussée verticale.

2 Placez-vous dans une posture adéquate et maintenez le ciseau bien à la verticale pour obtenir un contrôle optimal de l'outil.

découpe de même longueur. En continuant le travail selon ce principe, vous vous rapprochez progressivement de la ligne d'arrêt en conservant l'équerrage de la surface travaillée. Pour l'avant-dernière découpe, placez la lame du ciseau sur la ligne d'arrêt (vous devez sentir l'engagement de la lame dans la rainure) et travaillez une nouvelle fois sur les trois quarts de l'épaisseur. Il vous reste à retourner la pièce de bois pour réaliser la découpe finale. Le retrait obtenu est parfaitement plan et d'équerre.

POUR EN SAVOIR PLUS

Ciseaux à bois   20

*Préparation
des outils tranchants*   24

*Affûtage
des outils tranchants*   26

Découpe sur bois de bout avec ciseaux de différentes largeurs

3 Faites une découpe pleine lame avec un ciseau étroit.

4 Prenez un ciseau légèrement plus large.

5 Élargissez le retrait de part et d'autre en utilisant seulement les angles de la lame.

9 Continuez de la sorte jusqu'à obtenir un retrait façonné à la main parfaitement plan et d'équerre.

Découpe arrêtée sur une ligne transversale

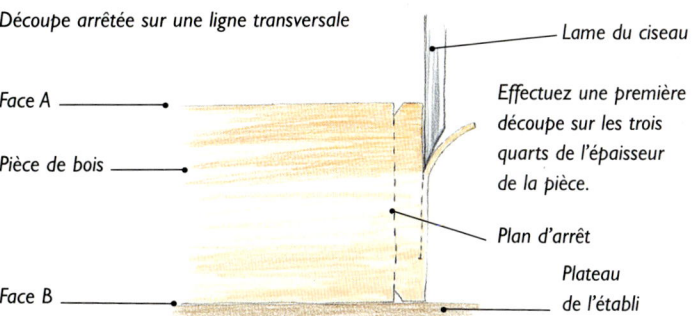

Face A — Pièce de bois — Face B

Lame du ciseau

Effectuez une première découpe sur les trois quarts de l'épaisseur de la pièce.

Plan d'arrêt

Plateau de l'établi

10 Le retrait de gauche a été façonné de manière appropriée, par une succession de découpes très fines. A sa droite, on peut voir le résultat obtenu lorsque l'on tente d'ôter l'épaisseur du bois par une seule passe de la lame. L'épaisseur du rebut découpé empêche toute précision.

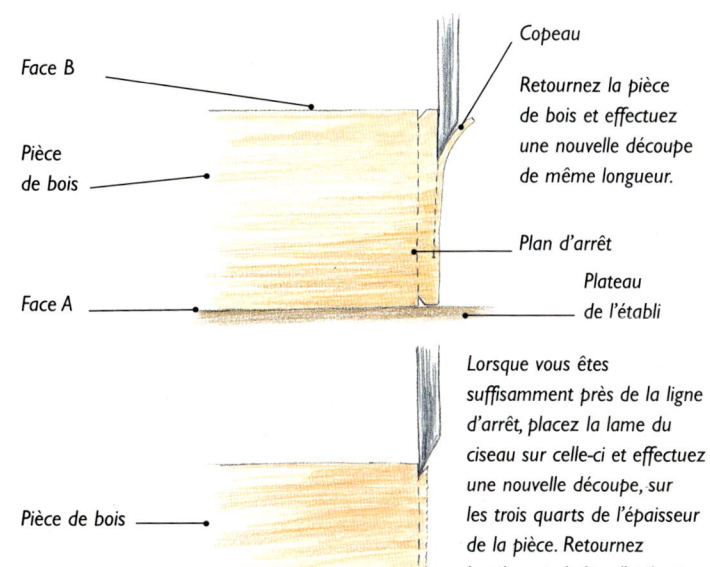

Face B — Pièce de bois — Face A

Copeau

Retournez la pièce de bois et effectuez une nouvelle découpe de même longueur.

Plan d'arrêt

Plateau de l'établi

Pièce de bois — Plan d'arrêt — Plateau de l'établi

Lorsque vous êtes suffisamment près de la ligne d'arrêt, placez la lame du ciseau sur celle-ci et effectuez une nouvelle découpe, sur les trois quarts de l'épaisseur de la pièce. Retournez la pièce et répétez l'opération : le retrait est façonné parfaitement d'équerre.

Découpe arrêtée sur ligne transversale

6 Faites une première découpe sur les 3/4 de l'épaisseur de la pièce.

7 Retournez la pièce de bois et répétez l'opération à partir de la face opposée.

8 Retournez à nouveau la pièce de bois pour une nouvelle découpe de même longueur.

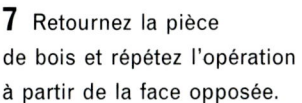

Autre méthode Il existe une autre méthode pour façonner un retrait vers une ligne d'arrêt transversale : les passes successives ne tendront plus à conserver l'équerrage de la pièce de bois, mais seront effectuées à l'oblique, de façon à ménager un renflement central entre les deux extrémités du retrait. Après avoir entaillé le bois à l'oblique jusqu'à la ligne d'arrêt sur chacune des faces de la pièce de bois, on ôte le renflement central par des découpes verticales successives de plus en plus longues, jusqu'à relier par une passe finale les deux lignes d'arrêt.

Découpes horizontales

Il est parfois préférable de travailler selon une direction horizontale. On immobilise la pièce travaillée à la verticale dans la presse frontale de l'établi, de façon qu'elle saille de 15 à 20 cm par rapport au plateau. Ainsi maintenue, la pièce vibre très peu sous l'action du ciseau et permet de travailler dans une position appropriée.

Position du corps Elle est très proche de celle adoptée pour un travail à la scie à queue d'aronde. Placez-vous à 45° par rapport

Renflement créé par les découpes obliques sur chaque face de la pièce de bois.

Autre méthode

12 Découpez le bois à l'oblique jusqu'à la ligne d'arrêt, sur les deux faces.

13 Les découpes donnent naissance à un renflement central.

14 Découpez le renflement par des passes verticales successives, pour obtenir une surface plane et d'équerre.

à la pièce travaillée et espacez les pieds d'environ 60 cm. Efforcez-vous de situer la lame du ciseau, votre avant-bras, votre coude et votre épaule dans un même plan vertical, parallèle à la face frontale de l'établi. Placez l'avant-bras à l'horizontale, dans l'alignement de la surface travaillée ; il vous sera peut-être nécessaire pour cela d'écarter un peu plus les pieds. Travaillez coudes collés au corps, par des avancées successives du haut du corps. Ne cherchez pas à imprimer une pression par la seule force des bras et des épaules.

Ciseaux de dressage L'utilisation d'un ciseau de dressage selon une direction horizontale permet d'obtenir un meilleur contrôle et une plus grande précision qu'avec un ciseau ordinaire. Sa longue lame est idéale pour réaliser des découpes très fines. N'utilisez jamais cet instrument avec un maillet et réservez-le aux seuls travaux de finition. Largement utilisé par les ébénistes, le ciseau de dressage à manche coudé permet de travailler sur les surfaces intérieures d'une carcasse assemblée, notamment pour en éliminer les inévitables résidus de colle. Un cirage préalable des surfaces avant montage facilite cette opération, ordinairement effectuée avec l'un des angles de la lame.

Tenue du ciseau pour une découpe horizontale

15 Placez-vous dans la position appropriée, corps orienté à 45° par rapport à la pièce travaillée.

16 Avec sa longue lame, qui permet un meilleur contrôle, le ciseau de dressage convient aux découpes horizontales.

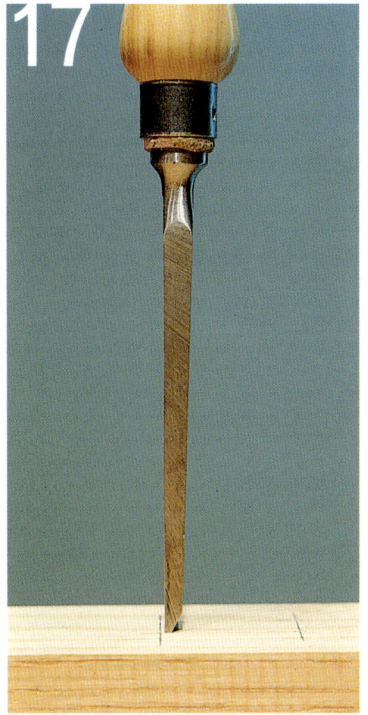

Utilisation d'un ciseau à mortaiser

17 Placez l'outil à la verticale par rapport à la surface travaillée.

18 Position correcte. Assurez-vous avant de frapper que le ciseau est convenablement orienté.

19 Vue de profil, montrant la pièce de bois solidement fixée sur le plateau de l'établi.

Vous serez sans doute parfois tenté, pour travailler une surface intérieure, d'utiliser un ciseau ordinaire avec un maillet ou un marteau à embout synthétique. Cette technique permet de gagner en rapidité dans l'enlèvement du rebut, mais elle nuit grandement à la précision du travail car il est difficile, voire impossible, de frapper l'outil selon l'angle adéquat.

Bédanes et ciseaux à mortaiser Bien qu'il soit plus facile de réaliser une mortaise à l'aide d'une mortaiseuse ou d'une défonceuse, il reste possible d'effectuer ce travail à la main, au moyen d'un ciseau et d'un maillet de menuisier. La précision de l'angle d'attaque n'est pas primordiale. Immobilisez la pièce de bois sur le plateau de l'établi, directement au-dessus de l'un des pieds. Placez-vous à l'extrémité de l'établi, dans l'alignement de la pièce travaillée, et frappez l'extrémité du ciseau à l'aide du maillet, en ayant soin de tenir les deux outils bras tendus. Cette position permet un contrôle optimal du ciseau et facilite l'enlèvement du rebut sur toute la longueur de la mortaise par une action de levier.

Utilisation d'un ciseau de dressage à manche coudé

20 Cet outil convient de façon idéale à l'élimination des résidus de colle après assemblage.

RABOTAGE MANUEL SUR BOIS DE BOUT

Il est souvent nécessaire de raboter à dimension les chants d'une pièce de bois fraîchement sciée. Pour effectuer ce travail sur bois de bout, utilisez un rabot d'établi ou un petit rabot à recaler, et immobilisez la pièce verticalement dans la presse frontale de votre établi. L'usage d'un rabot d'établi convient notamment pour des chants relativement épais, tels ceux des parois latérales d'un tiroir, sur lesquels cet outil large et lourd peut être stabilisé. Son poids est un atout précieux qui aide à l'engagement du fer dans le bois. S'il vous est impossible de travailler selon deux directions opposées, ménagez une petite découpe d'onglet en bout de passe afin d'éviter l'éclatement du bois.

Utilisation d'un rabot à recaler

Pour un travail sur des pièces de plus faible épaisseur, faites de préférence usage d'un rabot à recaler. Ce petit rabot, que l'on actionne d'une seule main, est tout à fait adapté pour un travail sur bois de bout. Le fer de l'outil attaque le bois selon un angle très plat, d'une valeur généralement comprise entre 13 et 19°. Sur la plupart de ces outils, la lumière peut être réglée à la cote souhaitée ; ménagez un écartement d'environ 0,4 mm entre l'arête avant de la lumière et le fer. À l'inverse des fers de rabots d'établi, à tranchant légèrement arrondi, les fers de rabots à recaler présentent un tranchant rectiligne. La largeur du copeau découpé correspond donc à la largeur de travail de l'outil. Veillez à utiliser un fer parfaitement affûté, et vous découvrirez alors que le rabotage du bois de bout est un travail simple et plaisant.

POUR EN SAVOIR PLUS

Outils de rabotage   22

Rabotage manuel
des faces et des chants   58

CI-CONTRE *Petit rabot à recaler utilisé pour le travail sur bois de bout.*

CI-DESSUS, EN HAUT *Bois de bout après sciage et avant rabotage.*

CI-DESSUS *Petite découpe d'onglet à l'extrémité de la pièce travaillée pour éviter l'éclatement du bois en bout de passe.*

Utilisation d'un rabot d'établi

1 Pour dresser le bois de bout d'une pièce de grandes dimensions à l'aide d'un rabot d'établi, immobilisez celle-ci à la verticale dans la presse frontale de l'établi.

2 Vérifiez que le fer est bien affûté et que l'outil est bien réglé.

Utilisation d'une planche à dresser

Une planche à dresser s'avère très pratique pour un travail sur des pièces de faible épaisseur. Cet accessoire, qui peut être façonné dans l'atelier ou bien acheté chez un détaillant, est fixé sur le plateau de l'établi à l'aide d'un serre-joint. On l'utilise indifféremment pour un rabotage dans le sens du fil ou sur bois de bout. La pièce de bois est calée contre la butée de la planche à dresser, chant travaillé orienté vers le rabot, qui est ici utilisé couché. En opérant de cette façon, il est possible de raboter les pièces de petites dimensions (d'une longueur inférieure à 40 cm) avec une grande précision et un contrôle optimal.

3 Utilisez une planche à dresser pour raboter un chant à angle droit, dans le sens du fil ou sur bois de bout.

DÉCOUPE À LONGUEUR

Aux premiers stades d'une réalisation, il est fréquent de façonner les éléments à des dimensions légèrement supérieures aux cotes finies. Il convient alors de tronçonner un peu plus tard ces éléments à leur longueur finale. Cette opération s'effectue ordinairement au moyen d'un outil motorisé, mais vous pouvez la réaliser à la main, en vous inspirant des techniques de sciage et de rabotage exposées dans les pages précédentes.

Tronçonnage à la scie motorisée

Scie circulaire sur table La scie circulaire sur table est la machine-outil la plus employée pour le tronçonnage des pièces de bois. Elle doit être parfaitement réglée. Une petite équerre métallique est très pratique pour s'assurer que la lame est bien dans l'axe de la table, et que le guide de coupe est exactement perpendiculaire à la lame. Vous pouvez également procéder à ces vérifications avec un panneau de médium soigneusement dressé et équarri. Avant d'entamer le travail, fixez un tasseau de bois contre la face du guide d'onglet et taillez-le à longueur par une première découpe. Le guide de coupe est ainsi prolongé jusqu'à l'emplacement exact de la découpe, ce qui facilite le positionnement des pièces à tronçonner. Le tasseau offre de plus un support à la pièce sciée, empêchant l'éclatement du bois sur le chant opposé à la lame.

Scie à ruban Bien qu'elle produise une surface sciée d'un aspect plus grossier que celles produites par les autres scies motorisées, la scie à ruban convient bien pour les opérations de tronçonnage et s'avère, moyennant un réglage adéquat, remarquablement précise. Le réglage de la lame et du guide de coupe s'effectue de la même manière que sur une scie circulaire. À condition de travailler soigneusement et sans hâte, la scie à ruban est capable d'un tronçonnage propre et très précis.

Scie radiale La scie radiale est fréquemment présente dans les ateliers des professionnels du bois, mais elle n'est que peu utilisée par les amateurs. Il est cependant utile d'en faire mention ici car c'est une machine entièrement vouée au tronçonnage. Sa lame, qui pénètre légèrement dans la table supportant la pièce travaillée, effectue une découpe nette et sans éclats. En outre, de par la spécificité des lames employées, elle produit une surface sciée presque digne d'une finition. On peut également utiliser cette machine avec une butée qui permet les découpes successives de plusieurs pièces à même longueur.

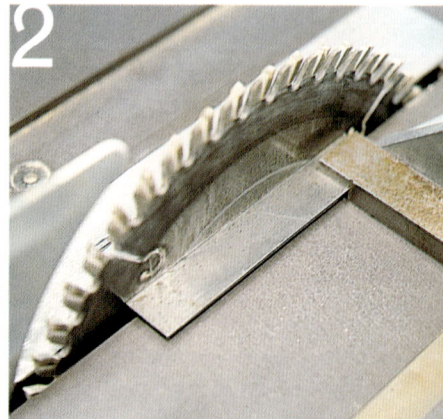

Tronçonnage à la scie circulaire sur table

1 Vérifiez que la lame est bien perpendiculaire à la table.

2 Vérifiez que le guide de coupe est bien positionné à angle droit par rapport à la lame.

POUR EN SAVOIR PLUS

Scies à ruban   34

Scies circulaires sur table   36

Défonceuses   40

Scies électroportatives   42

3 Fixez un tasseau sur le guide de coupe.

4 Découpez le tasseau.

5 Servez-vous de la découpe pour positionner les pièces à scier.

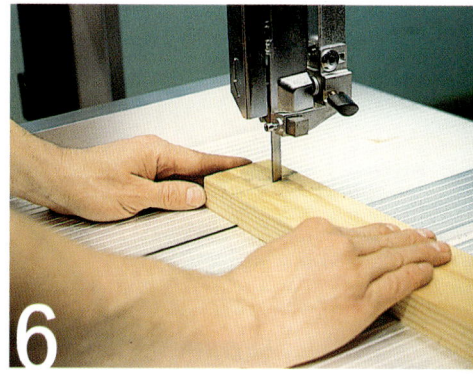

Tronçonnage à la scie à ruban

6 La scie à ruban convient également au tronçonnage des pièces de bois. Assurez-vous que la lame est bien perpendiculaire à la table.

7 Une utilisation prudente assure un sciage précis.

Tronçonnage à la scie radiale

8 Cette machine-outil est spécialement conçue pour les découpes en travers du fil.

9 Une défonceuse convient de façon idéale pour le façonnage d'entailles en travers du fil.

Autres outils de découpe en travers du fil

La découpe en travers du fil peut aussi être effectuée à l'aide d'une scie circulaire électroportative ou d'une défonceuse. Fixez un tasseau de guidage à l'aide d'un serre-joint sur la table de support, et assurez-vous qu'il est à angle droit par rapport à la pièce. Appuyez la semelle de la scie ou de la défonceuse sur le tasseau pour guider la découpe. Cette technique est très utile pour le façonnage d'entailles à la défonceuse sur les parois latérales d'une carcasse.

LA DÉFONCEUSE COMME COMBINÉ À BOIS

Une défonceuse plongeante pour fraises à queues de 6 mm de diamètre est un outil très polyvalent, qui s'utilise pour le dimensionnement des pièces et la découpe des assemblages comme pour le façonnage de moulures. Son principal atout est la précision : les surfaces travaillées à la défonceuse sont toujours parfaitement planes et d'équerre.

Dans un atelier, la défonceuse tient souvent lieu de combiné à bois miniature, car elle peut effectuer des tâches normalement dévolues à des machines distinctes. Elle permet une découpe toute hauteur en travers du fil, pour obtenir des chants parfaitement rectilignes et d'équerre par rapport aux faces de la pièce. Pour cela, il suffit de fixer un tasseau-guide de longueur appropriée sur la pièce travaillée, à une distance adéquate du traçage. Il est préférable d'effectuer une découpe d'approche à la scie à main ou à la scie à ruban ; de cette manière, on évite le bruit et l'important volume de sciure causés par la défonceuse. La défonceuse est aussi capable de découpes courbes, moyennant l'utilisation d'un guide de forme correspondant à celle souhaitée (façonnez par exemple ce gabarit à l'aide d'une scie à ruban et d'une wastringue), qui peut ensuite être employé pour la découpe de plusieurs pièces de même profil. Grâce au guide parallèle fourni avec la machine, il est également possible de travailler à partir du chant de référence de la pièce travaillée. Le guide dirige la découpe selon une ligne strictement parallèle au chant sur lequel il s'appuie. Utilisez pour cela une fraise droite d'un diamètre de coupe approprié. Ne tentez jamais de découper en une seule passe une largeur de bois supérieure au diamètre de la fraise utilisée : ainsi, une découpe de 24 mm de large devra être réalisée par trois passes successives d'une fraise de 8 mm de diamètre.

Ci-contre *Découpe d'une entaille à la défonceuse vue du dessus. Ayez soin de déplacer la défonceuse dans le sens inverse du sens de rotation de la fraise.*

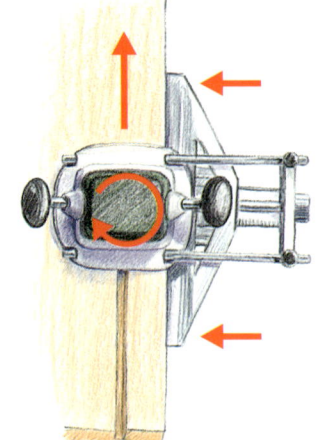

POUR EN SAVOIR PLUS

Défonceuses   40

Perceuses et mortaiseuses   44

Façonnage, cintrage et lamellé-collé   78

Pour le façonnage d'un chant ou d'une entaille à l'aide d'un tasseau-guide, ayez soin de déplacer la défonceuse selon un sens inverse au sens de rotation de la fraise. De cette façon, l'action de la fraise plaque la semelle de la défonceuse contre le tasseau de guidage.

Feuillures, entailles et moulures

La découpe de feuillures s'effectue généralement à l'aide d'une fraise à tenon-guide. Ce tenon-guide vient en appui sur la partie du chant non affectée par la feuillure et court le long de celle-ci pour guider la découpe. Façonnez une feuillure en deux passes successives, la seconde, fine et légère, opérant un lissage de finition.

On peut également façonner une feuillure à l'aide d'une fraise droite en utilisant le guide parallèle de la machine. Placez le guide contre le chant travaillé et réglez la position de la défonceuse en conséquence. Moyennant l'utilisation d'une fraise de diamètre adéquat, la réalisation d'une entaille au moyen d'une défonceuse ne présente pas de difficultés particulières. Usez d'un guide de coupe d'une longueur appropriée, fixé parallèlement au traçage de l'entaille et à la distance souhaitée. Procédez ensuite à la découpe en appuyant l'un des bords rectilignes de l'outil contre le guide parallèle.

2 Travail avec un gabarit courbe, qui permet le façonnage de plusieurs pièces de même profil.

3 Découpe d'une entaille à l'aide du guide de coupe parallèle fourni avec la machine.

Fraises

4 Fraise à tenon-guide.

5 Le tenon-guide conduit la fraise le long du chant travaillé pour la découpe d'une feuillure.

6 Fraise à roulement pour moulure.

7 Le roulement guide la fraise le long du chant comme précédemment.

Utilisation d'un tasseau-guide

1 La défonceuse travaille en appui contre le tasseau-guide, qui est fixé parallèlement à l'entaille et à une distance appropriée de celle-ci.

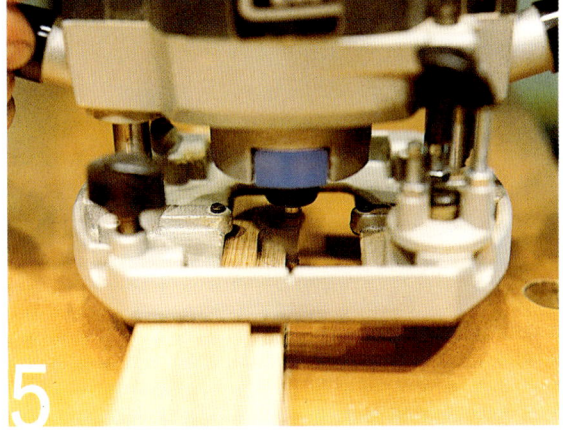

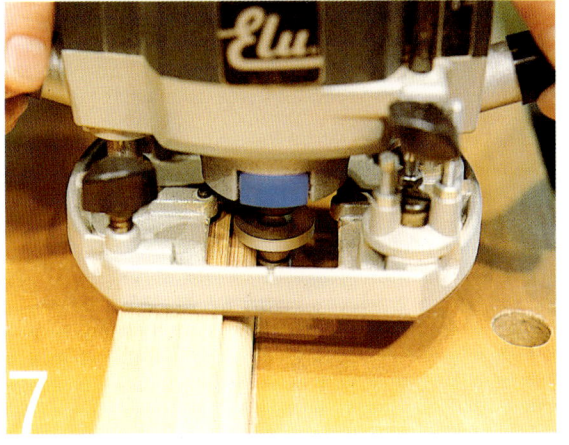

La défonceuse comme combiné à bois **73**

À défaut d'une mortaiseuse, le façonnage des mortaises peut s'effectuer à l'aide d'une défonceuse. Relativement aisée sur une large surface, la réalisation d'une mortaise est plus délicate sur un chant de faible épaisseur. Placez une pièce de bois de chute de part et d'autre du chant travaillé et à fleur de celui-ci, de manière à former un support adéquat pour l'outil. Guidez ensuite la défonceuse en appuyant le guide parallèle contre l'une des pièces de chute.

Moulures

Le façonnage de moulures est la principale attribution de la défonceuse. Il existe pour ce faire une grande variété de fraises de divers profils, utilisées par exemple pour la découpe de quarts-de-rond ou de congés. Le guidage de la découpe peut être assuré par le guide parallèle de l'outil, par un gabarit construit dans l'atelier ou par un pilote (tenon-guide ou roulement) solidaire de la fraise. Certaines fraises acceptent deux pilotes interchangeables de diamètres différents et permettent donc la découpe de deux moulures distinctes. Les outils à profil-contre-profil sont constitués par l'association de deux fraises de fort diamètre. Essentiellement utilisés pour la construction des cadres moulurés de portes à panneaux, ils découpent à la fois la moulure du cadre et l'ensemble tenon/rainure permettant l'assemblage des éléments. Lorsque l'on utilise ces accessoires, il est conseillé d'avoir recours à une défonceuse de forte puissance pour fraises à queues de 13 mm.

Façonnage de mortaises

8 Découpe d'une mortaise sur un chant d'une épaisseur suffisante.

9 Découpe d'une mortaise sur un chant de faible épaisseur. L'ajout de deux pièces de chute de part et d'autre de la pièce permet de former un support adéquat.

Façonnage de feuillures

10 Découpe d'une feuillure à l'aide du guide parallèle de l'outil.

La défonceuse comme combiné à bois

La table de fraisage

Les possibilités d'utilisation d'une défonceuse montée en poste fixe sont très variées. Le sens de rotation de la fraise étant inversé en poste fixe, il convient généralement d'engager la pièce travaillée par la droite de l'accessoire de coupe. La table de fraisage est particulièrement utile pour le travail sur des pièces de bois de petites dimensions. L'achat d'une table chez un détaillant n'est pas nécessaire ; il vous est possible, au prix de quelques efforts, de construire vous-même une table d'une qualité au moins égale à celle des modèles commercialisés.

Utilisation d'une défonceuse en poste fixe

11 La défonceuse est placée sous la table de fraisage. On distingue ici la fraise en saillie et les protecteurs.

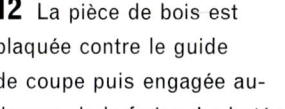

Guides à copier

Ces disques métalliques fixés à la semelle de la défonceuse sont dotés d'une bague centrale de diamètre variable à travers laquelle passe la fraise. L'emploi d'un guide à copier permet d'effectuer des découpes intérieures à partir d'un gabarit de guidage d'une forme totalement libre. Le gabarit, qui peut être taillé dans une chute de bois de faible épaisseur, est posé sur la surface travaillée. La bague du guide à copier suit le contour dessiné, reproduisant la forme du gabarit avec une parfaite précision. La distance entre la face extérieure de la bague et les tranchants latéraux de la fraise détermine l'écart d'échelle entre le gabarit et la forme découpée. Ces accessoires (fraises et guides à copier) peuvent être combinés à volonté jusqu'à obtenir la cote souhaitée.

12 La pièce de bois est plaquée contre le guide de coupe puis engagée au-dessus de la fraise. La butée verticale permet de maintenir une pression constante durant le travail.

Guides à copier

13 Guide à copier et semelle de la défonceuse. Le disque métallique est fixé à la semelle par deux vis.

14 La bague centrale du guide à copier court le long du gabarit pour produire une découpe intérieure à la forme souhaitée.

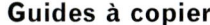

PERÇAGE, MORTAISAGE ET FRAISAGE

En menuiserie, il est souvent nécessaire de façonner des trous et des réservations de formes et de profils variés, afin, par exemple, d'assembler des éléments ou de fixer des ferrures. Le montage de charnières ou le façonnage d'un assemblage à tenon et mortaise est souvent réalisable à l'aide de quelques outils manuels de base.

Perçage

La plupart des opérations de perçage s'effectuent sans difficultés au moyen d'outils à main ; associé à une mèche-torse, le porte-foret est le plus performant d'entre eux. La mèche est insérée dans le mandrin, dont le serrage s'effectue à la main. Pour un travail au porte-foret, marquez le centre des trous à percer à l'aide d'un poinçon ou d'une alène afin d'amorcer plus facilement la découpe. Si vous devez percer un grand nombre de trous de faible diamètre, adoptez une perceuse électroportative et choisissez de préférence un modèle sans fil pour une plus grande liberté de mouvement. Pour des perçages fréquents, il peut être intéressant d'acquérir une perceuse à colonne, sur pied ou pour établi. Ces machines, qui travaillent à diverses vitesses selon le bois travaillé et le foret utilisé, peuvent être équipées d'accessoires tels que mèche à mortaiser ou cylindre de ponçage. Les outils de perçage motorisés sont aujourd'hui largement utilisés, mais certains restent encore fidèles au vilebrequin associé à un jeu de mèches appropriées, notamment pour le façonnage de trous de gros diamètre.

Mortaisage

La mortaiseuse est la machine la plus employée pour le façonnage de mortaises ou de trous à profil rectangulaire. Une mèche à mortaiser se compose d'une mèche-torse et d'un ciseau creux et carré appelé bédane. La mèche attaque et perce le bois légèrement en avant du bédane, dont les quatre tranchants façonnent ensuite le profil rectangulaire de la mortaise. Il est nécessaire d'imprimer une pression importante sur la mèche à mortaiser ; c'est pourquoi les mortaiseuses sont dotées d'une manette de commande de grande longueur, au bras de levier très efficace. Attention, cependant, à ne pas engager la fraise trop rapidement dans la pièce travaillée ; sinon, le rebut s'accumule à l'intérieur du bédane et dévie la mèche

POUR EN SAVOIR PLUS

Perceuses
et mortaiseuses   44

La défonceuse
comme combiné à bois   72

Perçage à la main

1 Placez le porte-foret sur la pièce de bois immobilisée dans la presse frontale de l'établi. Assurez-vous que l'outil est correctement orienté. Positionnez-vous

de façon à placer votre œil directement au-dessus du perçage et dans l'alignement de celui-ci.

2 Tournez la manivelle pour amorcer le perçage, en vous assurant que la pointe filetée

de la mèche demeure parfaitement centrée.

3 Confectionnez une butée de profondeur en enroulant un morceau de ruban de masquage autour de la mèche.

Perceuse à colonne

4 Perceuse à colonne sur pied utilisée avec un protecteur.

Mortaiseuse

5 On voit ici le bédane entamer la pièce de bois, solidement immobilisée dans la presse à l'aide d'une chute.

6 Découpe rectangulaire produite par le bédane.

7 Gros plan d'une mèche à mortaiser, montrant la mèche hélicoïdale à l'intérieur du bédane carré.

de sa course tout en provoquant un échauffement important du bois. Façonnez les mortaises par une pression ferme et régulière sur l'outil. Les mèches à mortaiser doivent être affûtées avec le plus grand soin. À chaque modèle de fraise correspond une lime spécifique, dont l'embout de métal s'adapte exactement au bédane. La lime est montée sur un porte-foret ou un vilebrequin pour affûter l'intérieur du bédane, opération qui doit être réalisée sans pression excessive. Repassez les tranchants extérieurs du bédane sur une pierre à grain fin et affûtez les couteaux de la mèche.

Les kits de mortaisage pour perceuse à colonne fonctionnent relativement bien mais sont souvent d'un faible rendement et d'un usage difficile. Les perceuses à colonne, sur pied ou pour établi, sont très utiles pour le mortaisage de par leur aptitude à attaquer le bois selon un angle de 90° et sur une profondeur prédéterminée. Avant toute utilisation, assurez-vous que le protecteur est correctement positionné et que la clé du mandrin a bien été ôtée.

Fraisage

En prenant toutes les précautions nécessaires, il est également possible d'utiliser une perceuse à colonne d'établi pour un fraisage dans le plan horizontal. On emploie alors la perceuse associée à une fraise, et à vitesse maximale. Bien qu'elles travaillent ordinairement à une vitesse de rotation supérieure à celle d'une perceuse à colonne, les fraises offrent dans cette situation un résultat acceptable. Veillez à attaquer le bois lentement et sans à-coups. Cette technique permet la découpe d'une feuillure, le lissage des joues d'un tenon ou le façonnage d'une moulure sur une pièce de faibles dimensions.

Fraisage

8 Une mortaise peut être également façonnée dans le plan horizontal, moyennant l'installation d'un dispositif approprié.

9 Le mortaisage horizontal est très efficace.

FAÇONNAGE, CINTRAGE ET LAMELLÉ-COLLÉ

Il existe diverses manières de façonner les pièces de bois pour leur donner une forme incurvée. L'emploi de la défonceuse a été évoqué plus haut, mais d'autres outils motorisés peuvent également vous permettre d'ajouter quelques rondeurs à vos projets.

Façonnage à la scie

À l'exception des modèles les plus puissants, la scie sauteuse ne convient qu'aux découpes courbes des pièces de bois de faible épaisseur ; même si théoriquement, cet outil est capable de découper des pièces plus épaisses, au-delà de 25 mm, la découpe devient en effet très imprécise.

Les scies à chantourner conviennent beaucoup mieux pour ce type de travail. En outre, de par la finesse de leur lame, elles produisent une surface sciée parfaitement lisse qui ne nécessite ordinairement aucune opération de finition. Il arrive que ces scies brûlent légèrement (et donc noircissent) le chant travaillé. Les scies à ruban excellent dans la réalisation de découpes courbes. Les seules limites imposées dans ce cas sont l'ouverture (distance entre la lame et la face avant du montant) et la largeur de la lame employée. Sur la plupart des scies à ruban, il est possible d'adapter une lame étroite, propice à la découpe de courbes de faible rayon. On peut également incliner la table de la machine, ce qui augmente d'autant la diversité des formes possibles. En règle générale, une découpe à la scie à ruban ou à la scie sauteuse s'effectue très légèrement en retrait du tracé de coupe. Le façonnage final peut être réalisé à l'aide d'outils à main tels que planes ou wastringues, ou bien au moyen d'un cylindre de ponçage monté sur une

perceuse à colonne. Ce dernier accessoire permet d'obtenir un chant lisse et propre, parfaitement d'équerre par rapport à la face de référence. L'emploi de wastringues et de planes est plus délicat car le menuisier, forcé d'adapter constamment son geste selon que l'outil travaille sur bois de bout, à contre-fil ou dans le sens du fil, doit savoir "lire" le bois.

L'Arbortech

Cette machine récemment apparue est pourvue d'une lame circulaire dont la denture rappelle celle d'une lame de tronçonneuse. Montée sur une meuleuse d'angle électroportative, elle recueille une quantité importante de rebut. L'arbortech est cependant potentiellement dangereuse lorsqu'elle n'est pas utilisée avec le protecteur adéquat. Soyez d'une extrême prudence, même lorsque le protecteur vous semble parfaitement positionné.

Façonnage à la scie

1 La scie sauteuse est précieuse pour la découpe de formes courbes, mais la surface découpée devra recevoir une finition.

2 Découpe de courbes de faible rayon à l'aide d'une scie à chantourner.

3 La scie à ruban convient également pour les découpes courbes.

4 La table de la machine peut être inclinée pour augmenter encore la diversité des formes.

5 Les cylindres de ponçage existent en divers diamètres. Ici, le cylindre est monté sur une perceuse à colonne pour le lissage d'un élément découpé à la scie à ruban.

Façonnage par ponçage rotatif

6 Un dispositif de ponçage à bande et à disque monté sur établi permet le façonnage d'un élément après une découpe d'approche effectuée à la scie. Ici, la pièce de profil convexe est lissée à la ponceuse à bande.

7 Lissage d'une pièce de profil concave sur l'extrémité de la bande.

8 Un disque de ponçage est associé à un guide d'onglet pour façonner les éléments d'un assemblage à l'angle requis.

POUR EN SAVOIR PLUS

Scies d'établi	28
Scies à ruban	34
Scies circulaires sur table	36
Perceuses et mortaiseuses	44
Ponceuses	46
La défonceuse comme combiné à bois	72
Préparation des surfaces	90
Placage	Chapitre 9
Placages	206

4. TECHNIQUES DE BASE

Façonnage, cintrage et lamellé-collé 79

Cintrage et lamellé-collé

Les pièces en bois de forme courbe présentent souvent des zones fragiles, susceptibles de se fendre ou de se briser. Parmi les techniques employées pour contourner cette faiblesse inhérente au bois figurent le cintrage, méthode "humide", et le lamellé-collé, méthode "sèche".

Cintrage à la vapeur Cette technique de fabrication des éléments de forme courbe est largement employée dans l'industrie du meuble. La pièce de bois est chauffée en étuve pendant 90 minutes. Durant ce laps de temps, le bois absorbe l'humidité à haute température et acquiert une grande flexibilité. Dès sa sortie de l'étuve, la pièce de bois est plaquée contre un gabarit pour prendre sa forme définitive. Elle est maintenue ainsi pendant 24 heures, durant lesquelles le bois sèche une première fois. Après sa désolidarisation d'avec le gabarit, la pièce est maintenue sous tension pour conserver sa nouvelle forme, puis elle subit un deuxième séchage qui peut se prolonger jusqu'à 2 semaines. Il n'existe pas de matériel spécifique accessible aux particuliers pour le cintrage à la vapeur, mais il est relativement facile de constituer soi-même un tel équipement dans l'atelier : un morceau de tuyau en PVC de 10 cm de diamètre, bien isolé, pour l'étuve, une bouilloire pour la vapeur, deux bouchons de liège et deux sections longitudinales de tube PVC feront l'affaire.

Technique du lamellé-collé Cette technique requiert un temps de travail beaucoup plus important que le cintrage à la vapeur. Elle consiste à immobiliser plusieurs fines lamelles de bois (feuilles de placage achetées chez un détaillant ou pièces de bois découpées par vos soins à l'aide d'une machine dotée d'une lame à refendre) enduites de colle sur leurs deux faces entre deux pièces de bois massif formant moule. Afin que les lamelles demeurent en contact entre elles sur toute leur surface, il est indispensable d'utiliser un nombre important de serre-joints, sous peine de voir apparaître de vilaines lignes de colle entre les feuilles de bois. Après au moins

12 heures, temps nécessaire au séchage de la colle, les serre-joints sont retirés et la pièce, dans sa forme définitive, libérée du moule. Les résidus de colle s'éliminent aisément à l'aide d'un rabot bien affûté ; après passage de l'outil sur les chants de la pièce, son mode de fabrication sera presque impossible à déceler.

Lamellé-collé

6 On utilise pour cette technique des feuilles de placage ou des lames de bois découpées à la scie à refendre. Le moule est constitué de deux pièces de bois massif.

7 Enduisez chaque lamelle de bois de colle sur les deux faces. La colle s'échappe sur chant lors du serrage des serre-joints dormants.

8 Pour assurer une pression uniforme lors du serrage final, placez les deux serre-joints centraux barre au-dessus.

9 Otez les serre-joints après séchage complet de la colle. La pièce de bois libérée conserve sa nouvelle forme.

10 Après lissage des chants, les lamelles de bois sont à peine perceptibles sur la pièce obtenue.

Il était possible, autrefois, de se procurer des poignées, boutons, loquets, charnières et ferrures de meuble chez n'importe quel quincaillier. Aujourd'hui, il est souvent nécessaire de faire son choix dans les catalogues de magasins spécialisés. La plupart de ces brochures proposent plusieurs types de charnières, disponibles en diverses dimensions et finitions, ainsi qu'une grande variété de poignées, autant d'accessoires pouvant influer grandement sur le style du meuble que vous vous proposez de construire. Ce chapitre offre un aperçu des différents types de ferrures disponibles dans le commerce. En outre, il décrit le montage d'une charnière rectangulaire sur une porte classique et celui d'une charnière invisible automatique, couramment employée dans les cuisines modernes.

Poignées et boutons   82

Butoirs, loquets et charnières   84

Montage d'une charnière rectangulaire   86

Montage d'une charnière invisible à fermeture automatique   88

POIGNÉES ET BOUTONS

Les poignées et boutons sont des accessoires très importants, car ils déterminent pour une grande part le style et l'aspect final d'un meuble. Pourtant, on a fréquemment tendance à les choisir au dernier moment, ce qui limite terriblement les options possibles.

Poignées et boutons existent dans une infinité de formes et de dimensions, qu'ils soient achetés chez un détaillant ou façonnés dans l'atelier, et se répartissent en deux grandes catégories : les poignées et boutons à poser, et les poignées et boutons intégrés au meuble.

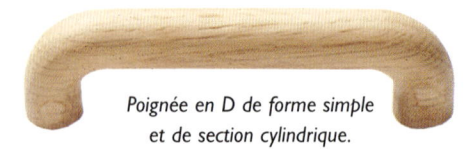

Poignée en D de forme simple et de section cylindrique.

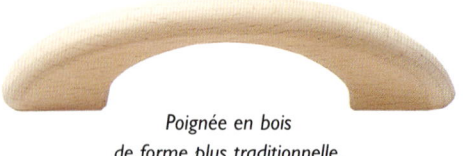

Poignée en bois de forme plus traditionnelle.

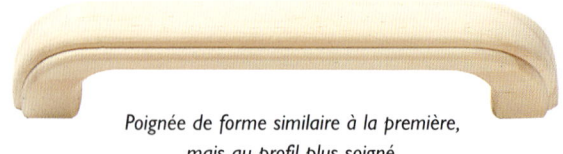

Poignée de forme similaire à la première, mais au profil plus soigné.

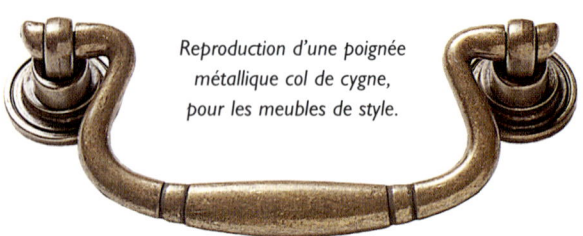

Reproduction d'une poignée métallique col de cygne, pour les meubles de style.

CI-DESSUS Quelques poignées pour meubles de styles divers.

Poignées et boutons à poser

Destinés le plus souvent à l'ouverture des tiroirs ou portes de placard, ils sont ordinairement posés par vissage. Il en existe une grande variété de styles et de modèles.

Ces accessoires sont trop souvent perçus comme un apport de dernière minute, incorporé au meuble sans véritable souci esthétique : une réflexion plus précoce permet au contraire d'incorporer les dispositifs d'ouverture et de fermeture dès le processus de conception du meuble.

Poignées et boutons intégrés

Cette intégration, en général peu compliquée, est souvent judicieuse, comme en témoigne la "commode plissée" de David Savage présentée ci-dessous. Une petite réservation façonnée à la défonceuse sur le chant de la porte recouvrante en fait une poignée des plus élégantes. Le creusement d'une réservation de forme similaire sur l'arête

inférieure d'un tiroir permet de combiner intérêt pratique et qualité esthétique. Certains créateurs de meubles aiment à façonner

des entrées de porte eux-mêmes. Ces accessoires offrent un avantage esthétique en même temps qu'ils évitent les traces de doigt inopportunes sur les montants de la porte.

Poignées façonnées à la défonceuse

Différentes fraises permettent le façonnage d'une réservation sur la face

POUR EN SAVOIR PLUS

Défonceuses   40

La défonceuse comme combiné à bois   72

Conception et dessin   Chapitre 8

CI-CONTRE Ici, une petite réservation a été façonnée à la défonceuse sur le chant de la porte recouvrante (Commode plissée - David Savage).

avant d'un tiroir, sur la traverse ou le montant d'une porte. Cette opération s'effectue invariablement à l'aide d'un gabarit et d'un guide à copier, qui permettent de conduire la fraise afin de tailler le bois selon la forme requise.

On peut également utiliser la défonceuse pour façonner l'arête inférieure d'une poignée posée en applique. Ce travail apparaît clairement sur la commode en cerisier et sycomore du Britannique David Savage dont le détail est photographié ci-dessous. Ici, les poignées de forme simple ont été découpées puis façonnées à la défonceuse pour faciliter leur usage. Le bois utilisé, qui a également servi à la construction de la carcasse et des baguettes d'encadrement, contraste avec celui formant la face avant des tiroirs, pour un effet esthétique particulièrement réussi.

Cι-contre *Quatre boutons de différents styles, dont la forme et le matériau vont du plus simple au plus sophistiqué.*

Cι-dessus *Jeu de poignées, main droite et main gauche, d'une grande qualité esthétique.*

Cι-contre *Poignée de forme originale.*

Cι-dessus *Pendant classique, qui ajoute élégance à un meuble de style.*

Cι-contre *Assortiment de boutons en bois très simples, dont le façonnage peut s'effectuer au tour.*

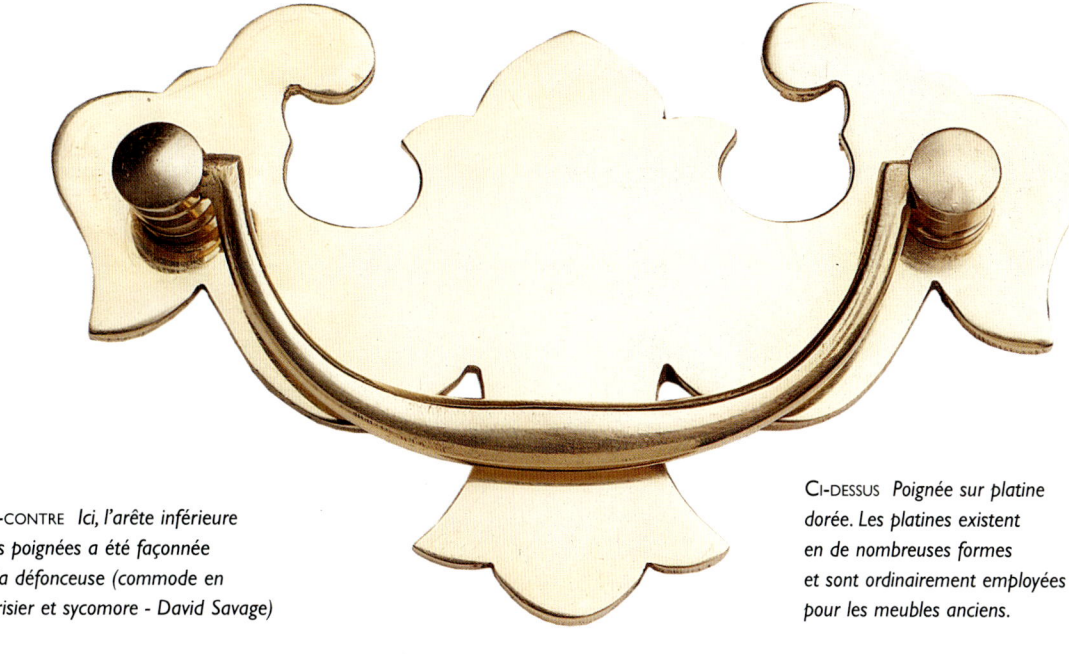

Cι-contre *Ici, l'arête inférieure des poignées a été façonnée à la défonceuse (commode en cerisier et sycomore - David Savage)*

Cι-dessus *Poignée sur platine dorée. Les platines existent en de nombreuses formes et sont ordinairement employées pour les meubles anciens.*

BUTOIRS, LOQUETS ET CHARNIÈRES

Les fabricants de meubles mettent rarement en valeur ces accessoires, dont ils attendent simplement un fonctionnement discret et efficace. Dans certains cas cependant, il est nécessaire de choisir la forme d'un loquet ou d'une charnière en fonction d'une période ou d'un style. Pour chaque projet, prenez le temps de sélectionner les ferrures qui conviennent le mieux.

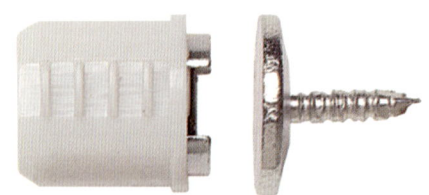

CI-CONTRE *Ce fermoir magnétique constitue un dispositif de verrouillage simple et discret. L'aimant encastré dans un trou percé sur la carcasse attire la pastille de métal fixée sur la porte.*

Loquets et mentonnets

Une porte de placard ne peut demeurer fermée sans la pose d'un dispositif de verrouillage. Les premiers de ces dispositifs étaient constitués d'une clenche de bois actionnée soit par une tigette traversant la porte, soit à l'aide du doigt, passé dans un trou prévu à cet effet. Ces loquets rudimentaires, que l'on rencontre parfois dans les vieilles demeures campagnardes, peuvent être facilement adaptés sur tous les modèles de portes. L'utilisation d'un verrou à baïonnette est particulièrement indiquée pour maintenir deux battants se rejoignant au centre du meuble. Les modèles en laiton sont les plus courants. Le plus souvent, le verrou posé sur le chant ou la face arrière de l'un des battants s'enclenche dans un petit mentonnet fixé sur la carcasse

du meuble. Le second battant est ensuite fermé sur le premier demeuré fixe.
Les fermoirs magnétiques sont de formes et de types variés. Les plus courants, constitués d'une petite pastille de métal insérée dans un cube de plastique blanc, sont malheureusement les moins esthétiques. Une solution plus simple et plus discrète consiste à engager un petit barillet magnétique dans le chant du meuble ou d'une de ses divisions verticales, de façon que seule la surface de l'objet demeure visible. Une petite plaque métallique, tout aussi discrète, est fixée sur la face intérieure de la porte pour compléter le dispositif. Au besoin, on peut diminuer l'aimantation en excentrant légèrement la plaque métallique par rapport au barillet.
Un autre dispositif de verrouillage largement employé met en jeu, pour la partie fixe, deux billes montées sur ressort et placées en opposition.

POUR EN SAVOIR PLUS

Montage d'une charnière rectangulaire   86

Montage d'une charnière invisible à fermeture automatique   88

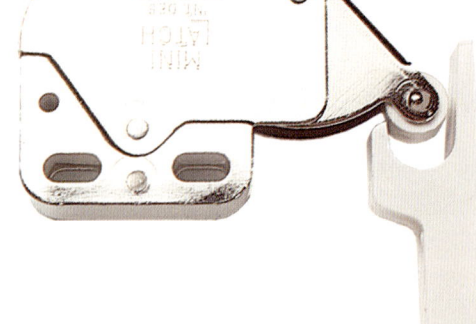

CI-CONTRE *Dispositif d'ouverture à la poussée, très utile lorsque que l'on veut éviter tout accessoire sur la face extérieure de la porte.*

CI-CONTRE *Ce petit loquet est un bon exemple de ferrure à vocation décorative.*

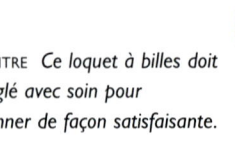

CI-CONTRE *Ce loquet à billes doit être réglé avec soin pour fonctionner de façon satisfaisante.*

CI-CONTRE *Disponible en de multiples formes, dimensions et finitions, le verrou à baïonnette est l'un des mécanismes de fermeture les plus simples.*

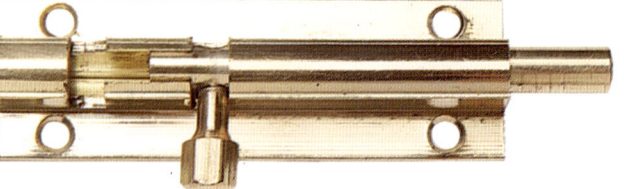

Lors de la fermeture, les deux billes capturent un ergot de laiton fixé sur la porte. Le réglage d'un tel système demande une certaine patience. Il est parfois nécessaire de modifier la position de l'ergot sur la porte ou bien de régler la tension des ressorts sur lesquels s'appuient les billes. Un dispositif d'ouverture à la poussée s'avère très utile lorsque l'on ne souhaite pas installer de ferrures visibles sur une porte de placard. Lorsque l'on exerce une pression sur la porte fermée, un petit ergot de plastique fixé sur la face intérieure de la porte se désengage de la partie fixe, tandis qu'un mécanisme à ressort repousse la porte vers l'extérieur ; l'utilisateur

peut alors en saisir l'un des angles pour poursuivre l'ouverture.

Charnières

Les charnières les plus simples, appelées fiches à tourillon, ne nécessitent pour leur pose que le perçage de deux trous, l'un dans la carcasse et l'autre dans le chant de la porte. Les moins onéreuses sont les charnières rectangulaires, simple ou double feuille, dont la pose est détaillée aux pages suivantes.
Il existe des accessoires plus complexes et plus sophistiqués dont la pose exige le façonnage à la défonceuse de retraits permettant de loger les deux parties du mécanisme.

Les charnières invisibles à fermeture automatique sont aujourd'hui couramment employées, et plus particulièrement par les installateurs de cuisines aménagées. D'une pose relativement facile, elles présentent l'avantage d'autoriser, une fois installées, un réglage de la position de la porte dans toutes les directions.

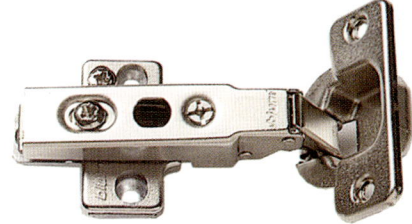

CI-DESSOUS *Les charnières invisibles à fermeture automatique sont très utiles pour les placards intégrés.*

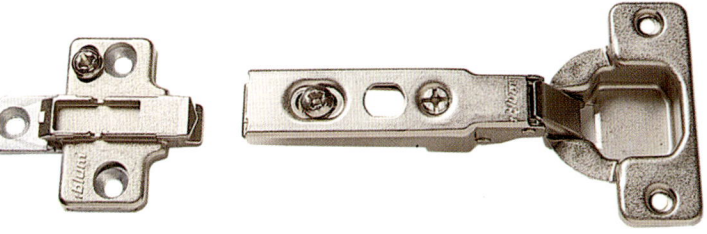

CI-CONTRE ET CI-DESSOUS *Ces charnières sophistiquées existent en de nombreuses dimensions. Le mécanisme des modèles les plus petits peut être logé dans un trou réalisé à la perceuse.*

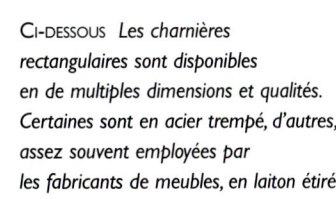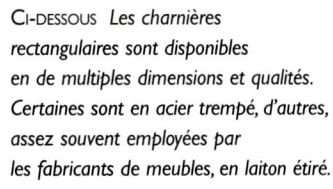

CI-DESSUS *Les fiches à tourillon, de style ordinaire ou rustique, sont très simples à poser.*

CI-DESSOUS *Les charnières rectangulaires sont disponibles en de multiples dimensions et qualités. Certaines sont en acier trempé, d'autres, assez souvent employées par les fabricants de meubles, en laiton étiré.*

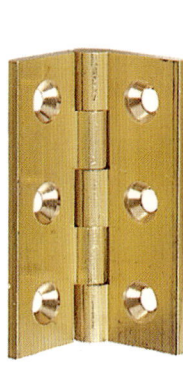

5. FERRURES ET ACCESSOIRES

MONTAGE D'UNE CHARNIÈRE RECTANGULAIRE

Il importe de toujours utiliser des charnières en laiton étiré de bonne qualité. Souvent, il faut adapter ces accessoires avant de procéder à leur pose. Un léger ponçage des surfaces peut être effectué par le passage de papiers abrasifs de grains 150 et 320, puis d'une laine d'acier fine. Vérifiez que les chants des charnières sont d'équerre et qu'elles s'ouvrent correctement. Une charnière un peu dure se "fera" rapidement, mais éliminez celles dont le mécanisme présente du jeu.

D'ordinaire, les portes d'un meuble sont posées à l'intérieur de la carcasse ; pour un parfait ajustement, elles doivent subir un rabotage préalable. Une fois ce travail exécuté, positionnez les charnières sur les chants en ayant soin de permettre pour chacune des portes une ouverture suffisante. Ce positionnement doit être effectué avec le plus grand soin, au besoin à l'aide de croquis.

Alènes et vis à bois

La pose réussie de charnières est liée pour une grande part à un marquage précis de l'emplacement des vis. Pour des petites charnières, cette opération s'effectue souvent à l'aide d'un poinçon ou d'une alène. Ce dernier outil présente une lame de section carrée terminée par une pointe acérée, avec laquelle on marque le bois au

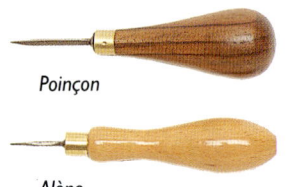

Poinçon

Alène

Ci-contre *Poinçons et alènes s'utilisent pour marquer la position des vis et percer des avant-trous.*

POUR EN SAVOIR PLUS

Charnières   85

Montage d'une charnière
invisible à fermeture
automatique   88

Vis en laiton à filetage standard

Vis en acier à double filetage

centre de chaque trou de vis. L'alène est ensuite utilisée pour percer un avant-trou ou pour modifier, par une inclinaison de l'outil, l'orientation d'un perçage. Il est ainsi possible de décaler légèrement une charnière mal positionnée sans trop de dommages.

Si vous optez pour une fixation à l'aide de vis en laiton à caractère décoratif, prévoyez toujours un jeu de vis en acier de diamètre et longueur identiques, et utilisez ces dernières pour les premiers stades du travail. Les vis en laiton, très fragiles, risquent en effet de se briser ou d'être endommagées durant le vissage. Fixez les charnières à l'aide des vis en acier, puis remplacez celles-ci par les vis en laiton après vous être assuré que la porte s'ouvre parfaitement.

Traçage et positionnement

1 Dans le cas d'une porte à cadre et panneau, alignez le bord supérieur de la charnière du haut avec l'arête inférieure de la traverse supérieure, et le bord inférieur de la charnière du bas avec l'arête supérieure de la traverse inférieure. Effectuez les tracés au crayon et à l'équerre.

2 Placez la charnière sur le chant de la porte et marquez précisément son emplacement au couteau à tracer.

3 Réglez le trusquin sur la distance séparant le centre du pivot de la charnière et le bord extérieur du volet positionné.

4 Tracez au trusquin une ligne de la longueur du volet sur le chant de la porte, croisant les lignes de repérage marquées au couteau.

5 Réglez un deuxième trusquin sur la distance entre le centre du pivot et le bord intérieur du volet. Tracez alors une nouvelle ligne de la longueur du volet sur le chant de la porte.

Façonnage du retrait

6 Amorcez le travail en creusant à la scie la ligne marquant l'emplacement du bord extérieur du volet, puis continuez par des découpes au ciseau arrêtées sur cette ligne. De cette façon, vous éviterez de marquer le bois en dehors de l'emprise de la charnière.

7 Otez soigneusement le rebut pour que la charnière s'ajuste parfaitement dans le retrait.

Fixation de la charnière

8 Dans un premier temps, fixez la charnière à l'aide de vis en acier.

9 Pour plus de sûreté, lubrifiez les vis en laiton. Utilisez par exemple un bloc de cire à bougie.

10 Remplacez les vis en acier par des vis en laiton.

11 Présentez la porte, charnières posées, sur la face correspondante de la carcasse et marquez sur celle-ci l'emplacement des volets libres. Pour chaque charnière, marquez à l'alène l'emplacement de la vis centrale et posez une vis en acier. Pour faciliter la pose, il est souvent plus commode de fixer provisoirement l'un des volets pendant que l'on positionne l'autre, en emboîtant une alène ou un autre instrument adéquat dans le trou de vissage central.

12 Marquez l'emplacement des volets au couteau à tracer et façonnez les retraits comme précédemment. Fixez les volets à l'aide des vis en acier après avoir effectué les éventuels ajustements nécessaires. Après le montage, il est souvent utile de procéder à un léger rabotage complémentaire des chants afin de parfaire le positionnement de la porte. Cette opération ne peut être réalisée qu'après la pose des charnières. Plusieurs montages et démontages des charnières sont souvent nécessaires pour mener à bien ce travail.

13 Lorsque les charnières sont parfaitement placées, remplacez les vis en acier par des vis en laiton.

MONTAGE D'UNE CHARNIÈRE INVISIBLE À FERMETURE AUTOMATIQUE

Les portes en applique, comme par exemple celles de nombre de meubles de cuisine, ont pour avantage d'être beaucoup plus faciles à ajuster que les portes encastrées dans une carcasse. La pose de charnières invisibles à fermeture automatique constitue la façon la plus simple, et sans doute la plus élégante, de monter ces portes.

Choix des charnières

Le choix des charnières dépend de la façon dont la porte à poser s'adapte sur la carcasse. Le recouvrement peut être total (comme c'est souvent le cas pour un battant simple), partiel (notamment dans le cas de deux battants joints au centre) ou nul (lorsque les battants sont encastrés dans la carcasse).
À ces trois positionnements correspondent trois types de charnières différents. Prenez conseil auprès d'un spécialiste avant achat.

Montage

1 Percez un trou peu profond sur la face intérieure de la porte à l'aide d'un foret approprié.

2 Une fois le façonnage des retraits effectué, la pose et le vissage de la partie

avant des charnières ne posent guère de problèmes.

Montage des portes

3 Assemblez les charnières et présentez la porte contre la carcasse. Marquez la position des trous de vis à l'aide d'une alène.

4 Démontez la partie arrière des charnières et fixez les deux pièces à l'intérieur de la carcasse. Remontez la porte et effectuez les

éventuels réglages. Après montage, il est possible d'ajuster ces charnières selon trois directions, ce qui est très utile lorsqu'il est nécessaire d'aligner les portes de placards juxtaposés, comme c'est souvent le cas dans une cuisine.

POUR EN SAVOIR PLUS

Perçage, mortaisage
et fraisage   76

Charnières   85

Montage d'une charnière
rectangulaire   86

6. FINITIONS

Les techniques de finition sont destinées à protéger
et à mettre en valeur le bois. La performance des
produits utilisés est très variable : certains offrent
une protection très efficace, d'autres sont très
résistants, d'autres encore très simples d'emploi.
Il n'existe pas de produit miracle, capable de
répondre très exactement à toutes les exigences ;
le choix final est toujours le résultat d'un compromis.
Les travaux de finition comptent environ pour un tiers
du temps total consacré à la réalisation d'un projet.

Préparation des surfaces	90
Matériaux et méthodes de finition	92
Finitions et sécurité	96

PRÉPARATION DES SURFACES

Elle est d'une importance cruciale : seul un travail soigné permet de faire ressortir la splendeur du bois lors de l'application du produit de finition. Procédez toujours à des essais sur une chute afin de vérifier que la teinte et l'éclat correspondent à vos souhaits.

Papier abrasif		Dureté	Coût	Utilisation
	Grenat	Faible	Peu élevé	Bois avant finition
	Corindon	Moyenne	Moyen	Tous usages
	Carbure de silicium	Élevée	Élevé	Laques et autres revêtements durs

Abrasifs

Papier abrasif Il existe, pour chaque type de papier, divers degrés de dureté et de grosseur de grain, généralement indiqués par des numéros. Les papiers au corindon et au carbure de silicium, les plus fréquemment employés par les professionnels, se rencontrent le plus souvent dans des grains 80, 100, 120, 150, 180, 240 et 320.

Laine d'acier Elle est disponible en neuf qualités, de 5 pour la plus grossière, destinée au décapage, à 0000 pour la plus fine, utilisée pour le lissage de finition. Elle résiste bien à l'encrassement et suit sans difficultés les contours des moulures les plus sophistiquées.

Molleton abrasif Il se compose d'un textile élastique en fibres de Nylon recouvert de grains abrasifs. Il est anti-encrassant, peu agressif et épouse les profils les plus complexes. On l'utilise souvent pour poncer les surfaces entre deux applications de vernis.

Ponçage

Ponçage manuel Le bloc à poncer en liège facilite grandement le ponçage et accroît la durée de vie du papier abrasif. Efforcez-vous de toujours poncer dans le sens du fil, et procédez par ponçages successifs à l'aide de feuilles à grain de plus en plus fin. Entamez par exemple au papier de grain 100, puis remplacez celui-ci par des papiers de grains 150 et 240. Lors du lissage final, atténuez les arêtes à l'aide d'un papier abrasif fin et usé.

Ponçage motorisé Les outils motorisés présentent plusieurs inconvénients. Les ponceuses à bande sont très agressives

et peuvent passer au travers d'un placage. Le patin d'une ponceuse excentrique, quant à lui, travaille en travers du fil durant l'essentiel de sa course. Le seul avantage de ces ponceuses électroportatives réside dans un gain de temps important, qui justifie parfois une perte en qualité.

Préparation finale avant application

Conditions de travail L'atelier doit être bien éclairé, correctement ventilé et maintenu à une température voisine de 15° C. Nettoyez et dépoussiérez votre ouvrage et son environnement immédiat. Nettoyez en profondeur les surfaces à traiter. Faites disparaître toutes les traces de cire ou de graisse. Libérez la place nécessaire et assurez-vous que vous disposez des chiffons, mélangeurs et récipients nécessaires à l'application du produit de finition.

Application du produit de finition Masquez au préalable à l'aide de ruban adhésif les surfaces que vous ne souhaitez pas recouvrir. Appliquez le produit de finition en plusieurs étapes, en commençant par les angles et les surfaces non visibles.
Pour les ouvrages les plus complexes, il est parfois préférable d'appliquer le produit de finition sur les éléments avant assemblage, en masquant à l'aide de ruban adhésif les surfaces destinées à être encollées. Cirez légèrement les pièces avant l'assemblage final et prenez soin d'ôter les bavures de colle après séchage.

CI-CONTRE *Brosse métallique pour ouvrir le grain du bois.*

CI-DESSOUS *Chiffon doux pour retirer sciure et poussière avant application du produit de finition.*

POUR EN SAVOIR PLUS

Ponceuses	46
Façonnage, cintrage et lamellé-collé	78
Matériaux et techniques de finition	92
Finitions et sécurité	96

CI-DESSUS *Laines d'acier fine et grossière et bloc à poncer flexible.*

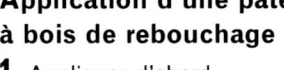

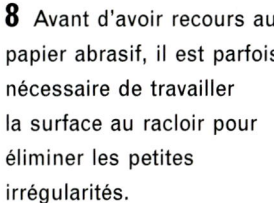

8 Avant d'avoir recours au papier abrasif, il est parfois nécessaire de travailler la surface au racloir pour éliminer les petites irrégularités.

9 Lors d'un travail à la ponceuse excentrique, déplacez la machine par des passes chevauchantes, dans la longueur de la pièce travaillée.

Application d'une pâte à bois de rebouchage

1 Appliquez d'abord le produit dans le sens du fil.

2 Afin d'assurer une parfaite étanchéité, achevez le travail par une application en travers du fil.

Trois méthodes de ponçage d'une moulure

3 Pressez une feuille de papier abrasif avec les doigts contre les reliefs de la moulure.

4 Travaillez à l'aide d'un bloc à poncer flexible, qui épouse les reliefs.

5 Enroulez un morceau de papier abrasif sur une cheville de bois pour travailler une forme concave.

Autres méthodes de ponçage

6 Enroulez une feuille de papier abrasif autour d'un bloc à poncer et déplacez celui-ci par d'amples mouvements dans le sens du fil. Réduisez progressivement la grosseur du grain.

7 Poncez les chants au papier abrasif, en prenant garde de poncer dans le sens du fil. Attention à ne pas arrondir de façon intempestive les coins et les arêtes.

Utilisation d'une ponceuse à bande en poste fixe

10 Ponçage horizontal d'un chant. La pièce de bois est solidement calée contre un guide parallèle.

11 Ponçage vertical sur bois de bout. Le tasseau est posé sur la table de support et conduit par le guide d'onglet.

MATÉRIAUX ET TECHNIQUES DE FINITION

Après avoir préparé minutieusement les surfaces de votre ouvrage, il est maintenant temps d'appliquer le produit de finition approprié.

Vernis, huiles et cires

Vernis Il existe une telle diversité de vernis à bois disponibles sur le marché que la place manque ici pour les décrire tous. La plupart de ces produits, à l'eau ou à base de solvant, sont incolores et offrent une finition brillante ou satinée. Les vernis à base de solvant, plus traditionnels, sont généralement de qualité supérieure ; les vernis à l'eau ont pour avantage d'être d'un usage facile et parfaitement sûr. Les produits présentés ici offrent une finition de haute qualité et sont tous disponibles en qualités brillant, satiné ou mat.

Humidification des surfaces Les vernis à l'eau ont souvent tendance à lever le grain du bois. Pour remédier à ce problème, humidifiez la surface à traiter afin de provoquer volontairement ce phénomène, puis poncez après complet séchage. Au besoin, répétez l'opération plusieurs fois.

Pinceaux et tampons Appliquez de préférence le vernis à l'aide d'un pinceau à poils souples ou d'un tampon fabriqué à partir d'une pièce de tissu et de mèche de coton. Un travail au pistolet est également possible, mais il requiert un équipement particulier et des temps de préparation plus importants.

Application d'un vernis cellulosique Ce produit, qui offre une finition subtile, peut être utilisé dans de nombreuses situations. Son application ne présente pas de difficultés. Les éventuelles erreurs sont facilement rectifiées après un léger ponçage. Dans un premier temps, préparez le vernis à raison d'un volume pour un volume de diluant approprié. Cette dilution permet d'obtenir un fini parfaitement homogène, exempt des sempiternelles traces de pinceau. Appliquez une première couche du produit à l'aide d'un pinceau à poils souples. Après séchage, poncez la surface au papier carbure de silicium à grain 320, puis appliquez une seconde couche. Toujours après séchage, poncez la surface à la laine d'acier 0000. Pour terminer, étendez une fine couche de cire, puis lustrez au chiffon doux.

Vernis	Protection	Durabilité	Facilité d'emploi	Retouche des surfaces traitées
Produits à base de solvants				
cellulosiques	3	3	5	5
mélaminés	4	4	3	1
polyuréthane	5	5	5	4
Produits à l'eau				
acryliques	4	4	4	1
polyuréthane	4	4	4	1

Sur une échelle de 1 à 5 (5 = excellent(e) ; 1 = médiocre)

Vernis au tampon L'application d'un vernis au tampon, produit traditionnel d'un fini très brillant, est un travail long et difficile, dont certains artisans se font aujourd'hui une spécialité. Ces vernis sont pour la plupart à base de gomme-laque, sorte de résine obtenue à partir de sécrétions d'insectes, que l'on utilise de plus en plus en guise de bouche-pores préalablement à l'application d'une cire.

Huiles à vernir Elles sont d'un usage rapide et facile, mais n'offrent qu'une protection limitée contre la chaleur et l'humidité et tendent à retenir la poussière. Les surfaces ainsi traitées sont facilement retouchables. Le degré de protection obtenu est fonction

Quelques exemples de finition illustrés sur des échantillons de pin et de chêne.

Huile de teck incolore

POUR EN SAVOIR PLUS

Préparation des surfaces	90
Finitions et sécurité	96
Finitions des surfaces	189

Bois avant traitement : chêne (à gauche) et pin (à droite).

Huile de teck - mélange d'huiles offrant un fini légèrement satiné.

du nombre de couches appliquées : six couches au moins sont nécessaires pour une garantie optimale contre l'humidité.

Application d'une huile de lin cuite Pour faciliter sa pénétration dans le bois, diluez le produit à raison d'un volume pour deux volumes de white-spirit. Appliquez sans retenue au chiffon ou à la brosse à peinture. Après 15 minutes, retirez l'excédent à l'aide d'un chiffon propre. Au besoin, avivez le brillant de la surface par un cirage superficiel.

Cires Utilisées seules, les cires offrent un fini de belle apparence, bien qu'un peu terne, mais ne procurent aucune protection contre la chaleur ou l'humidité. Un fini plus résistant sera obtenu par application d'une cire sur une surface revêtue d'un vernis ou d'une huile. L'encaustique est constituée d'un mélange de cire d'abeille et d'essence de térébenthine, et parfois d'autres ingrédients (dont la cire de carnauba) pour en améliorer l'aspect.

Application d'un vernis

1 Application d'une première couche à l'aide d'une brosse plate.

Finition au tampon

2 Confectionnez un tampon en enveloppant de la mèche textile dans une toile de coton.

3 Utilisez le tampon pour appliquer le produit choisi, usuellement un vernis à base de gomme-laque ou une huile.

Huile danoise - mélange d'huiles et de résines qui durcit en séchant et offre une bonne protection.

Huile de lin cuite - elle sèche plus vite que l'huile de lin brute.

Cire chêne de brillance moyenne.

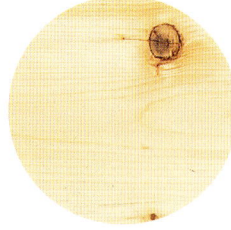

Huile d'abrasin, très résistante, utilisée dans diverses préparations pour en accroître le pouvoir protecteur.

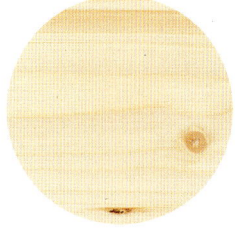

Cire incolore

Cire d'abeille de teinte sombre

Cires à céruser Utilisées pour faire ressortir le grain du bois et adoucir l'aspect des surfaces travaillées, elles ne sont efficaces que sur les bois à grain ouvert, tels le chêne ou l'orme. Si le premier essai ne vous donne pas satisfaction, frottez légèrement la surface à la brosse métallique pour ouvrir le grain, puis procédez à une seconde application. Sur un bois à grain très serré, tel que l'érable, la cire ne pourra pénétrer et l'effet sera limité aux petites fissures.

Coloration

Lasures et teintes à bois Les teintes à bois, lorsqu'elles sont de couleur vive, passent au fil des années, accroissant encore le charme de ce type de finition. Acryliques ou à l'huile, elles sont le plus souvent liquides, mais existent également en poudre. On peut mélanger entre elles plusieurs teintes de la même gamme. Soyez prudent lorsque vous poncez un bois coloré, car les teintes à bois ne pénètrent que très superficiellement les surfaces traitées.

Traitement à l'ammoniaque Certains bois s'assombrissent lorsqu'ils sont exposés à des vapeurs d'ammoniaque. Le degré de coloration atteint est fonction de l'essence choisie et de sa durée d'exposition. Pour obtenir une teinte très sombre, il est nécessaire de changer plusieurs fois l'ammoniaque. Le traitement doit être réalisé en vase clos, par exemple à l'intérieur d'une structure de plastique transparent ou d'un placard dont on aura obturé la ventilation. Placez une écuelle remplie d'ammoniaque à côté de la pièce de bois. Surveillez la coloration à intervalles réguliers.

Décoloration Le produit le plus utilisé pour éclaircir le bois, qui convient à de nombreuses essences, se présente en deux flacons, l'un de soude caustique et l'autre d'eau oxygénée. L'efficacité du processus dépend de l'essence choisie et du nombre d'applications. L'acide oxalique, moins agressif, convient également pour ce genre de travail. Il est aussi utilisé pour raviver un bois un peu terne et pour enlever les taches causées par l'oxydation, l'eau ou l'encre.

Application d'une cire à céruser

1 Avant application, poncez la surface à la laine d'acier grossière ou à la brosse métallique pour ouvrir le grain du bois.

2 Appliquez la cire à céruser avec un chiffon, en faisant en sorte qu'elle s'insinue bien dans les pores et les fissures.

3 Après 5 à 10 minutes, éliminez le surplus de cire à l'aide d'un chiffon.

4 Pour finir, lissez la surface à la laine de verre 0000.

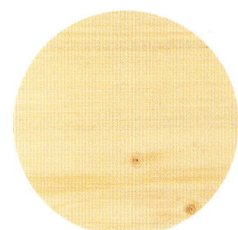

Cire à céruser   *Cire vert-de-gris*   *Vernis acrylique brillant*

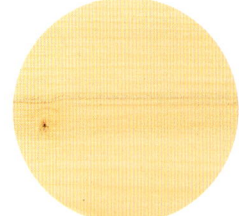

Patine sombre   *Cirage à chaussures brun*   *Vernis acrylique mat*

Texture

La mise en valeur de la texture est une autre façon d'embellir une pièce de bois, dont le but est de faire ressortir le relief et la disposition du grain. Les surfaces traitées de la sorte sont souvent d'un entretien difficile ; il est conseillé de réserver cette finition aux meubles à fonction essentiellement décorative.

Sablage Cette technique consiste à user artificiellement les fibres tendres du bois pour créer une surface rappelant celle du bois d'échouage. Le résultat dépend de la grosseur du sable et de la puissance de la machine. On obtient souvent un effet intéressant en masquant, avant sablage, certaines parties de la pièce traitée.

Traitement à la soude Le traitement du bois à la soude caustique produit une finition comparable à celle obtenue par sablage, mais sans aspérités. L'efficacité du procédé varie en fonction de l'essence sur laquelle il est appliqué. Très agressive, la solution employée doit être utilisée avec précaution.

Flammage Un léger passage à la flamme permet d'obtenir une texture très douce au toucher, même sur les bois les plus grossiers. Cette finition très facile à réaliser peut être appliquée à une très grande variété de bois. Soulignant la forme plutôt que le grain, elle convient particulièrement aux pièces sculptées.

Délavage

5 Appliquez la teinte à bois à l'aide d'une brosse à peinture plate.

6 Après séchage, poncez la surface à la laine d'acier 0000 jusqu'à faire apparaître, çà et là, la teinte naturelle du bois. Si vous le souhaitez, appliquez ensuite une couche de cire ou de vernis incolores.

Flammage

7 Choisissez un bois à grain fin et flammez la surface à la lampe à souder.

8 Otez les fibres brûlées et les dépôts de carbone à la brosse métallique, puis cirez et lustrez.

Flammez la surface travaillée à l'aide d'une lampe à souder, susceptible de concentrer la chaleur sur une petite surface. Refroidissez l es éventuels points de combustion à l'aide d'un vaporisateur ménager rempli d'eau. Après complet noircissement du bois, appliquez un cirage à chaussures sombre, puis lustrez à l'aide d'un chiffon.

Lasure bleue glycérophtalique   *Lasure bleue acrylique*   *Teinte à bois nuance noyer*

Décolorant deux composants   *Cire incolore après flammage*   *Chêne traité à l'ammoniaque*

FINITIONS ET SÉCURITÉ

La plus grande prudence s'impose dans l'emploi des produits de finition pour le bois. La plupart des fabricants fournissent une notice détaillée avec chacun de leurs produits qui, outre les précautions d'emploi nécessaires, fournit diverses informations utiles, telles pouvoir couvrant et temps de séchage.

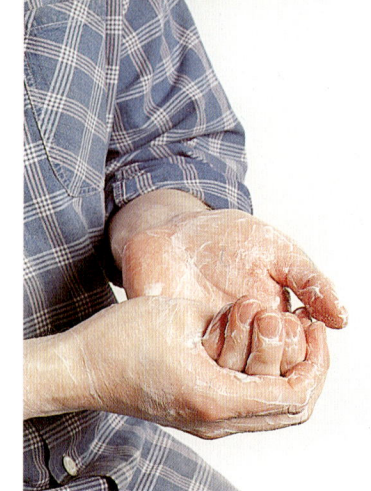

CI-CONTRE *L'emploi d'une crème isolante pour se protéger les mains n'est jamais inutile, en particulier lorsque l'on utilise des produits de finition toxiques.*

EN BAS *Équipement de protection complet, comprenant visière transparente, masque respiratoire, tablier de caoutchouc et épais gantelets industriels de même matière.*

Risques sanitaires liés aux travaux de finition

En matière de finition, les principaux dangers pour votre santé sont liés à la toxicité, à la causticité et à l'inflammabilité des produits employés, sous forme solide, liquide ou gazeuse.

Voici quelques conseils élémentaires de protection.

Yeux Le port d'une visière transparente ou de lunettes de protection met les yeux à l'abri des projections intempestives.

Poumons Demi-masques et masques respiratoires (à filtre simple ou double) protègent les poumons contre les vapeurs toxiques, souvent non perceptibles à l'œil.

Peau Les gants en caoutchouc, fins ou épais, sont des accessoires de protection absolument indispensables. Une crème isolante permet de prévenir l'apparition de dermatites. Lorsque vous utilisez un produit caustique, portez de préférence un tablier et des bottes de caoutchouc.

Quelques précautions dans l'atelier

Ventilation La ventilation est l'un des aspects les plus importants de la sécurité dans l'atelier. Les travaux de finition ne nécessitent pas l'usage d'un dispositif d'extraction élaboré, sauf dans le cas où l'évacuation des vapeurs toxiques ou inflammables ne peut s'effectuer naturellement.

Rangements Nombre de produits de finition toxiques ou inflammables doivent être stockés avec les précautions de rigueur. En cas de transvasement, vérifiez que les nouveaux récipients sont correctement étiquetés et portent les avertissements d'usage.

Déchets Prévoyez un baril métallique pour les fonds de pots et autres résidus liquides. Évitez absolument de les évacuer par les réseaux d'eaux usées de votre habitation. Prenez contact avec la mairie de votre commune pour connaître les dispositions en vigueur en matière d'enlèvement de déchets toxiques.

CI-DESSOUS *Pour certains travaux, une paire de gants en caoutchouc fin, de type chirurgical, se révèle suffisante.*

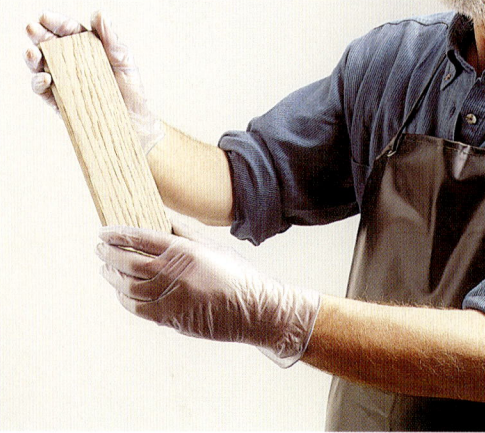

POUR EN SAVOIR PLUS

*Bruit, sécurité
et extraction de poussière*   16

Préparation des surfaces   90

*Outils et méthodes
de finition*   92

Apprendre à assembler des pièces de bois à l'aide d'outils manuels n'est jamais inutile. Cet effort inculque au menuisier amateur une compréhension du bois qui lui restera acquise, même s'il délaisse ultérieurement ciseaux et scies au profit d'outils à moteur.

Plusieurs techniques d'assemblage, parmi les plus simples, sont décrites dans ce chapitre, et chacune est illustrée ensuite par un projet d'ouvrage permettant de la mettre en application. Il est bien sûr recommandé de s'entraîner à réaliser chaque assemblage avant de passer au projet lui correspondant. Utilisez de préférence des bois durs, plus faciles à façonner que les bois tendres, et généralement gages d'un travail de meilleure qualité.

Assemblage à mi-bois	98
Table à plateaux de verre (ouvrage)	102
Assemblage à tourillons et à lamelles	108
Coffret pour CD (ouvrage)	113
Assemblage à tenon et mortaise	16
Établi (ouvrage)	122
Assemblage à plat-joint d'onglet	130
Cadre de miroir (ouvrage)	134
Assemblage à entaille	138
Bibliothèque (ouvrage)	142
Assemblage à queues d'aronde	148
Plateau de petit-déjeuner (ouvrage)	154

ASSEMBLAGE À MI-BOIS

Il s'agit d'un assemblage élémentaire et structurellement peu fiable, dont la solidité repose essentiellement sur l'encollage. Il peut cependant être renforcé au moyen de vis ou de clous, et ses épaulements sont gages de rigidité dans le montage de cadres.

En menuiserie d'art ou en ébénisterie, cet assemblage est ordinairement remplacé par l'assemblage à tenon et mortaise, sauf lors du croisement d'éléments de structure, où l'assemblage à mi-bois constitue alors la seule option possible.
C'est en construction, où il est renforcé par vissage ou clouage, et dans le façonnage d'objets en bois tendre que l'on emploie l e plus souvent l'assemblage à mi-bois. Les pièces de bois à fil droit et longitudinal conviennent le mieux à cette forme de liaison, car elles permettent une élimination rapide et précise du rebut. La rectitude du fil est également un aspect déterminant pour la solidité. En effet, la construction d'un tel assemblage nécessitant la réduction de moitié de l'épaisseur des éléments à joindre, il est crucial que les épaisseurs restantes soit exemptes de défauts.
Pour réussir un assemblage, il est important de procéder aux diverses étapes (traçage, découpe du rebut, etc.) sur les deux pièces de bois jointives à la fois. De cette façon, et particulièrement si vous réalisez plusieurs assemblages identiques pour une même construction, votre travail sera plus efficace.

Variantes possibles

L'assemblage à mi-bois en angle (en L) et en croix (en X) sont deux des variantes couramment réalisées de l'assemblage en T traditionnel. Dans le cas de l'assemblage en angle, les deux pièces de bois sont façonnées de façon identique, en languette. L'assemblage en croix fait intervenir la découpe d'une entaille sur les deux éléments à assembler.

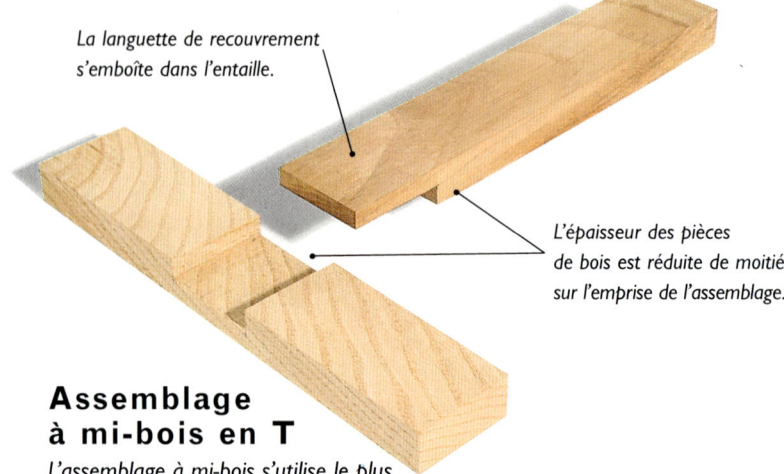

La languette de recouvrement s'emboîte dans l'entaille.

L'épaisseur des pièces de bois est réduite de moitié sur l'emprise de l'assemblage.

Assemblage à mi-bois en T

L'assemblage à mi-bois s'utilise le plus souvent pour la liaison de pièces de bois de même épaisseur. Celle-ci est réduite de moitié sur l'emprise de l'assemblage, et chaque demi-épaisseur vient combler l'entaille façonnée sur l'élément opposé.

Accessoires et outils nécessaires

L'un des avantages de l'assemblage à mi-bois est qu'il peut être aisément réalisé sur chantier à partir d'un nombre d'outils restreint. Parmi ceux-ci, une scie à tenon équipée d'une butée de profondeur est d'une grande utilité pour la découpe précise des épaulements. Dans l'atelier, ce même travail peut être effectué à l'aide d'une scie d'établi, d'une scie radiale ou d'une scie à ruban.
La scie à ruban se règle rapidement et réalise des découpes d'une grande précision. Quant à la scie radiale, équipée d'une tête à rainer de largeur appropriée, elle se révèle précieuse lorsque la priorité est donnée au rendement. Avant d'utiliser une scie motorisée plutôt qu'une scie à main, assurez-vous que le gain de temps est réel, en prenant en compte le temps de réglage.

Crayon

Équerre droite

Trusquin de traçage ou de coupe

Presses à vis

Scie à tenon

Couteau de traçage

Ciseau

Colle à bois et pinceau

Rabot à replanir

Construction d'un assemblage à mi-bois en T

Traçage

1 À l'aide d'un crayon aiguisé et d'une équerre droite, tracez deux lignes transversales parallèles sur la première pièce de bois. Leur écartement doit correspondre à la largeur de la pièce de bois à emboîter.

2 Tracez une ligne transversale sur les quatre faces de la deuxième pièce de bois, à une distance du bois de bout égale à la largeur de la première pièce. Plaquez fermement le talon de l'équerre contre le bois afin que la lame soit parfaitement perpendiculaire à l'arête longitudinale de la pièce travaillée.

3 Réglez le trusquin de coupe sur une distance égale à la moitié de l'épaisseur des deux pièces de bois. Vérifiez le réglage en effectuant un double tracé (un à partir de chaque face) sur l'un des chants d'une chute de bois de même épaisseur que les pièces à assembler.

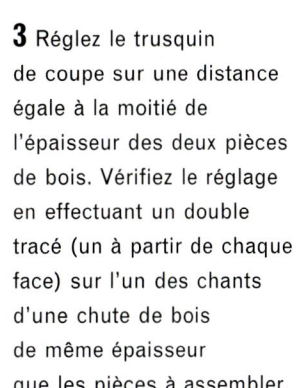

4 À l'aide du trusquin ainsi réglé, tracez les découpes sur les deux pièces à assembler (certains préféreront effectuer cette opération à l'aide d'un trusquin de traçage). Afin d'éviter toute confusion, hachurez au crayon le rebut.

POUR EN SAVOIR PLUS

Traçage	56
Rabotage manuel des faces et des chants	58
Utilisation des scies à main	60
Utilisation des ciseaux	64
Table à plateaux de verre (ouvrage)	102
Assemblage à tenon et mortaise	116

7. ASSEMBLAGES

8 Revenez à la première pièce de bois et entamez la découpe du rebut à partir de l'une des extrémités de l'entaille, lame du ciseau légèrement inclinée vers le haut, jusqu'à affleurer la ligne tracée à chant. Servez-vous de cette ligne comme d'un guide pour arrêter la découpe à la profondeur souhaitée. Faites pivoter la pièce de bois de 180° et poursuivez le travail en attaquant le rebut à partir de l'extrémité opposée.

Découpe des épaulements

5 Immobilisez la pièce à travailler sur le plateau de l'établi à l'aide de presses à vis. La taille des épaulements sur la première pièce de bois s'effectue à la scie à tenon. Repassez éventuellement les deux traits de crayon au couteau à tracer pour faciliter le sciage, puis creusez légèrement au ciseau les empreintes obtenues. (Avec un peu de pratique, ces précautions deviendront superflues.)

6 Procédez de la même façon pour scier l'épaulement à l'extrémité de la deuxième pièce de bois.

Enlèvement du rebut

7 Otez le rebut sur la deuxième pièce de bois par de fines découpes successives au ciseau. Ce travail s'effectue dans le sens ou en travers du fil, selon la préférence de chacun.

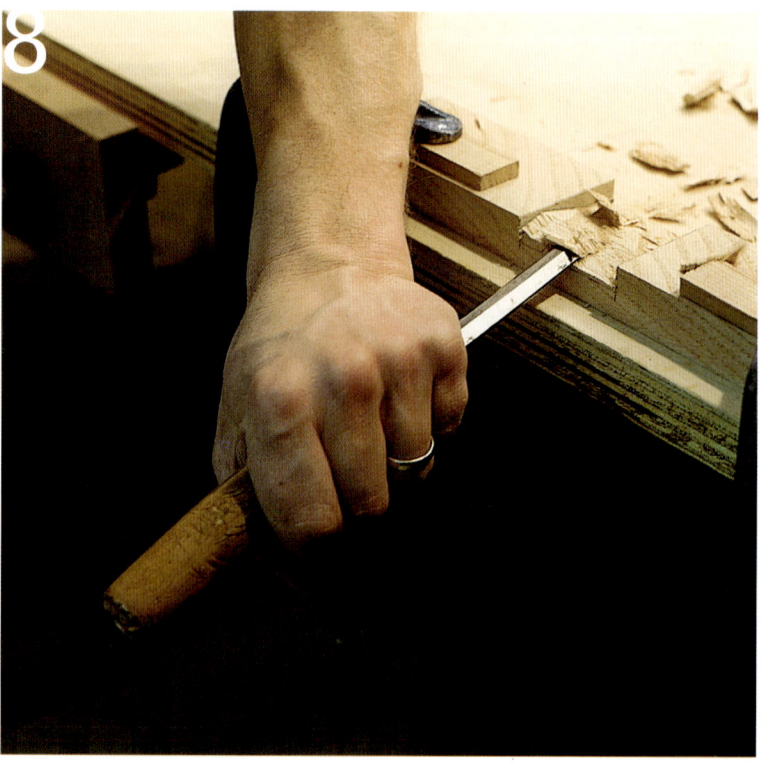

9 Après enlèvement de la plus grande partie du rebut, éliminez le renflement subsistant dans la partie centrale de l'entaille à l'aide d'un ciseau de dressage (ou une scie ou une défonceuse).

Assemblage

10 Placez les deux pièces à assembler en contact. Un léger rabotage sera souvent nécessaire pour obtenir un ajustement parfait.
Avant d'encoller, préparez deux petites pièces de bois de chute (bois dur ou contreplaqué) que vous glisserez au point de contact de l'assemblage et des mâchoires des presses à vis. À l'aide d'une petite brosse plate, appliquez la colle en couche uniforme sur les surfaces jointives (fixez chacune des pièces sur le plateau de l'établi, partie à encoller en débord par rapport à lui). Assemblez les deux pièces et positionnez les presses à vis sans pression excessive.
Vérifiez que les deux éléments sont parfaitement emboîtés, notamment le long des épaulements, puis serrez les presses en place. Otez les résidus de colle après séchage, à l'aide d'un ciseau de dressage.

TABLE À PLATEAUX DE VERRE voir plan page 210

voir plan page 210

Cɪ-ᴅᴇssus *L'extrémité pyramidale des traverses apporte une touche décorative.*

La construction, très simple, de cette petite table aux lignes élégantes fait intervenir les techniques de l'assemblage à mi-bois. Du fait de la faible section des traverses et des pieds (25 x 25 mm), il convient d'utiliser un bois assez dur. La réalisation présentée ici a été construite en érable du Canada, bois très résistant et remarquablement stable, mais le chêne, le cerisier ou le frêne conviennent également. Évitez d'employer un bois léger et souple, car sa flexibilité nuirait à la stabilité du piètement.

Les extrémités des traverses et des pieds peuvent être façonnées en pyramide, comme sur la table présentée ici, ou bien conservées à taille franche. Ces extrémités pyramidales sont en harmonie avec la dominante triangulaire des formes de ce meuble, qui devient évidente après la pose des plateaux.

Les plateaux de verre de 6 mm d'épaisseur, dont les arêtes chanfreinées ont été meulées et polies, s'adaptent parfaitement à la structure de bois. Il est possible d'opter pour des plateaux de plus grandes dimensions, disposés en biais (les angles des plateaux sont alors saillants). Posez les plateaux directement sur le bois fini, ou mieux, sur des plots de caoutchouc conçus à cet effet, en vente chez tous les détaillants spécialisés.

Outils nécessaires

Rabot à replanir

Crayon

Équerre droite

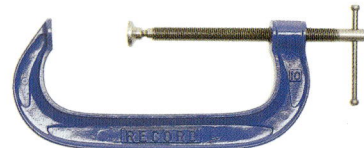

Trusquin de traçage

Presses à vis et cales

Scie à dos

Couteau de traçage

Ciseau

Maillet

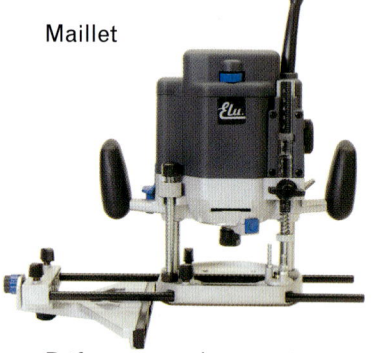

Défonceuse plongeante électroportative

Rabot à recaler

Papier abrasif et cale à poncer

Colle à bois et pinceau

Serre-joints

PIÈCES DE BOIS ET ACCESSOIRES

Pièces de bois	Quantité	Dimensions finies
A Pieds	4	460 x 25 x 25 mm
B Traverses	4	730 x 25 x 25 mm
Plateaux de verre*	2	épaisseur : 6 mm
Bois conseillé		A et B – Érable du Canada
Finition suggérée		Cire, gomme-laque ou huile de teck
Autre bois possible		Bois dur (chêne, cerisier ou frêne)

Notes

* Pour plus de sûreté, installez les plateaux de verre sur des plots en caoutchouc conçus à cet effet (une dizaine sera nécessaire).

POUR EN SAVOIR PLUS

Presses et serre-joints	30
Dressage des chants et découpes à largeur	54
Traçage	56
Rabotage manuel des faces et des chants	58
Utilisation des scies à main	60
Utilisation des ciseaux	64
La défonceuse comme combiné à bois	72
Matériaux et techniques de finition	92
Assemblage à mi-bois	98

EN HAUT, À DROITE *Ce gros plan présente l'assise d'un plateau sur une traverse par l'entremise d'un plot de support en caoutchouc. Notez le contraste intéressant entre l'angle du plateau et l'extrémité pyramidale du pied.*

CI-DESSOUS *Vue de l'assemblage à mi-bois permettant le croisement de deux traverses.*

EN BAS *Cet autre détail met en évidence l'intersection subtile entre le plateau de verre supérieur et la structure de bois.*

Construction

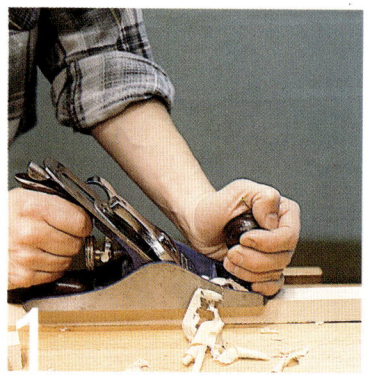

Préparation des pièces de bois

1 Après avoir taillé tous les éléments aux dimensions requises, éliminez les éventuelles marques dues aux fers et lames des machines par un lissage général des surfaces au rabot à replanir. Évitez absolument d'effectuer cette opération après la découpe des assemblages, sous peine de compromettre leur parfait ajustement.

Traçage et découpe des assemblages

2 La structure de bois étant formée de deux séries de quatre éléments identiques, un traçage groupé est ici parfaitement approprié. Placez les quatre traverses, chant à chant et rigoureusement alignées, sur le plateau de l'établi et tracez sur celles-ci, à l'aide d'une équerre droite et d'un crayon (ou d'un couteau à tracer), les épaulements de l'entaille centrale. Procédez de même pour marquer les épaulements des entailles d'extrémité (attention, car celles-ci sont orientées latéralement), puis ceux des

deux entailles de chacun des pieds.

3 Marquez l'épaisseur des entailles sur les huit pièces de bois. Attachez-vous toujours à ménager un léger "gras" dans le traçage et la découpe des assemblages ; quelques passes de rabot suffiront

ensuite à obtenir un bon ajustement des éléments.

4 Effectuez de préférence la découpe avec une scie à queue d'aronde ou une petite scie à tenon, en vous assurant que la lame entame le bois légèrement à l'intérieur du trait de crayon, côté bois de rebut.

Si vous vous sentez peu sûr de vous, prenez la précaution de marquer le trait de coupe au couteau à tracer, puis de l'élargir au ciseau, côté rebut de façon à dégager un petit épaulement vertical contre lequel vous appuierez la lame de la scie.

Enlèvement du rebut

5 Après avoir scié les épaulements des entailles à la profondeur requise, retirez le rebut au ciseau. Travaillez à partir des deux extrémités de chaque entaille, en prenant soin d'incliner légèrement la lame de l'outil vers le haut pour éviter toute attaque intempestive du bois sous le niveau figuré par les deux lignes tracées à chant. Au besoin, façonnez deux traits de scie d'une profondeur équivalente à la hauteur des épaulement dans la partie centrale du rebut, pour guider votre découpe.

6 Lorsque le dressage du fond des entailles est achevé, l'assemblage des pièces deux à deux peut être effectué.

Autres méthodes

7 La réalisation d'un assemblage à mi-bois à l'aide d'une scie à main et d'un ciseau à bois est un excellent exercice, mais vous préférerez peut-être, afin de gagner du temps, effectuer ce travail à l'aide d'une défonceuse plongeante électroportative. Placez les quatre traverses, chant à chant et rigoureusement alignées, sur le plateau de l'établi et fixez à l'aide de presses à vis un tasseau-guide perpendiculairement à celles-ci, à la distance

appropriée. Appuyez la semelle de la défonceuse contre le tasseau pour façonner le premier épaulement et dégager partiellement le fond des entailles. Deux ou trois passages successifs s'avéreront sans doute nécessaires pour atteindre la profondeur requise. À l'aide d'un second tasseau-guide, découpez le deuxième épaulement et achevez le dégagement du fond. Vous pouvez également effectuer les deux phases du travail avec un seul tasseau-guide dont vous modifierez la position, mais cette méthode est moins précise.

impossible, dans un premier temps, d'emboîter les pièces de bois entre elles. Dans cette éventualité, ne tentez surtout pas de forcer l'assemblage : affinez la pièce à emboîter par un léger coup de rabot sur l'un ou l'autre de ses côtés.

Pour un parfait ajustement

8 Du fait de la marge de sécurité prise lors du traçage et de la découpe, il vous sera peut-être

9 Si cette première correction n'est pas suffisante, rabotez alternativement les deux côtés de la pièce de bois jusqu'à obtenir un ajustement correct.

Façonnage des extrémités

10 Procédez au traçage de la forme pyramidale sur les deux extrémités des traverses et sur l'extrémité supérieure des pieds. À environ 1 cm de l'extrémité à façonner, tracez au crayon une ligne périphérique sur les quatre faces de la pièce de bois, figurant la base de la pyramide. Tracez ensuite les deux lignes médianes perpendiculaires sur le bois de bout.

11 Retirez le plus gros du rebut à l'aide d'une scie à dos de petite dimension, puis affinez le travail à l'aide d'un rabot à replanir ou d'un petit rabot à recaler. Découpez d'abord deux pans opposés, tracez les faces triangulaires sur les surfaces créées. Façonnez ensuite les deux faces restantes.

Préfinition

12 Les pièces de bois ayant été surfacées au rabot avant la découpe des assemblages, elles n'ont

besoin, avant application du produit de finition, que d'un léger ponçage. Entamez le travail à la cale à poncer avec un papier de grain 120 ou 150, puis terminez par un lissage au grain 180, amplement suffisant pour la plupart des bois. L'érable est un bois très dense qui peut être porté à un haut degré de finition ; moyennant un peu de patience, vous obtiendrez un résultat superbe en affinant progressivement le lissage jusqu'à un papier de grain 320.

Si vous avez l'intention d'appliquer un vernis sur l'objet fini, éviter un lissage trop prononcé des surfaces, qui risquerait de nuire à une bonne accroche du produit.

13 La légèreté et la modernité de l'érable seront préservées par le choix d'un produit de finition incolore. La cire, qui présente l'avantage de modifier très peu la couleur du bois, est le produit le plus facile à appliquer. Elle constitue une piètre protection contre les traces de doigt ou les taches

de café, mais peut être employée dans le cas qui nous occupe, la structure de bois étant en partie protégée par les plateaux de verre. Une autre option, satisfaisante sur le plan pratique et esthétique, consiste à habiller les pièces de bois d'une légère couche de gomme-laque incolore ou de deux ou trois couches d'huile.
Appliquez le produit de finition au chiffon en ayant soin de protéger au

préalable toutes les surfaces à encoller à l'aide de ruban de masquage.

Assemblage des éléments

14 Avant l'encollage, procédez à un assemblage « à sec » de la structure pour vérifier sa bonne tenue. Assemblez d'abord les traverses deux à deux pour former les deux croix de support. Chacune des traverses est percée d'une entaille centrale et de deux entailles d'extrémité, ces dernières étant orientées latéralement pour permettre la liaison avec les pieds. Ajoutez ensuite les pieds, percés chacun de deux entailles, l'une pour l'assemblage avec la croix de support supérieure, l'autre pour l'assemblage avec la croix de support inférieure. Lorsque la structure construite vous donne entière satisfaction, procédez au collage en répétant le même processus de montage. Prenez soin de couvrir les surfaces à assembler d'une couche de colle fine et homogène.

15 Placez chaque assemblage sous presse aussitôt après encollage et serrez jusqu'à expulsion du surplus de colle.

Ne tentez pas, à ce moment, d'essuyer les éventuelles bavures.

16 Après séchage, éliminez les résidus de colle à l'aide d'un ciseau de dressage. Les pièces de bois ayant été cirées ou vernies, cette opération ne présente aucune difficulté.

17 Posez les plots de support en caoutchouc sur la structure de bois (cinq pour chaque plateau).

18 Pour finir, installez les deux plateaux de verre.

Table à plateaux de verre **107**

ASSEMBLAGE À TOURILLONS ET À LAMELLES

L'assemblage à tourillons est une version plus élaborée de l'assemblage à plat-joint d'équerre. Il fait intervenir plusieurs chevillettes en hêtre enfoncées pour moitié dans chacune des faces jointives. Ces chevillettes, qui existent également en métal ou en plastique, renforcent la construction et augmentent la superficie encollée.

L'assemblage à tourillons convient à la construction de carcasses et de structures soumises à des charges peu importantes. Très facile à réaliser, il remplace efficacement d'autres assemblages plus solides et plus complexes.

Variante de l'assemblage à tourillons, l'assemblage à lamelles fait intervenir la pose de lamelles en hêtre compressé dans des fentes façonnées sur les pièces jointives. L'humidité de la colle fait gonfler les lamelles, ce qui solidifie la construction. Les fentes sont creusées par une fraiseuse à lamelles équipée d'une lame circulaire de 10 cm de diamètre et dotée d'un dispositif de travail en plongée, d'une butée de profondeur et d'un guide de coupe.

Variantes possibles

Très polyvalents, les assemblages à tourillons et à lamelles conviennent souvent là où les autres techniques d'assemblage se révèlent impraticables, par exemple pour la liaison de pièces de bois selon un angle inhabituel. Ils remplacent également de manière très satisfaisante les assemblages à entaille simple.

POUR EN SAVOIR PLUS

Fraiseuses à lamelles	43
Perceuses et mortaiseuses	44
Assemblage à entaille	138
Coffret pour CD (ouvrage)	112

Éléments à assembler

Trous percés sur les deux faces jointives pour l'accueil des tourillons.

Les tourillons ont été posés sur l'une des pièces de bois : l'assemblage peut être réalisé.

Assemblage à tourillons

À l'instar des assemblages à tenon et mortaise, à rainure et languette ou à queues d'aronde, cet assemblage s'emploie essentiellement pour relier deux surfaces à angle droit. Les tourillons, chevillettes ordinairement en bois, constituent un lien solide entre les éléments à assembler. L'assemblage à lamelles en hêtre compressé possède des qualités similaires.

Outils et accessoires utiles

L'achat d'un guide de perçage n'est pas indispensable, car il peut être facilement réalisé dans l'atelier.

Une perceuse à colonne, sur pied ou d'établi, est précieuse pour la construction du guide de perçage (si vous optez pour cette solution), comme pour le perçage direct des trous des tourillons. Les industriels utilisent souvent des machines à perçage horizontal ; vous pouvez tenter d'installer un dispositif similaire à l'aide d'une perceuse à colonne, s'il vous est nécessaire de façonner un nombre important de trous. Les forets hélicoïdaux à trois pointes conviennent parfaitement pour le perçage des trous des tourillons, car leur pointe centrale autorise une découpe très précise. Les diamètres de ces forets correspondent à ceux des tourillons vendus dans le commerce. On trouve également, chez les détaillants spécialisés, des butées de profondeur en caoutchouc à adapter sur le foret avant la découpe. Du ruban de masquage enroulé autour du foret à la hauteur adéquate constitue une solution efficace et plus économique. Les pointes à centrer sont des embouts métalliques pointus, dont le diamètre doit être équivalent à celui du foret utilisé, et que l'on enfonce, pointe à l'extérieur, dans les trous percés sur l'une des pièces à assembler. En pressant en place la deuxième pièce de bois, on obtient sur celle-ci un marquage précis du centre des trous à façonner.

Trusquin de traçage

Équerre droite

Crayon

Perceuse à colonne sur pied ou d'établi

Foret hélicoïdal à trois pointes (avec butées de profondeur ou ruban de masquage)

Morceau de contreplaqué de 5 x 100 mm de section

Presses à vis

Pointes sans tête et marteau de menuisier

Colle à bois et pinceau

Mèche-fraise à pointe conique

Ruban de masquage

Maillet

Construction d'un assemblage à tourillons

Traçage

1 Il consiste à marquer les centres des tourillons sur les deux surfaces jointives, de manière qu'ils se correspondent exactement deux à deux. Réglez le trusquin sur une distance égale à la moitié de l'épaisseur de la pièce de bois assemblée à chant. Appuyez le plateau du trusquin contre le chant de la pièce assemblée à face pour tracer l'axe des perçages sur la surface jointive.

2 L'espacement entre les tourillons est fonction de leur diamètre et du type de construction entrepris. Pour un tourillon de 8 mm de diamètre, l'espacement recommandé est de 25 mm pour un assemblage à angle droit et d'environ 100 mm pour un assemblage bord à bord. À l'aide de l'équerre droite, et après avoir calculé leur espacement, tracez des lignes perpendiculaires au premier axe pour figurer le centre de chacun des perçages. Prolongez le tracé jusqu'à l'arête de la pièce de bois.

3 Aboutez les deux pièces de bois pour reporter les intervalles sur l'une des faces de la pièce assemblée à chant, côté jointif.

4 À l'aide du trusquin réglé comme précédemment, tracez l'axe des perçages sur le chant jointif.

5 Prolongez le tracé des intervalles sur ce même chant à l'aide d'une petite équerre droite.

Cette méthode de traçage convient pour un travail effectué sans recours à un accessoire de guidage. Pour un meilleur rendement, la construction d'un guide de perçage (voir page suivante) est conseillée au-delà de deux assemblages. Dans le cas d'un perçage à main levée, amorcez chaque trou à l'aide d'un poinçon ou d'une alène pour aider au parfait positionnement de la pointe centrale du foret.

6 Percez les trous sur la pièce assemblée à face, solidement immobilisée sur le plateau de l'établi à l'aide de presses à vis.

7 Placez la deuxième pièce de bois verticalement dans la presse frontale et percez les trous sur le chant jointif, la perceuse bien à la verticale.

bois. Ici, positionnez la bague de façon que la distance entre sa face extérieure et la pointe du foret soit égale à la hauteur du guide plus une demi-longueur de tourillon, plus 2 mm de jeu. Un morceau de ruban de masquage enroulé autour du foret à la hauteur requise constitue une butée tout à fait acceptable.

Construction d'un guide de perçage

8 Le guide de perçage supprime l'étape du traçage et assure la verticalité du foret lors de la découpe, ce qui accroît la précision de l'assemblage. Il est constitué d'une pièce de bois de section rectangulaire, de même épaisseur que les éléments à assembler, et d'une longueur équivalente à celle des surfaces jointives. Sur l'un des chants de cette pièce de bois, tracez un axe médian longitudinal et des lignes de repérage perpendiculaires (tel que décrit plus haut pour le marquage des faces jointives

de l'assemblage). Toute imprécision dans la construction du guide sera immédiatement répercutée sur l'objet construit. Percez les trous, avec de préférence une perceuse à colonne, sur pied ou d'établi, qui permet une découpe propre et parfaitement

orientée. Prenez un foret du même diamètre que les tourillons à poser.

9 En guise de butée de profondeur, un foret hélicoïdal standard peut être équipé d'une bague en caoutchouc, qui bloque la progression du foret dans le

10 Collez sur l'une des faces du guide une pièce de contreplaqué de 5 mm d'épaisseur, de même longueur que le guide et d'une largeur voisine de 10 cm. Cette pièce permet le calage du guide sur la pièce à façonner.

Utilisation du guide de perçage

11 À l'aide de presses à vis, immobilisez la pièce de bois assemblée à face sur le plateau de l'établi, extrémité jointive en débord par rapport à celui-ci. Fixez le guide sur la pièce de bois (à l'aide de presses ou de pointes tête homme posées sur le contreplaqué) en veillant à leur parfait alignement. Avant de procéder au perçage, vérifiez une dernière fois la bonne position de la butée en appuyant le foret contre les pièces à percer. Tenez fermement la perceuse pendant le façonnage des trous ; pour éviter d'endommager le guide, engagez-y le foret avant de lancer le moteur de l'outil. En procédant comme précédemment, fixez le guide sur le chant jointif de la seconde pièce de bois. Le perçage sur bois de bout s'avère parfois difficile ; c'est pourquoi un parfait contrôle de la perceuse est ici encore plus important.

12 Après avoir façonné les trous, à l'aide ou non d'un guide de perçage, fraisez légèrement leur ouverture. Ceci favorise l'alignement des éléments et permet l'absorption, au montage, de la poussière de bois et des excédents de colle. Pour faciliter l'encollage des deux pièces de bois et prévenir les bavures de colle, délimitez les surfaces jointives à l'aide de ruban de masquage. Appliquez la colle sur les surfaces jointives, y compris tourillons et intérieur des trous. Assemblez les deux pièces au maillet et mettez sous presses jusqu'à séchage complet.

Construction d'un assemblage à lamelles

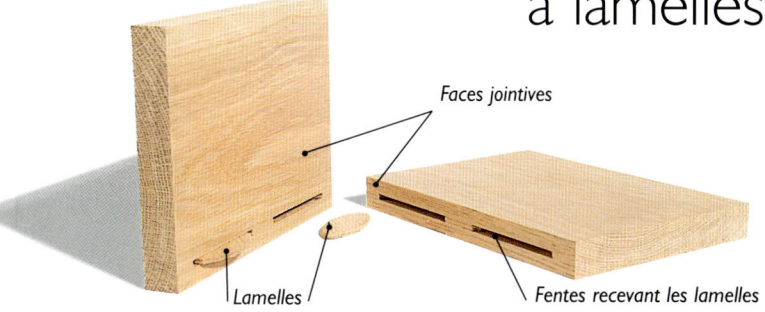

Faces jointives

Lamelles

Fentes recevant les lamelles

1 Le traçage de cet assemblage est plus simple que celui d'un assemblage à tourillons, car la semelle de la fraiseuse est dotée de repères de centrage et d'alignement. Pour une construction ordinaire, les lamelles sont espacées d'environ 15 cm.

2 Placez le guide de la fraiseuse sur la face à percer de la pièce travaillée et alignez le repère central de la semelle sur la ligne verticale tracée sur le bois. Effectuez le perçage en plongée à la profondeur requise. Pour un assemblage bord à bord, percez les fentes dans la deuxième pièce de bois en procédant de la même manière.

Si l'assemblage est à angle droit, placez le guide sur le chant de la deuxième pièce de bois et effectuez le perçage en plongée. Le collage et l'assemblage s'effectuent comme pour un assemblage à tourillons. Les lamelles en bois compressé doivent l'essentiel de leur solidité à leur fil oblique et à leur propension à gonfler au contact de la colle.

COFFRET POUR CD *voir plan page 212*

Ci-dessus *Détail de la face avant du coffret, couvercle ouvert, montrant la réservation demi-circulaire.*

Ce petit coffret en bois dur, destiné au rangement des disques compacts, est une carcasse de forme simple, construite à l'aide de tourillons, qui peuvent éventuellement être remplacés par des lamelles, voire par des pointes tête homme. L'arête arrière des deux faces latérales présente un profil légèrement oblique, ce qui permet d'augmenter la surface de bois entourant la base pivotante du couvercle et de renforcer ainsi la construction.

Dans un premier temps, sélectionnez les pièces de bois de façon que les quatre parois verticales du coffret présentent un fil horizontal. Dimensionnez ensuite les éléments en vous référant aux indications présentées ci-dessous. Ayez soin de façonner le couvercle à une largeur très légèrement inférieure à celle du fond ; de cette manière, il vous sera possible d'ouvrir et fermer celui-ci sans risquer d'endommager la finition intérieure des faces latérales.

PIÈCES DE BOIS ET ACCESSOIRES

Pièces de bois	Quantité	Dimensions finies
A Faces latérales*	2	245 x 175 x 12 mm
B Face avant	1	130 x 157 x 12 mm
C Face arrière	1	130 x 147 x 12 mm
D Fond	1	215 x 130 x 12 mm
E Couvercle	1	251 x 130 x 12 mm
Bois conseillé	A, B, C, D et E : érable	
Éléments additionnels	Un tourillon rayé de 5 ou 6 mm de diamètre débité en chevilles de 15 mm de long.	
Finition suggérée	Huile de teck	
Autres bois possibles	Bois de moyenne dureté (cerisier ou noyer)	

Notes
* Les dimensions des faces latérales sont données hors tout.

POUR EN SAVOIR PLUS

Presses et serre-joints	30
Perceuses et mortaiseuses	44
Dressage des chants	54
Traçage	56
Rabotage manuel des faces et des chants	58
Utilisation d'une scie à chantourner	63
Utilisation des ciseaux	64
La défonceuse comme combiné à bois	72
Matériaux et techniques de finition	92
Assemblage à tourillons	108
Colles à bois	207

Outils nécessaires

Équerre droite

Crayon

Règle graduée

Scie à chantourner ou perceuse à colonne avec embout scie trépan

Perceuse et foret à trois pointes de 5 ou 6 mm de diamètre (avec butée de profondeur ou morceau de ruban de masquage)

Rabot à recaler

Serre-joints dormants

Colle à bois et petit pinceau à soies de porc

Ciseau de dressage

CI-DESSUS *Détail d'un angle supérieur arrière, montrant l'arête arrière arrondie du couvercle et le chant légèrement oblique de la paroi latérale.*

CI-DESSOUS *Détail d'un angle supérieur avant, montrant le léger débord arrondi du couvercle.*

EN BAS DE PAGE *Détail montrant l'inclinaison montante, de l'avant vers l'arrière, du chant supérieur des parois latérales.*

Construction

1 La construction de la carcasse s'effectue en deux phases : assemblage des faces avant et arrière sur le fond, puis fixation en place les faces latérales.

Marquage de la position des tourillons

2 Étant donné la forme non rectangulaire des faces latérales, l'axe vertical des perçages n'est pas parallèle à l'arête arrière de ces deux pièces. Il est donc nécessaire de tracer ces deux axes à l'aide d'une équerre droite. Tracez les autres axes à l'aide d'un trusquin, ainsi qu'il est décrit aux pages précédentes.

3 À l'aide d'une équerre et d'une règle graduée, marquez avec soin l'emplacement des trous des tourillons sur chaque élément.

Perçage des trous

4 Percez les trous à l'aide d'une perceuse munie d'un foret à trois pointes, en plaçant la pointe centrale du foret exactement à l'intersection des lignes tracées. L'adaptation d'une butée de profondeur sur le foret peut faciliter votre travail ; elle risque toutefois de glisser en cours de perçage et de provoquer une découpe trop profonde. Une autre solution, parfois préférable, consiste à enrouler un morceau de ruban de masquage autour du foret à la hauteur requise. Après perçage, vérifiez le bon positionnement des trous en procédant à un assemblage "à sec". Pour cela, utilisez une série de tourillons dont vous aurez réduit légèrement le diamètre en les "roulant" sous un objet pesant. Il vous sera ainsi facile de monter et démonter l'assemblage pour vous assurer de son parfait ajustement.

Façonnage de la réservation

5 L'étape suivante consiste à façonner la réservation demi-circulaire sur la face avant du coffret. Effectuez ce travail à la scie à chantourner ou à l'aide d'une perceuse à colonne équipée d'un embout-scie trépan. Vous pouvez également réaliser cette opération à l'aide d'un foret ordinaire, en perçant une série de trous contigus le long du traçage. Lissez ensuite le chant façonné au ciseau.

6 Poncez l'intérieur de la réservation au papier abrasif afin d'en adoucir la surface et de faire disparaître les irrégularités. Pour accroître encore le confort d'utilisation, arrondissez éventuellement ses arêtes à la défonceuse, à l'aide d'une fraise appropriée.

Façonnage des chants avant et arrière du couvercle

7 Tracez au crayon le profil arrondi des extrémités avant et arrière du couvercle sur ses chants latéraux. Façonnez les extrémités par passes successives d'un rabot à recaler, en vous approchant le plus possible du tracé. Finissez à l'aide d'un papier abrasif de grain 120 supporté par une cale à poncer.

grain 120 au grain 180 et éliminez avec soin les marques de ponçage à chaque stade du travail. Optez pour un produit de finition propre à mettre en valeur le bois. Le coffret présenté ici a été habillé de trois couches d'huile de teck. Prenez soin, avant application, de protéger les surfaces à encoller à l'aide de ruban de masquage.

Assemblage

9 Procédez dans un premier temps à l'assemblage du fond et des faces avant et arrière, en vous aidant si possible de serre-joints dormants. La traverse figurant sur l'illustration est une pièce de chute découpée à même

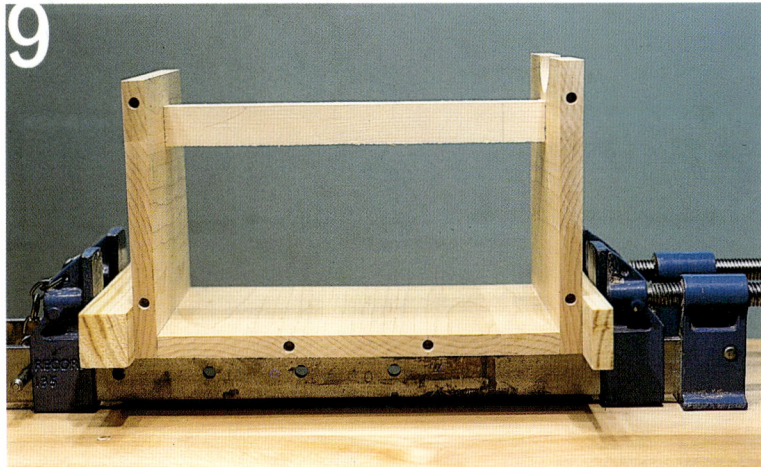

Préparation des surfaces et finition

8 Après vous être assuré que le montage de l'objet s'effectue sans problèmes, vous allez appliquer le produit de finition adopté sur les surfaces qui se révéleront difficiles à traiter après assemblage (l'intérieur de la carcasse, la face arrière et le couvercle). Poncez soigneusement ces surfaces au papier abrasif, en allant progressivement du

longueur que le fond, dont le rôle est d'assurer le parfait parallélisme des deux faces assemblées. Elle sera simplement retirée après séchage de la colle. Les marques de serre-joints sur les surfaces des pièces de bois subiront un ponçage avant finition.

10 Après complet séchage de la colle, ajoutez les faces latérales et le couvercle à la structure construite. N'oubliez

pas de poser et coller sur ce dernier les tourillons de pivot nécessaires à son montage. Au moment de l'assemblage, assurez-vous que tous les éléments sont orientés dans le bon sens : on a tôt fait d'assembler un élément à l'envers. À cette fin, marquez les faces jointives des pièces de bois à l'aide de ronds de couleur adhésifs, en affectant à chacun des assemblages une couleur différente. Vous pouvez également adopter un marquage par lettres (A-A, B-B, etc.).

11 À l'aide d'un pinceau à soies de porc, appliquez une fine couche de colle sur toutes les surfaces jointives, y compris l'intérieur des

trous des tourillons (à l'exception, toutefois, de ceux assurant le pivot du couvercle). Veillez à éviter les excès de colle : vous passerez sinon de longues heures à éliminer les bavures après assemblage. L'emploi d'une colle vinylique est recommandé, mais son faible temps de séchage (environ 5 minutes) impose d'encoller les pièces à assembler avec rapidité. Pressez les faces latérales en place à l'aide de serre-joints dormants comme décrit précédemment.

12 Après séchage, retirez les résidus de colle le long des surfaces jointives à l'aide d'un ciseau de dressage. Poncez les surfaces extérieures du coffret (à l'exception de la face arrière déjà traitée) et appliquez sur celles-ci le produit de finition choisi. Il est essentiel que la finition soit rigoureusement la même sur toutes les surfaces de l'objet, tant intérieures qu'extérieures. Pour finir, et afin de mieux protéger vos disques, habillez le fond du coffret d'une pièce de feutrine ou d'un autre textile de qualité similaire.

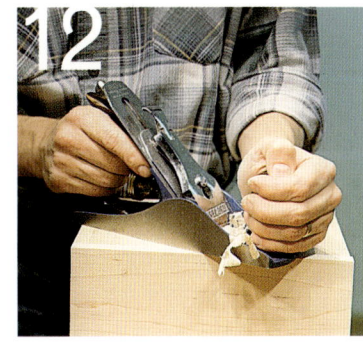

ASSEMBLAGE À TENON ET MORTAISE

Ce solide assemblage est principalement utilisé pour la construction de piètements, mais on l'emploie également pour les carcasses de meubles. La mortaise est la partie femelle de l'assemblage ; le tenon, ergot de section rectangulaire, la partie mâle.

De par sa grande solidité, l'assemblage à tenon et mortaise constitue une solution idéale pour la construction de structures et d'encadrements soumis à des contraintes importantes. Dans la construction d'un piètement de table, cet assemblage est parfois remplacé par un assemblage à tourillons, mais cette option se révèle moins résistante à l'épreuve du temps. L'assemblage à tenon et mortaise est couramment employé en menuiserie industrielle, mais aussi en menuiserie haut de gamme, pour la réalisation d'encadrements de portes.

Parmi les variantes possibles, l'assemblage décrit plus bas n'est pas le plus simple à réaliser, mais certainement le plus utile.

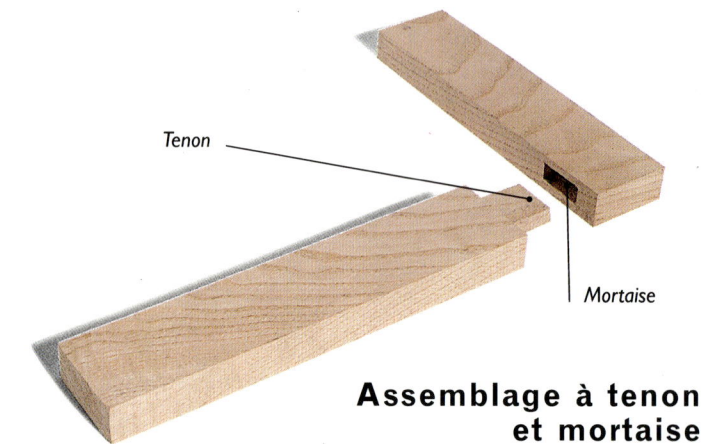

Tenon

Mortaise

Assemblage à tenon et mortaise

L'une des deux pièces de bois à assembler est percée d'une réservation rectangulaire appelée mortaise. Un ergot rectangulaire, le tenon, est façonné sur la deuxième pièce de bois ; ses dimensions doivent s'adapter parfaitement à celles de la mortaise pour un parfait emboîtage.

Variantes possibles

Il existe différents assemblages à tenon et mortaise, à utiliser selon les situations. L'assemblage traversant à clavette ou renforcé par coin a une fonction exclusivement structurelle et convient plus spécialement pour les travaux de menuiserie extérieure.

Dans la construction de carcasses, on a parfois recours à des assemblages à tenons doubles ou triples, proches par leur conception des assemblages à queues droites.

POUR EN SAVOIR PLUS

Utilisation des scies à main	64
Utilisation des ciseaux	64
Assemblage à tourillons et à lamelles	108
Établi (ouvrage)	122
Assemblage à onglets	130

Accessoires et outils nécessaires

L'assemblage à tenon et mortaise se prête bien à une construction mécanisée, faisant intervenir outils électroportatifs et machines-outils. La perceuse à colonne se révèle précieuse pour la découpe grossière de la mortaise, le travail de finition étant réservé aux outils à main. L'apparition récente sur le marché de mortaiseuses d'établi a grandement facilité les travaux de mortaisage d'échelle modeste. Ces machines, conçues sur le modèle des mortaiseuses industrielles, font intervenir un accessoire de perçage composé d'un ciseau de section carré (le bédane) et d'une mèche hélicoïdale. Cet accessoire est engagé dans le bois à l'aide d'un levier pour produire un trou carré ; le façonnage de plusieurs trous contigus permet le creusement de la mortaise. Ce travail s'effectue de façon tout aussi satisfaisante à l'aide d'une défonceuse électroportative équipée d'une fraise adéquate. Scies radiales et scies à ruban, équipées des butées et guides de coupe appropriés, permettent un façonnage rapide et précis des tenons, ce qui est également possible avec une scie à main.

Équerre droite

Règle graduée en métal

Crayon

Trusquin d'assemblage

Ciseau à mortaiser

Trusquin de traçage

Maillet

Griffes d'établi ou presses à manches

Ruban de masquage

Scie à tenon

Ciseau à lame chanfreinée

Rabot à replanir

Colle à bois et pinceau

Serre-joint dormant

Construction d'un assemblage à tenon et mortaise

sur le chant de la pièce de bois. Si vous devez réaliser plusieurs assemblages, effectuez un traçage groupé des pièces de bois pour être sûr que les mortaises sont positionnées aux mêmes cotes.

2 Marquez les épaulements du tenon sur les quatre faces de la seconde pièce de bois. La longueur d'un tenon est habituellement égale aux deux tiers de la largeur de la pièce de bois mortaisée. Effectuez d'abord le traçage sur le chant et la face de parement, puis sur les faces suivantes. Vérifiez bien que la dernière ligne tracée rejoint exactement la première, condition indispensable pour que les deux pièces assemblées soient correctement alignées.

3 La largeur de la mortaise doit être légèrement supérieure à un tiers de

Traçage

1 Il est d'usage de tracer d'abord la longueur de la mortaise, qui est généralement au moins égale à la moitié de la largeur de la pièce façonnée. Conservez une marge suffisante entre la mortaise et l'extrémité de la pièce de bois afin d'éviter tout risque d'éclatement lors du montage. Pour cette raison, on a souvent coutume de ménager une petite longueur de rebut à l'extrémité de la pièce façonnée, côté mortaise, puis de la scier après assemblage. Une autre solution consiste à décentrer légèrement le tenon vers l'intérieur (c'est le cas pour le tenon façonné ici). Sur des pièces de section plus importante ou lors d'assemblages en T, les tenons sont en revanche toujours centrés. Reportez la longueur choisie à l'aide d'une équerre droite

6 Tracez la mortaise en opérant, cette fois encore, à partir de la face de référence. Effectuez le tracé d'une seule passe en ayant soin de l'arrêter précisément, de part et d'autre, sur les traits de crayon transversaux. Après avoir tracé les joues des tenons et les mortaises sur toutes les pièces à assembler, modifiez le réglage du trusquin d'assemblage pour marquer la largeur des tenons. Procédez comme pour le tracé des joues, cette fois en appuyant le plateau du trusquin contre le chant de référence de la pièce travaillée.

Découpe de la mortaise

7 Il est d'usage de découper d'abord la mortaise, car les éventuels ajustements sont plus facilement effectués sur le tenon. Immobilisez solidement la pièce de bois en position verticale dans la presse frontale de l'établi (à défaut, utilisez des presses à vis).
Avant d'entamer la découpe, tracez deux lignes intérieures parallèles aux extrémités de la mortaise et à 3 mm en retrait de celles-ci. Ces lignes figurent l'emprise de la découpe initiale ; après façonnage de la mortaise à la profondeur requise, les deux parois d'extrémité

l'épaisseur de la pièce de bois. Dans la pratique, on ramène cette valeur à la largeur de lame de ciseau la plus proche et l'on ajuste le trusquin d'assemblage directement sur le ciseau utilisé. Le trusquin ainsi réglé est employé pour le traçage sur les deux pièces de bois.

4 Réglez la position de la tige du trusquin (voir plus loin) et tracez les joues du tenon sur la deuxième pièce de bois. Appuyez le plateau de l'outil contre la face de référence et entamez le tracé à partir de la ligne d'épaulement, pour marquer d'une seule passe un premier chant, le bois de bout et le chant opposé.

5 Afin d'obtenir un tracé parfaitement centré sur les deux pièces, il est nécessaire de régler la position de la tige du trusquin à l'aide d'une règle graduée. Pour affiner le réglage, effectuez un tracé à partir des deux faces d'une pièce de bois de chute de même épaisseur que les composants ; le centrage est parfait lorsque les deux tracés se chevauchent exactement.

seront dressées et lissées. Dans un premier temps, effectuez plusieurs découpes verticales peu profondes, espacées d'environ 5 mm. Veillez à ce que ces découpes, qui vont vous servir de guide pour les stades suivants du façonnage, soient exactement perpendiculaires aux parois longitudinales.

8 Effectuez une nouvelle série de découpes, cette fois plus franches, sur la longueur de la mortaise, et commencez à expulser le rebut par un effet de levier de la lame. Travaillez de manière régulière et progressive, en évitant les frappes non contrôlées susceptibles d'endommager la pièce de bois.

Dans la phase terminale de la découpe, il vous sera utile de figurer la profondeur de la mortaise par un morceau de ruban de masquage enroulé autour de la lame de l'outil. Continuez le travail selon le même principe, en expulsant le rebut jusqu'à atteindre la profondeur requise. Égalisez grossièrement le fond de la mortaise avec la lame du ciseau.

9 Dressez avec soin les extrémités de la mortaise à l'aide d'un ciseau de dressage fraîchement affûté. Afin de vérifier à l'œil l'attaque parfaitement verticale du ciseau, prolongez au besoin les lignes figurant les extrémités de la mortaise sur les deux faces de la pièce de bois.

Découpe du tenon

10 Entamez le travail par la
découpe des joues à la scie
à tenon. Immobilisez la pièce
de bois à l'oblique dans la
presse frontale de l'établi,
tenon pointant à l'opposé de
vous. Entamez la découpe
par l'un des angles
supérieurs du tenon
en suivant le tracé à chant
et sur le bois de bout. Vous
aurez eu soin de hachurer
auparavant le rebut, de
manière à attaquer le bois du
bon côté du trait de crayon.
Après deux ou trois passes
de la scie, retournez la pièce
de bois et attaquez l'angle
opposé du tenon de façon
similaire. Procédez de même
pour la seconde joue.
Comme pour toutes les

découpes d'assemblage,
prenez votre temps de façon
à être aussi précis que
possible.

11 Immobilisez la pièce
de bois verticalement dans
la presse frontale de l'établi
afin de terminer la découpe.
Servez-vous des entailles
effectuées sur les angles
pour guider la lame à

l'amorce de la découpe des
deux joues, effectuée cette
fois-ci à l'horizontale.
Quelques passes d'une main
ferme suffisent à
l'achèvement de ce travail.
Procédez de même pour les
extrémités du tenon.

12 Immobilisez la pièce de
bois sur le plateau de l'établi
à l'aide de presses à vis pour

procéder à la découpe d'un
des grands épaulements,
toujours à la scie à tenon.
Inclinez légèrement la scie à
l'entame de la découpe, puis
redressez-la progressivement
à l'horizontale à mesure
de l'établissement du trait
de scie. Retournez la pièce
et procédez de même pour
la découpe de l'épaulement
opposé.

Placez à nouveau la pièce de bois dans la presse frontale de l'établi pour découper les épaulements d'extrémité. Amorcez chaque découpe en appuyant la lame de l'outil contre l'un des grands épaulements déjà façonnés.

Assemblage

13 Dressez et lissez les épaulements à l'aide d'un ciseau de dressage. Travaillez de l'extérieur vers l'intérieur, par des passes bien contrôlées, afin d'éviter l'éclatement du bois sur les arêtes de la pièce.

14 Vous pouvez si vous le souhaitez chanfreiner les quatre arêtes supérieures du tenon afin de faciliter son emboîtement dans la mortaise.

15 Vérifiez avant encollage que l'assemblage est parfaitement jointif sur les quatre faces et qu'il existe un léger jeu entre l'extrémité du tenon et le fond de la mortaise, propre à recevoir les excédents de colle (faute d'une telle précaution, il arrive que la pièce mortaisée se fende sur toute sa longueur après montage). Effectuez un ponçage de finition sur les chants intérieurs des pièces de bois auxquels vous ne pourrez plus accéder après assemblage, notamment pour en ôter toutes traces de crayon. Assemblez les deux pièces de bois après avoir appliqué la colle sur les surfaces jointives à l'aide d'un pinceau approprié, puis pressez l'ensemble dans un serre-joint dormant jusqu'à complet séchage de la colle. Après séchage, lissez les surfaces à l'aide d'un rabot à replanir orienté à 45° par rapport à la direction du fil (afin d'éviter tout dommage), puis procédez à un ponçage de finition à l'aide de papier abrasif ou d'un racloir d'ébéniste.

ÉTABLI voir plan page 214

voir plan page 214

CI-DESSUS *Détail d'une traverse longitudinale : le tenon traversant est maintenu par une clavette.*

Que l'on soit ou non un ardent utilisateur de machines-outils, l'établi est un équipement central dans l'atelier du travail du bois, ne serait-ce que pour les assemblages ou les travaux de finition. Bien souvent, y compris dans l'atelier d'un professionnel, l'établi est peu fonctionnel ou en piteux état. Pourtant, un établi bien conçu contribue grandement à la qualité et à la rapidité du travail auquel il se prête.

PIÈCES DE BOIS ET ACCESSOIRES

Pièce de bois	Quantité	Dimensions finies
A Pieds	4	838 x 95 x 95 mm
B Traverses latérales	4	533 x 95 x 44 mm
C Traverses longitudinales	2	991 x 146 x 44 mm
D Plateau*	1	1016 x 597 x 32 mm
E Tablier	1	1016 x 95 x 16 mm
F Mâchoire avant de la presse frontale	1	254 x 95 x 16 mm
G Support de la presse	1	254 x 127 x 25 mm
H Tasseau pour clavettes	1	356 x 32 x 16 mm
Bois conseillé	A, B, C et H : pin ; D : hêtre ; E and F : chêne ; G : contreplaqué	
Autres éléments		
Étau à bois en fer forgé	1	178 mm
Tire-fonds et rondelles	4	51 x 6 mm
Vis à bois	4	51 x 5 mm (n° 10)
Vis à bois	6	38 x 5 mm (n° 10)
Vis à bois	2	25 x 5 mm (n° 10)
Vis à bois	2	25 x 4 mm (n° 8)
Équerres d'assemblage en métal	6	
Griffe d'établi	1	
Finition suggérée	Cire ou vernis polyuréthane	
Autre bois possible	Tout bois à grain serré de dureté approprié	

Notes
* Le plateau est réalisé par collage bord à bord de planches d'une largeur comprise entre 10 et 15 cm. Ajoutez 3 mm à son épaisseur pour prendre en compte le surfaçage final effectué après assemblage.

POUR EN SAVOIR PLUS

L'établi	14
Traçage	56
Rabotage manuel des faces et des chants	58
Utilisation des scies à main	60
Utilisation des ciseaux	64
Matériaux et techniques de finition	92
Table à plateaux de verre (ouvrage)	102
Assemblage à tourillons et à lamelles	108
Assemblage à tenon et mortaise	116

Outils nécessaires

Équerre droite

Règle métallique graduée

Crayon

Trusquin de traçage/trusquin d'assemblage

Vilebrequin ou perceuse - forets à bois hélicoïdaux et mèches-fraises

Ruban de masquage

Ciseau à mortaiser

Scie à tenon

Couteau de traçage

Ciseau à lame chanfreinée

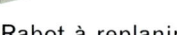

Rabot à replanir

Varlope

Scie à panneaux

Colle à bois et pinceau

Serre-joints dormants et cales de bois

Marteau

Tournevis

Racloir d'ébéniste

Papier abrasif à grain fin

Maillet

Clé à molette

Ci-contre *La griffe d'établi est placée en saillie pour le blocage d'une pièce de bois. Après emploi, elle sera ramenée à fleur du plateau.*

En bas à droite *Le plateau est formé de plusieurs planches collées bord à bord. Elles ont été choisies d'un grain très régulier, afin d'éliminer les risques de déformation.*

En bas à gauche *Solide presse frontale à mâchoires de bois.*

Construction

Les instructions qui suivent permettent de construire un établi en bois massif de modestes dimensions, un peu rudimentaire mais très robuste. La presse frontale et la griffe d'établi, combinées à quelques presses à vis, procurent de multiples options pour immobiliser et maintenir les pièces de bois. Ce projet peut être adapté pour réaliser un établi de plus grandes dimensions (jusqu'à 2,50 m de long). La piètement en pin, construit à l'aide de solides assemblages à tenon et mortaise, assure une base stable pour le plateau formé de planches de hêtre (bois relativement peu onéreux) ou constitué de deux panneaux de contreplaqué de 25 mm d'épaisseur vissés l'un sur l'autre. La mâchoire frontale de la presse est en chêne, tout comme le tablier, qui permet, avec le renfort d'une presse à vis, de maintenir de très longues pièces de bois.

La robuste presse est montée sans insertion d'aucun élément métallique sur le plateau, ce qui évite tout risque d'interférence avec le tranchant des outils.

L'ajout d'une presse parisienne et d'une ou deux servantes, qui permettent d'augmenter sensiblement les possibilités d'utilisation de l'établi, peut être entrepris ultérieurement. Une planche de support montée entre les traverses longitudinales constituera un rangement des plus utiles pour les outils.

Un panneau de contreplaqué ou de bois dur, de mêmes dimensions que le plateau, s'avérera précieux pour protéger celui-ci lors des opérations de collage ou de vernissage. Enfin, pour l'immobilisation de pièces métalliques, l'emploi de mâchoires amovibles en aluminium permettra de protéger efficacement les faces en bois de la presse.

Le piètement

1 Tracez les tenons et mortaises pour l'assemblage des pieds et des traverses latérales comme indiqué plus haut. Ces tenons sont plus simples à façonner car ils ne présentent que deux épaulements.

2 Pour creuser une mortaise de grandes dimensions, utilisez de préférence un vilebrequin. La faible vitesse de rotation du foret permet un parfait contrôle de la profondeur de coupe, mais il est plus prudent d'utiliser une butée de profondeur. On peut aussi effectuer ce travail à l'aide d'une perceuse électroportative, montée si possible sur un support de perçage.

3 À l'aide d'un ciseau approprié, nettoyez le fond des mortaises et dressez-en les parois. La longueur des mortaises doit être légèrement inférieure à la largeur (grand côté) des tenons : lors de l'assemblage, un léger rabotage à chant des tenons permettra d'obtenir un parfait ajustement.

4 Immobilisez la pièce de bois dans la presse frontale et sciez les joues des tenons.

5 Marquez les épaulements au couteau à tracer puis au ciseau, afin de guider la lame de la scie à tenon lors de la découpe.

6 Rabotez les chants des pièces tenonnées au rabot à

replanir jusqu'à obtenir un emboîtement satisfaisant. Vérifiez l'assemblage après chaque passe afin d'éviter de retirer trop de matière. La profondeur de la mortaise doit excéder de 3 mm la longueur du tenon. Ne collez pas les pièces de bois.

opposée. La finition des parois s'effectue au ciseau de dressage, pièce de bois immobilisée à la verticale dans la presse de l'établi, en travaillant alternativement depuis les deux faces. Évitez d'attaquer le bois par des passes de ciseau traversantes.

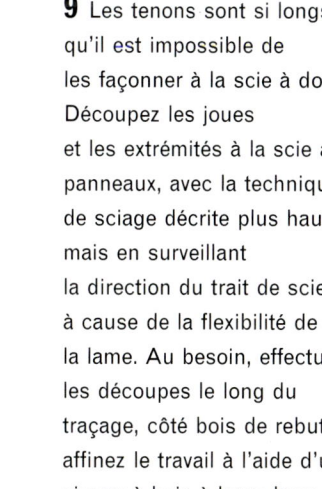

7 Tracez les tenons et mortaises pour l'assemblage des traverses longitudinales. Étant ici traversants, les tenons sont plus longs que la normale et les mortaises dépourvues de fond. Marquez les mortaises sur la face intérieure correspondante des pieds, puis reportez le tracé sur la face opposée au moyen d'une équerre droite. Tracez la largeur des mortaises au trusquin d'assemblage, le plateau de l'outil constamment en appui contre le bois. Hachurez le rebut sur les pièces de bois. Tracez les tenons, à quatre épaulements, sur les faces des pièces concernées. Les mortaises des clavettes seront tracées après la découpe.

8 Les mortaises traversantes sont une variante des mortaises arrêtées. Découpez la mortaise sur environ 2/3 de sa profondeur à partir de l'une des faces de la pièce de bois, puis achevez le travail à partir de la face

9 Les tenons sont si longs qu'il est impossible de les façonner à la scie à dos. Découpez les joues et les extrémités à la scie à panneaux, avec la technique de sciage décrite plus haut, mais en surveillant la direction du trait de scie à cause de la flexibilité de la lame. Au besoin, effectuez les découpes le long du traçage, côté bois de rebut, et affinez le travail à l'aide d'un ciseau à bois à large lame. Vous obtiendrez un aussi bon résultat en façonnant les tenons à la scie à ruban.

10 Creusez les traits d'épaulements au couteau à tracer et au ciseau avant sciage. Sous l'action des clavettes, les épaulements seront plaqués contre la face intérieure des pieds ; leurs découpes doivent donc être exécutées exactement dans le même plan. Découpez les épaulements d'extrémité, puis dressez au ciseau les huit épaulements de chaque

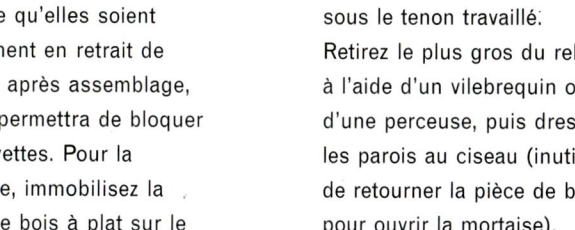

traverse longitudinale. Un tenon traversant doit pouvoir être emboîté sans effort, mais son jeu doit rester minimal. Après emboîtage, délimitez au crayon, sur chaque tenon, la partie saillant à l'extérieur du pied.

11 Tracez et découpez les mortaises des clavettes, de 30 x 15 mm, comme précédemment. Positionnez-les 2 mm à l'intérieur de la ligne d'aplomb du pied, de manière qu'elles soient légèrement en retrait de celui-ci après assemblage, ce qui permettra de bloquer les clavettes. Pour la découpe, immobilisez la pièce de bois à plat sur le

plateau de l'établi et placez une pièce de bois de chute de l'épaisseur appropriée sous le tenon travaillé. Retirez le plus gros du rebut à l'aide d'un vilebrequin ou d'une perceuse, puis dressez les parois au ciseau (inutile de retourner la pièce de bois pour ouvrir la mortaise).

12 Façonnez un large chanfrein décoratif sur l'arête extérieure des deux pieds avant. Ménagez également un chanfrein d'environ 3 mm sur toutes les arêtes des pièces formant le piètement, afin de protéger la base de l'établi contre les chocs et d'éviter les risques de blessure au contact des angles vifs du bois.

Assemblage

13 Appliquez la colle à bois sur les tenons et mortaises pour assembler pieds et traverses latérales.

14 Placez chaque ensemble sous presse à l'aide d'un serre-joint dormant. Après durcissement de la colle, éliminez les excédents au ciseau.

Clavettes

15 Elles sont taillées dans une latte du même bois que le piètement. Découpez les quatre pièces de bois à la longueur requise à l'aide d'une scie à tenon, puis travaillez un de leurs chants latéraux au rabot à replanir afin de lui donner une forme évasée (l'extrémité la plus étroite de chaque clavette aura une largeur voisine de 25 mm). Lissez au papier abrasif.

16 Mettez en place les traverses longitudinales et insérez les clavettes. Bloquez celles-ci à l'aide d'un petit marteau de menuisier.

Façonnage du plateau

17 Disposez les planches du plateau bord à bord en alternant la direction des cernes, visibles sur le bois de bout, et en faisant coïncider les directions de fil pour faciliter le surfaçage final. Prenez également en compte l'aspect esthétique. Si vous êtes amené à faire des compromis, privilégiez la stabilité du bois.

18 Préparez au rabot les chants jointifs sur chacune des planches avec grand soin, car la solidité d'un assemblage bord à bord dépend essentiellement du parfait aboutement des surfaces. Assemblez les planches après avoir encollé les chants jointifs, puis placez le plateau sous presse à l'aide de serre-joints dormants (pour une plus grande solidité du plateau, assemblez les planches au moyen de tourillons, de lamelles ou de rainures et languettes).

22 Fixez le plateau aux traverses latérales supérieures du piètement à l'aide d'équerres d'assemblage en métal et de vis à bois. Choisissez des équerres percées de fentes permettant les mouvements du bois, et vissez la partie fendue sur la face inférieure du plateau.

23 Procédez à présent à un surfaçage au rabot, avec un fer parfaitement affûté et lubrifiez la semelle de l'outil à la cire. Travaillez à une profondeur de coupe minimale, par d'amples passes, rabot orienté à 45° par rapport à la direction du fil. Couvrez ainsi toute la surface et répétez au besoin l'opération, jusqu'à atteindre une parfaite planéité.

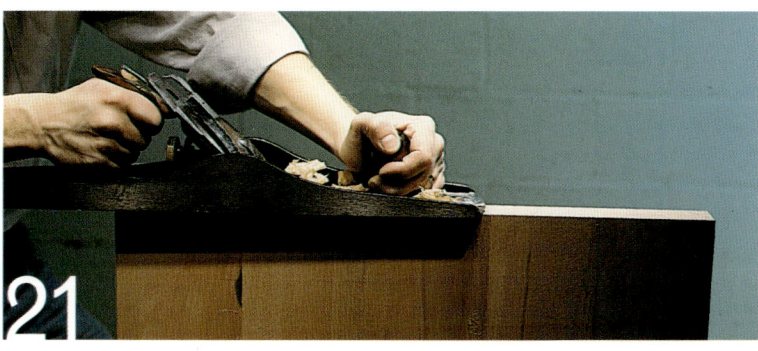

24 Effectuez un ponçage complémentaire au racloir d'ébéniste puis lissez la surface au papier abrasif fin.

Montage de la presse

25 Le plateau de l'établi n'est pas assez épais pour y poser directement la presse ; il est donc nécessaire d'y rajouter une pièce de bois. Optez de préférence pour du contreplaqué. Positionnez cette pièce en retrait par rapport au chant du plateau, à une distance égale à l'épaisseur des mâchoires de la presse, et aussi près que possible du pied avant gauche (du pied avant droit si vous êtes gaucher). Effectuez le montage à l'aide de quatre vis de 50 x 5 mm, en vérifiant que leur position n'entrave pas la course horizontale des tire-fonds utilisés pour le montage de la presse.

19 Si vous disposez d'une fraiseuse adéquate, prenez le temps nécessaire à la pose de lamelles. Après la préparation des surfaces, assemblez les pièces de bois "à sec" afin de vous assurer de la parfaite cohésion de l'ensemble. Lorsque la qualité souhaitée est atteinte, procédez à l'encollage.

20 Essuyez les excédents de colle au chiffon aussitôt après l'application car les joints vont être poncés durant la phase de préparation.

21 Il n'est pas obligatoire de poncer la face inférieure du plateau. Les quatre chants doivent en revanche subir un surfaçage au rabot à replanir. Cette opération peut aussi s'effectuer par une découpe à la scie circulaire, en appuyant la semelle de l'outil contre un tasseau fixé sur le plateau à l'aide de presses à vis. Le surfaçage de la face supérieure du plateau est réalisé plus tard.

7. ASSEMBLAGES

26 Le démontage du plateau n'est pas obligatoire, mais il facilite le montage de la presse. Présentez la presse en position et tracez l'emprise de la mâchoire arrière sur le chant du plateau afin de façonner le retrait nécessaire à son insertion.

27 Otez le plus gros du rebut à la perceuse, par deux séries de trous contigus, puis achevez au ciseau et au maillet. Vérifiez que la mâchoire s'insère bien.

28 Marquez maintenant la position des tire-fonds et percez les avant-trous (pour un tire-fond de 50 x 6 mm, prévoir un avant-trou d'environ 40 mm de longueur et 4 mm de diamètre). Dotez chaque tire-fond d'une rondelle afin d'amortir les contraintes du vissage et de protéger la surface de la presse. Vissez les tire-fonds à la clé à molette.

29 Remontez le piètement et replacez l'établi à l'endroit. Vérifiez la longueur du tablier et tracez les onglets décoratifs à chaque extrémité, en ménageant une hauteur verticale de 35 mm aux deux angles supérieurs pour dissimuler l'épaisseur du plateau. Découpez les onglets à la scie à dos et lissez au papier abrasif fin.

30 Présentez le tablier en place pour tracer le retrait correspondant au mécanisme de la presse. Otez le rebut à la scie à tenon et au ciseau.

31 Fixez le tablier par des vis à bois espacées d'environ 20 cm. Maintenez-le au moyen de presses à vis et préparez la pose des vis à l'aide d'une perceuse munie d'un embout à avant-trou et fraisage de diamètre approprié. Vissez le tablier dans sa position finale.

32 Lissez au rabot le chant supérieur du tablier afin qu'il affleure exactement le plateau de l'établi. Chanfreinez les arêtes comme précédemment.

33 Fixez le parement en bois de la mâchoire avant de la presse en procédant comme pour le tablier.

Montage de la griffe à charnière

34 Positionnez la griffe à environ 50 mm de l'extrémité gauche du plateau (pour un droitier) et 70 mm du tablier. Vérifiez avec une équerre droite qu'elle est bien perpendiculaire au tablier. Tracez son emprise sur le plateau, au crayon puis au couteau à tracer.

35 Découpez la réservation pour la griffe de la même façon qu'une mortaise.

36 Après avoir creusé le bois à une profondeur égale à l'épaisseur de la plaque, façonnez les petites excavations destinées au barillet et à la charnière. Effectuez ce travail à la perceuse et au ciseau.

37 Percez les avant-trous pour les quatre vis de 25 x 4 mm. Vissez la griffe en place.

Finition

38 Après lissage final du plateau, appliquez deux couches de cire ou d'huile de lin, qui le protégeront contre l'humidité et l'encrassement, et éviteront l'adhérence des bavures de colle sur le bois. Un grattage occasionnel au racloir d'ébéniste suivi d'une application de cire suffira à maintenir le plateau en état. Vous pouvez revêtir le piètement d'une couche de bouche-pores polyuréthane, mais cette partie de l'établi ne nécessite pas, en principe, l'application d'un produit de finition.

ASSEMBLAGE À PLAT-JOINT D'ONGLET

Ce mode de construction permet la liaison à plat-joint et à angle droit de deux pièces de bois découpées à 45°. L'assemblage à onglet n'est pas d'une grande solidité, car sa résistance repose simplement sur l'encollage, mais il s'avère très utile pour la réalisation de cadres et autres objets à caractère décoratif.

Les assemblages à onglets sont couramment utilisés en menuiserie pour la pose de plinthes, de lambris ou de corniches. Les pièces assemblées étant alors adossées à un mur, la solidité de l'assemblage est accessoire. Ils sont également employés en ébénisterie, notamment pour l'encadrement de surfaces habillées de placage, où ils offrent l'avantage de dissimuler les bois de bout des pièces assemblées et garantissent une parfaite homogénéité des surfaces visibles.

En menuiserie industrielle, on a souvent recours aux assemblages à onglets pour le façonnage de carcasses de meubles. Cette technique de construction est tout aussi utile pour les menuisiers amateurs, mais il est difficile de la mener à bien sans l'aide d'un équipement approprié.

Variantes possibles

La solidité de l'assemblage à onglets est grandement améliorée par l'ajout de lamelles ou de tourillons, qui facilitent en outre le montage des pièces travaillées.

L'un des principaux avantages de l'assemblage à onglets est de permettre la liaison immédiate de pièces de bois moulurées, feuillurées ou rainurées, sans qu'il soit besoin de traçages ni de découpes compliqués.

POUR EN SAVOIR PLUS

Scies à main	28
Presses et serre-joints	30
Traçage	56
Rabotage manuel des faces et des chants	58
Utilisation des scies à main	60
Assemblage à tourillons et à lamelles	108
Cadre de miroir (ouvrage)	134

Pour la construction d'un cadre de forme carrée ou rectangulaire, les extrémités de chaque pièce de bois sont découpées selon un angle de 45°.

Assemblage à onglets

L'assemblage à onglets permet la liaison à angle droit de deux pièces de bois découpées à 45°.

Construction d'un assemblage à onglets

Traçage

1 Il est toujours plus sage d'effectuer un tracé précis sur les pièces de bois, même si vous réalisez les découpes à l'aide d'une boîte à onglets ou d'une guillotine. Le traçage est évidemment essentiel pour un travail à la scie à main. Lors de la construction d'un cadre, on a coutume de marquer montants et traverses deux à deux et groupés. La découpe des onglets s'avère plus facile sur des pièces de bois légèrement plus longues que leurs dimensions finies. Dans un premier temps, marquez les dimensions extérieures du cadre sur chaque paire d'éléments à l'aide d'un crayon et d'une équerre.

2 Le traçage des onglets s'effectue à l'aide d'une équerre réglable ou d'une équerre à 45°. Ici encore, les pièces de bois sont marquées deux à deux, de sorte que les onglets forment un V ouvrant vers l'extérieur à chaque extrémité des deux paires d'éléments.

Accessoires et outils

La boîte à onglets est un guide de coupe formé de trois pièces de bois assemblées en U. Les deux parois latérales sont percées de fentes orientées à 45 et 90°, d'une largeur sensiblement équivalente à l'épaisseur d'une lame de scie à tenon. La pièce de bois à découper est immobilisée contre la paroi de fond du guide.

Les scies à onglets se composent d'une scie à dos à denture fine, d'un dispositif de guidage orientable de 45° à 90° et d'une butée de profondeur de coupe.

Conçue spécialement pour la découpe des onglets, la guillotine opère par le biais d'une lame actionnée par levier, qui laisse la surface découpée parfaitement lisse. Les plus élaborées fonctionnent à l'air comprimé.

La plupart des scies circulaires électroportatives sont capables, moyennant un réglage approprié des guides, de découpes d'onglet très précises. Ceci est également vrai des scies radiales et des scies circulaires sur table, et plus particulièrement de celles dotées d'un dispositif d'inclinaison de la lame.

Équerre droite

Crayon

Équerre réglable
ou équerre à 45°

Scie à tenon

Ruban de masquage

Pièce de bois de chute de
100 x 20 mm de section et
d'environ 250 mm de long

Rabot à replanir

Cales à presser
triangulaires et presses
à vis, ou presse à cadre

Colle à bois et pinceau

(Une équerre
à combinaisons permet
un tracé rapide et précis
d'angles de mesure
autres que 45°.)

Cette méthode permet une vérification rapide de la justesse du tracé, car les deux extrémités intérieures des onglets doivent se rejoindre très exactement au même point.

3 Le tracé effectué s'avère suffisant si les découpes sont effectuées à l'aide d'une boîte à onglets. Pour un façonnage à la scie à main, il est nécessaire de procéder à un traçage complémentaire des quatre pièces de bois. À l'aide d'un crayon et d'une équerre droite, marquez un trait transversal à chant de chacune des pièces, au niveau du point bas de l'onglet, puis tracez l'onglet sur la face opposée en ayant soin de placer le talon de l'équerre contre le chant de référence de la pièce de bois.

Sciage

4 Immobilisez la pièce travaillée à l'oblique dans la presse frontale de l'établi de manière à effectuer une découpe verticale. Placez la lame de la scie à tenon sur le côté rebut du trait et amorcez la découpe, scie inclinée à 45°, par quelques courtes passes descendantes. Après établissement du trait de scie, continuez le sciage par de plus longues passes, en vous efforçant de contrôler l'outil. À mesure de la découpe, surveillez la direction du trait de scie, notamment sur la face opposée de la pièce de bois. Raccourcissez les passes à la fin de la découpe afin d'éviter l'éclatement du bois, que vous pourrez de surcroît prévenir en enroulant un morceau de ruban de masquage autour de la pièce de bois, au droit de l'extrémité basse de l'onglet.

Dressage des sections jointives

5 À l'aide de presses à vis, fixez une planche de chute sur le plateau de l'établi, au droit de sa face avant. Immobilisez une des pièces à assembler dans la presse frontale en faisant affleurer une des sections jointives exactement au niveau de la face supérieure de la planche de chute.

6 Rabotez la section jointive en faisant porter la semelle du rabot à replanir sur la planche de chute. Attaquez le bois selon une direction oblique afin d'éviter qu'il n'éclate le long des arêtes extérieures. Procédez de même pour l'autre section jointive et répétez l'opération pour les trois autres éléments du cadre.

7 Disposez les éléments à plat sur le plateau de l'établi et vérifiez leur parfait aboutage. Rappelez-vous qu'une correction apportée à l'un des assemblages risque d'affecter les trois autres, et plus particulièrement celui qui lui est diagonalement opposé.

Assemblage

8 Après encollage, la mise sous presse des éléments peut s'effectuer selon deux méthodes. La première consiste à coller une petite cale triangulaire sur le chant extérieur de chacune des pièces à assembler de manière à permettre la mise en place d'une presse à vis. Il est ainsi possible de traiter chaque assemblage séparément. Collez en place les cales à presser sur chaque pièce de bois

9

10 Après encollage du cadre, les quatre blocs sont placés aux quatre angles et maintenus en place par une longue cordelette périphérique dédoublée. Une petite latte de bois est glissée entre les deux brins de corde puis actionnée à la manière d'une clé de scie à chantourner jusqu'à obtenir la pression adéquate. Quelle que soit la méthode employée, il est indispensable d'effectuer un montage d'essai "à sec" avant de procéder à l'assemblage final.

préalablement au montage, puis encollez et mettez sous presse tour à tour les assemblages. Après complet séchage du cadre, décollez ou sciez les cales à presser, puis lissez leur emprise au rabot à replanir ou au papier abrasif.

9 La seconde méthode, plus appropriée pour le façonnage de cadres légers, fait intervenir une presse à cadre. Très facilement construit dans l'atelier, cet accessoire se compose de quatre blocs de pressage en L, chacun rainuré sur le chant extérieur afin de permettre l'ancrage d'une cordelette de tension. Pour une plus grande solidité, construisez ces blocs en contreplaqué.

CADRE DE MIROIR *voir plan page 216*

CI-DESSUS *Cette vue de l'un des angles supérieurs du miroir permet d'observer les onglets parfaitement jointifs, la clé de placage utilisée pour renforcer la construction et le filet décoratif.*

L'assemblage à onglets est couramment employé pour la construction de cadres décoratifs. Bien que structurellement approprié pour ce type d'utilisation, il est souvent renforcé par des éléments de liaison tels que tourillons, lamelles ou clés de placage, comme dans ce projet. Le filet décoratif de teinte contrastée semble avoir été inséré dans le bois après montage ; il est en fait le résultat d'une construction stratifiée. Peu gourmand en bois, ce projet peut être l'occasion d'utiliser un bois exotique rare, mais n'importe quel bois dur conviendra parfaitement. Le cadre présenté ici a été façonné à partir de cerisier noir et d'un placage de noyer cendré. Il peut accueillir un miroir comme une lithographie, et vous pouvez en modifier les proportions selon vos désirs.

PIÈCES DE BOIS ET ACCESSOIRES

Pièce de bois	Quantité	Dimensions finies
A Montants	2	330 x 25 x 19 mm
B Feuillures des montants	2	330 x 10 x 10 mm
C Traverses	2	229 x 25 x 19 mm
D Feuillures des traverses	2	229 x 10 x 10 mm
E Filets et clés	5	356 x 22 mm
F Tasseaux pour mise	2	356 x 19 x 19 mm
sous presse	1	356 x 10 x 10 mm
G Panneau de fond	1	330 x 229 x 2 mm

Bois conseillé	A, B, C et D : cerisier
	E : placage de noyer cendré
	F : bois de chute
	G : panneau de médium

Finition suggérée	Huile à bois, vernis polyuréthane ou cire

Autre bois possible	Bois de rose (ou autre bois dur) et placage de sycomore-frêne et placage de chêne teinté

Notes
Ne commandez le miroir qu'après achèvement du cadre. L'accrochage de l'objet fini nécessitera l'emploi de pitons, d'anneaux et d'une longueur de fil de fer souple.

Outils nécessaires

Colle à bois et pinceau

4 presses à vis

Rabot à replanir

Crayon

Équerre droite

Équerre réglable

Scie à tenon ou scie à onglets

Ciseau

Presse à cadre

Trusquin de traçage

Papier abrasif fin

Racloir d'ébéniste

Marteau à pointes fines

Pointes tête homme et chasse-clous

POUR EN SAVOIR PLUS

Presses et serre-joints 30

Traçage 56

Rabotage manuel des faces et des chants 58

Utilisation des scies à main 60

Façonnage, cintrage et lamellé-collé 80

Matériaux et techniques de finition 92

Assemblage à tourillons et à lamelles 108

Assemblage à onglets 130

Placage et marqueterie Chapitre 9

Placages 206

CI-DESSUS *Détail montrant le filet décoratif et les arêtes intérieures chanfreinées.*

CI-DESSOUS *Le filet décoratif et le chanfrein intérieur périphérique sont ici mis en valeur par l'éclairage.*

BAS DE LA PAGE *Vue de l'envers du cadre, montrant une des pointes tête homme utilisée pour la fixation du fond ainsi que le dispositif d'accrochage.*

Construction

Préparation

1 Chacun des quatre éléments du cadre est formé par collage en strates d'un tasseau de feuillure, d'une bande de placage et d'un montant (ou d'une traverse). Collez les bandes de placage aux montants (ou aux traverses) et mettez chaque ensemble sous presse à l'aide de presses à vis et de tasseaux de chute. Rabotez l'arête de placage sur la face arrière de chaque élément jusqu'à lui faire affleurer la face du montant (ou de la traverse).

2 Collez les tasseaux de feuillure de la même façon, en alignant chacun avec les pièces déjà collées. Mettez l'ensemble sous presse avec le plus grand soin. Essuyez les excédents de colle dès après serrage des presses à vis.

3 Rabotez et lissez les faces visibles des éléments construits pour en éliminer colle et aspérités, mais sans retirer une trop grande épaisseur de bois.

4 Tracez au crayon les limites d'un chanfrein à 45° de part et d'autre de l'arête intérieure de chaque élément. Façonnez les chanfreins au rabot à replanir réglé à une profondeur minimale, avec une découpe équivalente sur les quatre éléments.

Traçage des assemblages

5 Tracez les onglets d'assemblage comme décrit plus haut. Une parfaite précision est ici indispensable, afin que les filets de placage soient alignés sur le cadre fini. Assurez-vous que les éléments sont bien disposés tasseau de feuillure côté intérieur du cadre.

6 Découpez les onglets selon l'une des méthodes décrites plus haut. La lame de la scie à onglets assure une découpe propre et précise, sans risque d'éclatement du bois en fin de sciage, comme avec une scie à tenon. Le collage peut être effectué dès après la découpe, mais il est plus prudent de procéder à un lissage complémentaire des sections jointives. Avant montage, éliminez au ciseau les résidus de colle sèche dans l'angle intérieur des feuillures.

Assemblage

7 Placez le cadre sous presse avant encollage, pour vérifier la parfaite liaison des onglets et vous familiariser avec le dispositif de pressage. La presse présentée ici accélère le processus mais n'est pas indispensable. Cales triangulaires et presses à vis, qui permettent de traiter individuellement

chaque assemblage, sont aussi tout indiquées pour l'alignement des filets décoratifs.

Appliquez la colle à bois sur les sections jointives comme décrit plus haut. Après mise sous presse et séchage de la colle, lissez les surfaces frontales du cadre au rabot à replanir, en immobilisant le cadre sur le plateau de l'établi afin de ne pas ouvrir l'un des joints. Procédez de même pour les chants (intérieurs et extérieurs) en plaçant le cadre à la verticale. Travaillez depuis les angles vers le centre pour ne pas endommager les liaisons d'onglets. Retirez les résidus de colle à l'intérieur des quatre angles au ciseau de dressage.

Pose des clés

8 Les clés sont insérées dans des fentes façonnées à la scie à tenon. Marquez la position de chaque fente par deux lignes transversales sur chant, à 25 mm de part et d'autre de chaque angle. Réglez le trusquin de traçage sur une distance égale à la moitié de l'épaisseur des chants extérieurs du cadre, puis tracez une ligne médiane à chant jusqu'au repère transversal.

9 Positionnez le cadre dans la presse frontale, un des angles pointé à la verticale.

La fente doit être rectiligne et son fond plat. Après sciage, ôtez poussière et sciure. Découpez une pièce de placage longue de 50 mm et vérifiez qu'elle s'emboîte sans effort dans la fente sciée. Si elle s'avère trop épaisse, frottez ses faces sur une feuille de papier abrasif fixée sur le plateau de l'établi, en vérifiant l'emboîtement à mesure.

10 Encollez les deux faces de la clé et insérez-la en place en vous assurant qu'elle repose bien au fond de la fente. Découpez les parties saillantes du placage à la scie à tenon puis lissez au rabot à replanir. Procédez de même pour les trois autres clés.

Finition

11 Pour poncer un bois à grain serré, on conseille le

racloir d'ébéniste, mais un papier abrasif fin posé sur une cale à poncer est aussi efficace. Poncez légèrement les angles pour adoucir leurs arêtes sans les arrondir. La finition doit souligner le contraste entre les teintes des bois (ici, une huile de teck lustrée au chiffon).

12 Façonnez le panneau de fond dans du médium et fixez-le en place, après ajout du miroir, à l'aide de pointes tête homme enfoncées à chant et saillant d'environ 6 mm. Leur pose sera facilitée par l'emploi d'un chasse-clous. Fixez un piton sur l'envers des montants du cadre, à environ 2/3 de sa hauteur. Ajoutez les anneaux et le fil de fer.

Cadre de miroir **137**

ASSEMBLAGE À ENTAILLE

En menuiserie, on utilise couramment cet assemblage pour la pose d'étagères et de panneaux de séparation à l'intérieur d'une carcasse de meuble. L'entaille de section rectangulaire, d'une largeur égale à l'épaisseur de la pièce à emboîter, court le plus souvent sur toute la largeur (ou hauteur) de la pièce de support. La solidité de cet assemblage est limitée et dépend avant tout de la précision des découpes.

L'entaille est le plus souvent ouverte sur les deux chants de la pièce de support, mais il est courant, par souci esthétique, de l'arrêter légèrement en retrait de la face visible du meuble. La pièce à emboîter est alors encochée en conséquence, ou bien installée légèrement en retrait de la face frontale.

Variantes possibles

L'assemblage à entaille simple ou arrêtée peut être renforcé par la découpe d'une feuillure sur le chant jointif de la pièce emboîtée. On diminue alors la largeur de l'entaille de celle de la feuillure. L'assemblage à entaille à queue d'aronde, d'une grande solidité, nécessite le façonnage d'une languette de section correspondante sur le chant de la pièce de bois à emboîter. Il requiert l'utilisation d'une défonceuse électroportative équipée d'une fraise conçue à cet effet.

POUR EN SAVOIR PLUS

Traçage	56
Rabotage manuel des faces et des chants	58
Utilisation des scies à main	60
Utilisation des ciseaux à bois	64
Rabotage manuel sur bois de bout	68
Bibliothèque (ouvrage)	142

Outils et accessoires utiles

L'emploi d'une défonceuse facilite grandement le façonnage des entailles. Pour obtenir une découpe rectiligne, on appuie la semelle de l'outil contre un tasseau-guide fixé à l'aide de presses sur la pièce travaillée.
La découpe d'une entaille peut aussi s'effectuer à la scie radiale, à l'aide d'une tête à rainer ou par plusieurs passes successives d'une lame standard.

Équerre droite

Crayon

Trusquin de traçage

Règle métallique graduée

Couteau de traçage

Presses à vis

Ciseau à lame chanfreinée

Scie à tenon

Ruban de masquage

Maillet

Guimbarde

Rabot à replanir

Colle à bois et pinceau

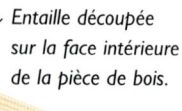

Entaille découpée sur la face intérieure de la pièce de bois.

Le chant jointif est emboîté dans l'entaille.

Assemblage à entaille simple
Il permet l'assemblage en T de deux pièces de bois par le biais d'une entaille de section carrée ou rectangulaire.

Construction d'un assemblage à entaille simple

Traçage

1 Déterminez la position de l'entaille et marquez-la par un trait de crayon transversal à l'aide d'une équerre droite. La largeur de l'entaille doit être calculée avec un soin particulier : pour une entaille simple, elle sera légèrement inférieure à l'épaisseur de la pièce à emboîter. Vérifiez que cette épaisseur est constante sur toute la longueur de la pièce de bois, reportez-la sur la pièce à entailler, puis tracez la ligne figurant la largeur de l'entaille légèrement à l'intérieur du repère tracé.

Sciage

4 Immobilisez la pièce de bois à plat sur le plateau de l'établi à l'aide de presses à vis. À l'aide d'un ciseau, ouvrez légèrement vers l'intérieur les traits creusés au couteau afin de permettre un meilleur guidage de la scie. Travaillez depuis l'intérieur de l'entaille, ciseau incliné à 45° et positionné à 2 mm en retrait du tracé. Engagez la lame dans le bois (le recours à un maillet n'est pas nécessaire) jusqu'à libérer les petits éclats de rebut. Procédez par découpes contiguës pour ouvrir un des traits sur toute sa longueur, puis répétez l'opération pour le trait opposé.

2 La profondeur de l'entaille a généralement une valeur comprise entre un quart et un tiers de l'épaisseur de la pièce de bois ; cette valeur suffit pour garantir un assemblage solide sans pour autant fragiliser la partie du bois non entaillée. Réglez le trusquin en fonction de la profondeur choisie, puis effectuez le tracé sur les chants de la pièce à entailler.

3 A l'aide d'une règle métallique et d'un couteau à tracer, creusez les traits figurant les parois de l'entaille sur la face de la pièce de bois. Procédez par courtes incisions successives jusqu'à atteindre une profondeur régulière d'environ 2 mm sur toute la longueur des traits. Avec une équerre droite, marquez au crayon les parois de l'entaille sur les chants de la pièce de bois. Ce tracé sera effacé ultérieurement.

7. ASSEMBLAGES

Assemblage à entaille **139**

5 Entamez la découpe d'une paroi sur l'arête la plus éloignée de vous, scie légèrement inclinée vers l'avant et denture appuyée contre la partie verticale de l'incision. Après établissement du trait de scie, ramenez progressivement l'outil à l'horizontale sans interrompre le sciage. Poursuivez la découpe jusqu'à atteindre le fond de l'entaille tracé sur les deux chants. Pour un meilleur contrôle, marquez la profondeur de l'entaille sur la lame de la scie à l'aide de ruban de masquage. En vous basant sur le tracé des parois à chant, assurez-vous que la découpe est parfaitement verticale.

Enlèvement du rebut

6 Le plus gros du rebut est retiré au ciseau et au maillet. Entamez le bois à l'une des extrémités de l'entaille, lame du ciseau légèrement inclinée vers le haut, et effectuez plusieurs passes successives de faible profondeur jusqu'à atteindre le trait de trusquin figurant le fond.
Faites pivoter la pièce de bois de 180° et répétez l'opération à partir de l'extrémité opposée.

Assemblage

9 Vérifiez l'assemblage après chaque passe du rabot. Pour une solidité optimale, il est essentiel que l'emboîtement des deux pièces de bois soit un peu forcé.

À l'aide du trusquin réglé sur la profondeur de l'entaille, tracez une ligne transversale sur les quatre faces de l'extrémité jointive de la pièce à emboîter pour figurer la limite de l'encollage. Délimitez ensuite l'emprise des surfaces à encoller sur les deux pièces à assembler à l'aide de ruban de masquage, puis appliquez la colle à bois.

Pour favoriser la bonne tenue de l'assemblage, placez un tasseau de bois tendre légèrement incurvé au dos de l'entaille (courbure vers l'extérieur) et pressez les deux extrémités du tasseau sur le bois à l'aide de serre-joints appuyés contre le chant opposé de la pièce emboîtée. Après serrage, la pression s'applique uniformément sur toute la longueur de l'assemblage.

Après séchage de la colle, retirez les tasseaux et le ruban de masquage, puis lissez les deux extrémités de l'entaille au rabot à replanir.

À ce stade du travail, les deux extrémités de l'entaille sont creusées à la profondeur adéquate et le rebut restant forme un renflement central évasé. Si l'entaille construite est d'une longueur inférieure à 20 cm, ce renflement sera éliminé au ciseau de dressage. Présentez la lame du ciseau à l'horizontale et procédez par des découpes successives de faible épaisseur jusqu'au dressage final du fond.

7 Pour une entaille plus longue, utilisez de préférence une guimbarde. Cet outil en métal, de conception très simple, se compose de deux ailettes verticales permettant la tenue de l'outil, d'une semelle et d'un fer amovible profilé en L. La hauteur du fer peut être réglée par le biais d'une molette pour creuser le bois à la profondeur souhaitée.

Lors de la découpe, effectuée en tirant l'outil vers soi, la semelle repose sur la pièce travaillée, de part et d'autre de l'entaille.

8 L'ajustement final de l'assemblage s'effectue par ponçage des faces de la pièce à emboîter. Ce travail doit être réalisé avec précaution, à l'aide d'une rabot à replanir réglé sur une profondeur de coupe minimale.

Assemblage à entaille 141

BIBLIOTHÈQUE voir plan page 217

Ci-dessus *Détail montrant le profil hémicylindrique de la face avant des montants.*

La construction de ce meuble-bibliothèque ne présente pas de difficultés particulières. Le matériau choisi ici est le frêne, mais d'autres bois, tendres ou durs, conviennent à la réalisation de ce projet. Gardez cependant à l'esprit qu'une parfaite finition des épaulements et des entailles s'avère souvent plus délicate dans du bois tendre.

Une option intéressante consiste à choisir deux bois de teintes contrastées, le plus clair pour la carcasse et l'autre pour les étagères. La carcasse comprend des montants massifs de forte épaisseur (90 mm), façonnés par collage face contre face de deux planches de 50 mm d'épaisseur, puis par rabotage à dimension de la pièce obtenue.

La première étape est la construction des montants. Choisissez deux planches de 50 mm d'épaisseur et de dimensions adéquates, et préparez au rabot une face de référence sur chacune d'elles. Encollez puis assemblez les faces traitées. Si vous ne disposez pas d'une presse à plateau, utilisez une vingtaine de presses à vis, espacées d'environ 10 cm. Après séchage de la colle, préparez une nouvelle face et un chant de référence au rabot ou à la dégauchisseuse. Marquez l'épaisseur requise (90 mm) sur les quatre chants de la pièce au d'un trusquin de traçage, puis procédez à la découpe à la raboteuse. Après traçage, sciez la pièce à largeur (245 mm) puis dressez le chant découpé. Procédez de même pour la découpe à longueur (950 mm) et dressez pour finir les bois de bout. Procédez de même pour la construction du deuxième montant.

POUR EN SAVOIR PLUS

Presses et serre-joints	30
Marteaux et tournevis	32
Dressage des chants et découpes à largeur	54
Traçage	56
Rabotage manuel des faces et des chants	58
Utilisation des scies à main	60
Utilisation des ciseaux	64
Rabotage manuel sur bois de bout	68
La défonceuse comme combiné à bois	72
Matériaux et techniques de finition	92
Assemblage à entaille	138
Colles à bois	207

PIÈCES DE BOIS ET ACCESSOIRES

Pièce de bois	Quantité	Dimensions finies
A Montants	2	950 x 245 x 88 mm
B Étagères	4	740 x 200 x 22 mm
C Lames de soubassement	1	740 x 74 x 22 mm
D Fond – lattes de bois à rainure et languette	8	826 x 95 x 10 mm
Bois suggéré	A, B et C : frêne ; D*	
Finition suggérée	Huile à bois	
Autre bois possible	Bois dur tel que cerisier ou érable, ou bois tendre tel que pin de Parana	

Notes

*Optez pour un bois dur à motifs tel que chêne ou châtaignier, ou un bois tendre de type pin de Russie. Si vous ne disposez pas de l'outillage nécessaire pour la découpe de rainures et languettes, achetez des lattes préfaçonnées chez un détaillant spécialisé.

Outils nécessaires

Colle à bois et pinceau

Presses à vis (20)

Trusquin de traçage

Équerre droite

Règle métallique graduée

Scie égoïne

Scie circulaire sur table ou scie à ruban

Crayon

Demi-varlope ou rabot à replanir

Racloir d'ébéniste pour profils courbes

Papier abrasif et cale à poncer à face concave

Trusquin à panneau

Couteau de traçage

Ciseau

Scie à tenon

Ruban de masquage

Défonceuse plongeante

Ciseau de dressage

Guillaume d'ébéniste

Serre-joints dormants (8) de 1 m et tasseaux

Ponceuse ou rabot à replanir

Cale à poncer

Bouvet

Vis à bois et tournevis

BAS DE PAGE, À GAUCHE
*Détail montrant l'accroche de
la première étagère et de la lame
de soubassement.*

BAS DE PAGE, AU CENTRE *Les lattes
moulurées, assemblées par rainure
et languette, font ressortir le fond
du meuble et apportent une touche
esthétique intéressante.*

BAS DE PAGE, À DROITE *Les lattes
formant le fond sont vissées
sur feuillures depuis l'arrière du
meuble.*

Construction

Façonnage de la face avant des montants

1 Après avoir dressé les côtés des montants, tracez à l'aide d'un crayon la forme hémicylindrique sur les chants d'extrémité. Retirez le plus gros du rebut à la scie circulaire sur table, lame inclinée à 45°, ou à la scie à ruban, table inclinée à 45°. Poursuivez au rabot, par des passes contiguës longitudinales, jusqu'à affleurer au plus possible la courbe tracée à chant. Affinez la courbe au moyen d'un racloir d'ébéniste de profil approprié. Pour finir, procédez à un lissage final des surfaces à l'aide d'un papier abrasif fin supporté par une cale à poncer à face concave.

Découpe des entailles

2 Marquez avec soin la position des entailles destinées à accueillir les étagères sur la face latérale intérieure des deux montants, en utilisant leur chant arrière comme surface de référence.

3 Tracez les parois des entailles à l'aide d'une grande équerre droite, puis utilisez un trusquin à panneau pour marquer leur extrémité avant (il s'agit d'entailles semi-arrêtées).

4 Repassez les traits d'entailles à l'aide d'une règle métallique et d'un couteau à tracer, face biseautée de l'outil côté rebut, jusqu'à attaquer le bois sur une profondeur voisine de 1 mm. Ouvrez les traits côté rebut à l'aide d'un ciseau à lame chanfreinée, de façon à créer un petit épaulement vertical qui permettra le guidage précis de la scie.

5 Découpez les parois des entailles sur les deux montants à l'aide d'une scie à tenon, après avoir marqué la profondeur de coupe requise par un morceau de ruban de masquage collé à la hauteur adéquate sur la lame de la scie.

6 Ce travail est réalisé de manière plus simple et plus précise avec une défonceuse

électroportative, qui façonne simultanément les parois et le fond de l'entaille. Durant la découpe, la semelle de l'outil est plaquée contre un tasseau-guide fixé sur la pièce de bois à l'aide de presses à vis. La profondeur de coupe est abaissée graduellement à chaque passe de l'outil jusqu'à atteindre le niveau requis. Si vous ne disposez pas d'une défonceuse électroportative, immobilisez un des montants sur le plateau de l'établi et entamez le creusement des entailles au ciseau de

dressage. Travaillez depuis leur extrémité ouverte vers leur extrémité arrêtée, lame de l'outil légèrement inclinée vers le haut.
La finition de l'extrémité arrêtée, qui suppose le dressage parfaitement vertical de trois parois contiguës, est la partie la plus difficile de cette opération.
Tracez et découpez sur les montants les entailles verticales permettant la pose de la lame de soubassement.

Montage des étagères

7 Façonnez les épaulements aux deux extrémités des étagères et de la lame de soubassement. Ici encore, le travail sera grandement facilité par l'emploi d'une défonceuse équipée d'une fraise à feuillurer à pilote ou d'une fraise droite.
Pour une parfaite solidité de l'assemblage, les épaulements sont façonnés de manière que l'épaisseur de la languette soit légèrement supérieure à la largeur de l'entaille correspondante.

L'emboîtement est ensuite obtenu par ponçage graduel des joues de la languette.

8 Vérifiez le parfait emboîtement des étagères et de la lame de soubassement dans les montants (il doit être un peu forcé mais doit pouvoir s'effectuer sans l'aide d'un maillet). Il vous faut maintenant découper les feuillures destinées à l'accueil des lattes de bois formant le fond. Façonnez une feuillure simple sur l'arête arrière intérieure de la première et de la dernière étagère, et une feuillure arrêtée aux deux extrémités sur l'arête arrière intérieure des deux montants. Ayez également soin de réduire la profondeur des étagères intermédiaires pour permettre la pose des lattes du fond.

9 Après vous être assuré du parfait emboîtement de chaque assemblage, procédez à un montage "à sec" de la carcasse. En cas de problème, vérifiez que les

étagères ont toutes la profondeur adéquate et que les entailles des montants sont bien au même niveau deux à deux.
Profitez de cette phase préparatoire pour établir un ordre précis de montage et pour repérer les positionnements possibles pour les presses et les serre-joints. L'assemblage d'une carcasse de telles dimensions nécessite l'emploi de 8 serre-joints dormants d'une longueur au moins égale à 1 m.

10

Si vous optez pour un ponçage manuel, entamez le travail à l'aide d'un papier de grain 120 posé sur une cale à poncer, en prenant garde de toujours opérer dans le sens du fil. Travaillez avec un papier de plus en plus fin (150, puis 180) jusqu'à atteindre la finition adéquate et veillez à bien ôter toutes les marques à chaque stade du processus.

12 Appliquez deux ou trois couches d'huile de teck sur toutes les surfaces à l'aide d'un chiffon. L'aspect lustré obtenu est essentiellement dû à la minutieuse préparation du bois avant l'application du produit.

Assemblage

13 Après avoir préparé et verni tous les composants, effectuez un nouveau montage "à sec" de la carcasse en ne mettant en place que la lame de soubassement et les deux étagères d'extrémité. Mettez l'ensemble sous presses, à l'aide de serre-joints dormants et de presses à vis, en protégeant les surfaces vernies par des cales de bois tendre. Vérifiez le bon équerrage de la carcasse en comparant les mesures de ses diagonales et procédez, au besoin, aux ajustements nécessaires. Appliquez une couche de colle sur les

Préfinition

10 À l'aide de ruban de masquage, couvrez l'emprise des surfaces à encoller sur les faces intérieures des montants. Découpez le ruban adhésif au couteau de traçage. Cette opération est essentielle, car la présence d'huile de teck sur les surfaces jointives remettrait en cause l'efficacité du collage.

11 Le travail suivant, qui peut être réalisé à l'aide d'une ponceuse électroportative, consiste à éliminer les marques des fers et des lames des outils sur les surfaces visibles des pièces de bois. Accordez une importance particulière à cette tâche si le façonnage de certains des éléments de la carcasse a été effectué à la raboteuse. À défaut de ponceuse, travaillez toutes les surfaces au rabot à replanir puis lissez-les au papier abrasif.

11

12

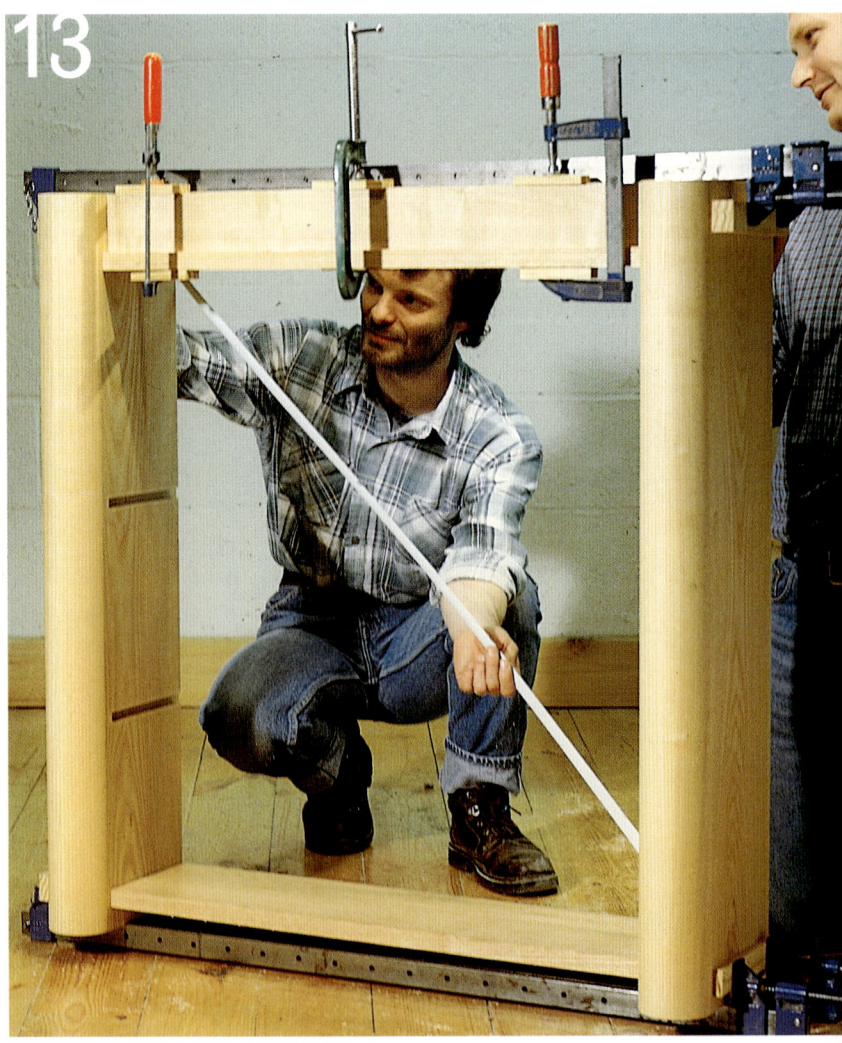

13

surfaces jointives et emboîtez les pièces de bois. Si vous optez pour une colle vinylique, qui durcit 5 minutes après application, efforcez-vous de travailler rapidement et à une température relativement fraîche. Pour supprimer cette contrainte, employez une colle à bois à temps de séchage légèrement plus long.

Après collage, mettez la carcasse sous presses en répartissant régulièrement serre-joints et presses à vis et en protégeant, encore une fois, les surfaces vernies par des cales. Serrez jusqu'à emboîtement complet de toutes les pièces de bois. Vérifiez une dernière fois l'équerrage en mesurant les diagonales, puis laissez sécher. Ne tentez pas, à ce stade, d'essuyer les résidus de colle.

14 Après durcissement de la colle, retirez les résidus

au droit des assemblages à l'aide d'un ciseau. D'ordinaire, cette opération s'effectue sans difficulté car la colle à bois adhère peu sur une surface vernie.

15 Préparez maintenant les lattes de bois formant le fond, dont le montage va permettre de rigidifier la carcasse. Si vous disposez d'un bouvet à combinaisons, il vous est possible, pour chaque latte, de façonner simultanément la moulure décorative et l'un des épaulements de la languette. Ce travail s'effectue également avec une défonceuse équipée d'une fraise appropriée. À défaut de posséder ces outils, et pour plus de simplicité, achetez des lattes préfaçonnées chez votre détaillant en bois. Poncez et vernissez les lattes comme vous l'avez fait pour les autres pièces.

16 Vissez les lattes du fond sur la feuillure de la première et de la dernière étagère et sur celle des deux montants. Commencez la pose le long de l'un des montants.

Pour finir, appliquez un peu d'huile de teck à l'intérieur des joints unissant les lattes, côté visible, afin d'éviter qu'après quelque temps, les mouvements du bois ne révèlent des surfaces non vernies. Nettoyez le meuble au chiffon, puis examinez attentivement toutes les surfaces pour effectuer les éventuelles retouches de vernis nécessaires.

ASSEMBLAGE À QUEUES D'ARONDE

L'assemblage à queues d'aronde remonte à l'ancienne Égypte. Il est conçu de telle sorte que sa dislocation est impossible, et l'importante superficie des surfaces encollées en fait un mode de construction des plus solides.

L'assemblage à queues d'aronde est utilisé aussi bien par les luthiers et les charpentiers navals que par les ébénistes. Il est fréquemment employé en ébénisterie, et plus particulièrement pour la construction de tiroirs. Son attrait principal est sa grande solidité, mais il présente également une réelle valeur esthétique.

Il existe dans le commerce un grand nombre de gabarits de découpe permettant la construction de queues d'aronde, la plupart destinés à être utilisés avec une défonceuse ; les plus élaborés d'entre eux sont souvent d'un coût élevé. Nombre de menuisiers et d'ébénistes tirent une grande fierté de leur capacité à façonner à la main les assemblages à queues d'aronde, gage incontestable de leur habileté.

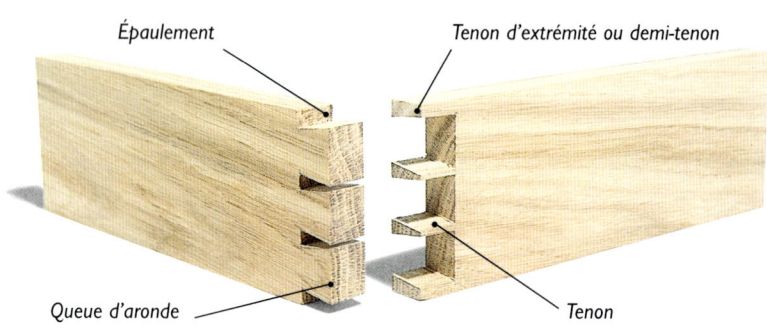

Épaulement · *Tenon d'extrémité ou demi-tenon*

Queue d'aronde · *Tenon*

Queues et tenons

L'assemblage à queues d'aronde fait intervenir l'emboîtement de deux séries d'ergots : les queues, dont la forme évasée rappelle celle d'une queue d'hirondelle, et les tenons, deux d'entre eux encadrant l'assemblage. Sauf pour certaines constructions industrielles, les queues sont plus larges que les tenons. La pente conseillée pour leur façonnage est de 6 pour 1 pour les bois tendres et de 8 pour 1 pour les bois durs.

Variantes possibles

À l'image de l'assemblage à tenon et mortaise, l'assemblage à queues d'aronde peut être décliné pratiquement à l'infini. Celui qui est présenté ici est d'une conception relativement simple, mais il laisse place à de nombreuses variantes. La modification du nombre de queues, de leur largeur ou de leur espacement change radicalement l'apparence finie de la construction. Le choix de bois contrastés pour les pièces à assembler, ou bien encore la juxtaposition sur la même pièce de queues de différentes dimensions, sont d'autres solutions décoratives intéressantes.

Accessoires et outils nécessaires

Les gabarits de traçage en plastique ou en métal, sortes d'équerres miniatures, sont plus pratiques à utiliser qu'une équerre réglable traditionnelle. Ils existent pour queues à pente de 8 pour 1 ou à pente de 6 pour 1.

Pour l'enlèvement du rebut sur les queues d'aronde de faible largeur, remplacez la scie à archet par une petite scie de joaillier. Les gabarits de découpe pour travail à la défonceuse sont utilisés conjointement avec un guide à copier et une fraise de profil approprié. Les moins onéreux permettent le façonnage de queues et de tenons de même largeur, tandis que les accessoires haut de gamme offrent plus de liberté quant à la forme et aux dimensions.

Trusquin de coupe

Équerre réglable

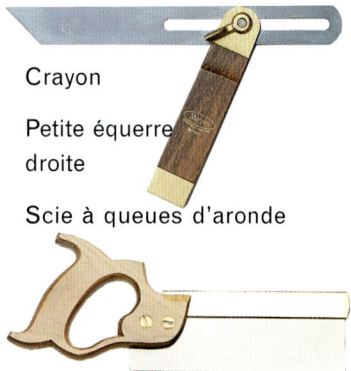

Crayon

Petite équerre droite

Scie à queues d'aronde

Scie à archet

Presses à vis

Panneau de contreplaqué de 300 x 150 mm pour

protéger le plateau de l'établi

Petites pièces de chute de 25 x 25 mm de section et d'une longueur légèrement supérieure à la largeur des pièces assemblées.

Ciseau à lame chanfreinée

Maillet

Petit couteau de traçage

Marteau

Ruban de masquage

Colle à bois et pinceau

Rabot à replanir

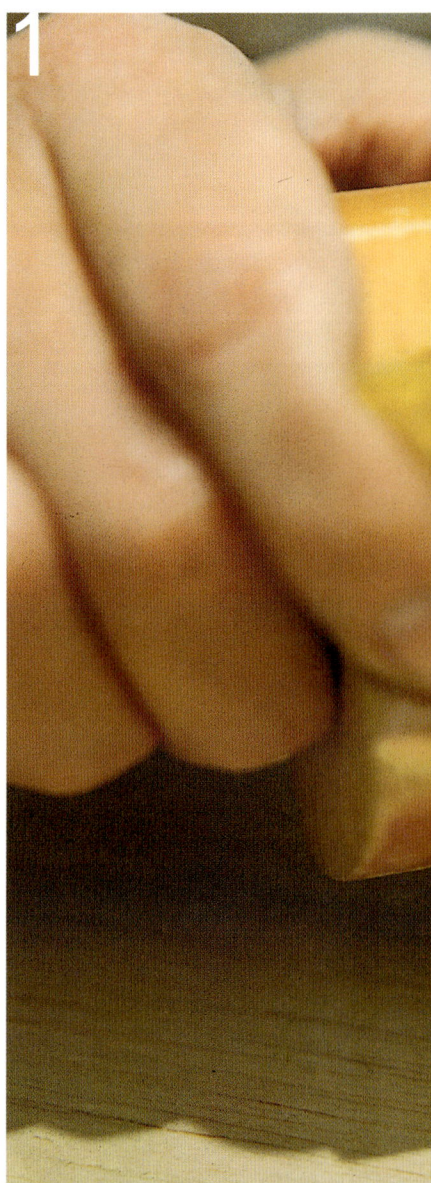

Construction d'un assemblage à queues d'aronde apparentes

Traçage des queues et tenons

1 Réglez le trusquin de coupe sur une distance légèrement supérieure à l'épaisseur des pièces à assembler, puis tracez une ligne transversale périphérique autour de chaque extrémité jointive. L'usage d'un trusquin de coupe, sur lequel la pointe est remplacée par une petite lame, est plus approprié pour un tracé en travers du fil.

2 Le nombre et la répartition des queues et tenons est fonction à la fois de considérations structurelles et esthétiques. Les tenons d'extrémité doivent être suffisamment épais pour ne pas risquer de se briser lors du montage. À l'aide d'une petite équerre droite, tracez les queues d'aronde sur le bois de bout de l'une des pièces de bois, après avoir déterminé leur largeur et calculé de manière précise leur espacement.

Ajustez une équerre réglable en fonction de la pente choisie, puis tracez les queues d'aronde sur les deux faces de la pièce de bois jusqu'au trait de trusquin transversal. Hachurez le bois de rebut afin d'éviter tout risque d'erreur lors de la découpe.

Découpe des queues

3 Immobilisez la pièce à la verticale dans la presse frontale de l'établi, à une hauteur permettant un sciage confortable. Au besoin, utilisez une cale de bois tendre afin d'assurer un serrage adéquat. Une bonne posture est essentielle pour un sciage précis ; de façon idéale, l'extrémité de la pièce de bois doit se trouver à hauteur de coude. Inclinez légèrement l'outil vers le haut à l'amorce des premières découpes, puis redressez-le progressivement lorsque le trait de scie est établi, et poursuivez le travail jusqu'à

la ligne d'épaulement. Sciez en premier la paroi de droite de chacune des queues d'aronde (de gauche si vous êtes gaucher), puis retournez la pièce de bois pour découper les parois opposées.

POUR EN SAVOIR PLUS

Traçage   56

Utilisation des scies à main   60

Utilisation des ciseaux   64

La défonceuse comme combiné à bois   72

Plateau de petit-déjeuner (ouvrage) 154

7

4 Retirez le bois de rebut à l'aide d'une scie à archet. Orientez progressivement la lame de l'outil pour effectuer une découpe horizontale non loin du trait d'épaulement. Prenez garde de ne pas rogner sur celui-ci.

5 Placez la pièce de bois à l'horizontale dans la presse de l'établi pour découper à la scie à tenon les épaulements d'extrémité.

6 Protégez le plateau de l'établi au moyen d'une planchette de contreplaqué, puis fixez la pièce de bois

sur celle-ci à l'aide de presses à vis. Dressez les épaulements au ciseau, en vous guidant à l'aide d'une pièce de chute de section rectangulaire fixée sur la pièce travaillée, au droit du trait d'épaulement. Le contreplaqué évite l'éclatement du bois lors de cette opération.

7 Appuyez fermement la lame du ciseau contre la pièce de chute et dressez les épaulements par découpes successives, en vous aidant d'un maillet.

Traçage des tenons

8 Immobilisez la seconde pièce de bois à la verticale dans la pièce frontale de l'établi, extrémité jointive à environ 25 mm au-dessus du plateau. Placez une pièce de chute entre la face avant de l'établi et la pièce à façonner afin de faciliter le traçage. Positionnez l'extrémité façonnée de la première pièce de bois sur la seconde, puis reportez l'emprise des queues d'aronde sur le bois de bout à l'aide d'un petit couteau de traçage. Repassez les traits de couteau au

crayon bien taillé afin qu'ils soient parfaitement visibles. À l'aide d'une équerre droite, prolongez le tracé sur les deux faces de la pièce jusqu'aux lignes d'épaulement. Hachurez le bois de rebut.

Découpe des tenons

9 Découpez les tenons en procédant de même façon que pour les queues. Une grande précision est ici nécessaire car vous n'avez aucune marge d'erreur. Notez qu'il est plus facile de scier d'emblée les parois

des tenons au droit du tracé que de corriger au ciseau une découpe volontairement "grasse".

L'enlèvement du rebut est réalisé cette fois encore à la scie à archet.

Prenez garde de ne pas endommager les arêtes des tenons ; tenez compte de leur forme évasée.

Le dressage des épaulements s'effectue de même manière que précédemment, à l'aide d'un pièce de bois de chute fixée sur la pièce travaillée. Cette fois, cependant, les surfaces à dresser sont de dimensions plus importantes et le travail nécessite quelques précautions : en découpant le bois directement au droit de la pièce de chute, vous risquez d'endommager le bois de bout. La meilleure solution consiste à se rapprocher jusqu'à environ 2 mm de la ligne d'épaulement par des découpes verticales successives de faible épaisseur, puis à achever le travail au maillet, lame du ciseau appuyée contre la pièce de chute.

Assemblage

10 Fixez la pièce tenonnée à la verticale dans la presse frontale de l'établi. Assurez-vous, dans un premier temps, que les queues sont correctement positionnées par rapport aux tenons. Pour ce faire, accolez l'extrémité de la seconde pièce de bois aux tenons, posez une planchette de bois en travers des queues, puis engagez celles-ci en position par une légère pression sur la planchette. De cette façon, la pression est appliquée de manière uniforme, sans risque de dommage. Si cette opération s'effectue sans problèmes, l'assemblage ne nécessite pas de rectifications.

Dans le cas contraire, notez soigneusement les emplacements ou l'emboîtage s'avère impossible et travaillez les surfaces concernées au ciseau, en vérifiant constamment les progrès réalisés. L'assemblage doit être exempt de jeu, mais il faut éviter de forcer l'emboîtage des deux pièces de bois sous peine de s'exposer à la cassure d'une queue ou d'un tenon. Délimitez soigneusement les surfaces à encoller à l'aide de ruban de masquage, puis appliquez généreusement la colle sur les surfaces jointives à l'aide d'une brosse à peinture ronde.

11 Assemblez les deux pièces de bois au maillet, en vous aidant comme précédemment de la planchette de bois. La mise sous presses n'est pas obligatoire, mais elle favorise la qualité du collage.

12 Après séchage de la colle, retirez le ruban de masquage et immobilisez solidement l'ouvrage sur l'établi pour procéder au ponçage de finition. Travaillez au rabot à replanir, de l'extérieur vers l'intérieur, outil orienté à 45°, afin d'accommoder les directions de fil perpendiculaires. Terminez le travail par un léger lissage au papier abrasif.

13 Un traçage précis des queues et des tenons est l'une des clés d'un assemblage à queues d'aronde réussi. Ici, les queues ont été façonnées en premier et les tenons tracés d'après celles-ci. La méthode inverse, qui consiste à tracer et découper d'abord les tenons, est tout aussi valable. Seule la pratique vous permettra de déterminer laquelle de ces deux méthodes vous convient le mieux.

PLATEAU DE PETIT-DÉJEUNER

voir plan page 218

Ci-DESSUS *L'accroche en queue d'aronde des poignées fait écho aux quatre assemblages reliant les parois du plateau.*

Ce projet fait le meilleur usage de l'assemblage à queues d'aronde, qui joue ici un rôle à la fois décoratif et structurel. La construction, très simple, met en jeu quatre lames de bois pour les parois latérales et longitudinales, deux pièces de faibles dimensions pour les poignées et une pièce de contreplaqué plaqué une face pour le fond. Le choix du bois est affaire de convenance personnelle, mais sachez que les découpes d'assemblage sont plus aisées dans un bois dur que dans un bois tendre. L'emploi d'un bois de teinte contrastée pour les poignées renforce l'aspect visuel de l'assemblage. Dans cette éventualité, confectionnez de préférence le fond dans le même bois que celui des parois ou des poignées. Étant donné les faibles dimensions des composants, vous trouverez peut-être votre bonheur dans le stock de bois de chute de votre détaillant.

Outils nécessaires

Trusquin de coupe

Équerre réglable

Crayon

Petite équerre droite

Scie à queue d'aronde

Petit couteau de traçage

Presses à vis

Ciseau à lame chanfreinée de 13 mm

Rabot à replanir

Bloc à poncer

Colle à bois et pinceau

Serre-joints dormants (2) ou presse à cadre

PIÈCES DE BOIS ET ACCESSOIRES

Pièce de bois	Quantité	Dimensions finies
A Parois longitudinales	2	457 x 32 x 10 mm
B Parois latérales	2	305 x 32 x 10 mm
C Poignées*	1	305 x 32 x 16 mm
D Fond	1	457 x 305 x 5 mm
Bois suggéré	A et B : frêne C : orme D : contreplaqué plaqué frêne	
Finition suggérée	Huile à bois, vernis polyuréthane incolore, cire ou peinture laquée (blanche ou noire)	
Autre bois possible	Chêne, hêtre ou autre bois dur	
Notes *Les deux poignées sont taillées dans la même pièce de bois.		

POUR EN SAVOIR PLUS

Presses et serre-joints	30
Traçage	56
Rabotage manuel des faces et des chants	58
Utilisation des scies à main	60
Utilisation des ciseaux	64
Matériaux et techniques de finition	92
Assemblage à queues d'aronde	148
Colles à bois	207

Ci-dessus *Détail d'un des assemblages d'angle. Après application du produit de finition, le bois de bout apparaît plus foncé.*

Ci-dessous *La partie emboîtée des poignées s'élargit vers le haut, pour une accroche solide et un dessin du plus bel effet.*

Bas de page *Le fond est de dimensions légèrement inférieures à celles de la carcasse et ses bords sont chanfreinés.*

Construction

Traçage et découpe des queues

1 Tracez les queues d'aronde aux deux extrémités des parois longitudinales, en procédant comme il est décrit aux pages

précédentes (il n'y a ici qu'une seule queue d'aronde pour chaque assemblage). Découpez les épaulements à la scie à tenon après avoir placé la pièce à l'horizontale dans la presse frontale de l'établi. Inclinez légèrement la scie à l'amorce de la découpe, puis redressez progressivement sa position à mesure du sciage.

Traçage et découpe des tenons

2 Le traçage précis des tenons (en l'occurrence, des demi-tenons) est

déterminant pour la réussite de l'assemblage. Ce travail minutieux s'effectue ici à partir des pièces déjà découpées, en reportant l'emprise des queues d'aronde à l'aide d'un petit couteau de traçage. Ayez soin de repasser les traits de couteau au crayon bien taillé afin qu'ils soient parfaitement visibles.

3 Placez chaque pièce de bois à la verticale dans la presse de l'établi afin de procéder à la découpe des demi-tenons. Comme

précédemment, amorcez la découpe en inclinant la scie ; cette précaution réduit la tendance qu'a la lame à suivre le fil du bois plutôt que le tracé.

4 Vérifiez le bon emboîtement de chacun des assemblages et prenez la précaution de marquer d'une même lettre les extrémités associées (A-A, B-B, etc.). De cette façon, vous éviterez une interversion accidentelle des éléments et des difficultés imprévues lors du montage final.

Plateau de petit-déjeuner

Poignées

5 Reportez la longueur des deux poignées sur la pièce de bois prévue à cet effet. Tracez au trusquin la ligne d'épaulement des queues d'aronde, puis marquez leurs parois à l'aide d'une équerre réglable. Veillez à ce que chacune des deux queues d'aronde soit parfaitement centrée sur la poignée qui lui correspond. Ne séparez pas, à ce stade, les deux poignées : la découpe des queues d'aronde en sera facilitée.

6 Hachurez le rebut, puis découpez les parois des queues d'aronde en procédant comme indiqué à la phase 1.

7 Retirez le rebut à l'aide d'un ciseau, par des passes verticales successives de faible épaisseur (le recours au maillet n'est ici pas nécessaire).

11

8 Dressez les parois des queues d'aronde à l'aide d'un ciseau à lame chanfreinée. Un travail soigné et précis facilite grandement le montage final.

9 Rabotez légèrement les deux faces des poignées afin de leur donner un profil légèrement évasé. Pour ce faire, immobilisez la poignée travaillée dans la presse frontale de l'établi.

10 Tracez l'emprise de chaque queue d'aronde sur la paroi latérale correspondante, en procédant comme indiqué à la phase 2. Retirez le plus gros du rebut à l'aide d'une petite scie à chantourner et terminez le travail au ciseau en suivant la méthode décrite précédemment. Vérifiez le bon emboîtement des poignées et effectuez les éventuels ajustements nécessaires.

11 Pour une finition plus agréable à l'œil et au toucher, arrondissez le chant supérieur des poignées au rabot à replanir ou à l'aide d'un bloc à poncer.

Le fond

12 Réduisez la longueur et la largeur du contreplaqué de 6 mm, de sorte que les quatre chants du fond se trouvent en retrait de 3 mm par rapport aux faces extérieures de la carcasse. Chanfreinez les chants à 45° pour éviter que le fond soit visible lorsque le plateau est posé sur une table.

Assemblage

13 Il est essentiel d'utiliser une colle à bois résistante à l'eau, car le plateau sera lavé de temps à autre. Commencez par le montage des poignées. Appliquez la colle sur les surfaces jointives et placez les poignées en position. Laissez sécher puis retirez les résidus de colle à l'aide d'un ciseau bien affûté. Appliquez une couche de colle sur toutes les surfaces jointives des quatre assemblages d'angle. Emboîtez les pièces et mettez l'ensemble sous presse à l'aide de serre-joints dormants ou d'une presse à cadre. Après séchage, nettoyez les angles intérieurs et extérieurs de la carcasse, les premiers au ciseau, les seconds au rabot à replanir. Lissez les surfaces des parois à l'aide d'un bloc à poncer avant de procéder au montage du fond. Placez la carcasse à plat sur le plateau de l'établi, poignées en dessous, et stabilisez-la au moyen de cales. Appliquez une couche de colle sur les faces jointives de la carcasse et du fond. Posez le fond en place et lestez-le jusqu'à séchage. Retirez les résidus de colle au ciseau.

14

Finition

14 La finition remplit ici plusieurs fonctions : elle protège les surfaces des taches inévitables, facilite le nettoyage du plateau après usage et met en valeur la teinte et le veinage du bois. Le produit utilisé pourra notamment souligner le contraste de teinte et de texture entre le bois des poignées et celui du plateau, si tel a été votre choix. Optez de préférence pour un vernis imperméable (de type polyuréthane), que vous appliquerez en deux ou trois couches. Pour finir, passez si vous le souhaitez les surfaces à la laine d'acier fine puis lustrez à la cire et au chiffon.

8. CONCEPTION

La conception d'un objet en bois peut être d'une grande simplicité ou d'une extrême complexité. Ceci est déterminé par l'usage auquel on destine cet objet, le temps alloué à sa construction, le type de bois utilisé et le budget disponible. On trouvera dans ce chapitre les principes fondamentaux de la démarche créative. L'art du dessin, essentiel pour matérialiser vos idées par des croquis d'étude, s'acquiert aisément au prix d'un peu de pratique.

La démarche créative   162

Techniques du dessin et du croquis   164

Deux exemples de processus créatif   166

LA DÉMARCHE CRÉATIVE

Cette double page présente de façon simple les différentes étapes de la démarche créative. Cette vue globale du processus de conception, et les multiples informations qui la composent, doivent vous permettre de procéder par vous-même à cette étape cruciale de la réalisation d'un projet.

Le travail de conception fait intervenir des qualités pratiques et intellectuelles, parmi lesquelles figurent sens esthétique et connaissance des principes de construction, ainsi que des considérations d'ordre économique, culturel et environnemental. Selon la nature et les dimensions du projet, il s'avère tantôt très simple, tantôt très compliqué.
La conception d'un objet consiste, pour une large part, à répondre à des contraintes, à évaluer des problèmes et à trouver des solutions. Pensez au processus de conception comme à un vaste entonnoir : les contraintes et informations connues sont versées en amont, puis mélangées et filtrées pour donner naissance, en aval, à un objet/solution. Il convient donc de prendre en compte toutes les données dont on dispose, qui seront formalisées par le biais de croquis d'étude, de dessins ou de maquettes de volume, afin de créer un objet qui réponde à la fois aux contraintes du constructeur et aux besoins de l'utilisateur. Ces quelques pages ne constituent qu'une simple approche de ce vaste sujet, et les principes décrits ici s'appliquent aussi bien à la conception d'un coffret à bijoux qu'à celle d'un fauteuil ou d'une commode. Dans certains cas, cependant, des informations complémentaires s'avéreront nécessaires. La création d'un fauteuil, par exemple, fait intervenir des principes ergonomiques : l'angle d'inclinaison du dossier, la hauteur du siège ou la largeur des accoudoirs sont alors des valeurs essentielles. Quant à la conception d'une commode, elle sera plutôt guidée par le nombre et les dimensions des objets destinés à y être rangés. En matière de meubles, les contraintes de construction et la sécurité de l'utilisateur sont, d'une façon générale, des considérations de première importance.

POUR EN SAVOIR PLUS

Ferrures et accessoires   Chapitre 5

Techniques du dessin et du croquis   164

Deux exemples de processus créatif   166

Caractéristiques des bois durs et des bois tendres   194

Le processus créatif

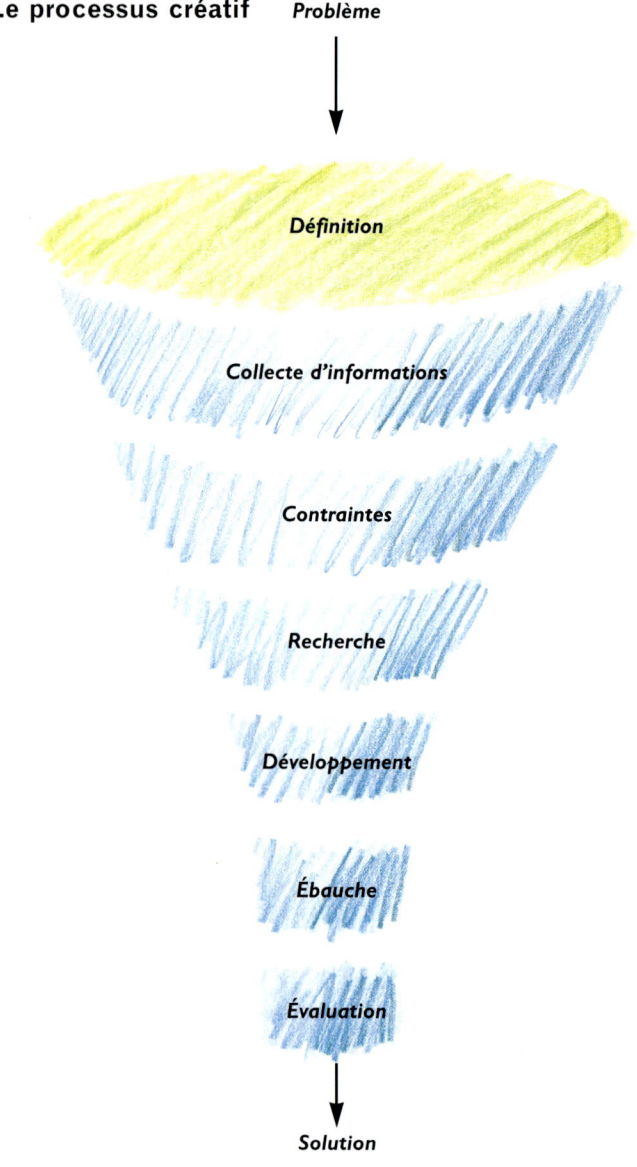

Problème → Définition → Collecte d'informations → Contraintes → Recherche → Développement → Ébauche → Évaluation → Solution

Principales étapes du processus créatif

Plutôt que de rechercher à tout prix l'originalité, un bon concepteur doit s'attacher en priorité à résoudre de façon satisfaisante les problèmes pratiques.

1 Définition du projet

Cette phase prend naissance lorsque vous êtes sollicité pour la réalisation d'un objet, ou lorsque vous prenez vous-même une telle initiative.

2 Collecte d'informations

Il s'agit de regrouper toutes

les informations possibles sur le projet.

3 Identification des contraintes

Durant cette étape sont précisées les contraintes liées aux équipements utilisés, au type de bois choisi, au temps alloué à la construction ou au budget disponible.

4 Recherche formelle

Ici intervient la conception proprement dite. Elle débute par le regroupement sur un document de synthèse de toutes les informations et contraintes, de sorte que le concepteur ne s'éloigne pas des problèmes qu'il s'efforce de résoudre. Inutile en effet de concevoir une ingénieuse penderie intégrée si l'on vous a commandé un simple meuble de rangement !

5 Développement

Choisissez deux de vos idées les plus séduisantes et développez-les plus en détail ; ce faisant, ayez soin de les confronter régulièrement avec la liste des contraintes et des informations. Lorsque vous êtes parvenu à une solution satisfaisante, il est temps de passer aux croquis d'étude.

6 Réalisation de l'ébauche

Construisez une ébauche du projet à échelle réduite ou en vraie grandeur. La qualité de cette ébauche est fonction du soin apporté à sa réalisation, mais aussi du travail entrepris en amont.

7 Évaluation

L'ébauche produite est confrontée une dernière fois à la liste des contraintes et informations. C'est durant cette phase, avant la construction finale de l'objet, que sont décidées les éventuelles adjonctions ou améliorations.

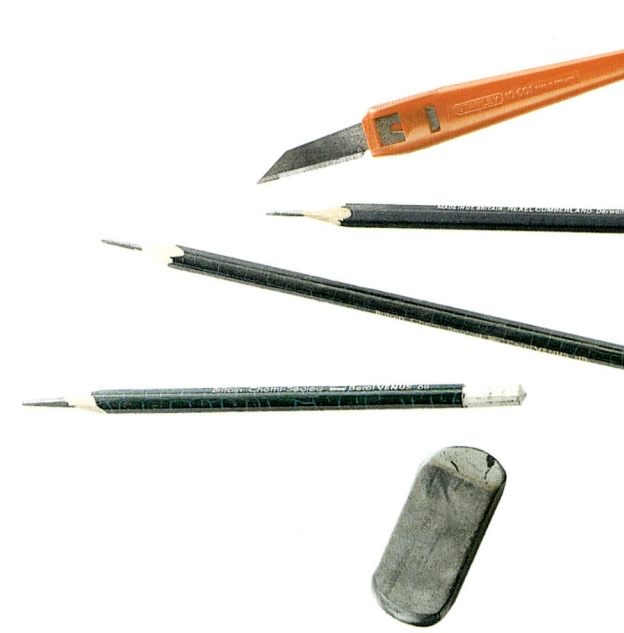

CI-CONTRE *Une sélection de quelques outils d'étude et de dessin. Entre autres accessoires utiles, on peut citer une planche à dessin (même rudimentaire), un bloc-notes, quelques feuilles de papier calque, plusieurs crayons et feutres, quelques gabarits en plastique pour le traçage de cercles, courbes et ellipses, un compas, une règle graduée, un rapporteur, un cutter et un bâton de colle.*

La conception

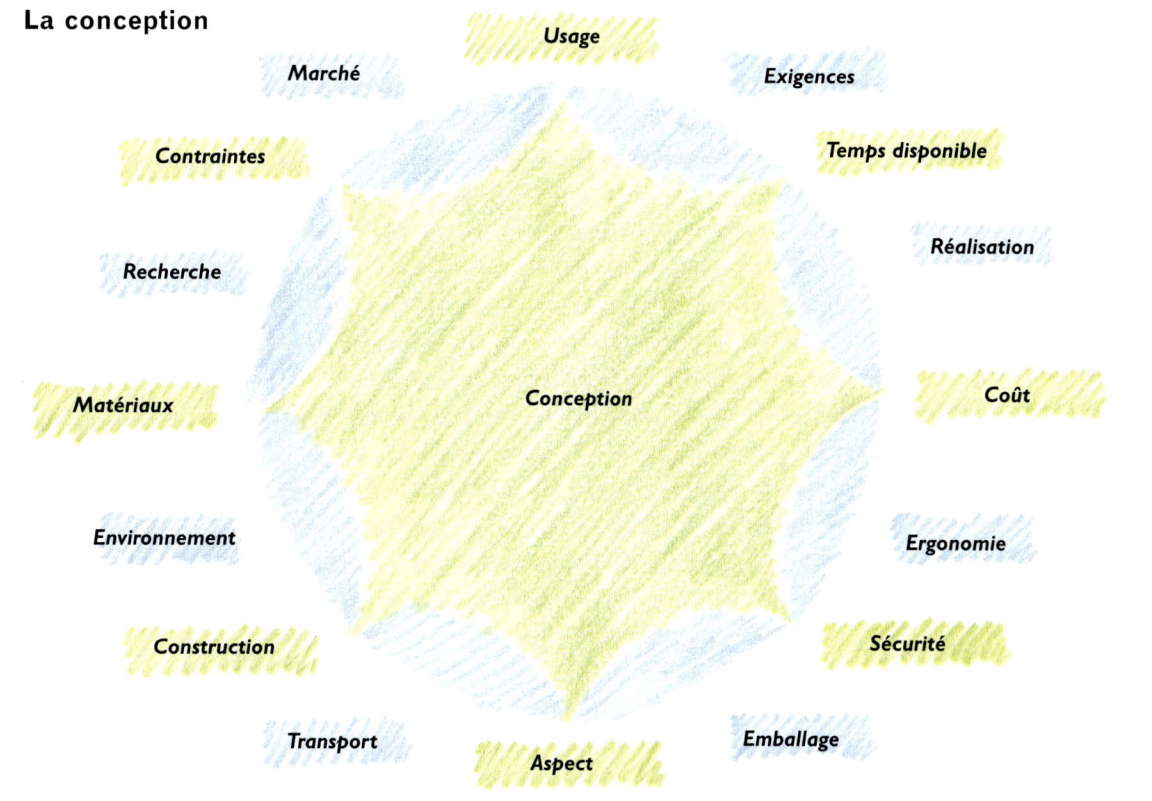

Usage
Marché
Exigences
Contraintes
Temps disponible
Recherche
Réalisation
Matériaux
Conception
Coût
Environnement
Ergonomie
Construction
Sécurité
Transport
Aspect
Emballage

TECHNIQUES DU DESSIN ET DU CROQUIS

Après avoir franchi les trois premières étapes du processus de conception et produit le document de synthèse regroupant les informations, il vous faudra formaliser vos idées à l'aide de croquis. Lors de cette phase graphique, procédez en précisant graduellement sur le papier les informations dont vous disposez. Dessinez d'abord des formes très générales, puis affinez progressivement votre recherche par de petits croquis d'étude donnant des indications sur la couleur ou la texture.

FIGURE 1
Dessin à main levée de volumes géométriques : cube, sphère, cylindre, cône et parallélépipède.

Dessin à main levée

La plupart des objets de notre environnement peuvent être représentés par inscription dans un cube, une sphère, un cylindre, un cône ou un parallélépipède (figure 1). Cette technique de dessin requiert un peu de pratique mais s'avère, une fois acquise, des plus simples et des plus agréables.

Vous pouvez augmenter votre aptitude au dessin en vous entraînant à représenter à main levée des lignes parallèles verticales et horizontales (figure 2a), des rectangles, des carrés et des parallélogrammes (figure 2b), des cercles inscrits dans un carré (figure 2c) et enfin des ellipses inscrites dans un parallélogramme ou un rectangle. Attachez-vous à travailler exclusivement à main levée ; le recours à la règle, tendance bien naturelle, allonge souvent la durée du travail et n'améliore en rien vos dispositions graphiques.

Persévérez

Conservez tous vos dessins et croquis (dessinez de préférence sur un bloc-notes) afin de garder une trace de toutes vos productions, même les plus médiocres. Vous serez ainsi à même d'évaluer vos progrès et de corriger vos erreurs. Cette pratique continue et progressive doit vous permettre d'atteindre en peu de temps un degré de précision satisfaisant. C'est par la répétition d'exercices qu'il vous sera bientôt possible de représenter, tel qu'ils figurent sur la page

opposée, un bidon de peinture ou un coffret à bijoux (figures 3a et 3c).

Le dessin comme outil

Fort de vos aptitudes graphiques toutes neuves, vous allez maintenant entamer les phases les plus passionnantes de la conception, à savoir l'étude et le développement. Il n'est pas essentiel, à ce stade, d'avoir l'esprit traversé d'idées géniales, car le document de synthèse rassemblant contraintes et informations constitue une solide base de départ, qui permet de statuer sur certaines options initiales, parmi lesquelles la taille de l'objet.

Observez attentivement votre environnement afin d'y glaner des idées de

FIGURE 2A
Lignes verticales et horizontales

FIGURE 2B
Carrés, rectangles et parallélogrammes

POUR EN SAVOIR PLUS

La démarche créative   162

Deux exemples de processus créatif   166

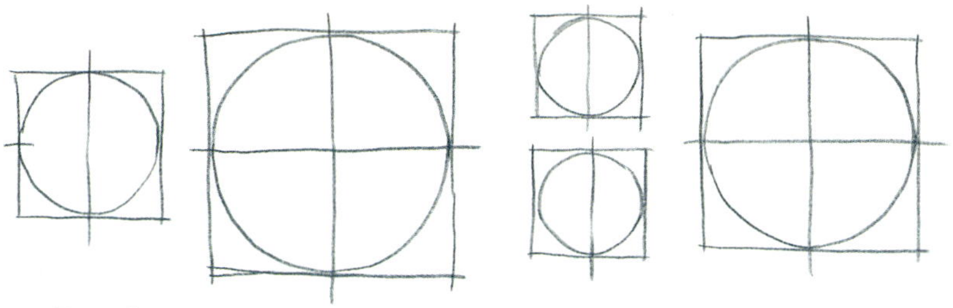

Cercles inscrits dans un carré.

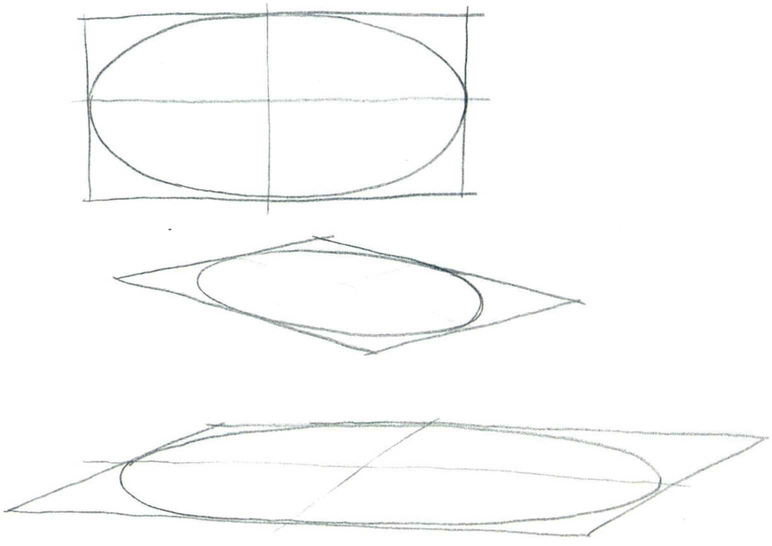

FIGURE 2D
*Ellipses inscrites dans un rectangle
ou un parallélogramme.*

construction, des
inspirations esthétiques.
À lui seul, le corps humain
constitue une mine
d'informations, et certains
mécanismes industriels
simples, tel le joint à rotule,
sont directement adaptés
des mouvements de nos
articulations.

Autre méthode pour entamer
la phase graphique du
processus de conception,
l'approche formelle consiste
à dessiner des formes
simples telles que carrés,
rectangles et cercles, puis à
les diviser, les combiner, les
juxtaposer ou les distordre
pour ouvrir des voies
d'exploration plus élaborées.

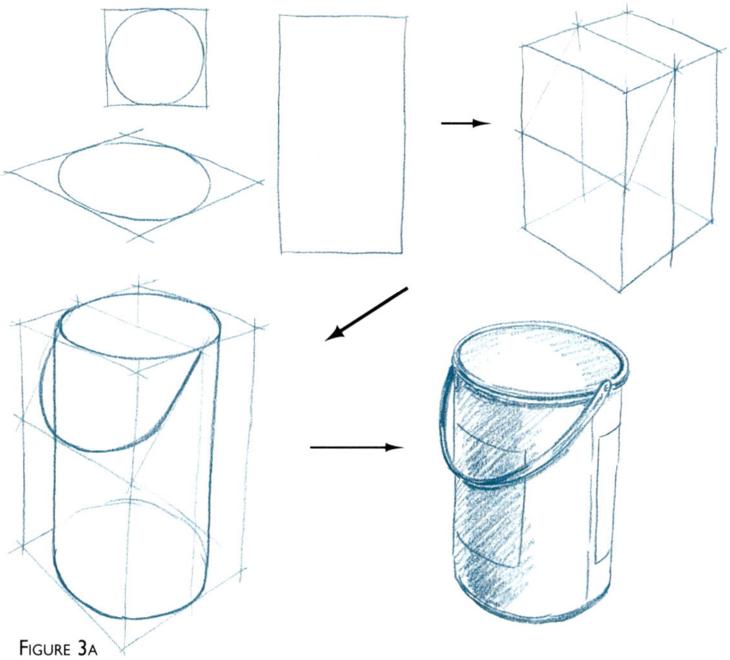

FIGURE 3A
*En combinant un cercle inscrit dans un carré, un rectangle et une ellipse
inscrite dans un parallélogramme avec quelques autres éléments, représentez
un bidon de peinture.*

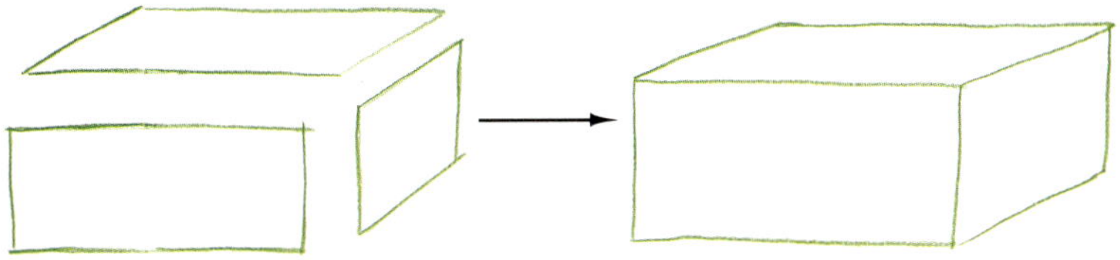

FIGURE 3B
*Dessinez deux parallélogrammes et un rectangle. Assemblez-les pour obtenir la forme
générale d'un coffret à bijoux.*

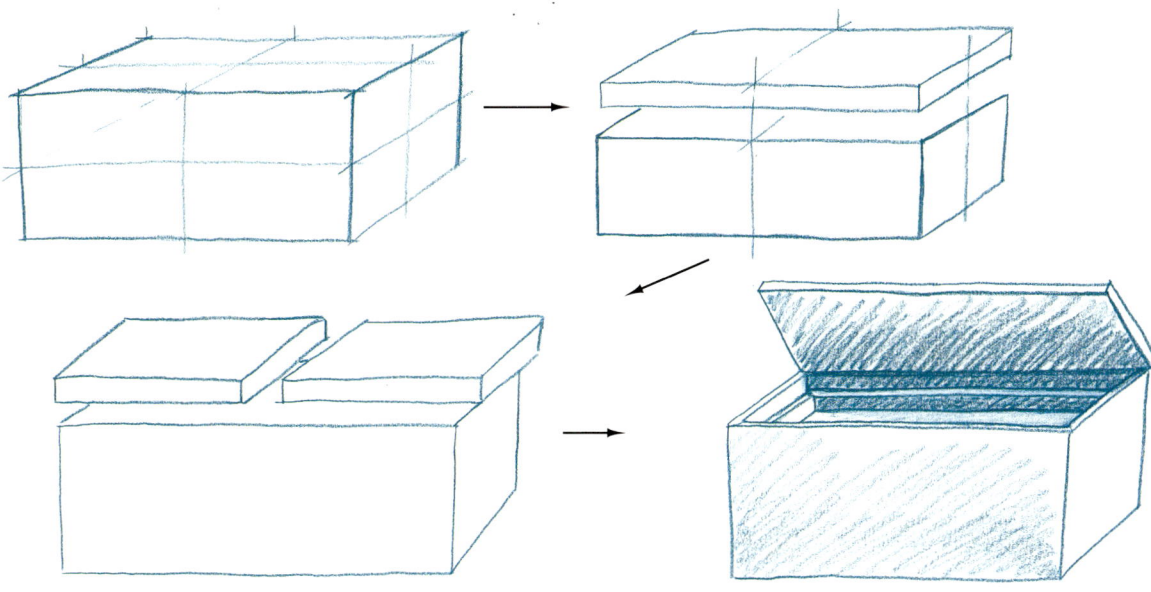

FIGURE 3C
*En divisant les surfaces et en ajoutant çà et là quelques lignes, vous parvenez
rapidement à représenter le couvercle et les compartiments du coffret.*

8. CONCEPTION

Techniques du dessin et du croquis **165**

DEUX EXEMPLES DE PROCESSUS CRÉATIF

Cette double page, qui détaille deux processus de conception, propose un examen plus approfondi de l'utilisation du croquis. Ces deux projets prouvent que la démarche créative peut être simple et agréable.

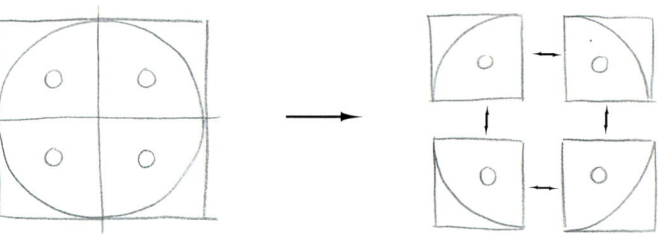

FIGURE 5
L'option sélectionnée fonctionne bien dans sa globalité, mais séparé, chacun des quatre éléments est dépourvu de stabilité.

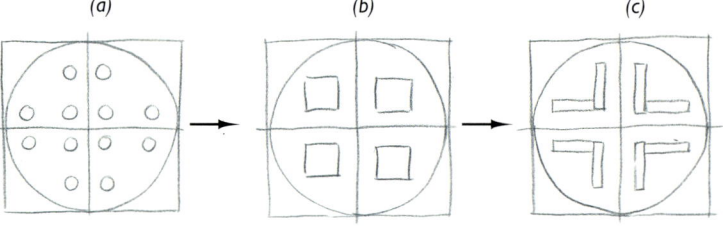

FIGURE 6
Recherche de solutions alternatives.

FIGURE 4
Dessinez pour commencer des formes géométriques simples, puis divisez-les de sorte que chacune figure un plateau de table possible.

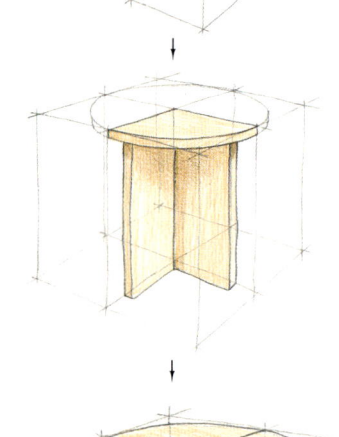

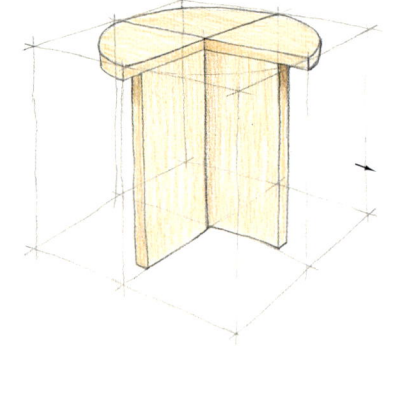

FIGURE 7
Efforcez-vous de représenter la solution retenue en trois dimensions.

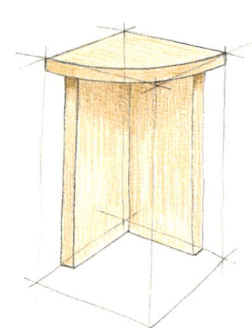

PROCESSUS N°1
Conception d'une table basse divisible en plusieurs éléments distincts

Dessinez dans un premier temps un carré, un triangle, un cercle et un rectangle. Explorez les diverses options par des divisions et subdivisions de chacune des surfaces. Comme le montre la figure 4, chacune des formes créées correspond à un plateau (ou ensemble

POUR EN SAVOIR PLUS

*Ferrures
et accessoires*   Chapitre 5

La démarche créative   162

*Techniques du dessin
et du croquis*   164

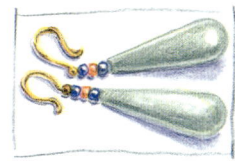
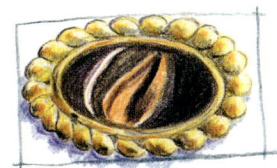

FIGURE 8 *Considérez d'abord les objets à placer dans le coffret : leur forme suggère souvent la méthode de rangement appropriée.*

Plan montrant le plateau escamotable et coulissant.

FIGURE 9 *Imaginez des solutions de rangement supplémentaires.*

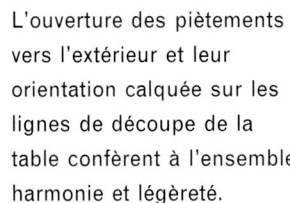

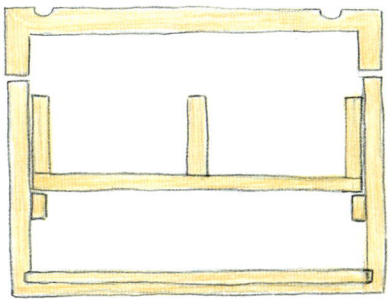

Vue en coupe du plateau posé sur les deux tasseaux.

de plateaux) potentiel pour la table à construire. Considérez maintenant les options produites chacune dans son entier puis comme un ensemble d'éléments, et retenez deux ou trois idées susceptibles d'être approfondies. Le concept illustré par la figure 5, qui comprend le piètement, est satisfaisant dans l'absolu, mais les éléments qui le composent sont dépourvus de stabilité propre. Continuez à travailler sur vos croquis en ne négligeant aucun détail pour résoudre tous les problèmes. Efforcez-vous d'imaginer un piètement fonctionnant pour chacun des éléments.

a) L'adjonction de deux pieds à chacun des éléments est garante de stabilité, mais les pieds sont maintenant en trop grand nombre.

b) Le remplacement des pieds par quatre pièces de bois formant une pile carrée donne un résultat probant pour ce qui est de la stabilité, mais la table devient alors trop massive.

c) La solution est trouvée lorsque l'on dote chacun des éléments d'un piètement formé de deux pièces de bois disposées en L.

L'ouverture des piètements vers l'extérieur et leur orientation calquée sur les lignes de découpe de la table confèrent à l'ensemble harmonie et légèreté.

Après analyse des informations et réalisation de multiples croquis d'étude, vous disposez d'une solution viable qui peut être détaillée et approfondie. Dessinez maintenant la table en trois dimensions (partez du principe que la hauteur de la table est égale au diamètre du plateau), en l'inscrivant dans un cube (voir figure 7).

PROCESSUS N° 2
Conception d'un coffret à bijoux

Considérez d'abord les colliers, bracelets, bagues, broches, boutons de manchette et autres objets susceptibles d'être rangés dans le coffre. Divisez-les en plusieurs catégories selon leurs dimensions. Placez chacun de vos bijoux sur une surface plane afin de visualiser très précisément sa forme et la place qu'il occupe. En vous aidant à décider du nombre et de la forme des compartiments à créer, ce petit exercice devrait immanquablement vous guider vers une ou plusieurs options de départ. Les colliers, par exemple, peuvent être placés dans un compartiment de forme oblongue, bien qu'une telle solution favorise leur enchevêtrement. Boucles d'oreille et boutons de manchette peuvent être rangés ensemble, de même que bagues et broches (figure 8). Fort de ces indications, et à partir d'une boîte de forme simple, dessinez plusieurs croquis d'une boîte de proportions appropriées, en imaginant dès à présent une solution de rangement pour chaque type de bijou (figure 9). Il importe de garder en mémoire chacune de vos options, de les confronter aux contraintes et informations de votre document de synthèse et de vérifier que vous restez bien dans les limites de votre budget. Si vous optez, comme c'est le cas ici, pour un coffret rectangulaire destiné à accueillir colliers et bracelets, vous pourrez facilement y joindre un plateau escamotable pour les bijoux les plus petits, en clouant un tasseau à mi-hauteur sur chacune des deux parois longitudinales. Ce plateau sera très aisément construit à l'aide de pièces de bois assemblées par

Deux exemples de processus créatif

perçage et vissage. Quelques pièces de feutrine ou de velours posées au fond des compartiments permettront de protéger vos bijoux et conféreront à l'ensemble une réelle élégance.

Vous avez maintenant trouvé votre concept de base : un coffret de dimensions adéquates, facile à manier et permettant de ranger les bijoux selon leur forme. Il reste cependant à concevoir un couvercle pour abriter colliers et bracelets de la poussière comme des regards indiscrets (étant donné les dimensions du coffret, qui en font un objet aisément transportable, il est inutile d'imaginer un système de verrouillage offrant une protection contre le vol).

Quel mode de fermeture convient le mieux ? Un couvercle articulé sur charnières ? Un couvercle coulissant ? Un couvercle libre emboîté par rainurage ? Réfléchissez bien et explorez toutes les possibilités plutôt que de vous précipiter sur votre première idée.

La solution retenue doit être à la fois pratique et esthétique, et répondre, bien entendu, aux souhaits de l'utilisateur. Représentez par un rapide croquis les diverses options qui vous viennent à l'esprit

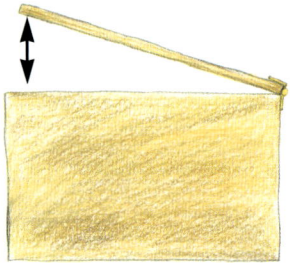
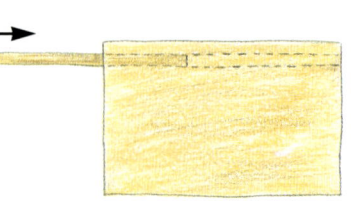
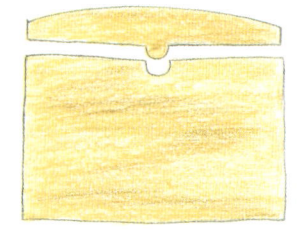

(figure 10). Pensez aux formes présentes dans la nature pour imaginer, par exemple, un couvercle en forme de coquillage. Évaluez soigneusement les modalités de chaque option, en particulier le mode de construction et la facilité d'utilisation.

Est-il nécessaire de prévoir une butée ou de façonner une rainure ? Le couvercle ne risque-t-il pas de se briser ou de s'abîmer ? Se prêtera-t-il à une autre fonction ? Peut-il, éventuellement, être doté d'un miroir ?

Choisissez maintenant une ou deux de vos solutions les plus prometteuses et développez-les en détail. Durant cette phase sont élaborés les croquis qui vont servir de base à la réalisation proprement dite. Commencez par dessiner à main levée les quatre faces

FIGURE 11
Dessinez une élévation et une vue zénithale de chacune de vos propositions pour en affiner la forme et les détails.

de l'objet projeté (ces croquis sont appelés « élévations ») ainsi qu'une vue en plan du couvercle. C'est à ce stade qu'il convient d'affiner la forme de l'objet et de préciser par le dessin les détails d'ordre esthétique tels que moulures, éléments de placage ou motifs (figure 5). Sélectionnez les matériaux utilisés et les éléments ornementaux en relation avec la nature et la fonction de l'objet construit. Ainsi, pour un coffret à bijoux, accessoire qui évoque le luxe et l'élégance, le choix d'un bois précieux et de frises décoratives s'avère très judicieux. Dans le même ordre d'idées, évitez une décoration pompeuse et complexe si vous optez pour un coffret de forme simple. La décoration d'un objet peut également être conçue en fonction des accessoires qu'il contient ; ornez, par exemple, le coffret à bijoux de filets de marqueterie et de petites incrustations

FIGURE 10
Lors de la définition des contraintes, utilisez des termes peu spécifiques pour ne pas restreindre trop tôt votre imagination : pensez par exemple « système de fermeture » plutôt que « charnière ». D'autres idées vous viendront peut-être. Ci-dessus, trois options de couvercle.

d'un matériau brillant tel que nacre ou cuivre. Il faut enfin prendre en compte, à ce stade de la conception, la finition envisagée pour le bois. Demandez-vous laquelle sera la plus appropriée tant sur le plan esthétique que pratique (assurez-vous, par exemple, que le produit envisagé ne risque pas d'entrer en réaction avec certains de vos bijoux en métal). Vous pouvez également décider d'un sablage ou d'un traitement à la soude des surfaces pour créer un contraste entre l'apparence du coffret et sa fonction. Les options décoratives sont ici des plus diverses.

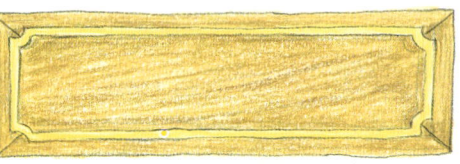

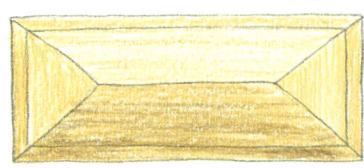
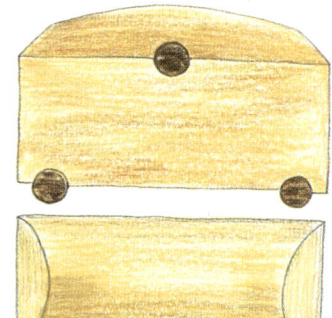

9. PLACAGE ET MARQUETERIE

Les avantages du placage sont connus des fabricants de meubles depuis des siècles. L'incroyable variété des essences disponibles, les innombrables possibilités décoratives et le gain en stabilité offerts par cette technique lui ont permis de donner naissance à quelques-unes des plus belles pièces d'ébénisterie réalisées depuis le début du XVIIIe siècle. Depuis peu, et notamment parce qu'il est aujourd'hui plus difficile de se procurer des pièces de bois massif, la marqueterie suscite un regain d'intérêt.

Outils et équipement de base   170

Préparation et pose de feuilles de placage   172

Miroir mural et tablette (ouvrage)   175

OUTILS ET ÉQUIPEMENTS DE BASE

La pose d'une feuille de placage s'effectue à la main (c'est la technique la plus traditionnelle), à la cale ou à l'aide d'un dispositif de pressage sous vide, équipement récemment apparu sur le marché. Quelques outils spécifiques sont également nécessaires.

Scie de placage

Marteau à plaquer

Pot à colle traditionnel

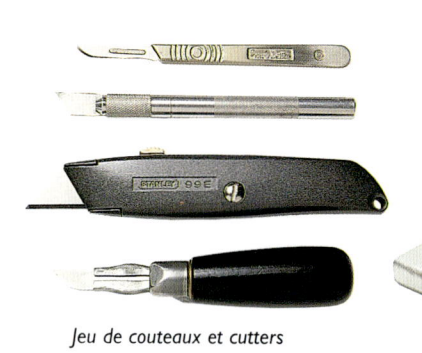
Jeu de couteaux et cutters

Griffes à araser

Encolleur

Couteau

Il existe une grande variété de couteaux, coupoirs et cutters pour l'artisanat et le bricolage, mais aucun n'est spécialement conçu pour le placage. Aussi est-il souvent nécessaire d'ajuster légèrement l'outil retenu. La lame doit être choisie en fonction des trois critères suivants : épaisseur, forme et type du biseau.

Épaisseur L'utilisation d'une lame fine est préférable pour les travaux de précision, notamment en marqueterie. Pour les découpes à dimensions et autres découpes courantes, utilisez une lame plus rigide.

Forme Une lame à tranchant rectiligne et à extrémité pointue permet

POUR EN SAVOIR PLUS

*Affûtage
des outils tranchants*   26

*Utilisation
d'une planche à dresser*   68

*Préparation et
pose de feuilles de placage*   172

*Miroir mural
et tablette (ouvrage)*   175

Panneaux manufacturés   204

Placages   206

Colles à bois   207

des découpes précises en travers du fil. Dans le sens du fil, elle tendra à dévier de la ligne tracée et à fendre le bois : préférez-lui alors une lame à tranchant courbe.

Biseau Une lame biseautée sur une seule face (face qu'il convient d'orienter côté bois de chute) permet, lorsqu'elle est utilisée avec un réglet métallique, de réaliser des découpes d'assemblage parfaitement d'équerre. Dans le cas d'un placage à la main, où les bords des éléments jointifs sont superposés puis découpés ensemble, une lame dotée d'un biseau peu accentué sur ses deux faces est plus appropriée.

Planche à dresser

Construit dans l'atelier à partir de pièces en médium ou en contreplaqué, cet accessoire permet d'obtenir des feuilles de placage à bords parfaitement rectilignes et d'équerre. Sa longueur varie selon les dimensions des feuilles travaillées. Il est constitué d'une planche de support, d'une planche à chant parfaitement rectiligne, contre lequel s'appuie l'outil de rabotage, et d'une pièce de bois pressant la feuille de placage pour assurer sa planéité durant le travail. La précision des assemblages effectués dépend en grande partie de l'efficacité de la planche à dresser.

Scie à placage

Longue d'environ 15 cm, elle est dotée d'une lame courbe dont la fine denture n'est pas avoyée. Elle permet la découpe de feuilles d'épaisseur standard (environ 0,8 mm) comme celle de feuilles plus épaisses (3 mm) – pour lesquelles l'usage d'un simple couteau s'avère insuffisant – et réalise des chants parfaitement d'équerre.

Réglet métallique et presses à ressort

Un réglet métallique de bonne qualité est indispensable pour la réalisation de travaux de marqueterie. Optez pour un modèle à bord assez épais, afin d'éviter tout risque de dérapage du couteau vers vos doigts. Les règles et réglets existent en diverses longueurs ; un simple décimètre suffit à l'exécution de la plupart des découpes. Peu onéreuses, les presses à ressort sont très utiles pour maintenir les feuilles de placage durant la découpe.

Pot à colle et encolleur

Le pot à colle traditionnel se compose d'un récipient

CI-DESSUS *Utilisation d'une planche à dresser pour la découpe d'un placage délicat.*

Colle animale avant trempage

central et d'un récipient périphérique rempli d'eau. Il permet de chauffer la colle animale et de la maintenir liquide sans la porter à une température trop élevée. Pour un usage occasionnel, une boîte de conserve et une casserole feront l'affaire. Lors d'un placage effectué à la colle vinylique ou urée-formol, l'emploi d'un encolleur garantit une régularité et une homogénéité parfaites de la couche de colle et un réel gain de temps. Moins onéreux, un petit rouleau à peinture en mousse est également efficace.

Papier gommé

On utilise cet adhésif pour maintenir bord à bord les éléments de placage et éviter l'apparition de fentes. Les rubans de qualité supérieure consistent en un papier de faible épaisseur recouvert sur une face d'une gomme soluble à l'eau. Après humidification, le papier se décolle facilement de la surface travaillée sans risque d'arracher les fibres du bois.
Les rubans adhésifs traditionnels, à l'exception peut-être des modèles repositionnables, sont à déconseiller car ils détachent de petits morceaux de matière à l'enlèvement.

Marteau à plaquer

Cet accessoire s'emploie lors de l'encollage, pour chasser les excédents de colle animale entre le support et l'élément de placage. Si vous choisissez de le fabriquer vous-même, garnissez sa face travaillante d'un métal non ferreux, par exemple le laiton, afin d'éviter de tacher le placage durant le travail. Pour la même raison, évitez l'emploi du chêne pour la tête ou le manche.

Griffe à araser

Elle permet d'éliminer les bandelettes de placage débordant du support après le pressage. Les plus performantes découpent en travers et dans le sens du fil sans causer ni éclats ni arrachements.

Colles

Colle animale Souvent vendue sous forme de granules, elle est immergée dans un récipient d'eau froide jusqu'à complète dilution, puis chauffée dans un pot à colle ou un bain-marie. Évitez toute surchauffe, car portée à température trop élevée, elle perd rapidement ses propriétés. Préparez la colle animale à partir de la poudre à chaque utilisation ; il est cependant possible, moyennant quelques précautions, de réchauffer la même préparation à trois ou quatre reprises. La colle préparée s'avère souvent trop épaisse. Délayez-la alors avec un peu d'eau chaude pour éviter l'apparition de grumeaux.

Colle vinylique Elle s'applique en une couche très fine, uniquement sur le support à plaquer. Sur une grande surface, déposez-la à la spatule puis étalez-la avec un petit rouleau à peinture en mousse. Toutefois, la colle vinylique ayant tendance à sécher très rapidement, notamment sur le médium (MDF), mieux vaut l'utiliser sur des supports de petites dimensions. Un placage effectué à la colle vinylique doit être mis sous presse durant au moins une heure. Il est ensuite souhaitable de le laisser reposer plusieurs heures.

Colle urée-formol On la trouve le plus souvent sous forme d'une poudre à préparer à l'eau, mais aussi sous forme de résine liquide accompagnée d'un durcisseur liquide ou en poudre. Ces colles sont d'une remarquable efficacité pour le bois. Un placage à la colle urée-formol doit être généralement maintenu sous presse plus longtemps qu'un placage à la colle vinylique.

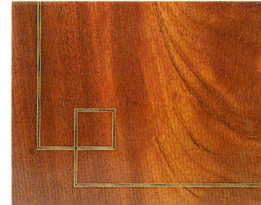

Filet décoratif sur un placage d'acajou à fil ondé

Filets et frises

Motif géométrique

Frises décoratives

Élément de panneau en diamant avec face en érable moucheté

Marqueterie en trompe-l'œil

PRÉPARATION ET POSE DES PLACAGES

Autrefois, les placages étaient taillés à une épaisseur voisine de 3 mm ; aujourd'hui, la plupart présentent une épaisseur comprise entre 0,6 et 1 mm et sont fabriqués uniquement à partir de grumes de haute qualité. Ils sont disponibles à la feuille ou au rouleau chez un grand nombre de revendeurs spécialisés. Il existe une large variété d'essences utilisées pour la confection de placages ornementaux. Ronces, loupes ou « dos de violon » comptent parmi les motifs les plus recherchés par les ébénistes.

Planéité

Pour que sa découpe et sa pose puissent s'effectuer dans de bonnes conditions, un placage doit être parfaitement plan.

Si la plupart des pièces sont naturellement planes, certains placages ornementaux, tels que loupes et ronces, doivent subir un traitement visant à éliminer leurs déformations. Pour aplanir une feuille de placage, on humidifie ses deux faces et on la place sous presse entre deux planches lestées d'un poids. Après quelques heures, la feuille de bois devient plus souple et ses déformations s'atténuent. Il faut alors découper et poser la pièce avant qu'elle ne sèche et ne reprenne sa forme originale.

CI-DESSOUS *Une grande variété de placages est disponible dans le commerce pour les travaux du bois à caractère décoratif.*

CI-DESSUS *Pour répondre aux besoins de l'amateur, les placages sont souvent disponibles en rouleau et à la feuille.*

POUR EN SAVOIR PLUS

Façonnage, cintrage et lamellé-collé	78
Outils et équipements de base	170
Miroir mural et tablette (ouvrage)	175
Panneaux manufacturés	204
Placages	206
Colles à bois	207

Support

Les éléments de placage peuvent être posés sur bois massif ou sur panneau manufacturé. Il existe pour chacun de ces supports certaines règles à respecter. Le bois massif doit être stable et dépourvu de nœuds ou de défauts. Posez le placage en orientant le fil dans la même direction que celui de la pièce de bois, afin qu'il puisse suivre sans dommage ses déformations. Sur un support en contreplaqué, il est à l'inverse préférable de poser le placage en croisant les fils. L'aggloméré et le médium, pour lesquels la question de la direction du fil ne se pose pas, constituent des supports adéquats, à condition d'opter pour des pièces de bonne qualité.

Dans un souci d'esthétique, il est courant d'habiller les chants des panneaux manufacturés de lattes de parement, de préférence avant la pose du placage. Une épaisseur voisine de 6 mm constitue une protection suffisante contre les chocs pour des lattes non destinées à être moulurées. Elles peuvent être maintenues après collage par des presses à manches ou des morceaux de ruban de masquage placés tous les 10 cm.

Équilibrage

Après séchage complet, une pièce de bois plaquée sur une seule face est souvent sujette au tuilage. Pour éviter cette déformation, habillez la face opposée à la face plaquée d'une feuille de placage de même épaisseur que la première. Rien n'interdit, lorsque cette face n'est pas visible, de choisir un placage de moindre qualité.

Papier gommé

Si le placage est réalisé à la presse ou à la cale, il est impératif que tous les joints soient habillés de ruban gommé avant la pose. Vérifiez au préalable que les arêtes jointives s'ajustent parfaitement. Humidifiez des morceaux de ruban longs d'environ 10 cm et placez-les

Placage à la main

1 Appliquez la colle chaude sur les deux surfaces.

2 Réchauffez la colle au fer à repasser.

3 Évacuez les excédents de colle au marteau à plaquer.

4 Procédez par passes régulières, du centre vers l'extérieur.

5 Le joint est prêt à être découpé.

6 Effectuez ce travail à l'aide d'un réglet.

7 Retirez le rebut.

8 Appliquez un peu de colle sous les bords des éléments de placage.

9 Posez un morceau de ruban gommé sur la longueur du joint.

10 Découpez au trusquin de coupe les bandes de placage périphériques qui formeront l'encadrement. Décollez les lames de bois.

11 Après avoir chauffé la colle, retirez le rebut.

12 Découpez le joint d'onglet pour l'encadrement.

13 Façonnez à la défonceuse la rainure destinée à accueillir le filet.

14 Angle de la pièce terminée.

en travers de chaque joint, à intervalles de 15 cm. Complétez le travail en recouvrant chaque joint sur toute sa longueur par un morceau d'un seul tenant. Pour un placage à la main, le ruban s'utilise de façon similaire, mais sa mise en place se fait après la pose et la découpe des éléments. Le rôle du ruban gommé, qu'il s'agisse d'un placage à la cale ou à la main, est d'empêcher l'ouverture des joints sous l'effet du retrait du bois.

Techniques de placage

Placage à la main Cette ancienne technique est encore utilisée par certains restaurateurs de meubles. Nécessitant un nombre limité d'outils mais beaucoup de savoir-faire et de pratique, elle convient pour la réalisation de motifs simples, à l'aide d'éléments de placage joints au couteau. Après préparation, les faces respectives du support et de l'élément de placage sont enduites de colle animale puis placées en contact. À ce stade, la colle refroidie forme une pellicule épaisse : il est alors nécessaire de chauffer le placage à l'aide d'un fer à repasser (on aura soin d'humidifier la surface). Les excédents de colle sont ensuite évacués au marteau à plaquer, jusqu'à obtenir une parfaite adhérence de l'élément de placage sur le support.
On réalise les joints en superposant les bords des éléments de placage contigus et en les découpant d'une passe unique à l'aide d'un réglet et d'un cutter. Après

Ici, le système de pressage sous vide assure la parfaite homogénéité d'une pièce de contreplaqué en lamellé-collé.

Pièce de contreplaqué en lamellé-collé façonnée à l'aide du dispositif de pressage sous vide.

Le pressage sous vide permet également la pose de placage sur les moulures.

CI-DESSUS *Une pièce plaquée mise sous presse à l'aide de cales et de serre-joints.*

enlèvement du rebut, les joints sont habillés de ruban gommé afin d'éviter leur ouverture après retrait du bois.

Placage à la cale Pour la pose de feuilles de placage plus épaisses ou la réalisation de motifs de marqueterie très élaborés, il est peu conseillé de travailler au marteau car cette technique, qui ne maintient pas le placage assez

fermement en place, peut nuire à la précision des motifs. Un travail par pressage, effectué à l'aide d'une presse spécifique ou, à défaut, de cales de bois et de serre-joints, est plus approprié. Le placage à la cale consiste à insérer la pièce plaquée entre plusieurs planches épaisses, elles-mêmes pressées par de robustes carrelets disposés transversalement. L'ensemble

est serré en place par plusieurs serre-joints. Le chant des carrelets en contact avec les planches doit être très légèrement convexe afin que la pression s'applique d'abord sur la partie médiane du placage, ce qui permet l'évacuation complète de l'air et des excédents de colle. La plupart des colles à bois conviennent pour ce travail mais la colle animale impose de chauffer les planches préalablement à la mise sous presse.

Placage sous vide Les dispositifs portables de pressage sous vide (en haut à gauche) offrent une alternative très pratique aux deux techniques décrites plus haut. Cet équipement peu onéreux permet à l'amateur de poser un placage sur un support ou de fabriquer un élément de forme courbe en lamellé-collé. Ce système fait intervenir une petite pompe à vide qui extrait l'air d'un sac de plastique ou de caoutchouc dans lequel est placée la pièce travaillée. Lorsque le vide est établi dans le conteneur, la pression exercée sur les surfaces encollées est de l'ordre de huit tonnes par m^2 ; elle est, de plus, parfaitement répartie.

Finition

Après la pose d'éléments de placage, il convient d'attendre un certain temps avant la finition, car la colle a tendance à se contracter en séchant. Après séchage complet, poncez les surfaces au rabot à replanir réglé sur une profondeur de coupe minimale, puis terminez à l'aide de papiers abrasifs, en commençant par un grain 150.

MIROIR MURAL ET TABLETTE

voir plan page 220

L'un des intérêts de la marqueterie consiste à associer des éléments de placage de formes simples pour composer des motifs géométriques. Le motif peut être réalisé à l'aide d'éléments d'un même bois (on alterne alors le sens du fil pour créer l'effet recherché) ou à partir de plusieurs essences d'aspects contrastés.

Construisez la structure à l'aide de panneaux de médium (MDF) et habillez les chants de lattes de parement de même teinte que le placage, ou d'une teinte contrastée. La pose de l'étagère, qui s'emboîte dans la rainure transversale du miroir, ne nécessite pas l'emploi de colle. Les placages ont été ici réalisés à l'aide du système de pressage sous vide présenté page précédente.

Cet objet d'une grande simplicité est construit en lamellé-collé, à partir de panneaux en fibres moyenne densité (MDF). Les profils évasés ont été façonnés à la scie à ruban. Il est prudent de construire d'abord l'étagère, puis de l'insérer entre les deux éléments évasés avant leur collage sur le support vertical en médium. Le placage en érable moucheté s'orne d'un motif formé de losanges en sycomore naturel et sycomore teinté.

Découpe des bandes de placage

1 Effectuez une première découpe dans le placage de sycomore, à 60° par rapport à la direction du fil.

2 Taillez plusieurs bandes de même largeur selon une direction parallèle à la première découpe, à l'aide d'une règle métallique, d'un tasseau et de butées en bois de la largeur souhaitée.

3 Découpez plusieurs bandes de même largeur que

POUR EN SAVOIR PLUS

Outils et équipement de base	170
Préparation et pose des feuilles de placage	172
Panneaux manufacturés	204
Placages	206
Colles à bois	207

9. PLACAGE ET MARQUETERIE

les précédentes dans le placage teinté, dans le sens du fil.

Façonnage du motif

4 Accolez les bandes les unes aux autres à l'aide de ruban adhésif repositionnable. Étirez légèrement le ruban pour une parfaite jonction des bandes.

5 Retournez l'ensemble et appliquez une fine ligne de colle vinylique à séchage rapide sur chaque joint. Ouvrez les joints en charnière pour faire pénétrer la colle. Habillez la face encollée de ruban adhésif, puis placez l'ensemble à plat sous une lourde planche.

6 Après séchage complet de la colle, retirez l'adhésif puis taillez plusieurs bandes, toujours de même largeur mais cette fois selon une direction transversale, afin d'obtenir une suite de losanges de mêmes dimensions.

7 Disposez les bandes pour former un damier. Habillez la pièce ainsi composée de ruban adhésif et encollez-la comme précédemment.

8 Découpez-y un triangle tel que celui présenté figure 9.

9 Le motif peut être inséré dans la feuille de placage. Couvrez les joints de ruban gommé avant de mettre l'ensemble sous presse.

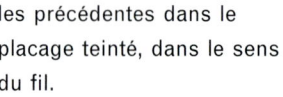

10. TOURNAGE SUR BOIS

Ce mode de travail du bois, peu gourmand en espace, connaît aujourd'hui un regain d'intérêt. Il fait intervenir une rotation mécanique de la pièce travaillée, soit sur plateau, pour la réalisation de récipients de forme circulaire, soit entre pointes, pour le façonnage de pieds de table, de chaise ou de lampe.

Outils et accessoires de tournage   178

Tournage sur plateau et entre pointes   180

Jatte à fruits (ouvrage)   182

OUTILS ET ACCESSOIRES DE TOURNAGE

Pour vous lancer dans le tournage sur bois, il vous suffira d'un recoin d'atelier, de quelques pièces de bois brut, d'un tour, d'une meule d'établi et d'un jeu d'outils de tournage. Il convient d'ajouter à cette liste quelques équipements de protection, tels que lunettes et masque antipoussière. Le choix du tour et des outils doit être fait en fonction de vos projets et de votre budget.

Bouton marche/arrêt

Poupée

Moteur

Ci-DESSUS Un plateau de faible diamètre est monté sur l'arbre. Le porte-outil est positionné pour permettre le façonnage d'un petit objet de forme circulaire. La pièce de bois est fixée sur le plateau par des vis.

Porte-outil mobile

Tour

Les machines combinant tournage sur plateau et tournage entre pointes sont nombreuses sur le marché, mais certaines d'entre elles, souvent les moins onéreuses, sont de médiocre qualité et d'un usage difficile. Si vous travaillez principalement des pièces de bois de faibles dimensions, faites l'acquisition d'une machine compacte de bonne qualité plutôt qu'un

tour de grande taille mais de piètre conception.
Un tour à bois se constitue d'un banc, d'une poupée, d'un arbre et d'un moteur. L'action du moteur entraîne un mouvement rotatif de la pièce de bois, qui est façonnée à l'aide d'outils

Ci-DESSUS L'arbre porte une broche qui permet la fixation de la pièce de bois pour un tournage entre pointes. Les ergots acérés de la broche maintiennent solidement la pièce travaillée.

spécifiques, soit à main levée, soit par le biais d'un porte-outil mobile supporté par le banc de la machine. Lors d'un tournage entre pointes, la pièce de bois est placée (fil parallèle à l'axe de rotation) entre une broche fixée à l'extrémité de l'arbre d'entraînement et une contre-pointe fixe ou tournante, selon les modèles. Lors d'un tournage frontal, la pièce de bois est fixée (fil perpendiculaire à l'axe de rotation) sur l'arbre par le biais d'un mandrin ou d'un plateau.

Outils de tournage

Ils sont spécialement conçus pour supporter l'effort lié à la vitesse de rotation de la pièce travaillée. Certains modèles sont réservés au tournage entre pointes, d'autres sont réservés au tournage frontal. Dans la mesure du possible, utilisez toujours ces outils dans la fonction pour laquelle ils ont été conçus. Les outils à manche raccourci sont très pratiques pour travailler sur un tour de modestes dimensions. Les quelques outils présentés ici constituent une série de base tout à fait acceptable.

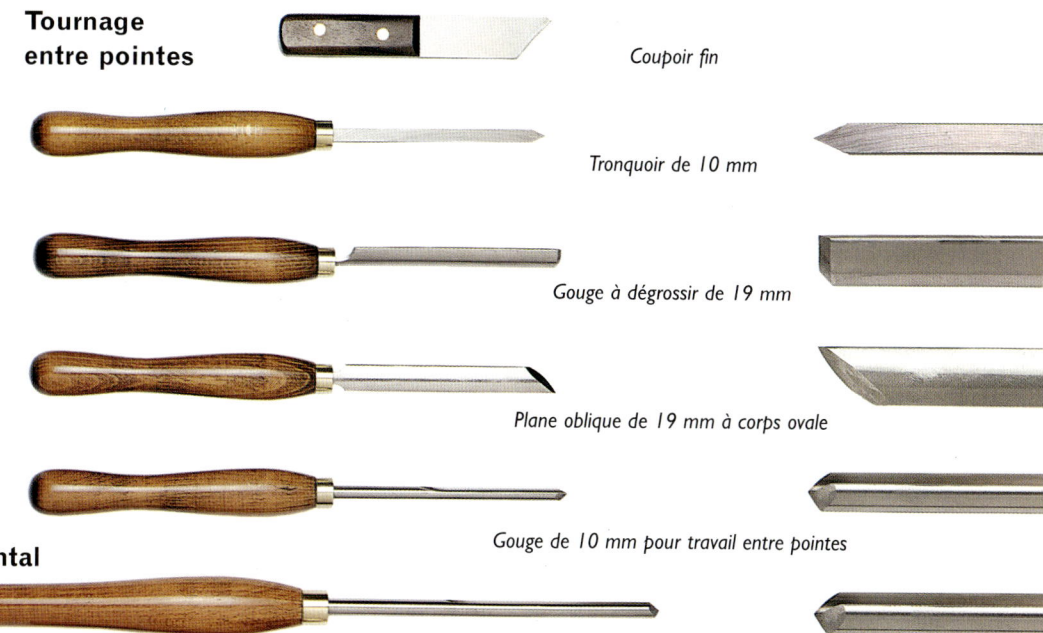

Tournage entre pointes

Coupoir fin

Tronquoir de 10 mm

Gouge à dégrossir de 19 mm

Plane oblique de 19 mm à corps ovale

Gouge de 10 mm pour travail entre pointes

Tournage frontal

Gouge à profiler de 10 mm (modifiée par l'auteur)

Racloir droit de 13 mm

Racloir arrondi de 19 mm

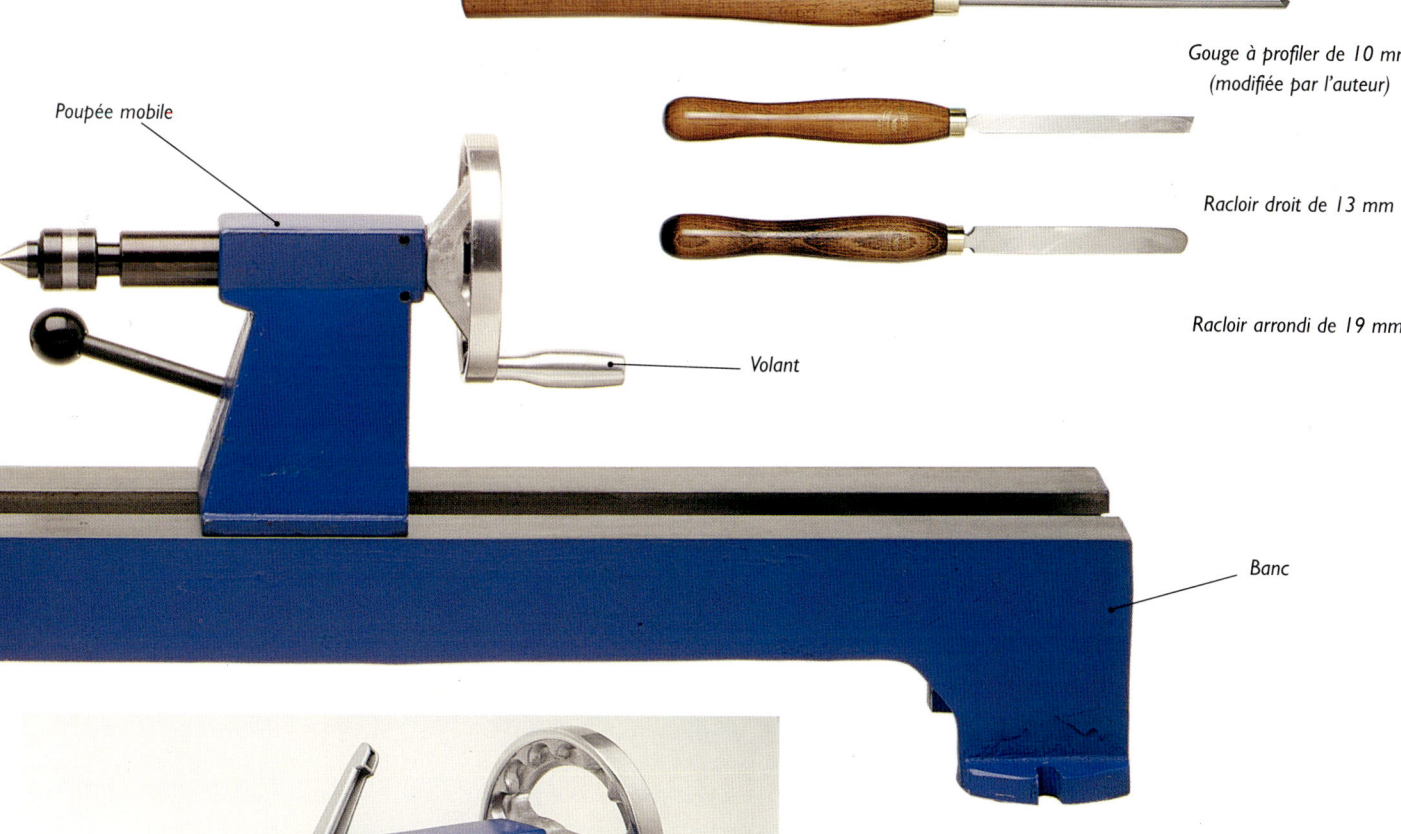

Poupée mobile

Volant

Banc

CI-CONTRE *Poupée mobile porteuse d'une contre-pointe tournante. Cet accessoire est doté d'un roulement à billes qui permet la libre rotation de la pièce travaillée. Il est également possible de travailler avec une contre-pointe fixe, à condition de la lubrifier à la graisse ou à la cire.*

POUR EN SAVOIR PLUS

Organisation de l'atelier — 12

Bruit, sécurité et extraction — 16

Préparation des outils tranchants — 24

Affûtage des outils tranchants — 26

Tournage entre pointes et tournage frontal — 180

Jatte à fruits (ouvrage) — 182

10. TOURNAGE SUR BOIS

Outils et accessoires de tournage **179**

TOURNAGE ENTRE POINTES ET TOURNAGE FRONTAL

Le tournage frontal est essentiellement voué au façonnage de jattes, saladiers et autres récipients de forme circulaire. Le tournage entre pointes s'effectue le plus souvent sur des pièces de bois de section peu importante, que l'on peut se procurer sans grande difficulté.

Tournage frontal

Le tournage frontal nécessite l'adaptation d'un plateau ou d'un mandrin (ordinairement fournis avec le tour) sur l'arbre d'entraînement. La pièce de bois massif est fixée au plateau par plusieurs vis. Il faut que la pièce de bois soit saine et sa surface plane, que les vis aient un diamètre minimal de 5 mm, qu'elles pénètrent dans le bois sur une profondeur d'au moins 15 mm et que leur serrage soit adéquat. Les pièces de bois destinées au tournage frontal sont le plus souvent taillées dans des planches à fil longitudinal. Les vis de fixation pénètrent donc le bois en travers du fil, assurant ainsi une accroche solide. Le tournage est plus aisé s'il est opéré dans le sens du fil. La disposition des fibres permet alors de creuser le bois sans effort, de l'extérieur vers le centre. Il est possible de se

procurer des pièces de bois prétaillées chez certains spécialistes du tournage, mais on peut tout aussi bien le faire soi-même, à la scie à ruban. Choisissez de préférence, durant votre période d'apprentissage, un bois peu onéreux (veillez cependant à ce qu'il soit parfaitement sain). Entraînez-vous au besoin sur un bois non séché, plus facile à découper, mais sachez qu'une fois façonné, il sera sujet aux déformations et aux fissures.

Montage de la pièce de bois

Lors d'un tournage frontal, on a coutume de façonner la base de l'objet en premier ; c'est donc la face supérieure de la pièce de bois qui est donc généralement fixée au plateau ou au mandrin. Si vous utilisez un mandrin à serrage par expansion, il vous faudra également ménager un logement dans la base pour permettre le retournement de la pièce. Pour décider, avant d'entamer le travail, du dessus ou du dessous de la pièce de bois, examinez-la à la recherche d'éléments que vous souhaitez voir figurer – ou non – sur l'objet fini.

Assurez-vous que la pièce de bois est solidement fixée et que le tour est réglé sur une vitesse de rotation appropriée. D'un manière générale, celle-ci diminue à mesure que les dimensions de la pièce travaillée augmentent. La solution la plus sûre consiste à entamer le travail à vitesse lente, puis à augmenter celle-ci si besoin est. Avant de mettre le tour en marche, réglez la position et la hauteur du porte-outil de sorte qu'une gouge puisse attaquer la pièce de bois depuis son centre et selon l'inclinaison qui convient. Vérifiez également, en actionnant l'arbre à la main, que la pièce de bois ne touche à aucun moment le porte-outil. Si celle-ci venait à se détacher de son support, sa trajectoire la plus probable suivrait l'axe du tour ; aussi est-il prudent, au démarrage, de vous tenir sur le côté de la machine.

Tournage entre pointes

Entraînez-vous sur des pièces de bois aisément disponibles, comme par exemple des branches taillées lors d'un récent élagage, qui offrent l'avantage d'être de section circulaire, non séchées et d'un sens de fil approprié. Une pièce peu longue et d'un diamètre voisin de 5 cm constitue un bon choix de départ (vérifiez la course à la main avant de démarrer le tour, car les branches ne

Ci-dessus Le plateau est vissé sur la pièce de bois, puis l'ensemble fixé sur l'axe du tour. Le porte-outil est positionné un peu en-dessous de l'axe médian horizontal de la pièce. Placez-vous en retrait de la machine lors de son démarrage.

sont jamais parfaitement circulaires). Évitez cependant les pièces qui présentent nœuds et fissures, et prenez garde aux clous non visibles. N'utilisez sous aucun prétexte du bois traité, susceptible de produire une poussière toxique.

La pièce travaillée est reliée à l'arbre d'entraînement par le biais d'une broche. Celle-ci est dotée de deux ou quatre ergots qui sont enfoncés à force dans le bois et qu'il convient d'affûter régulièrement. L'autre extrémité de la pièce, percée d'un trou, est fixée sur une contre-pointe de forme conique qui peut être fixe (elle doit alors être lubrifiée à la graisse ou à la cire pour éviter l'échauffement) ou mobile, cette dernière option facilitant grandement l'usage du tour.

POUR EN SAVOIR PLUS

Outils et accessoires de tournage 178

Jatte à fruits (ouvrage) 182

Caractéristiques des bois durs et des bois tendres 194

Montage de la pièce

Il est nécessaire de trouver le centre des deux extrémités de la pièce travaillée. Si la pièce de bois présente une section régulière, il suffit de tracer deux diagonales (le centre de la pièce se situe à leur intersection). Si la section est irrégulière, placez la pointe d'un compas à pointes sèches au centre estimé, puis vérifiez l'exactitude de votre choix en décrivant un cercle avec l'autre pointe. Modifiez la position de la pointe centrale jusqu'à satisfaction. Après l'avoir démontée, enfoncez la broche au maillet dans l'une des extrémités de la pièce. Remontez l'ensemble broche/pièce de bois sur l'arbre et déplacez la poupée mobile de façon à ce que la contre-pointe vienne toucher la seconde extrémité. Fixez la poupée mobile et engagez la contre-pointe dans le trou que vous avez ménagé dans le bois. Laissez un très léger jeu afin de limiter la pression sur les roulements à billes.

Quel bois utiliser ?

La plupart des essences conviennent aux travaux de tournage. Certains bois, comme l'if, dégagent des poussières toxiques. D'autres, tels que l'orme ou le hêtre, seraient cancérigènes.
Pin, peuplier et autres bois tendres sont rarement utilisés pour le tournage sur plateau, car les objets réalisés sont trop fragiles. Ces bois sont en revanche employés pour le tournage entre pointes.
Les loupes et les bois à fil ondé sont très recherchés, mais, du fait de leur coût

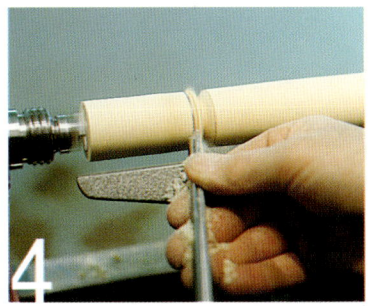

et de la difficulté à les travailler, ils sont peu conseillés aux débutants. De plus, ils ne conviennent pas pour le tournage entre pointes.

Préparation pour un tournage entre pointes

1 Placez le porte-outil aussi près que possible de la pièce travaillée, légèrement en dessous du centre de la hauteur. L'ajustement final du porte-outil dépend de votre position par rapport au tour ; quoi qu'il en soit, vérifiez toujours, avant d'entamer le travail, que cet accessoire n'entrave pas la course de la pièce travaillée. Du fait du faible diamètre de la pièce de bois, le tournage entre pointes s'effectue ordinairement à une vitesse de rotation plus élevée que

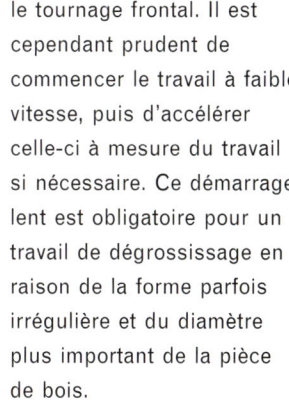

le tournage frontal. Il est cependant prudent de commencer le travail à faible vitesse, puis d'accélérer celle-ci à mesure du travail si nécessaire. Ce démarrage lent est obligatoire pour un travail de dégrossissage en raison de la forme parfois irrégulière et du diamètre plus important de la pièce de bois.

Dégrossissage

2 Ce travail s'effectue principalement à l'aide d'une gouge à dégrossir (voir illustration). Les grains d'orge ou les gouges à profiler ne sont employés que durant la mise en forme proprement dite. Les planes à corps ovale sont surtout utilisées pour le façonnage de cylindres ou de formes coniques régulières.

Mise en forme

3 Une fois que la pièce de bois est de forme cylindrique, elle est travaillée à l'aide d'une gouge à profiler pour tournage entre pointes.

4 Tournez la lame de l'outil pour découper selon une direction transversale.

5 Pour éviter l'apparition de marques de la broche et de la contre-pointe sur la pièce finie, ménagez une longueur de rebut à chaque extrémité de la pièce de bois. Ces deux longueurs seront progressivement amincies à l'aide d'une plane ou d'un coupoir, puis éliminées au ciseau à la fin du travail.

JATTE À FRUITS _voir plan page 222_

Si vous êtes débutant, optez pour une jatte
d'un diamètre voisin de 20 cm et profonde
d'environ 5 cm. Ces dimensions en feront un
objet toujours utile, et la perte financière ne
sera pas trop forte si le résultat obtenu n'est
pas celui que vous escomptiez ! Choisissez
de l'érable sycomore, ou un autre bois dur à fil
longitudinal. Evitez, dans un premier temps,
de travailler les ronces et les loupes, qui sont
plus onéreuses, difficiles à façonner et dont
les défauts sont facteurs d'accidents.

CI-CONTRE _Ce détail met en relief
le léger surplomb de l'arête
intérieure du rebord, qui accentue
le jeu d'ombre et donne un effet
de profondeur._

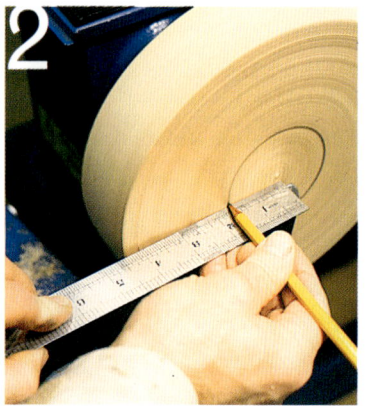

Montage de la pièce de bois

1 Fixez la pièce de bois
sur le plateau ainsi qu'il est
décrit aux pages
précédentes. Imprimez une
légère concavité au fond de
la jatte avec une gouge, en
travaillant tranchant à plat
sur le bois, de l'extérieur vers
l'intérieur. L'axe de l'outil est
ordinairement orienté dans la
direction de la découpe.

Façonnage de la base

2 Au centre de la pièce
de bois, dessinez au crayon
un cercle de diamètre égal à
celui du plateau plus 15 mm.
Ce cercle figure la base de
la jatte.

Façonnage du pourtour

3 Commencez le façonnage
du pourtour en travaillant
avec le tranchant opposé
de la gouge, du centre vers
l'extérieur. À ce stade, le
porte-outil est toujours orienté
parallèlement au plateau.

4 À intervalles réguliers, et
à mesure que la jatte prend
forme, il est nécessaire de
stopper le tour afin de placer
le porte-outil dans
une position plus favorable
à la poursuite du travail.

5 Au cours des passes
successives sur le pourtour,
orientez le manche de l'outil
de façon à ce que le
tranchant reste toujours
en contact avec le bois.

5

6 Au stade final de la mise en forme, façonnez la base de l'objet.

7 Lorsque la forme vous donne entière satisfaction, aiguisez les tranchants de la gouge et effectuez un lissage général pour éliminez toutes les irrégularités du grain.

Finition du pourtour

8 Otez le porte-outil puis lissez le pourtour au papier abrasif. Entamez le travail avec un papier de grain 100, en le déplaçant transversalement pour éviter l'apparition de rayures sur la surface travaillée. Ne passez à un papier de grain plus fin

6

7

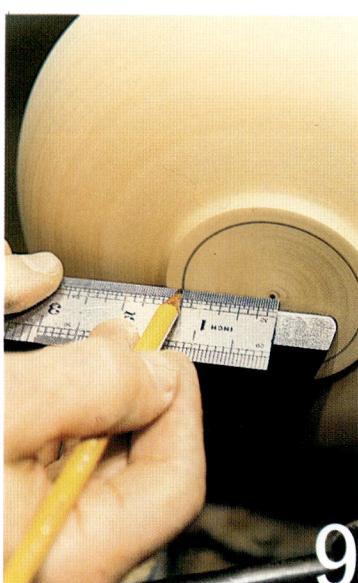

9

10

11

POUR EN SAVOIR PLUS

*Matériaux
et méthodes de finition*   92

*Outils et accessoires
de tournage*   178

*Tournage entre pointes
et tournage frontal*   180

*Caractéristiques
des bois durs
et des bois tendres*   194

que lorsque toutes les irrégularités du bois ont disparu.

9 Tracez un cercle égal au diamètre du plateau au centre de la base afin de faciliter le montage de la jatte pour le deuxième stade du travail.

8

Enlevez l'ensemble plateau/jatte du tour et ôtez les vis.

10 Vissez le plateau sur la base de la jatte. Notez bien à quelle profondeur les vis pénètrent dans le bois.

11 Fixez l'ensemble plateau/jatte sur le tour et imprimez une légère concavité à l'aide de la gouge comme vous l'avez fait au premier stade du travail.

12 Soustrayez à la hauteur de la jatte la profondeur de pénétration des vis plus 5 mm. À l'aide d'un foret de 6 mm, percez un trou d'une profondeur correspondant à la valeur obtenue pour figurer le fond de la jatte.

Façonnage de l'intérieur

13 Effectuez une découpe au racloir, en utilisant seulement l'angle de la lame, pour figurer le rebord circulaire de la jatte.

14 Creusez l'intérieur de la jatte à la gouge, en travaillant depuis le rebord vers le centre.

15 Poursuivez le travail jusqu'à obtenir une forme proche de celle souhaitée.

16 Lorsque l'épaisseur du rebord est régulière sur toute la circonférence (ayez soin, si possible, de ménager un léger surplomb de l'arête intérieure), lissez l'intérieur de la jatte à l'aide d'un racloir arrondi.

17 Finissez le lissage au papier abrasif puis, après arrêt du tour, frottez la surface avec un chiffon enduit d'huile d'olive. Enlevez l'ensemble plateau/jatte du tour, retirez les vis et comblez les trous à l'aide de pâte à bois.

Ci-contre *Les bois ordinaires, tel le frêne utilisé ici, donnent naissance à des objets à la fois utiles et décoratifs. Les tourneurs les plus expérimentés travaillent des pièces de bois plus coûteuses, telles les loupes d'orme, gages d'un résultat plus prestigieux.*

La sculpture sur bois requiert des qualités manuelles et un certain sens artistique. L'apprentissage des techniques de base est à la portée de tous, et il est possible d'obtenir rapidement des résultats satisfaisants dès lors que les règles fondamentales sont comprises. Pour optimiser vos chances de succès, limitez-vous, dans un premier temps, à des projets relativement simples, qui vous rendront plus confiant pour des réalisations plus ambitieuses.

Outils, accessoires et bois   186

Techniques de base   188

Boîte à bijoux (ouvrage)   190

11. SCULPTURE SUR BOIS

OUTILS, ACCESSOIRES ET BOIS

La sculpture, qui favorise le développement de qualités manuelles et artistiques, est une facette très enrichissante du travail du bois. Dans ce domaine privilégiant la forme et le soin du détail, il devient possible d'explorer ses propres idées sans le souci de contraintes structurelles.

Outils manuels

Les outils de sculpture sur bois présentent une grande variété de formes et de dimensions, qui offrent une large gamme d'options pour le façonnage du bois. Les gouges les plus larges, d'un profil creux à presque plat, sont utilisées pour l'élimination rapide du rebut et le dégrossissage.

À ce stade du travail, on se sert également de burins, notamment pour marquer une fracture étroite et profonde entre deux volumes.

À mesure du travail, ces outils sont remplacés par d'autres, à lame plus fine et plus étroite, qui permettent de préciser la forme de l'objet puis de lui donner son aspect final.

Un travail satisfaisant ne peut être obtenu qu'avec des outils bien équilibrés, à lame en acier rapide, affûtés dans les règles de l'art. Les outils de seconde main mais d'une marque reconnue s'avèrent souvent un bon investissement, car ils sont généralement de bien meilleure qualité que la plupart des instruments récents.

Les fabricants dotent le plus souvent leurs outils d'un manche en frêne ou en buis, qu'ils équipent parfois d'une virole en acier ou en laiton. Ces manches peuvent être remplacés par d'autres de section octogonale ou hexagonale, pour une parfaite stabilité des instruments sur l'établi.

Râpes, limes et rifloirs

Ces outils à vocation abrasive sont essentiels,

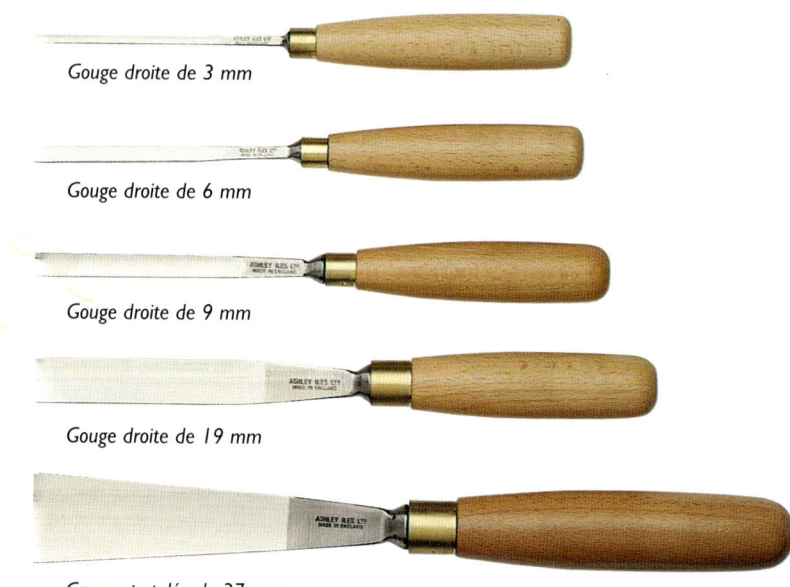

Gouge droite de 3 mm

Gouge droite de 6 mm

Gouge droite de 9 mm

Gouge droite de 19 mm

Gouge spatulée de 37 mm

Cɪ-ᴅᴇssᴜs ᴇᴛ ᴄɪ-ᴄᴏɴᴛʀᴇ À ᴅʀᴏɪᴛᴇ
Série d'outils choisis parmi les nombreux burins et gouges disponibles chez les détaillants spécialisés.

POUR EN SAVOIR PLUS

Ciseaux 20

Préparation des outils tranchants 24

Affûtage des outils tranchants 26

Défonceuses 40

L'Arbortech 78

Caractéristiques des bois tendres et des bois durs 194

Essences	Avantages	Inconvénients
Tilleul	Tous usages	Grain assez pauvre
Pin jaune du Québec	Tendre, fil droit	Cassant
Pin rouge de Russie	Tendre, fil serré et droit	Un peu cassant
Chêne pédonculé	Grain riche	Dur, grain ouvert
Noyer	Tous usages	Travail lent
Jelutong	Grain serré et régulier	Un peu cassant, manque de caractère
Cerisier	Vert : agréable à travailler	Sec : collant
Pommier	Vert : agréable à travailler	Sec : collant
Poirier	Vert : agréable à travailler	Sec : collant
Prunier	Vert : agréable à travailler	Sec : collant
Érable blanc	Grain intéressant	Travail très lent
Érable sycomore	Bel aspect après finition	Fil légèrement ondé
Acajou	Idéal pour meubles	Un peu cassant
Ébène	Superbe après finition	Très dur et un peu cassant
Buis	Accepte bien les détails	Dur, dimensions limitées

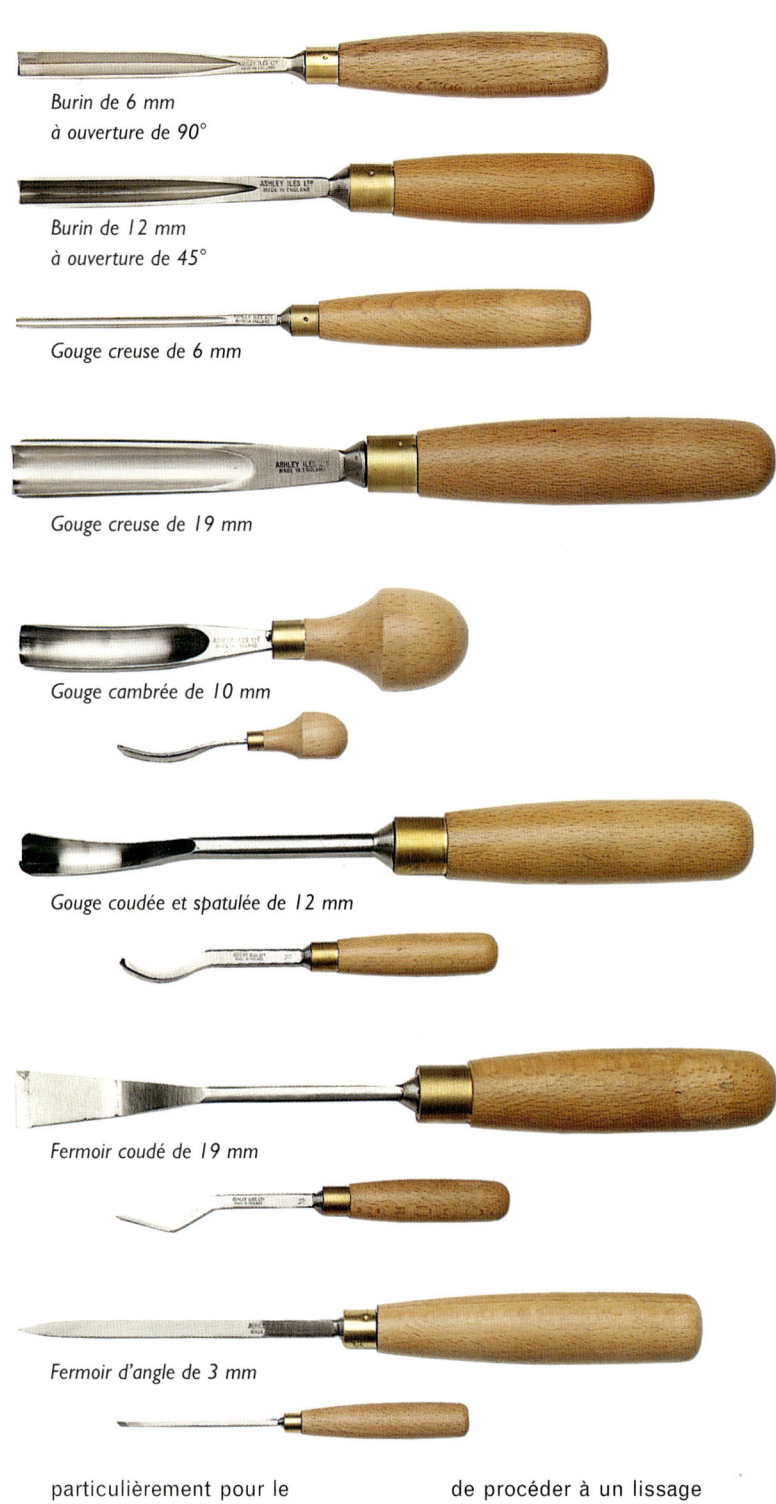

*Burin de 6 mm
à ouverture de 90°*

*Burin de 12 mm
à ouverture de 45°*

Gouge creuse de 6 mm

Gouge creuse de 19 mm

Gouge cambrée de 10 mm

Gouge coudée et spatulée de 12 mm

Fermoir coudé de 19 mm

Fermoir d'angle de 3 mm

particulièrement pour le travail sur les pièces de grandes dimensions. Râpes et rifloirs, dont l'action relève autant de l'arrachage que de la découpe, sont à même d'éliminer rapidement les inégalités d'une surface. Un travail à la râpe fine et à la lime s'avère néanmoins nécessaire avant

de procéder à un lissage final au papier abrasif. Râpes et limes ont tendance à s'encrasser lorsqu'elles sont utilisées intensivement sur des bois huileux, tels que le pin sylvestre, le teck ou le gaïac. Vous remédierez à ce problème au moyen d'une brosse métallique ou, pour les lames les plus

récalcitrantes, d'une lampe à souder. Le Surform est un modèle de râpe à lame ajourée, propre à éviter cet inconvénient.

Peu coûteux et extrêmement utiles, ces outils sont disponibles en divers profils et dimensions.

Outils motorisés

Meuleuses d'angle Depuis l'arrivée sur le marché du disque arbortech, la meuleuse d'angle est devenue un outil indispensable pour nombre de sculpteurs sur bois. L'arbortech est un disque en acier trempé qui présente six dents avoyées, chacune couplée à un limiteur assurant un contrôle de la découpe. Cet accessoire est particulièrement utile pour le dégrossissage, mais il est bruyant et dégage une poussière importante. En outre, il a tendance à "serrer" dans le bois lorsque l'effort porte sur sa face non travaillante. Lisez très attentivement les consignes du fabricant.

Défonceuses Associée à un jeu approprié de fraises et d'ébarboirs, la défonceuse

Jeu de râpes et limes de petite taille

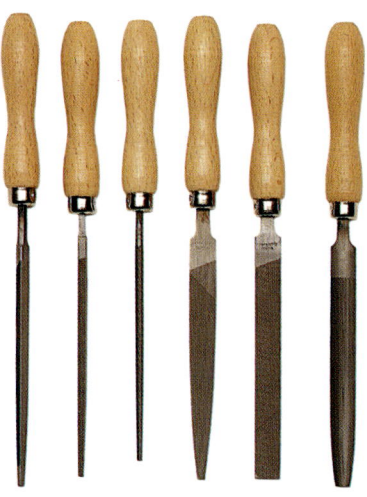

vient à bout du bois de rebut plus rapidement et tout aussi efficacement que n'importe quel rifloir ou râpe.

Fraiseuses miniatures à flexible Associées à diverses fraises en acier rapide ou en carbure de tungstène, elles permettent le façonnage de détails d'une grande précision, plus rapidement qu'avec des outils de sculpture traditionnels.

Accessoires de fixation et étaux de sculpteur

Les travaux de sculpture sur bois occupant le plus souvent les deux mains, il est nécessaire de recourir à divers accessoires pour maintenir la pièce de bois travaillée. Il pourra s'agir de simples presses, de l'étau d'un établi ou de supports spécifiques, orientables ou rotatifs. On trouve également, chez certains fournisseurs, des presses à fonctionnement hydraulique.

Essences propices à la sculpture

Il était d'usage, par le passé, d'utiliser le chêne pour les ouvrages à caractère religieux, l'acajou pour les meubles vernis, et le tilleul (ou le pitchpin) pour les objets voués à la dorure ou à la peinture. De nos jours, on utilise volontiers le jelutong pour la réalisation de motifs répétitifs et le buis pour le façonnage de pièces aux détails fins et compliqués. Le tilleul est un bois idéal pour les débutants ; tendre et facile à travailler, il se prête bien au façonnage de petits détails.

TECHNIQUES DE BASE

La sculpture sur bois regroupe un ensemble de
techniques élaborées, dont certaines sont utilisées pour
la réalisation de la boîte àbijoux présentée dans les
pages suivantes. Armez-vous de patience et persévérez,
car c'est en sculptant que l'on devient sculpteur !

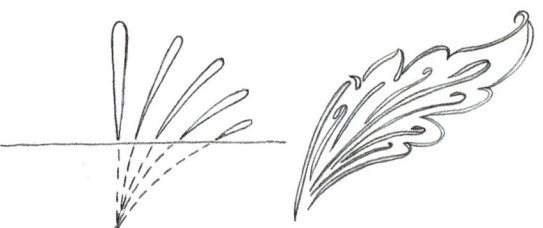

CI-CONTRE *Avant de
procéder au veinage,
il est important de
marquer précisément
au crayon les limites des
découpes.*

Mesure et traçage

Les outils de traçage sont
aussi indispensables au
sculpteur sur bois que
fermoirs et gouges.
Ceci est particulièrement
vrai pour la réalisation de
moulures répétitives ou pour
le façonnage des motifs
géométriques caractérisant
la planisculpture. En outre,
seul un traçage précis des
formes permet la confection

CI-DESSOUS *Le pied finement érasé
de cette chaise de style
Chippendale est orné de suites
de cinq éléments formant gousses.
Le pourtour du siège porte
un délicat filet entrelacé.*

de pochoirs, accessoires
essentiels pour la sculpture
sur bois.

Pochoirs Ils peuvent être
fabriqués dans toutes sortes
de matériaux, mais on utilise
généralement le papier
et le carton, et de préférence
le plastique pour les pochoirs
destinés à être conservés.
Les feuilles de cuivre offrent
l'avantage d'être souples et
faciles à utiliser. L'enveloppe
métallique d'un tube
de dentifrice, découpée
et dépliée, donne d'excellents
résultats.

Techniques

Les principes de base
sont relativement simples.
Le parfait affûtage des outils
est essentiel.
La plupart des sculptures
peuvent se décomposer en
un ensemble d'arcs de cercle
et d'ovales. L'association des
deux crée des profils en S,
qui permettent le façonnage
de formes concaves
et convexes. Savoir modifier
l'attaque du bois en fonction
de la direction du grain
requiert une certaine
pratique. À cet égard, la taille
par tranchage donne de bons
résultats pour une découpe à
contre-fil ou à travers-fil ;
inclinez alors légèrement
la lame de l'outil d'un côté
ou de l'autre de manière à
obtenir une coupe plus nette.

CI-DESSUS *La taille par tranchage
précède le façonnage des détails.*

Le dressage consiste
à attaquer le bois selon un
angle très plat pour tailler,
à chaque passe, un copeau
de faible épaisseur.
Le festonnage désigne
la réalisation de plusieurs
petites découpes contiguës
et de faible profondeur,
qui donnent une apparence
légèrement ondulée
à la surface travaillée.
Il vous faudra beaucoup de
pratique avant de parvenir
à des résultats satisfaisants,
mais les efforts seront
rapidement visibles sur les
objets réalisés. Une facilité
naturelle pour le dessin est un
atout non négligeable, et un

entraînement à cette discipline
est vivement conseillé au
débutant. La maîtrise du
modelage à la pâte à modeler
ou à la plasticine est
également d'une aide
précieuse, car elle permet de
réaliser en peu de temps et à
peu de frais une ébauche.

Veinage Exécuté à l'aide d'un
ensemble d'outils coudés ou
droits de faible largeur, le
veinage intervient au stade de
la finition ou de la décoration.
On utilise souvent ce procédé
pour conférer ombre et
profondeur à un objet ou pour
souligner le mouvement et la
fluidité de feuilles. Les
rainures en goutte d'eau,
convergeant vers un point
visible ou invisible, sont un
choix fréquent.

POUR EN SAVOIR PLUS

Finitions   Chapitre 6

*Outils, accessoires
et bois*   186

*La boîte à bijoux
(ouvrage)*   190

seconde couche à l'aide d'une brosse à poils doux. Après séchage, appliquez au chiffon plusieurs couches de vernis pour un joli brillant. Vous obtiendrez également une finition intéressante en complétant le bouche-pores par un simple cirage puis en lustrant les surfaces ainsi traitées. La finition la plus simple consiste à appliquer une légère couche d'huile minérale naturelle sur les surfaces. Attention cependant, car certains bois traités de la sorte demeurent légèrement collants même après séchage.

Peinture décorative Sur les bois les moins précieux, une jolie finition peinte peut mettre en valeur les formes de votre sculpture. L'emploi de lasures acryliques, qui teintent le bois sans en dissimuler le grain, constitue, à cet égard, une solution idéale. Il est recommandé de fixer la surface peinte à l'aide d'un vernis acrylique ou d'une fine couche de cire. Les finitions traditionnel les, telles la dorure ou la laque, requièrent un long apprentissage.

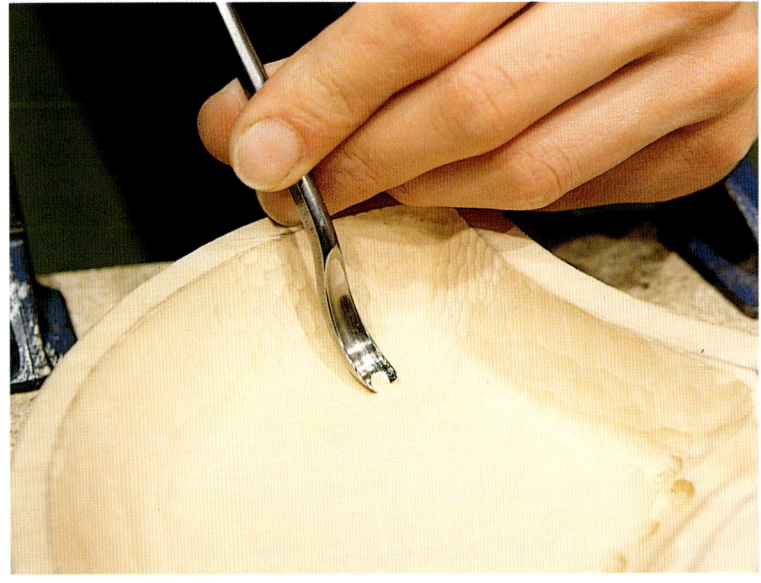

Finition

Avant la décoration finale, il est généralement nécessaire de procéder à un lissage de l'objet. Pour obtenir une surface lisse et douce au toucher, travaillez au papier abrasif, en allant du grain 100 au grain 500.
Les racloirs sont utiles pour éliminer les marques ou les bossellements. Fabriquez-en un en cintrant à chaud la lame d'un vieux tournevis ou d'une scie à métaux. Ces petits outils "maison" compléteront votre équipement traditionnel.

Estampage L'estampage des surfaces sculptées, qui s'effectue indifféremment sur bois sec ou humidifié, donne naissance à des textures

Cɪ-ᴅᴇssᴜs *Dégrossissez à main levée ou à l'aide d'un pochoir des rainures convergentes, préalablement tracées au crayon.*

Cɪ-ᴄᴏɴᴛʀᴇ *Utilisez une gouge coudée et spatulée pour sculpter les surfaces concaves.*

intéressantes. Les poinçons que l'on utilise pour ce travail sont en vente chez les détaillants spécialisés. L'estampage du fond d'un panneau décoratif permet, par exemple, d'homogénéiser une surface irrégulière et de mettre en valeur les motifs sculptés de l'encadrement.

Préparation et finition

Appliquez un bouche-pores sur l'objet sculpté. Laissez sécher, puis poncez au papier abrasif fin ou à la laine d'acier 0000. Passez une

Cɪ-ᴅᴇssᴜs *Avec ses ornements en feuille d'acanthe, ses patères et ses filets entrelacés, cette commode constitue un parfait exemple du style Chippendale anglais.*

BOÎTE À BIJOUX voir plan page 223

CI-DESSUS *Les rainures décoratives du couvercle peuvent être dessinées à main levée ou à l'aide d'un pochoir (voir ci-dessous).*

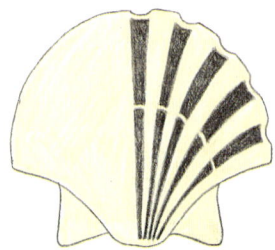

Confection du pochoir

Posez et scotchez un calque reproduisant le dessin de la page 223 sur une feuille de cuivre. Découpez au cutter les portions correspondant aux rainures, en ménageant des ponts intermédiaires pour assurer la bonne tenue du film sur le bois. Fixez la feuille de cuivre sur le couvercle mis en forme et lissé, puis dessinez au crayon les rainures. Retournez le pochoir pour compléter le dessin sur l'autre moitié du couvercle.

POUR EN SAVOIR PLUS

Perceuses et mortaiseuses   44

Montage d'une charnière rectangulaire   86

Matériaux et techniques de finition   92

Outils, accessoires et bois   186

Techniques de base de la sculpture sur bois   188

Cette superbe réalisation fait appel à quelques-unes des techniques de base de la sculpture sur bois. Il n'existe pas de normes internationales pour les profils et dimensions des outils de sculpture sur bois, et la forme d'une gouge à dégrossir de 20 mm varie parfois d'un fabricant à l'autre. Pour cette raison, les largeurs de lame suggérées ici n'ont qu'une valeur indicative. L'essentiel, encore une fois, est d'utiliser des instruments de bonne qualité et correctement affûtés ; comme souvent pour le travail du bois, c'est au fil de vos expérimentations que vous découvrirez quels instruments vous conviennent le mieux.

Outils, matériaux et accessoires nécessaires

Matériaux et accessoires

Une pièce de tilleul de 170 x 150 x 38 mm pour le couvercle

Une pièce de tilleul de 160 x 150 x 33 mm pour la boîte

Une chute de carrelet et un morceau de panneau en aggloméré ou en médium pour le maintien des pièces de bois.

Deux chutes de carrelets de grosse section pour la construction de supports (voir figure 16).

Une charnière rectangulaire en laiton de 25 x 10 mm

Outils

Crayon à papier à mine dure

Papier calque ou carbone

Scie à ruban

Pistolet à colle

Fer plat de 30 mm de large

Papier abrasif

Perceuse électrique et foret à bois de 9 mm en acier rapide ; butée de profondeur ou morceau de ruban à masquer

Gouges coudées spatulées de 13, 14, 16 et 19 mm

Burin de 6 mm

Outils à modeler de 14 et 19 mm

Gouges droites de 5 et 10 mm

Gouge à bretter de 2 mm

Ciseau de dressage de 15 mm

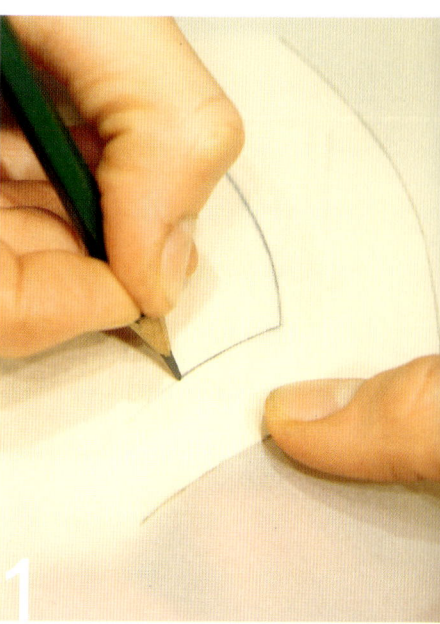

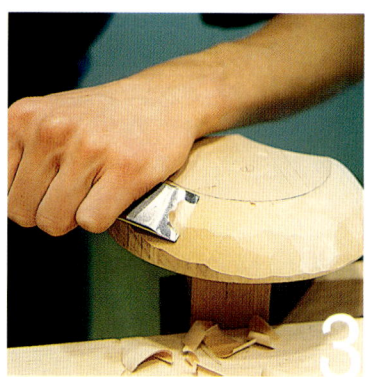

Préparation

1 Dessinez au crayon le pourtour du couvercle et de la boîte sur les deux morceaux de tilleul avec un papier calque ou carbone. Découpez chacune des pièces à la scie à ruban en suivant du mieux possible le traçage.

Maintien de la boîte

2 Bloquez une chute à la verticale dans la presse frontale et enduisez le bois de bout supérieur de colle. Posez la boîte sur ce support, face supérieure en dessous.

Pour commencer à évider la pièce de bois, percez une série de trous adjacents d'une profondeur de 25 mm. Confectionnez une butée de profondeur en enroulant du ruban de masquage à la

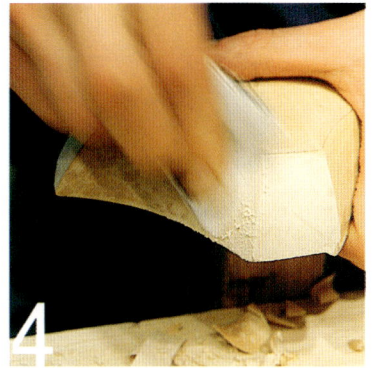

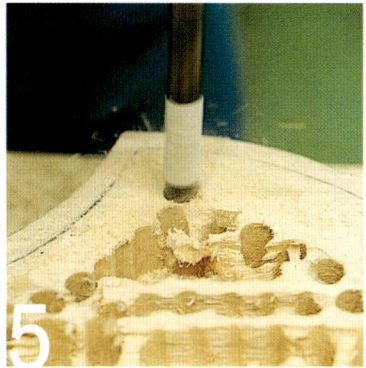

Mise en forme

3 Après avoir tracé la base, commencez à mettre en forme la pièce de bois à l'aide d'un fer plat. Travaillez parallèlement au trait de crayon, du haut vers le bas, jusqu'à obtenir des surfaces lisses et régulières.

4 Lissez l'extérieur de la boîte au papier abrasif.

5 Décollez la boîte de son support, retournez-la et collez-la sur un morceau d'aggloméré ou de médium fixé sur le plateau au moyen de presses à vis. Tracez le périmètre de la surface à creuser en ménageant un rebord périphérique d'environ 8 mm de large.

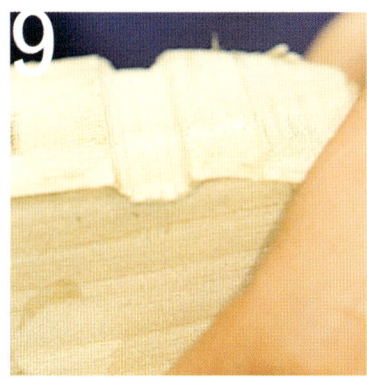

hauteur requise autour du foret. Réduisez la profondeur du perçage à mesure que vous approchez du rebord de la boîte.

6 Retirez le plus gros du rebut à l'aide de gouges coudées et droites de diverses largeurs (13, 14, 16 et 19 mm par exemple) en travaillant de l'extérieur vers le centre, et en attaquant le bois dans le sens du fil.

7 Façonnez le fond de la boîte avec des outils affûtés.

8 L'attaque du bois selon un angle presque plat évite le déchirement des fibres et permet la découpe de copeaux très fins. Utilisez de préférence deux gouges coudées spatulées de 13 et 14 mm. Dès que le façonnage de l'intérieur vous convient, décollez la boîte de son support.

Couvercle

9 Dessinez au crayon sur le couvercle les indentations d'extrémité des rainures puis taillez-les à la scie à ruban.

10 Collez le couvercle, face supérieure au-dessus, sur le panneau de chute. Façonnez la forme extérieure du couvercle à l'aide du fer plat, comme précédemment.

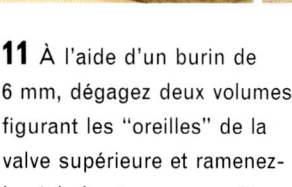

11 À l'aide d'un burin de 6 mm, dégagez deux volumes figurant les "oreilles" de la valve supérieure et ramenez-les à la hauteur appropriée.

12 Mettez en forme et façonnez les "oreilles" à l'aide de gouges de 14 et 19 mm. Observez le couvercle sous plusieurs angles pour vous assurer de sa parfaite symétrie.

Rainures

13 Lorsque la forme générale du couvercle vous donne satisfaction, marquez les axes des rainures sur la base de la pièce de bois.

14 Tracez les rainures au crayon en marquant d'abord, pour chacune, l'axe longitudinal. Commencez par la rainure centrale et poursuivez vers les côtés.

15 Creusez les rainures à l'aide de gouges droites de 5 et 10 mm. Commencez par une rainure d'extrémité et entamez à chaque fois la découpe au point le plus haut. Augmentez la profondeur de coupe (au maximum de 6 mm) à mesure que vous progressez vers la rainure centrale. Terminez par les petites nervures secondaires à l'aide d'une gouge droite de 5 mm et d'une gouge à bretter de 2 mm.

Finition

16 Décollez le couvercle du support et poncez les éventuels défauts, aspérités et traces de colle. Retournez la pièce de bois et fixez-la sur des carrelets de support profilés à cet effet.

17 Creusez l'intérieur du couvercle comme pour la boîte. Creusez les oreilles en arrondi et amincissez-les vers l'arrière jusqu'à obtenir une arête de 3 mm environ. À l'aide d'un ciseau de dressage de 15 mm, marquez l'emplacement des deux volets de la charnière sur la boîte et le couvercle par un retrait d'environ 1 mm de profondeur. Vissez la charnière en place. Appliquez le produit de finition.

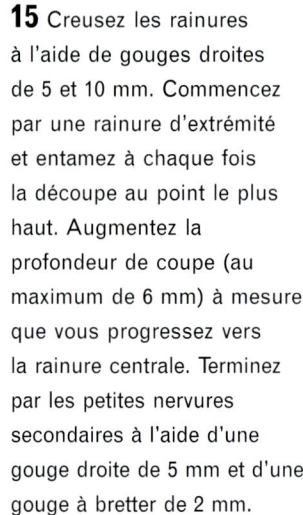

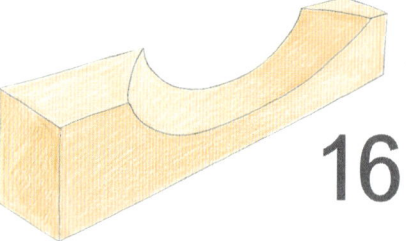

Ci-contre *La boîte à bijoux terminée.*

12. BOIS ET DÉRIVÉS

Caractéristiques des bois tendres et des bois durs   194

Séchage et débitage   196

Techniques de débitage et choix des pièces de bois   198

Savoir acheter le bois   200

Panneaux manufacturés   204

Placages   206

Colles à bois   207

L'environnement   208

Les menuisiers et ébénistes amateurs ont aujourd'hui à leur disposition un grand nombre de bois et de dérivés, dont chacun possède des propriétés et des contraintes d'usage spécifiques. Le choix de tel ou tel matériau, qui dépend en premier lieu de l'emploi que vous lui destinez, suppose une bonne compréhension des techniques de débitage, de stockage ou de fabrication, ainsi qu'une connaissance des défauts les plus courants. Apprendre à connaître les particularités du bois est une intarissable source de plaisir, même après des années passées à façonner ce merveilleux matériau.

CARACTÉRISTIQUES DES BOIS TENDRES ET DES BOIS DURS

Toute pièce de bois, selon l'arbre dont elle provient, appartient nécessairement à l'une ou à l'autre de ces deux catégories. Les bois durs sont pour la plupart pesants et résistants ; les bois tendres présentent un grain peu serré et sont d'une relative légèreté. La seule façon de connaître sans équivoque la nature d'un bois est d'en observer les cellules au microscope, pratique à laquelle il est hélas peu aisé de se livrer chez son fournisseur attitré ! Heureusement, la plupart des essences ont déjà été répertoriées et classées.

Les conifères, caractérisés par un feuillage en aiguilles, produisent tous des bois tendres. Les feuillus, à feuilles caduques ou persistantes, et dont le processus de maturation est quatre fois plus long que celui des conifères, donnent quant à eux naissance à des bois durs. Pour compliquer un peu les choses, certains bois tendres, tels le pitchpin et le mélèze, sont plus durs, plus denses et plus solides que le balsa, répertorié comme un bois dur. Il convient donc de considérer les classifications "durs" et "tendres" avec une certaine prudence quant à la réelle dureté des bois. Chez les conifères, l'acheminement des nutriments et le soutien de l'arbre sont assurés par des cellules ligneuses de forme effilée appelées trachéides. Le sapin, le pin, l'épicéa, l'if et l'imposant séquoia géant sont parmi les conifères les plus répandus dans le monde. Le bois d'un feuillu, constitué d'un ensemble de longues fibres contiguës, est plus élastique que celui d'un conifère. Au nombre des feuillus les plus courants figurent le chêne, l'orme, le châtaignier, le tilleul, le sycomore, le noyer, le poirier et le pommier. On rencontre parfois des essences atypiques, tel le balsa déjà cité, classées parmi les bois durs. D'une manière générale, l'usage ainsi que l'expérience des professionnels du bois vous permettront de choisir le bois qui correspond le mieux à vos besoins.

CI-DESSUS *Extrémité d'une grume d'abattage, encore pourvue de son écorce, avant le débitage.*

CI-CONTRE *Forêt de conifères. On distingue les troncs rectilignes et les feuillages en aiguilles.*

CI-CONTRE *Cellule ligneuse de conifère, ou trachéide. Les ponctuations permettent l'acheminement des nutriments jusqu'aux feuilles.*

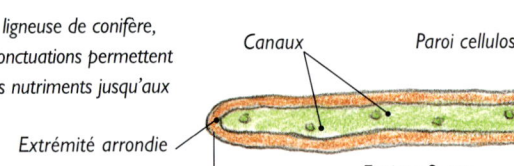

Canaux — Paroi cellulosique

Extrémité arrondie

Environ 3 mm

CI-CONTRE *Forêt de feuillus. Les troncs ont une forme plus irrégulière. Chez la plupart des essences, les larges feuilles tombent en automne.*

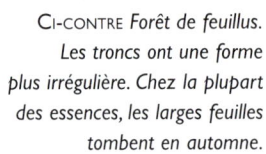

CI-DESSOUS *Cellule ligneuse de feuillu.*

Canaux

Extrémité pointue

Paroi cellulosique

Tendre ou dur, quel bois choisir ?

Il existe une plus grande variété de bois durs convenant aux travaux d'ébénisterie que de bois tendres. Ces derniers, issus d'arbres à croissance généralement plus rapide, sont moins denses et moins solides ; bien que peu onéreux, ils sont rarement utilisés par les professionnels. Lorsque l'on achète du bois, il est important de prendre en considération son futur environnement et l'usage qu'on lui destine. Ainsi l'iroko, le bubinga, le jarrah et le cèdre conviennent de façon idéale pour une utilisation extérieure, tandis que le noyer, l'if, l'acajou ou le sycomore donnent des meubles d'intérieur d'une grande élégance. Le saule et le frêne sont souvent utilisés pour la confection d'accessoires de sport, et le balsa est un bois bien connu des modélistes. La liste est longue, et l'expérience des professionnels du bois vous sera, en la matière, précieuse. Les bois naturellement parfumés, tels le camphrier ou le cèdre du Liban, sont souvent utilisés pour la construction de petites boîtes décoratives. L'ébène vert et le teck ont pour particularité de supporter l'immersion dans l'eau sans rien perdre de leur solidité. Le teck s'avère particulièrement utile lorsque la construction inclut des éléments en fer, facteurs de corrosion ; en effet, les métaux ferreux provoquent l'apparition de traînées inélégantes sur les bois à fort taux de tannin, tels le chêne ou le châtaignier. Certaines essences présentent un pourcentage de rebut beaucoup plus élevé que d'autres : pour le noyer, le houx et l'if, ce pourcentage atteint 400 %, alors qu'il est inférieur à 100 % pour le hêtre, l'acajou, le châtaignier ainsi que pour la plupart des variétés de pin. Cette différence est principalement liée au mode de croissance spécifique de chaque essence.

D'un usage courant en ébénisterie, les acajous sont

CI-DESSUS *Vues au microscope de la structure cellulaire d'un bois. Dans le cas d'un bois tendre (à gauche), on distingue les trachéides et les cernes annuels qui illustrent la différence de densité entre bois de printemps et bois d'été. Dans celui d'un bois dur (à droite), les vaisseaux transportant la sève aux feuilles sont bien visibles. Certains bois dur présentent des cernes bien définis, d'autres, à la croissance plus régulière, plus diffus.*

d'origines géographiques très diverses, ce qui rend leur identification parfois difficile. Le sapelli n'est pas à proprement parler un acajou, mais il le remplace souvent dans la construction de meubles. Le méranti de Malaisie et le lauan rouge, autres substituts de l'acajou, sont principalement utilisés en menuiserie industrielle, notamment pour la construction d'encadrements de portes et de fenêtres. Les détaillants en bois n'utilisent pour ainsi dire jamais la dénomination scientifique des diverses essences, mais plutôt leur nom vulgaire. Hélas, cette appellation regroupe souvent un ensemble de variétés aux propriétés et caractéristiques différentes. Ainsi, le terme chêne désigne à la fois le chêne rouge d'Amérique, seule variété de chêne qui ne peut être teintée, le chêne blanc d'Amérique, dont les planches présentent souvent une forte proportion d'aubier, le chêne rouvre, au fil rectiligne et au faible rebut, et le chêne pédonculé, caractérisé par un veinage très décoratif.

Avant de faire l'acquisition d'un volume important d'un bois que vous ne connaissez pas, procédez à quelques essais sur des échantillons. Ne faites pas comme cet industriel qui s'empressa d'acheter un stock entier de bois d'iroko à un prix défiant toute concurrence et qui fut obligé, dès les premières découpes en atelier, d'évacuer tout son personnel. Il ne connaissait pas le fort pouvoir irritant des poussières produites par ce bois...

A savoir

Certains bois mettent particulièrement à mal les outils de découpe. Le calcaire et le sable présents dans les fibres du teck de Birmanie peuvent rapidement émousser une lame à denture en carbure de tungstène. Le chêne de tourbière irlandais, le jarrah d'Australie et le gaïac d'Amérique du Sud, bois d'une exceptionnelle densité, doivent être travaillés avec des outils parfaitement affûtés.

Le grain constitue sans doute, après la teinte, le second facteur de choix d'un bois. Certaines essences, dont le chêne, le châtaignier ou le teck, présentent un grain ouvert, d'autres, comme le sycomore, le houx, l'érable ou le bois de rose, ont un grain très serré qui se prête bien au lustrage de finition. Le sapelli produit un bois à fil alterné, particulièrement difficile à raboter à cause du changement d'orientation des fibres sur une même face. Les plus beaux veinages, quelle que soit l'essence, sont ceux des planches débitées sur quartier laissant paraître les rayons ligneux du bois.

POUR EN SAVOIR PLUS

Sélection du bois de débit   50

Quels bois utiliser ?   181

Bois conseillés pour la sculpture   186

Séchage et débitage   196

Méthodes de débitage et choix des pièces de bois   198

Rebut   199

Savoir acheter le bois   200

SÉCHAGE ET DÉBITAGE

Au moment de son abattage, un arbre est constitué en majorité d'eau. Afin de rendre le bois facilement utilisable, les billes sont découpées en planches de diverses épaisseurs. Pour ce faire, elles sont déplacées latéralement de façon automatique et subissent plusieurs découpes successives sur toute leur longueur.

Séchage du bois

Après sciage, les planches de bois sont empilées et séparées par des lattes de bois transversales d'une épaisseur voisine de 20 mm. La pile de bois ainsi constituée est entreposée à l'air libre pour un temps de séchage qui varie selon l'épaisseur des planches (on compte généralement un an pour 25 mm d'épaisseur). La circulation d'air autour des planches provoque la montée de l'eau à la surface puis son évaporation ; à la fin du processus, le taux d'humidité du bois est de l'ordre de 25 à 30 %. En raison du climat régnant dans la plupart des pays boisés, ce seuil ne peut être abaissé, quel que soit le temps de stockage adopté. Ce mode de séchage était suffisant avant l'invention du chauffage central et de la climatisation, mais

aujourd'hui, pour que les pièces de bois entreposées dans un local chauffé conservent une certaine stabilité, on leur fait subir un séchage complémentaire en étuve qui abaisse leur taux d'humidité à environ 15 %. Aux États-Unis, le bois est étuvé jusqu'à un taux voisin de 11 %.

On estime aujourd'hui que le taux d'humidité le plus approprié pour des pièces de bois entreposées dans une habitation chauffée se situe entre 10 et 12 %. Ce seuil sera difficile à atteindre si votre détaillant habituel commercialise son bois à un taux d'humidité voisin de 15 % ! La plupart des ébénistes et fabricants de meubles ont coutume de procéder à un équarrissage grossier de leurs pièces de bois, puis de les laisser quelque temps à la chaleur de l'atelier avant de les tailler à leurs dimensions finales. Lorsque vous achetez du bois, renseignez-vous toujours sur son mode de séchage. La facture se rapportant au paiement d'un bois séché en étuve portera normalement la mention KD, qui est d'un usage quasi international.

POUR EN SAVOIR PLUS

Sélection du bois de débit   50

Méthodes de débitage et choix des pièces de bois 198

Savoir acheter le bois   200

Problèmes d'environnement   208

Cette précaution s'avérera très utile si votre bois vient à subir des déformations extrêmes ; vous serez alors en droit de demander le remplacement des pièces fautives, échange qu'un détaillant consciencieux et sérieux ne pourra vous refuser. A ce sujet, méfiez-vous d'une indication telle que "teneur moyenne en humidité 15 %" : à l'intérieur d'un lot de bois ainsi qualifié, le taux d'humidité peut être de 12 % pour certaines pièces et atteindre 20 % pour d'autres. Le bois séché à l'air peut être

utilisé pour des travaux extérieurs, mais ne croyez pas qu'en entreposant un tel bois dans votre atelier, vous réussirez à en abaisser le taux d'humidité jusqu'à une valeur satisfaisante : cela vous sera impossible, et si vous utilisez ces pièces pour la construction de meubles, vous vous exposerez à des déformations et des retraits importants. Certaines pièces de bois séchées en étuve présentent de petites fissures sur leurs faces. Ce défaut indique

PAGE DE GAUCHE ET CI-CONTRE
*Ces photographies montrent
le débitage d'une bille de bois à la
scie à ruban industrielle. La bille
est fixée sur un chariot mobile, qui
se déplace à mesure de la découpe.*

CI-DESSOUS *Lors de l'empilage
des planches débitées, les planches
sont espacées par de fines lattes
de bois, disposées transversalement
tous les 50 cm.*

généralement que l'étuvage a
été effectué trop rapidement,
laissant l'intérieur de la pièce
encore humide et ses faces
exagérément sèches.
Il convient d'éviter ce bois,
qui risque de se déformer
une fois équarri et taillé à
dimension.

Débitage
et stockage

Lors du choix et de l'achat
d'un bois de débit, deux
points sont particulièrement
importants. Le premier
concerne la méthode

adoptée pour le débitage
de la grume, le second
a trait aux conditions
de stockage des piles de
bois séchées à l'air. Vous
trouverez de plus amples
informations sur ces deux
thèmes dans les pages
suivantes.

CI-CONTRE *Pile de bois
au sortir de l'étuve.*

CI-DESSUS *Le taux d'humidité
du bois est vérifié à l'aide d'un
hygromètre.*

MÉTHODES DE DÉBITAGE ET CHOIX DES PIÈCES DE BOIS

Chaque méthode de débitage du bois donne naissance à des planches aux caractéristiques différentes, notamment quant à la stabilité, à la qualité esthétique et au coût. Ce sont ces caractéristiques qui vont guider votre choix, en fonction des contraintes inhérentes à votre projet.

Débit sur quartier

Au début du siècle, époque où la main-d'œuvre était encore d'un coût peu élevé, les détaillants en bois avaient coutume de scier les billes en quatre quartiers longitudinaux, puis de les découper en planches selon un axe radial afin que les rayons ligneux de l'arbre soient visibles sur leurs faces.

Les rayons ligneux, plus ou moins perceptibles selon les essences, apparaissent de façon spectaculaire sur certaines planches de chêne où ils prennent la forme de traînées blanches courant en travers du fil. Les pièces de bois offrant ce type de veinage sont très prisées des professionnels.

Le débit sur quartier est un travail fastidieux (il faut tourner la bille après chaque découpe) et crée un rebut important ; c'est pourquoi les professionnels ayant recours à ce mode de débitage sont aujourd'hui de plus en plus rares. Pour cette raison, ne ratez pas l'occasion d'acquérir les planches découpées sur vrai quartier si vous avez la chance d'en dénicher.

CI-DESSUS *Les traînées de teinte claire des rayons ligneux sont bien visibles sur cette pièce de chêne.*

CI-CONTRE *Bille de bois débitée en plots avant stockage.*

Débit en plots (ou sur dosse)

Cette méthode est la plus couramment employée dans les scieries industrielles, car elle est la plus simple. Elle consiste à attaquer la bille de bois de façon tangentielle et à progresser vers son bord opposé par des découpes successives de planches de même épaisseur.

Le processus est favorisé par le déplacement automatique de la pièce de bois ou de la machine.

Les planches médianes obtenues par une telle découpe présentent un veinage similaire à celui

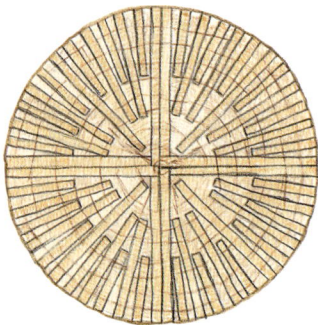

A *Débit sur quartier traditionnel. Toutes les planches sont découpées selon un axe radial.*

B *Débit sur quartier moderne. Le temps de travail et le volume de rebut sont moindres. La plupart des planches découpées offrent un veinage intéressant.*

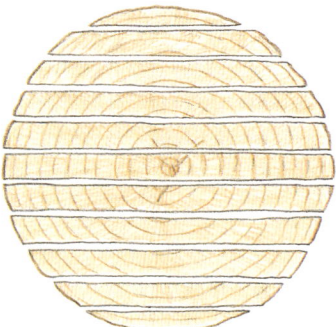

C *Débit en plots. Le rebut est réduit au strict minimum.*

12. BOIS ET DÉRIVÉS

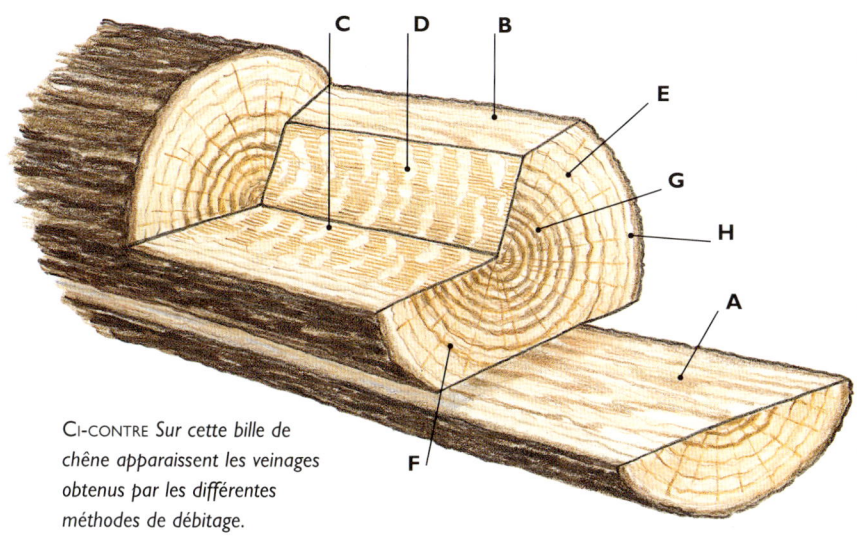

CI-CONTRE *Sur cette bille de chêne apparaissent les veinages obtenus par les différentes méthodes de débitage.*

A *Veinage obtenu par débit tangentiel.*

B *Veinage obtenu par débit sur faux quartier.*

C et D *Veinages obtenus par débit sur quartier. Les rayons ligneux sont bien visibles.*

E *Rayons ligneux*

F *Limite entre le bois de cœur et l'aubier.*

G *Cernes annuels visibles sur le bois de cœur.*

H *Aubier*

de planches débitées sur quartier, mais elles sont produites à moindre coût. Il existe diverses variantes du débit en plots, dont une donnant naissance à des planches avivées sur seulement trois bords.

Débit tangentiel

Dans certains pays, et en particulier aux États-Unis, les billes de bois sont débitées dans un souci de rendement plutôt que d'esthétique : le rebut est réduit au minimum. La méthode employée est souvent appelée débit tangentiel, car chacune des découpes forme une tangente avec l'un des cernes annuels de l'arbre. Les pièces de bois façonnées de la sorte présentent souvent un volume d'aubier important sur une face. C'est notamment le cas pour les planches de cerisier d'Amérique. Il est recommandé d'éviter l'emploi de pièces de bois incluant de l'aubier dans la construction de meubles, bien que certains détaillants s'efforcent de convaincre les amateurs du contraire.

CI-DESSUS *Cette planche de noyer affiche une proportion de rebut élevée.*

L'aubier, particulièrement prisé des insectes xylophages, subit des retraits importants. De plus, ses fibres jeunes acceptent moins bien le vernis ou la colle que celles du bois de cœur.

Défauts à éviter lors du choix

Un examen très attentif des pièces de bois au moment de leur achat permet d'éviter

un grand nombre de surprises et de désagréments ultérieurs. Plus une planche est éloignée du cœur de l'arbre, plus elle sera sujette aux déformations. Souvenez-vous : une pièce de bois se déforme toujours vers l'extérieur de l'arbre. Il est donc recommandé de découper les planches excentrées en pièces de faibles dimensions et de réserver l'emploi de planches de bois de cœur pour les éléments les plus grands. Les planches de bois parfait, insensibles aux déformations, sont bien sûr les plus recherchées par les menuisiers et ébénistes. Dans le cas d'une découpe en plots, la seule planche de bois parfait, la planche médiane, est également celle qui présente le veinage le plus riche. La plupart du temps, ces planches présentent un rebut relativement important, mais c'est un inconvénient mineur au regard de la qualité du bois. Lorsque le bois de bout d'une planche est invisible, du fait de dépôts de terre ou de traces de paraffine, seul

l'examen du veinage des faces permet de deviner par quelle méthode elle a été débitée.

Le rebut

C'est un autre aspect important en matière d'achat de bois. Malheureusement, pour certains des bois les plus beaux (et donc les plus onéreux), tels l'if, le houx ou le châtaignier, ce taux atteint couramment 400 %. Il est souvent judicieux d'acheter une quantité de bois légèrement supérieure à celle dont vous avez besoin pour votre projet, non seulement parce que vous le paierez sans doute à un meilleur prix, mais aussi parce qu'il vous sera plus facile de façonner des éléments offrant une harmonie de teinte et de grain. Le surplus, que vous aurez soin d'entreposer dans votre atelier, vous sera toujours utile. Devant la satisfaction procurée par un meuble parfaitement réussi, le coût de quelques planches supplémentaires devient de peu d'importance, et vous oublierez bien vite ce petit investissement supplémentaire.

POUR EN SAVOIR PLUS

Sélection du bois de débit   50

Caractéristiques des bois tendres et des bois durs   194

Séchage et débitage   196

Savoir acheter le bois   200

Problèmes d'environnement 208

SAVOIR ACHETER LE BOIS

Un défaut non détecté au moment de l'achat d'une pièce de bois se traduit souvent par de nombreuses heures de travail effectuées en pure perte. Il n'est pas rare, par exemple, de façonner avec grand soin un pied de table pour s'apercevoir, au moment de l'application du produit de finition, que la pièce est traversée dans sa longueur par une fissure discrète mais parfaitement visible. Lors de l'abattage, l'impact du tronc au sol provoque parfois l'apparition de microfissures dans la structure du bois, qui ne peuvent être décelées que par un examen attentif. Il est prudent de consacrer à cet examen le temps nécessaire, notamment lors de l'achat de planches d'acajou. Heureusement, la plupart des autres défauts affectant le bois débité, liés aux nœuds ou à la découpe, sont aisément décelables.

Calcul du volume utile

Lors d'un achat de bois, les défauts évidents tels que nœuds, fissures et fentes de retrait sont en principe marqués et déduits du cubage. La façon la plus facile de calculer le volume d'une planche est de multiplier le produit largeur/longueur par l'épaisseur. En additionnant les valeurs obtenues pour les diverses planches, vous connaîtrez de façon précise le volume de bois acheté.

Pour une planche aux chants longitudinaux non avivés, on a coutume de mesurer la largeur de la pièce de bois au milieu et aux deux extrémités, puis de calculer son volume à partir de la valeur moyenne obtenue. L'épaisseur et la longueur d'une planche sont toujours constantes, quelle que soit la façon dont elle a été débitée. Il est d'usage, pour un détaillant, de marquer les pièces de bois affectées par des fentes ou des retraits importants, voire même de les retirer du stock proposé à la vente. En conséquence, vous ne pourrez espérer un remboursement si une large fissure longitudinale vous échappe au moment de l'achat. Il arrive qu'une fissure à peine visible sur une face suive le fil du bois et réapparaisse sur la face opposée, traversant la planche sur toute sa longueur. Une telle planche sera pratiquement inutilisable.

POUR EN SAVOIR PLUS

Sélection du bois de débit   50

Caractéristiques des bois tendres et des bois durs   194

Séchage et débitage   196

Défauts à éviter lors du choix   199

BOIS TENDRES

Les conifères, arbres établis le plus souvent dans l'hémisphère **Nord**, produisent tous un bois tendre, qualifié parfois par les botanistes de non poreux. Contrairement aux feuillus, arbres majoritairement à bois dur, dans lesquels les nutriments sont acheminés à travers des cellules ouvertes sur toute la longueur de l'arbre, chez les conifères, les nutriments traversent la paroi de chaque cellule. De ces disparités découlent des réactions différentes au contact des outils.

Pin de Parana

Araucaria angustifolia

Ce pin, qui peut atteindre près de 20 m de hauteur, offre un bois aux stries ocre-rouge, généralement exempt de nœuds. On l'utilise dans la construction de meubles, pour le façonnage d'éléments intérieurs.

Cèdre du Liban

Cedrus libani

Cette appellation, qui regroupe trois ou quatre variétés de cèdre aux caractéristiques similaires, produit un bois réputé pour son parfum prononcé, propre à éloigner les mites. Pour cette raison, on l'utilise souvent pour l'habillage intérieur des armoires et commodes. Ce bois léger et peu solide est très recherché pour la construction de boîtes et de coffrets.

Mélèze

Larix decidua

Le bois de cet arbre de grande hauteur est disponible en planches larges et convient de façon idéale pour les travaux d'extérieur. On l'utilise souvent pour la construction de clôtures, d'appentis, voire de terrasses ou de planchers. À la différence des pins et des épicéas, qui sont des conifères, les mélèzes perdent leurs feuilles à l'automne.

Pin sylvestre

Pinus sylvetris

En Europe occidentale, le bois de ce conifère est largement utilisé pour la construction de meubles ou le façonnage d'éléments de charpente. La différence de densité entre bois de printemps et bois d'été est marquée. Sujet aux déformations, il a également tendance à se décolorer au soleil, ce qui peut poser des problèmes d'ordre esthétique si l'exposition n'est pas uniforme.

Pin d'Orégon

Pseudotsuga taxifolia

Cet arbre géant peut mesurer jusqu'à 85 m de hauteur. Le bois de teinte ocre-rouge est disponible en planches épaisses et larges. De ce fait, on l'emploie aussi bien pour la construction de structures extérieures de grandes dimensions que pour celle de meubles ou d'objets de décoration. Ce bois très dur est pratiquement imputrescible.

If

Taxus baccata

Certains ifs connus sont vieux de plus d'un millénaire ! Le bois de cet arbre offre une exceptionnelle élasticité, d'où son usage autrefois dans la construction de grands arcs de guerre. Son taux de rebut est très important (plus de 400 %) et ses branches donnent de superbes placages figurés. Les feuilles d'if sont toxiques pour de nombreux animaux, et notamment le bétail.

Buis

Buxus sempervirens

De teinte jaune paille et de grain dense
et serré, ce bois est prisé des fabricants
de meubles. Le plus souvent, vous
ne le trouverez qu'en pièces de faibles
dimensions, mais n'hésitez pas à en faire
l'acquisition. Le buis forme de superbes
filets décoratifs ainsi que des lattes
de parement d'une grande dureté,
propres à assurer la protection
des angles et arêtes de vos meubles
les plus fragiles.

Charme

Carpinus betulus

Ce bois possède de tels qualités
mécaniques qu'on l'utilise pour la
fabrication de vis. Dense et très dur,
il n'est pas commercialisé à l'intention
des particuliers. On l'emploie
beaucoup pour la construction de
composants d'outils, dont les semelles
de rabot, et pour celles de gabarits
préformés pour la maroquinerie.

Châtaignier

Castanea sativa

Le bois produit par cet arbre à large
couronne est parfois appelé chêne du
pauvre, en raison de sa ressemblance
avec le chêne débité en plots. Il est plus
tendre que ce dernier mais disponible
en planches d'épaisseur et de largeur
plus importantes. Son veinage est peu
riche en rayons ligneux, mais il est
très agréable à travailler. En raison
de sa forte teneur en tannins,
le châtaignier tache souvent les doigts.

Iroko

Chlorophora excelsa

Ce bois de teinte brun clair à brun
foncé n'est pas sans rappeler, par
son apparence, le teck. Il est presque
impossible de le travailler à la machine
sans un dispositif d'extraction efficace,
car il produit une poussière très
irritante pour les narines. Bon bois
pour usage extérieur, particulièrement
en situation de variations
hygrométriques importantes.

Bubinga

Copaifera amoldiana

Bois dur ouest-africain
disponible sous forme
de placage et de bois massif.
D'une teinte brun-rouge
rehaussée par un fil sombre,
ce bois relativement dense est
souvent utilisé pour la confection
de contreplaqué. Il est parfois
appelé kevazingo.

Bois de rose

Dalbergia

Ce bois provient de diverses
origines géographiques, parmi
lesquelles le Brésil, l'Inde et le
Belize. Il est difficile à trouver
car nombre de pays ont interdit
son exportation. Bien que difficile
à coller et sujet aux gerçures
de surface, il reste un bois d'une
extraordinaire beauté très
recherché par les amateurs.

Bois de violette

Dalbergia cearensis

Un superbe bois du Brésil dont
il est très difficile de trouver des
pièces d'épaisseur et de largeur
importantes. Il est souvent vendu
au poids plutôt qu'au cubage.
Ce bois dense, qui réagit bien
aux produits de finition, est
souvent utilisé en ébénisterie
pour la réalisation de détails
ornementaux.

Tulipier

Dalbergia oliveri

Ce bois très dense provient de
l'Union de Myanmar, ex-Birmanie.
Il est commercialisé
selon les mêmes formes et pour
les mêmes usages que le bois de
violette.

Cocobolo

Dalbergia retusa

Ce bois est si rare qu'il est le plus souvent vendu au poids, et sa densité (près de 1,5 kg par mètre cube) est telle qu'il permettrait, s'il n'était pas si coûteux, le façonnage d'excellents butoirs de portes ! Il se prête bien au tournage, mais son grain irrégulier et spiralé en fait un bois très difficile à raboter.

Ébène de Macassar

Diospyros celebica

Riche veinage rayé, en particulier sous forme de placage. Bois de forte densité, de teinte jaune à brun foncé, ornée de rayures noires. Le veinage est si riche qu'il fait parfois oublier l'harmonie générale du meuble. Souvent très élégant en lambris ou en plateau de table.

Jelutong

Dyera costulata

De teinte jaune pâle, stable mais d'une apparence assez terne, ce bois constitue un excellent support pour le placage. Malheureusement, il est souvent percé de trous de vers et abrite parfois des poches de résine qui peuvent apparaître en cours de rabotage.

Sapelli

Entandrophragma cylindricum

Un arbre de grande taille dont le bois à veinage strié est disponible en planches relativement épaisses et larges. Il perd beaucoup de son élégance lorsqu'il est transformé en panneaux de placage de grandes dimensions. On l'utilise pour la construction de pianos, ainsi qu'en menuiserie industrielle, pour la fabrication de portes.

Jarrah

Eucalyptus marginata

Ponts, traverses de chemins de fer ou planchers : ce bois fiable et solide est très utilisé en Australie. Il est souvent utilisé en ébénisterie pour le façonnage d'éléments intérieurs. Sa teinte rouge est très uniforme, mais il lui manque le caractère des bois richement grainés.

Sorbier commun

Eucalyptus regnans

Cet eucalyptus d'Australie, qui peut atteindre une grande hauteur, est connu sous divers noms. En raison de sa croissance rapide, il produit un bois difficile à sécher et sujet aux déformations.

Hêtre commun

Fagus sylvatica

Excellent pour le cintrage à la vapeur, le hêtre est surtout connu pour ses déformations et son retrait important au séchage, quatre fois plus important que celui de tout autre bois dur européen. Une fois sec, pourtant, le hêtre commun se travaille très bien ; on l'utilise notamment pour la construction de manches d'outils à bois.

Frêne commun

Fraxinus excelsior

Après trente années de croissance, le bois de cœur de cet arbre prend une élégante teinte olive. Il est utilisé pour la confection d'accessoires de sport, dans le charronnage et dans tous les domaines où son élasticité se révèle précieuse.

Les bois du monde

Thuya géant

Thuja plicata

Arbre très haut, dont le bois, facile à travailler, est vendu en planches de grande largeur. Le bois conserve souvent l'agréable parfum de l'arbre, en particulier lorsqu'il est séché dans un lieu clos. D'une grande stabilité, il est couramment utilisé pour la réalisation d'assemblages. Son aptitude à supporter les changements climatiques en fait un excellent bois de construction.

Tsuga de Californie

Tsuga heterophylla

D'un grain net et régulier, le bois produit par cet arbre à croissance rapide convient généralement bien aux travaux d'intérieur tels que le lambrissage. Cependant, il est parfois sujet aux déformations, en particulier dans un endroit clos soumis à de fréquents changements de température. Le tsuga est parfois assimilé, à tort, au sapin ou à l'épicéa.

BOIS DURS

Nos ancêtres ont été les premiers à découvrir, par leurs expérimentations, quels bois se prêtaient le mieux à la construction d'outils, de roues ou de bateaux. Pour de telles réalisations, les bois durs sont généralement préférables aux bois tendres, car ils tirent de leur structure cellulaire particulière une plus grande élasticité.

Érable sycomore

Acer pseudoplatanus

Ce bois d'un blanc superbe lorsqu'il est travaillé prend, après quelque temps, une teinte brun-jaune. Sur les planches de bois parfait, les rayons ligneux composent un veinage subtil et d'une grande beauté. Le séchage des planches et leur stockage en atelier sont parfois facteurs de déformations importantes. Il convient de faire sécher les planches de sycomore debout, sous peine de les voir perdre à jamais leur magnifique teinte.

Aune glutineux

Alnus glutinosa

Ce bois très particulier n'est jamais utilisé pour la construction de meubles en raison des ses réactions marquées lors d'une exposition prolongée à l'air. Enfoui dans le sol, l'aune est pratiquement indestructible, mais si l'on vous propose une planche de ce bois, contentez-vous d'observer ses retraits spectaculaires et abstenez-vous de l'utiliser.

Érable à sucre

Acer saccharum

À l'image des autres érables, cette variété canadienne produit un bois d'une grande polyvalence, employé notamment pour la construction de meubles, de caractères d'imprimerie, de manches d'outils et de queues de billard. Il vieillit et se décolore moins que l'érable sycomore et son grain peut présenter des ondulations importantes.

Zebrano

Brachystegia fleuryana

Caractérisé par son riche veinage rayé, ce bois exotique est souvent employé en marqueterie pour la réalisation de détails. Son élégant lustré tend à disparaître lorsqu'il est exposé trop longtemps aux rayons du soleil.

Platane

Platanus acerifolia

Cet arbre, présent dans de nombreuses villes, est aisément reconnaissable à son tronc partiellement écorcé. Il produit un bois au veinage subtil, apprécié par les ébénistes et les fabricants de meubles. Les planches de bois parfait sont particulièrement superbes.

Merisier

Prunus avium

Ce bois peu courant s'avère souvent difficile à raboter sans l'aide d'un grain d'orge, particulièrement sous la forme de planches débitées sur quartier. L'effort consenti n'est jamais perdu, car son grain serré s'accommode merveilleusement des produits de finition.

Cerisier noir

Prunus serotina

Il est difficile d'obtenir des planches de première qualité en-dehors des États-Unis car elles sont très rarement exportées. Du fait des méthodes de débit employées, les planches disponibles en Europe présentent une forte proportion d'aubier et de rebut. De plus, elles sont facilement sujettes aux déformations. Certaines de ces pièces offrent, malgré tout, un veinage intéressant.

Muninga

Pterocarpus angolensis

Ce bois couramment utilisé en Afrique australe est parfois difficile à trouver en Europe. Très résistant, il convient à de multiples usages.

Padouk

Pterocarpus dalgergiodes

Bois sensiblement similaire au muninga. Difficile à travailler en raison de son grain très irrégulier, mais l'aspect final du veinage, d'un subtil rouge foncé traversé de stries sombres, récompensera votre persévérance. Sujet à la décoloration lorsqu'il est exposé de façon prolongée aux rayons ultraviolets.

Chêne blanc d'Amérique

Quercus alba

Beaucoup apprécient la dureté et la solidité de ce bois, ainsi que sa disponibilité en pièces de dimensions importantes. Hélas, ces planches tendent à présenter une proportion d'aubier non négligeable. Le veinage assez ordinaire de ce chêne en fait plutôt un bois fonctionnel qu'un bois à vocation décorative.

Chêne rouge d'Amérique

Quercus rubra

D'une teinte plus foncée et plus riche que le chêne blanc d'Amérique, il a pour principal inconvénient d'être, à l'état naturel, impropre à l'application d'une teinture ou d'une lasure. Se travaille de la même façon et présente les mêmes caractéristiques mécaniques que son homologue de teinte claire.

Chêne pédonculé

Quercus robur

Le bois produit par cet arbre est d'une majesté inégalable. Sans aucun doute le plus beau de tous les chênes utilisés en ébénisterie.

Ramin

Gonystylus macrophyllum

Cet arbre appartient à un groupe d'essences d'Asie du Sud-Est aux propriétés comparables. Bois à grain très ouvert et à veinage uniforme, qu'il est difficile de découper avec netteté. Ses échardes sont toxiques et doivent être retirées. Il est utilisé pour la fabrication de contreplaqué et pour la construction industrielle d'encadrements de portes et de fenêtres.

Gaïac

Guaiacum officinale

Cet autre bois vendu au poids à la particularité de ne pas flotter. Sa texture huileuse rend son collage difficile. Il convient parfaitement pour la construction de roulements en bois ou de boules de bowling, mais son emploi est à proscrire pour la fabrication de meubles.

Noyer noir d'Amérique

Juglans nigra

Cet arbre produit un bois élégant, plus encore en placage figuré que sous forme massive. Bien que tendre et facile à travailler, il se révèle moins intéressant que son homologue européen. Considérations esthétiques mises à part, c'est un excellent bois pour la construction de meubles.

Noyer commun

Juglans regia

S'il fallait choisir un roi parmi les bois, ce serait sans doute celui-là. Sa facilité et sa polyvalence d'usage, son riche veinage, sa subtile beauté et sa grande stabilité font de ce bois une inépuisable source de satisfactions pour le menuisier amateur ou confirmé.

Tulipier de Virginie

Liriodendrum tulipifera

Il est souvent utilisé comme bois d'appoint dans la construction de meubles, où il se révèle un support excellent et stable pour la pose d'un placage ou l'application d'une peinture décorative. Il se travaille facilement à la machine et convient tout particulièrement pour la confection de gabarits.

Wengé

Millettia laurentii

Une fois raboté, le wengé change de teinte lorsqu'il est exposé aux rayons solaires, passant alors du jaune paille au brun foncé. Ce bois à grain très ouvert peut, moyennant l'emploi d'un peu de pâte à bois, remplacer avantageusement le bois de rose. Son fil est rectiligne et son veinage peu figuré, mais dans certains domaines d'utilisation, tel le tournage, son grain prend une grande richesse.

Balsa

Ochroma lagopus

Un bois difficile à appréhender : bien que le plus léger et le plus tendre de tous les bois, il est répertorié comme un bois dur. Convient de façon idéale à la construction de maquettes et de modèles réduits.

Olivier d'Afrique

Olea hochstetteri

Cet arbre principalement exporté du Kenya produit un bois dense, au veinage riche de nombreuses rayures, souvent utilisé pour la fabrication de petits objets décoratifs. Les loupes tirées de ce bois sont de véritables merveilles.

Acajou d'Amérique

Swietenia macrophylla

Cette essence produit le plus riche de tous les acajous importés en Europe, mais il est de notre devoir, en tant que défenseurs de l'environnement, d'opter pour des variétés originaires de pays ayant mis en œuvre une politique de protection de ces arbres menacés.

Teck

Tectona grandis

Le teck a pour particularité de produire une huile qui suinte naturellement par les pores du bois, conférant à celui-ci une haute résistance aux conditions les plus extrêmes. Pour cette même raison, il s'avère très difficile à coller. Il est très agréable à travailler, malgré les poches de calcaire et les particules minérales qui émoussent prématurément les lames et fers des outils. Un bois excellent pour la construction de meubles.

Samba

Triplochiton scleroxylon

Très bon bois de "corps", utilisé, par exemple, pour la construction de fonds de tiroirs, de montants séparatifs ou de traverses à plaquer. De teinte jaune paille clair, il se marie agréablement avec de nombreux autres bois de menuiserie et d'ébénisterie.

Laurel d'Inde

Terminalia tomentosa

Ressemble sous certains aspects au noyer. Les pièces massives présentent un fil solide et rectiligne, mais le veinage des feuilles de placage est souvent richement figuré. Le grain très ouvert implique l'emploi d'une pâte à bois ou d'un bouche-pores avant l'application d'un produit de finition.

Orme champêtre

Ulmus procera

En Europe, cette essence est malheureusement décimée par une maladie fongique. Quand il est disponible, l'orme offre tout ce dont rêve le constructeur de meubles amateur : planches de grandes dimensions, longévité, esthétique subtile et veinage délicieusement exotique. Les loupes d'orme, qui semblent figurer les yeux d'une multitude de lutins, sont particulièrement prisées.

Tilleul d'Europe

Tilia vulgaris

Un des rares bois (et probablement le meilleur d'entre eux) convenant de façon idéale à la sculpture. Nombre des sculptures en bois les plus fameuses ont été façonnées à partir de tilleul. Convient mal, hélas, à la construction de meubles.

Examinez systématiquement les deux faces d'une pièce de bois avant de procéder à un achat. Souvent, la face exposée offre une apparence séduisante, mais l'examen de la face opposée révèle la présence de nœuds et d'irrégularités du grain qui rendent la pièce de bois impropre en cas de contraintes structurelles importantes. Même si ces défauts sont généralement déduits du cubage total, il est plus prudent de choisir une autre pièce de bois, car la petite économie réalisée s'avérera dérisoire face aux problèmes qui risquent de se faire jour ultérieurement. Examinez toujours un lot de bois avec l'idée que les meilleures pièces ont sans doute été déjà sélectionnées par de précédents acheteurs, et qu'il existe une forte probabilité que celles qui restent présentent des défauts, sources de problèmes au démarrage de votre projet.

Ci-dessus *Bille de bois débitée en plot, avant stockage et séchage à l'air.*

A gauche *Sélection et vérification de bois séché en étuve avant la mise en vente.*

A droite *Sur cette coupe d'un arbre abattu, on peut voir des fissures radiales, les cernes de croissance et l'écorce.*

En haut à droite *Tronc et racines d'un pin d'Ecosse.*

Un bon conseil : efforcez-vous de gagner la sympathie de votre détaillant attitré. Vous aurez peut être la chance, alors, de profiter de tarifs "amicaux" ou d'être prévenu de temps à autre de l'arrivée prochaine d'un lot.

Le retrait

Commençons par une bonne nouvelle : une pièce de bois ne subit jamais de retraits dans sa longueur. Poursuivons par une mauvaise : dans la largeur, ces retraits sont parfois spectaculaires ! Le tuilage et le gauchissement sont les déformations les plus courantes, auxquelles il faut ajouter le voilage, défaut qui affecte souvent les planches provenant d'arbres poussés sur terrain pentu, et qui est provoqué par des différences de contraintes subies par le bois d'une face du tronc à l'autre. Attachez-vous, par conséquent, à examiner une planche dans sa largeur et dans sa longueur avant d'en faire l'acquisition.

Autres défauts naturels

Les nœuds sont également cause de problèmes. Ceux qui se rapportent à une branche morte au cours de la croissance de l'arbre, se rétractent et finissent par tomber. À l'inverse, une branche vivante et solidaire de l'arbre au moment de l'abattage produit des nœuds parfaitement stables, même après débitage et séchage du bois.

CI-DESSUS *Pièce de bois affectée par un nœud mort, dont une partie ne tardera pas à tomber. Le trou devra être obturé à la pâte à bois ou à l'aide d'un bouchon de bois spécialement taillé pour l'occasion.*

CI-DESSUS *Cette fente de retrait est trop large pour être refermée ; la pièce de bois devra être découpée.*

Certaines essences sont particulièrement sensibles aux maladies durant leur croissance. Parfois, notamment pour certaines pièces de hêtre, le bois contaminé présente un caractère esthétique qui accroît sa valeur. La plupart du temps, cependant, les dommages causées par la maladie rendent inutilisables les pièces affectées. Les plus grands ennemis du bois sont les champignons et les insectes. Généralement, le tri préliminaire opéré en scierie élimine la plupart des planches touchées par ces anomalies, mais assurez-vous toujours, par prudence, que les pièces achetées ne

CI-DESSUS *Ce réseau de tunnels témoigne de l'importante activité des insectes xylophages sous l'écorce de l'arbre.*

présentent pas de trous de coléoptères. Ces insectes ont peut-être quitté leur abri en laissant derrière eux un nombre important de larves, qui se nourriront des fibres du bois durant plusieurs

CI-DESSUS *Dommages causés aux fibres par des insectes xylophages.*

années avant d'abandonner à leur tour leur nid. La présence d'une fine poussière de bois à proximité immédiate d'un trou indique une activité récente. Le séchage en étuve tue la plupart des insectes

et larves, mais l'aubier d'une pile de bois attendant acheteur peut très bien tenter de nouveaux amateurs. Si vous avez la possibilité d'observer les stocks d'un détaillant en bois, vous remarquerez sûrement que nombre de planches proposées à la vente portent la marque des lattes de bois séparatives utilisées durant le processus de séchage à l'air. D'ordinaire, ces traces transversales sont superficielles et disparaissent après ponçage ; parfois cependant, et notamment lorsque le négociant a omis de soumettre les lattes à un traitement fongicide, elles témoignent d'une infection fongique profonde qu'il vous sera impossible de dissimuler, particulièrement sur des bois clairs tels que chêne, frêne ou châtaignier. Pour vous faire une idée de la réelle gravité du mal, grattez une de ces marques à la recherche d'éventuelles moisissures.

Défauts liés au stockage

Lorsqu'ils procèdent à l'empilage de nombreuses pièces de bois, la plupart des détaillants en bois s'efforcent de répartir au mieux les charges afin de limiter les déformations. D'autres, sans doute trop pressés, prennent moins de précautions et n'hésitent pas à vendre leurs planches voilées à des clients sans méfiance. Un coup d'œil sur l'aire de stockage de votre détaillant suffira pour vous faire une idée sur ses pratiques. Vous serez peut-être surpris par le nombre de planches soumises à des contraintes non naturelles, en leur centre ou à leurs extrémités, du fait d'un empilage approximatif. Sachez qu'une pièce de bois ainsi déformée finira toujours par reprendre son profil initial, bien souvent après l'achèvement du projet ! De manière générale, la plupart des déformations affectant une pièce de bois disparaissent progressivement au cours du séchage à l'air. Certains négociants en bois fixent des lattes sur les bois de bout des planches pour empêcher l'apparition des fentes de retrait, mais il est sans doute plus sage de laisser le bois travailler comme il le souhaite. De plus, une telle précaution s'avère souvent dérisoire, car la force engendrée par ces retraits suffit parfois à briser en deux un clou de charpentier. Une planche au fil rectiligne subit d'ordinaire très peu de déformations. Ceci ne veut pas dire, pour autant, que vous devez vous abstenir d'acheter des planches offrant un veinage figuré.

Sachez seulement, dans cette éventualité, qu'il vous sera sans doute nécessaire de refendre une pièce de grande largeur en planches de 15 cm de large, puis de les recoller chant à chant pour obtenir un panneau de bois d'une parfaite stabilité.

Le stockage

Avant tout achat, observez la façon dont sont stockées les pièces de bois chez votre détaillant. Évitez, pour les raisons évoquées plus haut, d'acheter des planches voilées. Observez chaque pièce dans sa longueur à la recherche d'une éventuelle courbure, car celle-ci, malgré tous vos efforts, ne disparaîtra pas. Les fibres ont été déformées durant le séchage et les cellules endommagées sont à jamais irréparables.

Stockage du bois dans l'atelier Dans votre atelier, disposez les planches de grande longueur à plat sur le sol plutôt qu'à la verticale.

Évitez d'exposer les pièces débitées aux rayons du soleil, car ces derniers sont propres à éclaircir (ainsi de l'acajou) ou à foncer (ainsi du cerisier) la teinte naturelle du bois. Dans un atelier chauffé, enduisez les bois de bout de cire ou de paraffine afin de prévenir leur séchage trop rapide. Un des principes liés au

Ci-dessus Un stockage négligent nuit à la qualité des pièces de bois et diminue leur valeur marchande.

Ci-contre Gerçures superficielles causées par un séchage en étuve trop rapide.

travail du bois pourrait être de conserver les pièces de bois aussi longues que possible le plus longtemps possible. Nombre d'ateliers d'amateurs sont remplis de chutes de bois inutilisables parce que trop courtes. Un dernier conseil : ventilez les emplacements destinés au stockage du bois et évitez d'entreposer des planches dans un endroit humide.

Ci-dessous Dans l'atelier, attachez-vous à empiler les pièces de bois avec soin et méthode.

PANNEAUX MANUFACTURÉS

Aujourd'hui, les technologies de transformation du bois fournissent aux menuisiers et ébénistes amateurs une grande diversité de panneaux manufacturés. Chaque procédé de construction donne naissance à tant de variantes qu'il est impossible de les décrire toutes dans ces pages. Sont présentés ici les panneaux d'usage le plus courant, en principe disponibles chez tous les détaillants en bois.

Une description des défauts spécifiques les plus courants est donnée pour chaque type de panneau manufacturé. Certains revendeurs refuseront d'assumer la responsabilité de ces imperfections, arguant qu'elles proviennent de la fabrication et non, par exemple, de la manutention ou du stockage. Il est courant de voir de hautes piles de panneaux supportées par deux seules lattes d'extrémité, causant le tuilage de toutes les pièces concernées. Lors de l'achat d'un panneau complet, posez celui-ci sur chant et examinez-le attentivement dans sa longueur et dans sa largeur pour déceler une éventuelle déformation. Il serait illusoire de soumettre un panneau déformé à une contrainte de direction inverse durant une nuit entière : il est pratiquement impossible de

POUR EN SAVOIR PLUS

Bruit, sécurité et extraction 16

*Placage
et marqueterie* Chapitre 9

Placages 206

rétablir un panneau tuilé dans sa forme initiale.

Lamellé

Parfois difficile à trouver, le lamellé est constitué d'une âme de lattes de bois tendre larges d'environ 5 mm, recouverte sur chaque face, et à fil croisé, d'un placage déroulé. Ce panneau est considéré comme un bon support pour le placage, à condition qu'il soit choisi chez un fournisseur offrant des gages de qualité. Parfois, les lattes qui forment l'âme sont encore légèrement humides ; elles tendent alors à transparaître sous le placage de finition lorsque le bois achève son séchage à la chaleur d'une habitation.

Latté

Son principe de fabrication est similaire à celui du lamellé, mais les lattes qui composent l'âme ont une largeur voisine de 20 mm. Auparavant, on utilisait beaucoup ce type de panneau pour la construction de carcasses de meubles. Cet usage est aujourd'hui passé de mode, en partie à cause des problèmes liés au séchage du bois.

En haut *Comme on le voit clairement ici, certains panneaux manufacturés se déforment facilement. Un stockage à plat est essentiel.*

Ci-dessus *Cette vue en coupe d'un panneau d'aggloméré montre l'âme constituée de copeaux grossiers et les deux faces formées de particules plus fines.*

Aggloméré

Moulés à chaud à partir d'un mélange de copeaux et de résine synthétique, les agglomérés existent dans une grande variété d'épaisseurs et de qualités. Sur l'aggloméré poncé deux faces, une âme centrale peu dense, formée à partir de copeaux grossiers, est enserrée entre deux feuilles composées de fines particules de bois. Certains agglomérés conviennent à un usage extérieur, d'autres, d'une épaisseur de 5 cm, sont spécialement conçus

pour la construction de plans de travail ménagers. Il existe également des agglomérés mélaminés ou plaqués sur une ou deux faces. Lors de l'habillage des chants d'un panneau en aggloméré, veillez à ne pas dégrader le revêtement de surface sous peine de révéler l'âme du panneau, de constitution plus grossière. Un tel défaut est aisément perceptible sous une couche de peinture. L'aggloméré a peu de solidité propre : il se déforme sous son propre poids lorsqu'on l'utilise, par exemple, pour la construction

de longues étagères. Il existe un grand nombre de bandes de parement, en plastique, métal ou bois, qui sont le plus souvent fixées par collage ou par emboîtage dans une rainure façonnée à la scie. Attachez-vous, d'une façon ou d'une autre, à habiller les chants d'une pièce d'aggloméré ; un chant nu est peu esthétique et s'abîme facilement.

Panneaux de fibres dures

Bien que toujours commercialisés, ils sont de plus en plus souvent remplacés aujourd'hui par des panneaux de médium (voir page suivante). Pour empêcher la déformation d'un panneau de fibres dures peu épais, bordez-le d'un cadre rigide après en avoir humidifié les deux faces.

Panneaux de fibres moyenne densité (médium ou MDF)

Ces panneaux connaissent un succès croissant auprès des menuisiers et des fabricants de meubles. Ils existent en plusieurs épaisseurs, habituellement comprises entre 16 et 22 mm, et se révèlent d'excellents supports pour le placage, la peinture, le vernis ou la teinture à bois. De plus, leurs chants peuvent être façonnés à la défonceuse ou à la toupie. À l'instar de l'aggloméré, ces panneaux ont pour principal inconvénient un manque de rigidité propre. Éliminez les panneaux à la surface brillante, due aux dépôt d'agents chimiques utilisés pour le nettoyage des presses de fabrication. Ces produits peuvent entrer en réaction avec la colle, le vernis ou la peinture. Le MDF doit être découpé à l'aide d'outils parfaitement affûtés. En outre, son taux important de résine provoque une usure deux fois plus rapide des lames de scies et fers de rabots. Notez enfin qu'il est essentiel de porter un masque antipoussière lorsque l'on travaille du médium, car les particules produites lors des découpes peuvent, à la longue, s'avérer nocives pour les poumons.

Contreplaqué

Le contreplaqué a longtemps été le plus employé des panneaux manufacturés, mais il tend à être détrôné aujourd'hui par d'autres dérivés du bois, et notamment par le médium. En outre, il est parfois fabriqué à partir de plis séchés de façon inadéquate, défaut qui provoque, à plus ou moins longue échéance, des déformations. À l'origine, le contreplaqué était réputé pour sa stabilité ; de nos jours, il faut opérer un tri savant parmi les pièces proposées avant de trouver un panneau parfaitement plan, et il risque, en outre, de rencontrer de nombreux problèmes au moment de sa découpe. Le bouleau multi-plis se révèle souvent

Ci-contre *Les lattes formant l'âme d'un panneau de lamellé sont moins larges que celles d'un latté. La présence d'une feuille de placage supplémentaire sur chaque face, posée selon une direction de fil parallèle à celle des lattes centrales, est gage d'un matériau de meilleure qualité.*

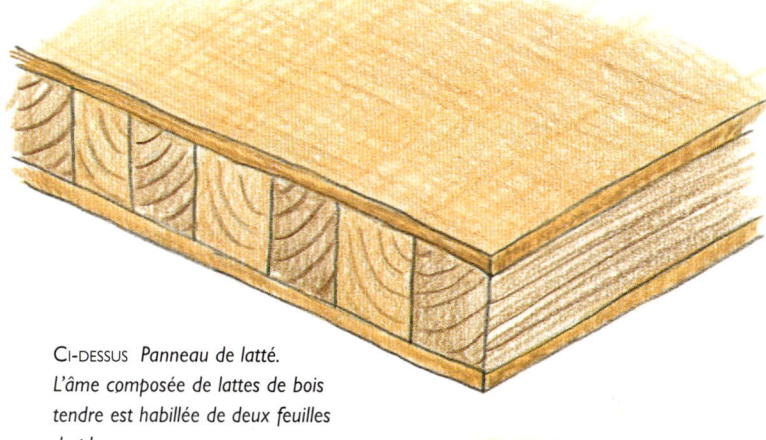

Ci-dessus *Panneau de latté. L'âme composée de lattes de bois tendre est habillée de deux feuilles de placage.*

Ci-contre *Exemple de déformation causée par un séchage inadéquat des lattes de bois formant l'âme.*

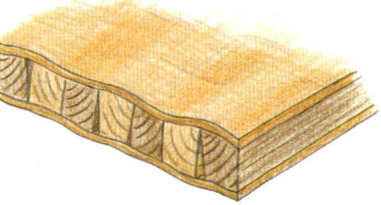

Ci-contre *Contreplaqué trois-plis, très utile pour confectionner la face arrière de placards ou le fond de tiroirs.*

Ci-contre *Contreplaqué multi-plis, souvent utilisé pour les éléments de structure des placards. Son usage est déconseillé pour les portes, car il est sujet aux déformations lorsque non supporté.*

collant, probablement parce qu'il est imprégné de produits chimiques utilisés pour le nettoyage des presses de fabrication. Il est prudent de poncer un tel contreplaqué sur toutes ses faces avant d'en faire usage.

Mise en œuvre

Ne tentez pas de masquer un éventuel défaut déparant la surface d'un panneau manufacturé à l'aide de pâte à bois. Celle-ci finit toujours par se rétracter, causant alors l'apparition d'un léger creux sur la surface finie.

Utilisez plutôt un bouchon confectionné dans le même matériau que celui dont est constituée la face endommagée (bouleau pour un pli de bouleau, médium pour un panneau de médium, etc..). Un simple collage s'avère le plus souvent insuffisant pour la pose de lattes de parement d'une certaine épaisseur. Un assemblage à rainure et languette, propre à renforcer le montage et à augmenter les surfaces encollées, se révèle, à long terme, beaucoup plus solide.

PLACAGES

Nombre des bois les plus rares et les plus sompteux du monde sont transformés en placages, ainsi d'ailleurs qu'une grande variété d'essences plus communes.

Fabrication

Les billes de bois sont généralement équarries puis ramollies dans un bain d'eau chaude avant d'être placées sur une trancheuse. Celle-ci découpe des feuilles d'une épaisseur voisine de 1 mm sur toute la longueur de la pièce de bois, qui est déplacée automatiquement à mesure du travail. Les feuilles de placage provenant d'une même découpe portent des figures similaires. Après séchage, les placages sont empilés (généralement par séries de 24 unités) et chaque pile est scellée à l'aide de papier adhésif afin que l'ordre de découpe soit strictement conservé. Lors de l'achat de placages, observez les différentes feuilles composant un lot pour déceler une éventuelle rupture dans la succession des découpes. Prenez une feuille au hasard et placez-la devant une source de lumière ; la présence de jours indiquera une découpe médiocre. Vérifiez également que le placage n'a pas été décoloré par une exposition au soleil : la couleur doit être la même au centre de la feuille et à ses extrémités.

POUR EN SAVOIR PLUS

Placage   Chapitre 9
Séchage et débitage   196
Panneaux manufacturés   204

Stockez les feuilles de placage à l'abri d'un éclairage direct,

CI-DESSUS *Pile de feuilles de placage rangées avec soin, dans l'ordre de leur découpe.*

dans un endroit sec et, de préférence, à plat. Ayez soin, également, d'habiller leurs chants de ruban adhésif pour éviter le déchirement du bois.

Variétés de placage

Les placages se répartissent en deux grandes catégories. La première regroupe les feuilles produites à partir de bois sain et régulier, mais sans intérêt esthétique particulier. La fabrication de contreplaqué fait intervenir un grand nombre de ces feuilles de placage, obtenues le plus souvent par déroulage, la plus économique des méthodes de découpe. Certains placages tranchés ont l'apparence caractéristique du bois à partir duquel ils ont été taillés, mais n'offrent

pas de veinage figuré. D'une qualité esthétique assez ordinaire, ils seront parfaitement à leur place sur une partie peu visible. Ces placages sont souvent tranchés à plat, technique qui permet d'obtenir des feuilles plus larges qu'un tranchage sur quartier.

La seconde catégorie comprend les placages figurés et exotiques. La plupart des bois, tendres ou durs, peuvent être convertis en placage, mais ce procédé relativement onéreux devrait, dans l'absolu, être réservé aux billes d'une certaine valeur esthétique. Un bois d'aspect réellement inhabituel donne naissance à des placages uniques, tel le "dos de violon", au fil traversé de raies blanches, ou l'érable

CI-DESSUS *Feuille de placage présentant des défauts dus à une découpe mal exécutée (à gauche) et feuille de placage saine (à droite).*

moiré, dont la texture rappelle le satin. Souvent, la figure particulière et l'intérêt esthétique d'une essence ne peuvent être observés que sous forme de placage. Un dernier conseil : avant de disperser les feuilles d'un lot de placage dans votre atelier, prenez garde de les numéroter dans l'ordre de leur découpe. Faute de prendre cette précaution, vous aurez le plus grand mal à rétablir la pile dans sa configuration originale.

CI-DESSOUS *L'association de feuilles de placage en un motif symétrique donne souvent un résultat superbe.*

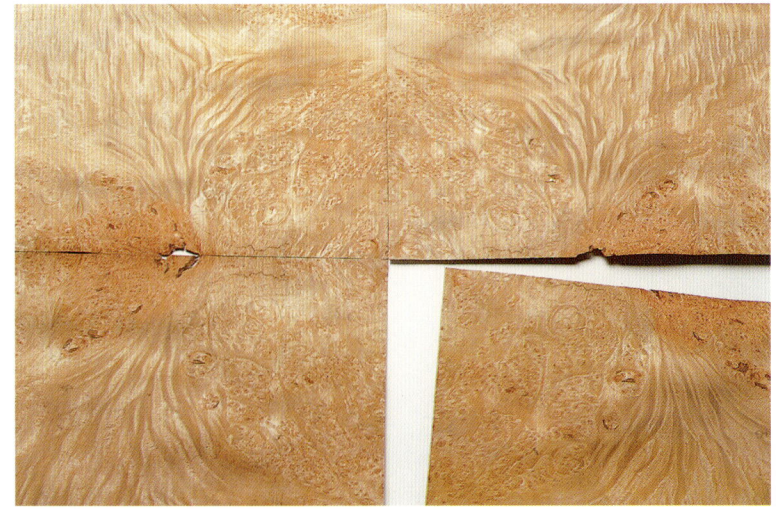

COLLES À BOIS

Les technologies modernes ont donné naissance à une grande variété de colles à bois de composition complexe, dont certaines font appel à des méthodes profondément novatrices. Ne sont présentées ici que les colles à bois les plus communes, disponibles chez tous les détaillants spécialisés.

Colle vinylique ordinaire

Colle urée-formol en poudre

Colles vinyliques

Les plus courantes des colles à bois sont les colles à l'acétate de polyvinyle, plus couramment appelées colles vinyliques. Ce sont des colles à froid pour tous usages, possédant, pour certaines d'entre elles, des propriétés imperméabilisantes. Elles offrent l'avantage de conserver une certaine élasticité après séchage, qui contribue à absorber les déformations des pièces de bois assemblées. Son taux important d'humidité est problématique pour le collage de feuilles de placage de grandes dimensions, car celles-ci tendent à s'imprégner de colle et à se gondoler. Si vous usez d'un vernis de type cellulosique, vous découvrirez à vos dépens que la colle vinylique entre en réaction avec les solvants contenus dans ces produits, ce qui provoque l'apparition de renflements peu esthétiques au droit des lignes de colle.

Colles au néoprène

Ces colles à base de caoutchouc synthétique, qui s'appliquent sur les deux surfaces à encoller, procurent un lien immédiat par simple contact. Leur emploi est absolument déconseillé pour la pose de placage, car elles créent des tensions qui finissent par décoller les feuilles à leurs coins. Elles conviennent très bien pour le collage de feuilles de mélamine sur de grandes surfaces, mais si vous devez procéder à un collage bois contre bois, employez plutôt une colle plus stable.

Colle vinylique à prise rapide

Colle au Néoprène

Colles urée-formol

Ce sont les plus stables et les plus fiables des colles à bois. Ces colles à base de résine synthétique s'utilisent pour le pressage à chaud ou à froid. Nombre d'entre elles sont commercialisées en lot avec un durcisseur ; on applique la colle sur l'une des faces à assembler et le durcisseur sur l'autre. D'autres se présentent sous forme d'une poudre déjà augmentée d'un durcisseur, qu'il faut délayer à l'eau avant emploi. La plupart de ces produits ne peuvent être conservés très longtemps (leur durée de vie moyenne

Colle animale, vendue le plus souvent sous forme de granules à dissoudre dans l'eau. Autrefois, elle était commercialisée en paillettes ou en feuilles qu'il fallait faire tremper durant au moins 12 h.

est d'environ 3 mois) ; il faut donc éviter de les acheter par grandes quantités.

Colles animales

Confectionnées à partir de peaux et d'os d'animaux, ces colles utilisés depuis des siècles ont encore aujourd'hui la faveur des ébénistes d'art et restaurateurs de meubles de style. Elles ont pour principal inconvénient de perdre de leur efficacité dans un lieu climatisé, qui réduit considérablement leur taux d'humidité. Dans le doute, et pour éviter de genre de problème, placez un bol rempli d'eau sous le radiateur le plus proche du meuble concerné.

Ci-CONTRE *Pistolet à colle. Cet accessoire à cartouches, capable de produire un filet continu de colle fondue, est très pratique pour la réalisation de maquettes d'étude et de collages provisoires.*

POUR EN SAVOIR PLUS

Assemblages	Chapitre 7
Colles pour placage	171
Placages	206

12. BOIS ET DÉRIVÉS

PROBLÈMES D'ENVIRONNEMENT

Chacun d'entre nous peut contribuer à la protection de l'environnement. Il vous semble sans doute peu probable que vos modestes achats de bois influent sur les choix commerciaux de votre détaillant. Pourtant, le volume de bois vendu aux menuisiers et ébénistes amateurs représente sans doute pour lui une part de marché importante. C'est pourquoi il est du devoir de chacun d'acheter ses matériaux de manière responsable.

Les forêts pluviales essartées par brûlage (à gauche) ou par abattage (ci-dessus et bas de page) laissent place à de vastes étendues de terres nues, où l'érosion cause d'irréparables dommages (à droite).

La déforestation

La France et les pays européens sont parmi les principaux importateurs d'acajou du Brésil. Ces dernières années, ce pays a quelque peu réduit ses exportations de bois en termes de tonnage, mais l'abattage continue de causer de graves dommages dans les zones d'exploitation. On sait, par exemple, que pour un arbre mature abattu, 26 arbustes sont endommagés.

POUR EN SAVOIR PLUS

Méthodes de débitage et choix des pièces de bois 198

Savoir acheter le bois 200

Plus de la moitié des espèces animales et végétales répertoriées vivent dans les forêts tropicales, lesquelles couvrent à peine 7 % de la surface terrestre du globe ! Près de 60 % du territoire suédois et 70 % du territoire finlandais sont voués à l'exploitation forestière, et seuls 5 % des forêts de ces pays sont encore à l'état sauvage. Plus de 60 % des forêts de la province canadienne de Colombie-Britannique ont été converties en grumes, et, à ce jour, les efforts de protection du Canada en ce domaine demeurent peu efficaces. Les territoires de l'Asie

et de l'Océanie sont également menacés, mais les gouvernements des pays concernés commencent à réagir. Questionnez votre détaillant en bois sur la provenance de ses marchandises et efforcez-vous de connaître son attitude quant à la protection de l'environnement. Depuis peu, la Banque mondiale a entrepris d'imposer de strictes restrictions en matière d'exploitation forestière aux

pays qui sollicitent des prêts. Ceci ne peut avoir qu'une influence bénéfique sur la préservation des forêts du monde, et sur le bien-être de nos descendants.

13. PLANS

Table à plateaux de verre	210	Plateau de petit-déjeuner	218
Coffret à CD	212	Miroir mural et tablette	220
Établi	214	Jatte à fruits	222
Cadre de miroir	216	Boîte à bijoux	223
Bibliothèque	217		

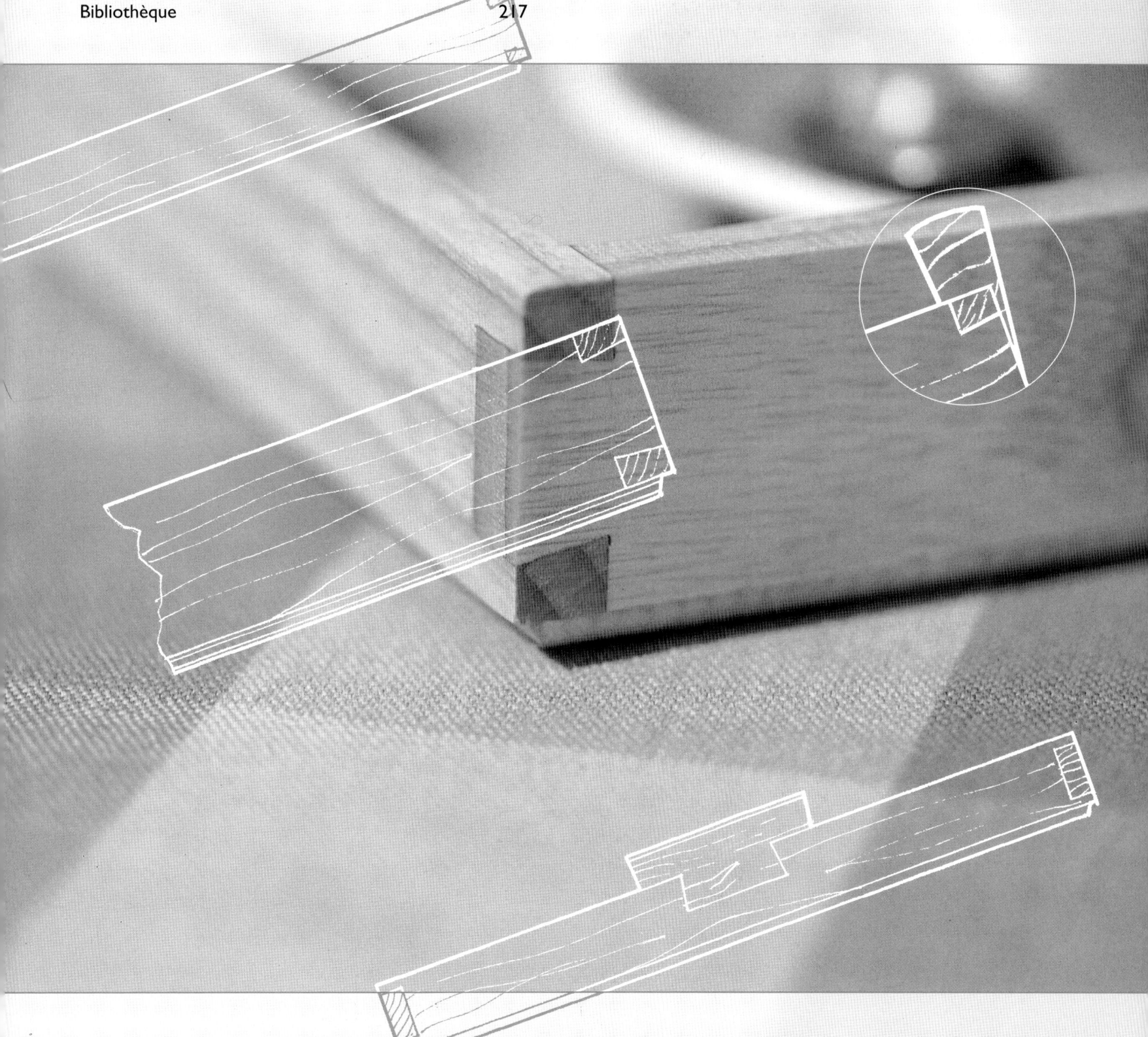

OUVRAGE N°1 :
TABLE À PLATEAUX DE VERRE *voir page 102*

Cette table d'appoint pratique et attrayante peut être construite par un débutant en un week-end.

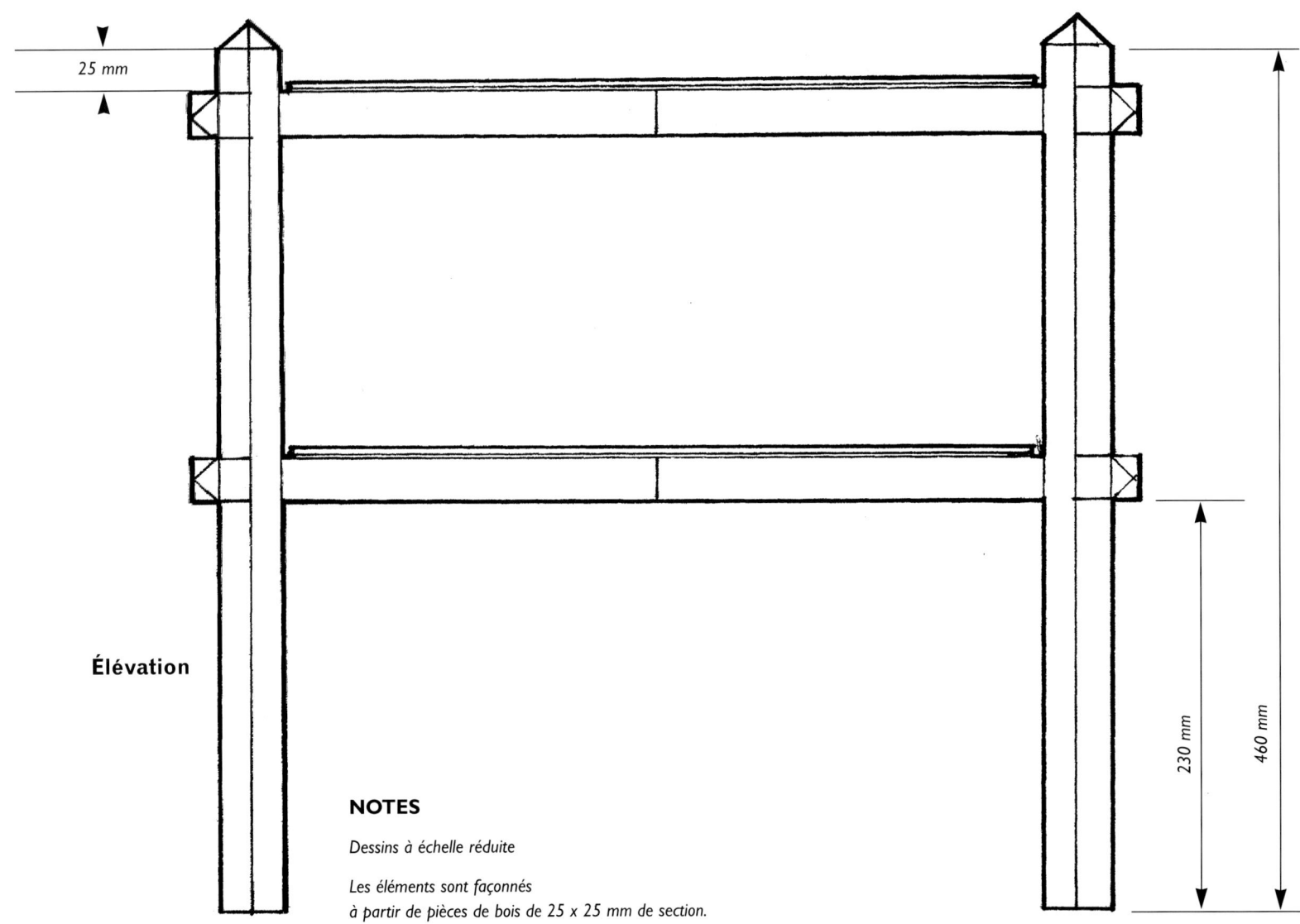

25 mm

Élévation

230 mm

460 mm

NOTES

Dessins à échelle réduite

*Les éléments sont façonnés
à partir de pièces de bois de 25 x 25 mm de section.*

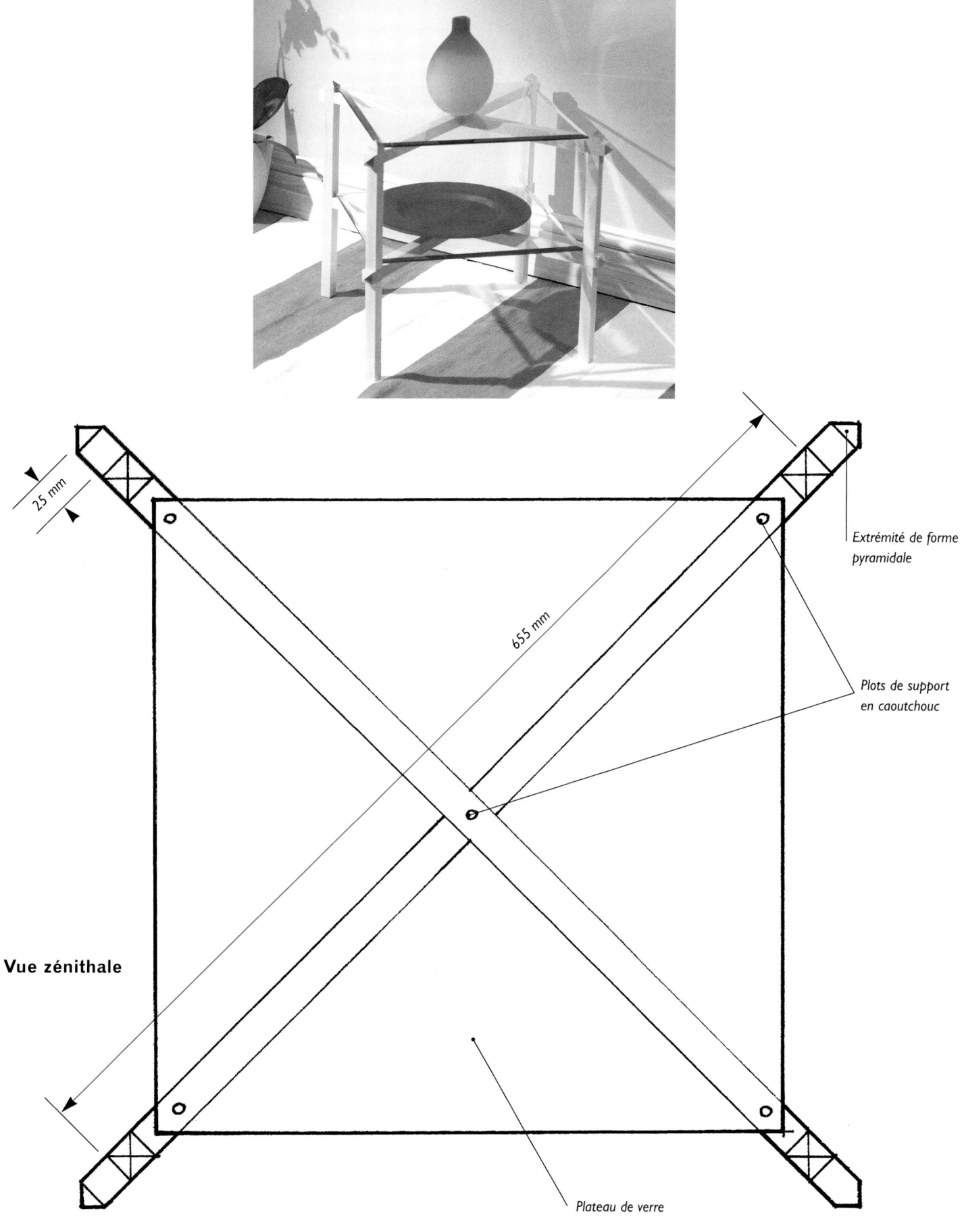

25 mm

655 mm

Extrémité de forme
pyramidale

Plots de support
en caoutchouc

Vue zénithale

Plateau de verre

Ouvrage n° I : table à plateaux de verre

OUVRAGE N°2 : COFFRET À CD voir page 112

**La réalisation de ce petit coffret à disques
compacts, construit à l'aide de tourillons, nécessite
deux ou trois jours pour un menuisier débutant.**

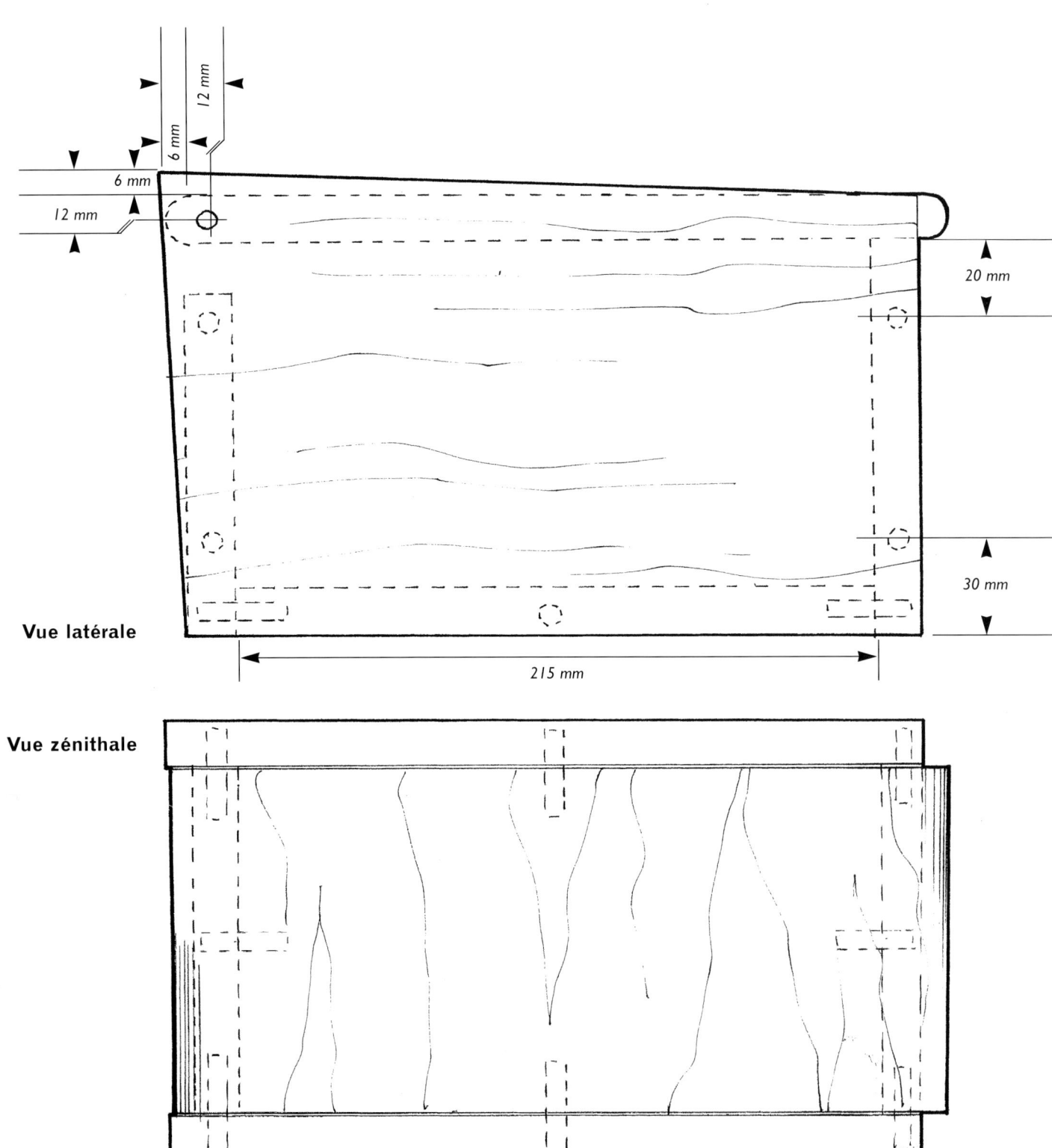

Vue latérale

12 mm

6 mm

6 mm

12 mm

20 mm

30 mm

215 mm

Vue zénithale

rayon de 20 mm

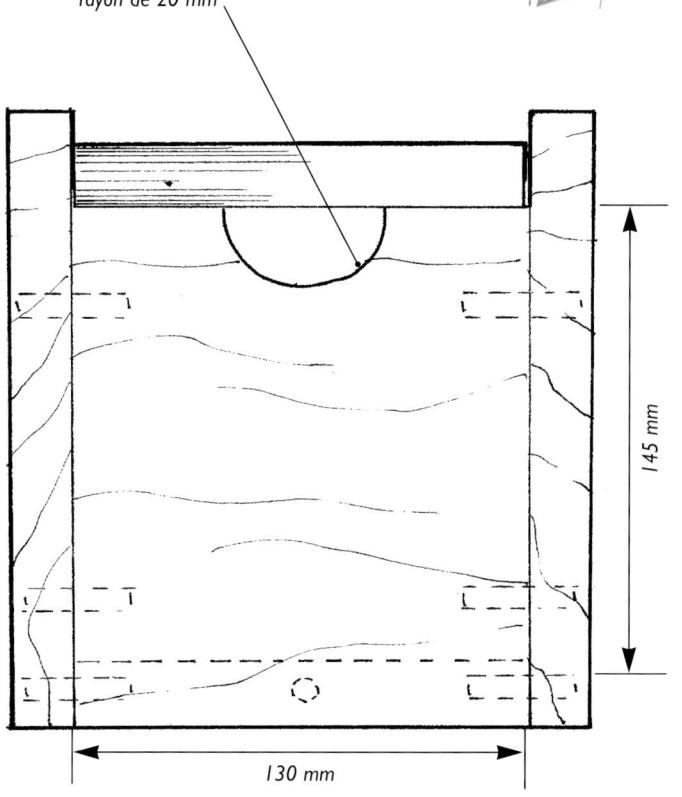

Vue frontale

145 mm

130 mm

NOTES

Dessins à échelle réduite

*Toutes pièces de bois
épaisses de 12 mm*

*Utilisez des tourillons
de 5 ou 6 mm de diamètre*

OUVRAGE N° 3 : ÉTABLI *voir page 122*

Les cotes indiquées ici peuvent être modifiées en fonction de vos besoins.

La hauteur de l'établi doit être environ égale à la moitié de la taille de l'utilisateur

(la hauteur standard est de 85 cm).

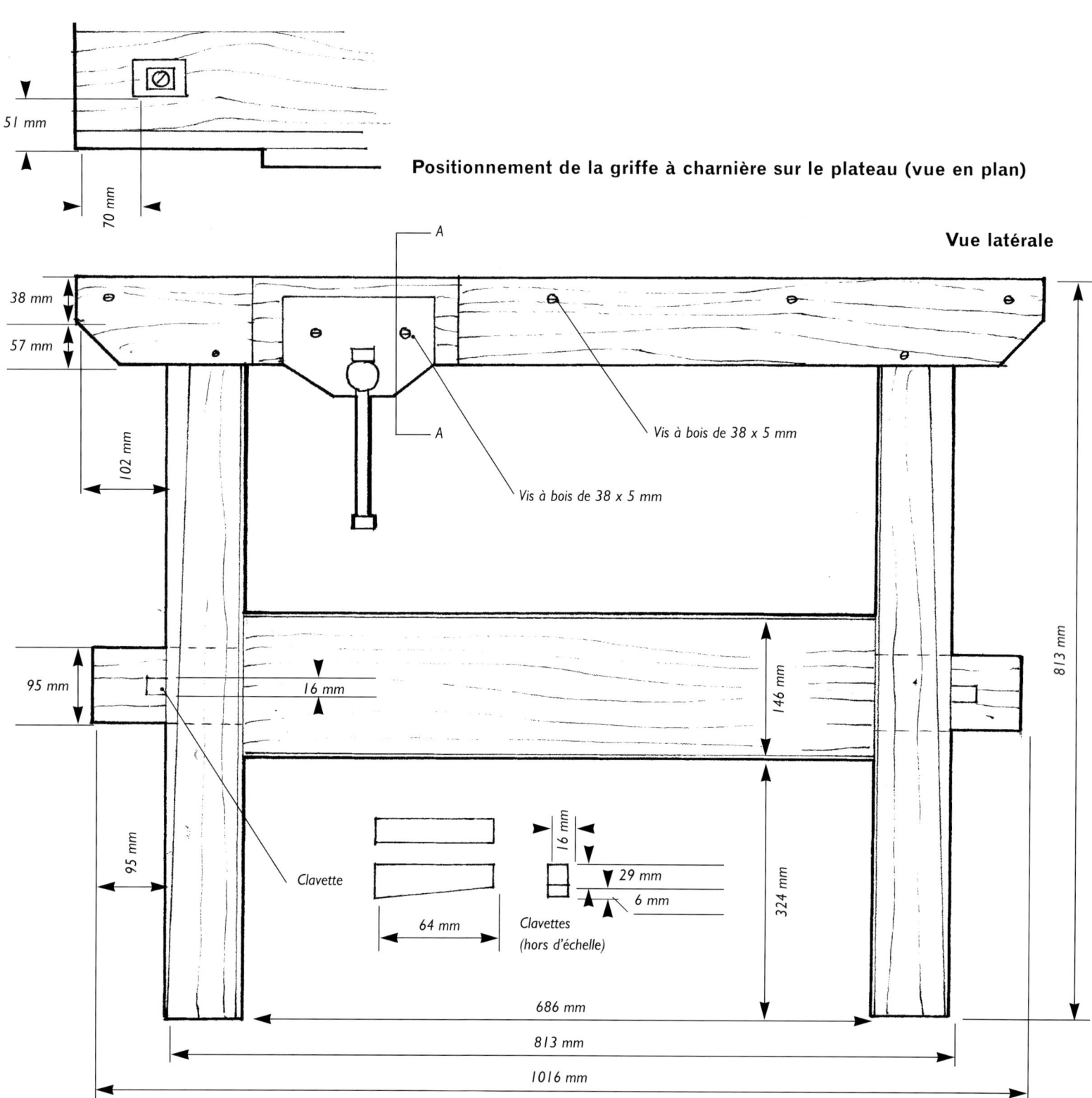

Positionnement de la griffe à charnière sur le plateau (vue en plan)

51 mm

70 mm

Vue latérale

A

A

38 mm

57 mm

102 mm

Vis à bois de 38 x 5 mm

Vis à bois de 38 x 5 mm

95 mm

16 mm

146 mm

813 mm

95 mm

Clavette

16 mm

29 mm

6 mm

Clavettes
(hors d'échelle)

64 mm

324 mm

686 mm

813 mm

1016 mm

Un établi bien conçu
est souvent l'élément le plus
important dans l'atelier
du travailleur du bois.

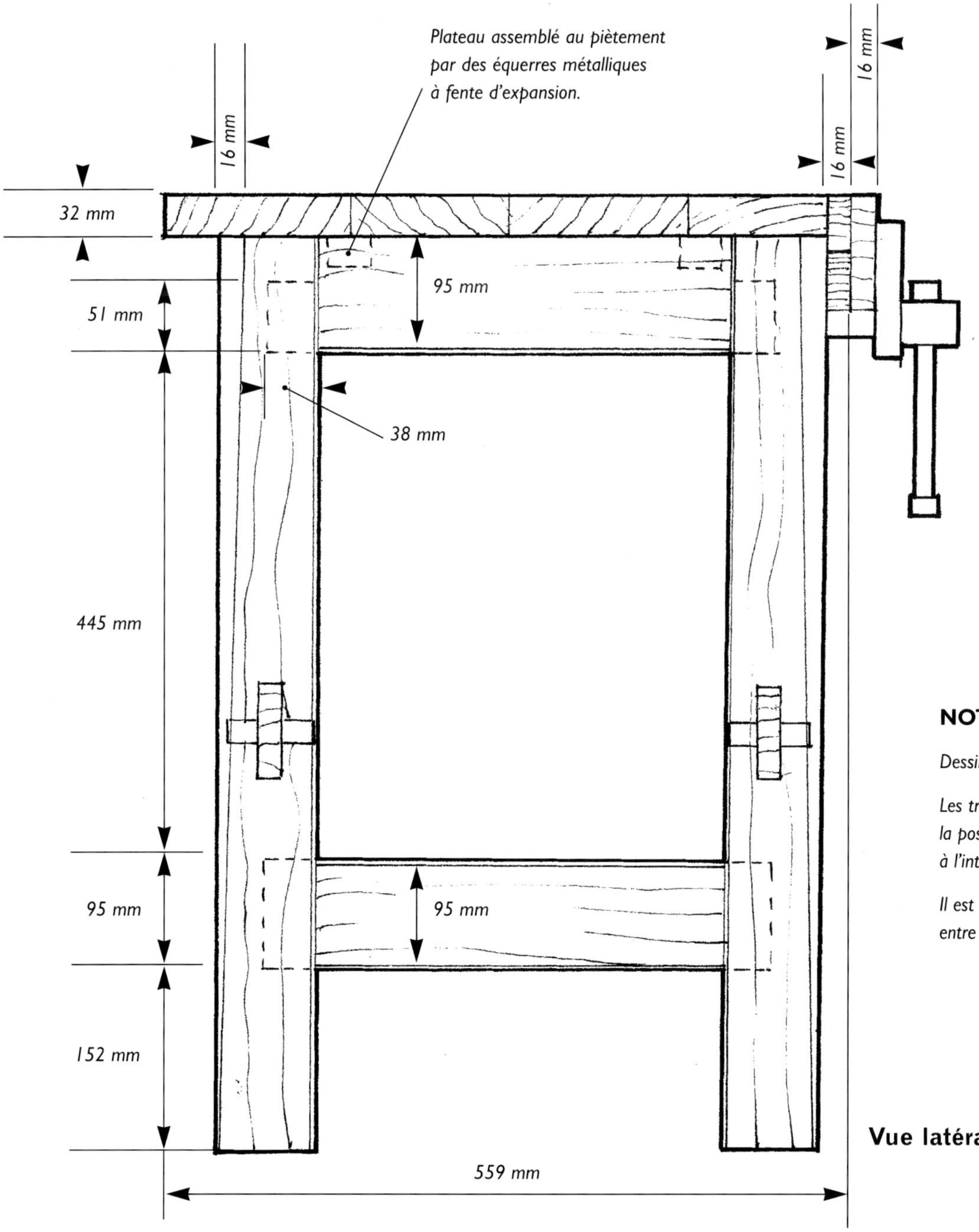

Plateau assemblé au piètement
par des équerres métalliques
à fente d'expansion.

16 mm

16 mm

16 mm

16 mm

32 mm

95 mm

51 mm

38 mm

445 mm

95 mm

95 mm

152 mm

559 mm

Vue latérale (gauche)

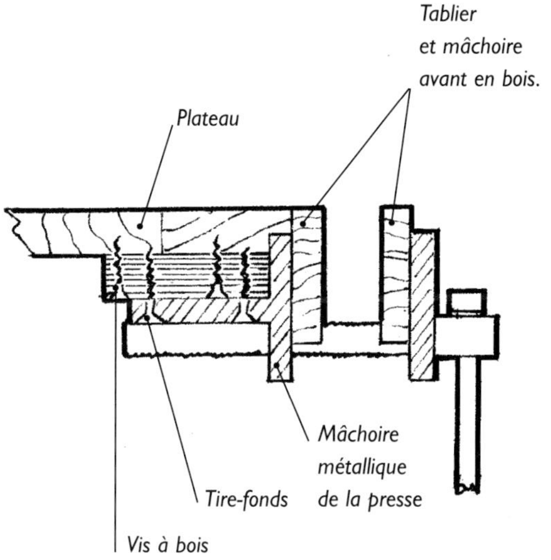

Tablier
et mâchoire
avant en bois.

Plateau

Mâchoire
métallique
de la presse

Tire-fonds

Vis à bois

**Coupe AA :
montage de la presse**

NOTES

Dessins à échelle réduite

*Les traits pointillés indiquent
la position des tenons
à l'intérieur des pieds.*

*Il est possible de fixer une étagère
entre les traverses longitudinales.*

OUVRAGE N° 4 : CADRE DE MIROIR voir p. 134

Les dimensions de ce cadre peuvent être adaptées
en fonction de vos souhaits et de vos besoins.
Efforcez-vous cependant de respecter les proportions
présentées ici.

Vue frontale

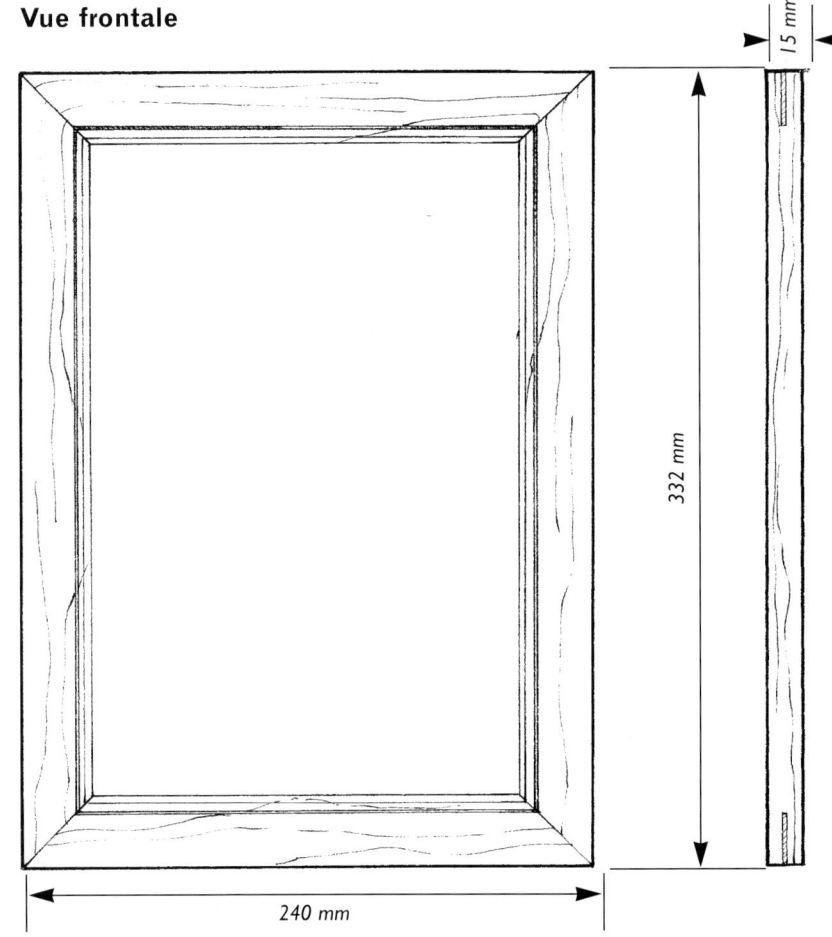

15 mm

Vue latérale

NOTES

Dessins à échelle réduite

*Ce cadre peut également
recevoir une reproduction
ou une photographie.
Dans ce cas, utilisez
une plaque de verre
de 2 mm d'épaisseur.*

332 mm

240 mm

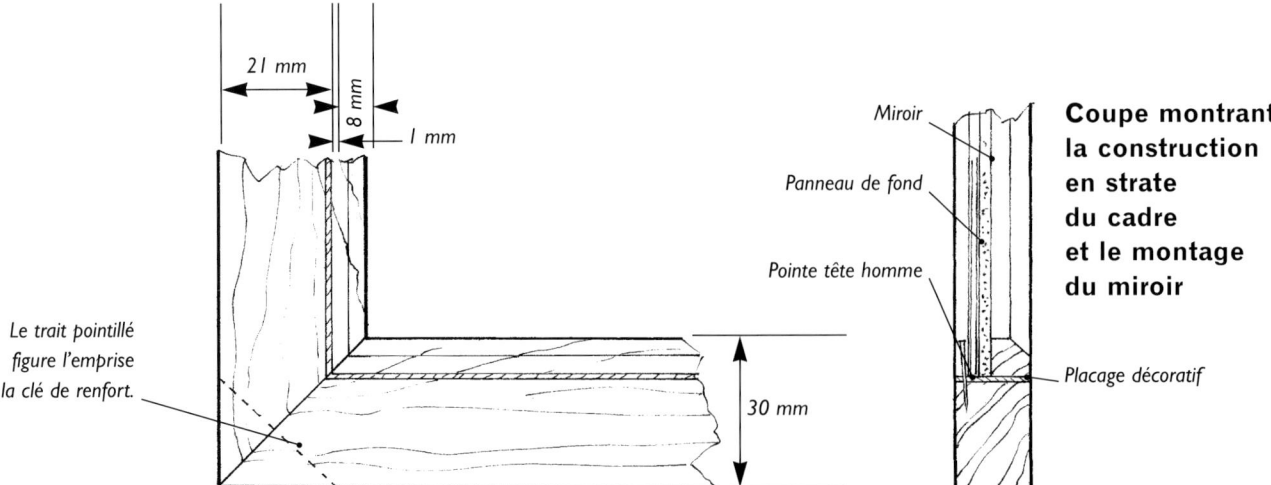

21 mm

8 mm

1 mm

Le trait pointillé
figure l'emprise
de la clé de renfort.

30 mm

Miroir

Panneau de fond

Pointe tête homme

Placage décoratif

**Coupe montrant
la construction
en strate
du cadre
et le montage
du miroir**

OUVRAGE N° 5 : BIBLIOTHÈQUE *voir page 142*

Cet ouvrage nécessite un outillage plus complet
et un temps de travail un peu plus important
que la plupart de ceux présentés ici, mais il peut
être réalisé en quatre ou cinq jours par un menuisier
débutant.

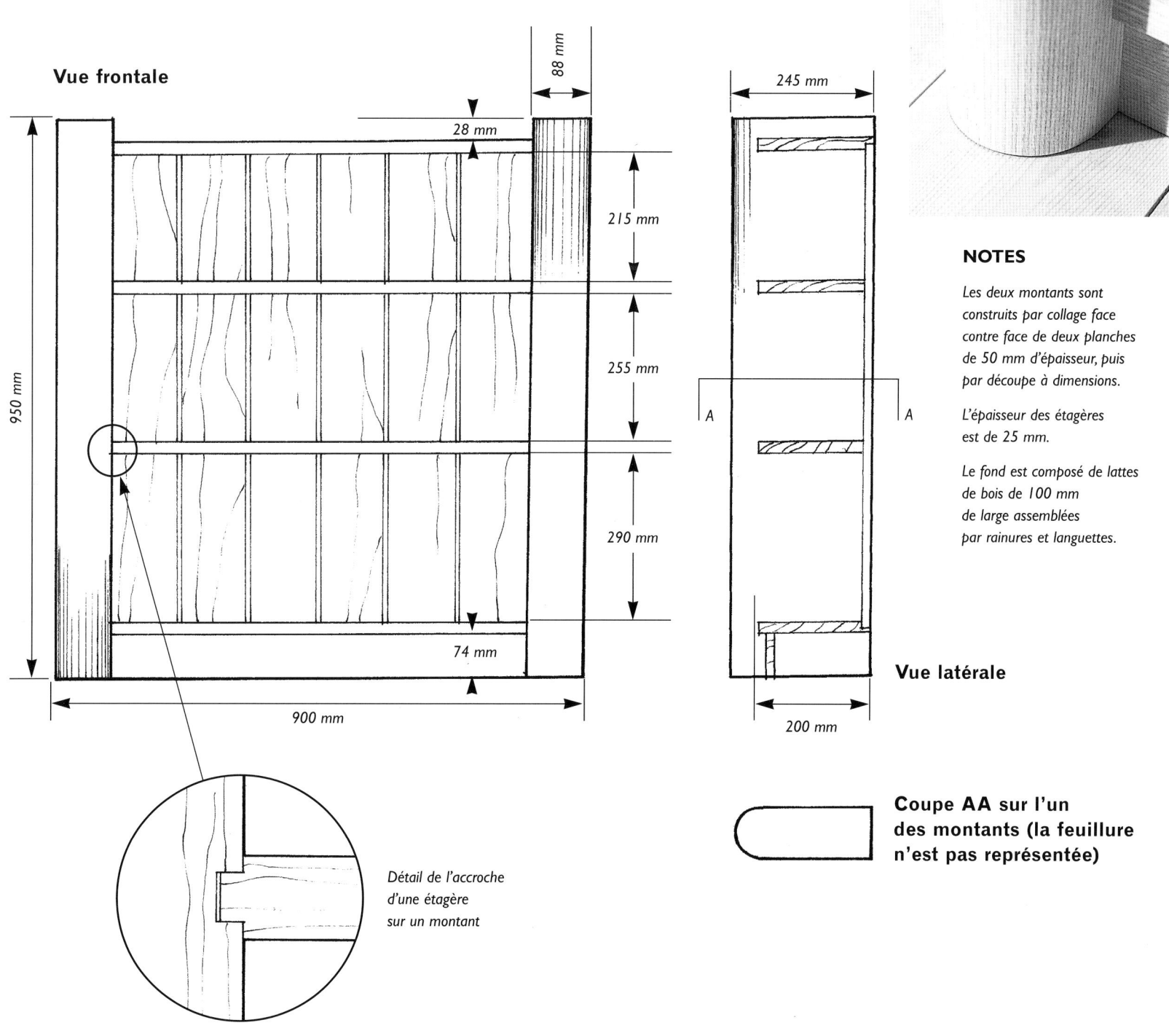

Vue frontale

88 mm

28 mm

215 mm

255 mm

290 mm

950 mm

74 mm

900 mm

245 mm

A   A

200 mm

Vue latérale

*Détail de l'accroche
d'une étagère
sur un montant*

NOTES

*Les deux montants sont
construits par collage face
contre face de deux planches
de 50 mm d'épaisseur, puis
par découpe à dimensions.*

*L'épaisseur des étagères
est de 25 mm.*

*Le fond est composé de lattes
de bois de 100 mm
de large assemblées
par rainures et languettes.*

**Coupe AA sur l'un
des montants (la feuillure
n'est pas représentée)**

OUVRAGE N° 6 : PLATEAU DE PETIT-DÉJEUNER *voir page 154*

Il est préférable, ici, de vous conformer exactement aux dimensions indiquées, qui ont été choisies de manière à favoriser à la fois la solidité structurelle et l'aspect esthétique.

Vue zénithale

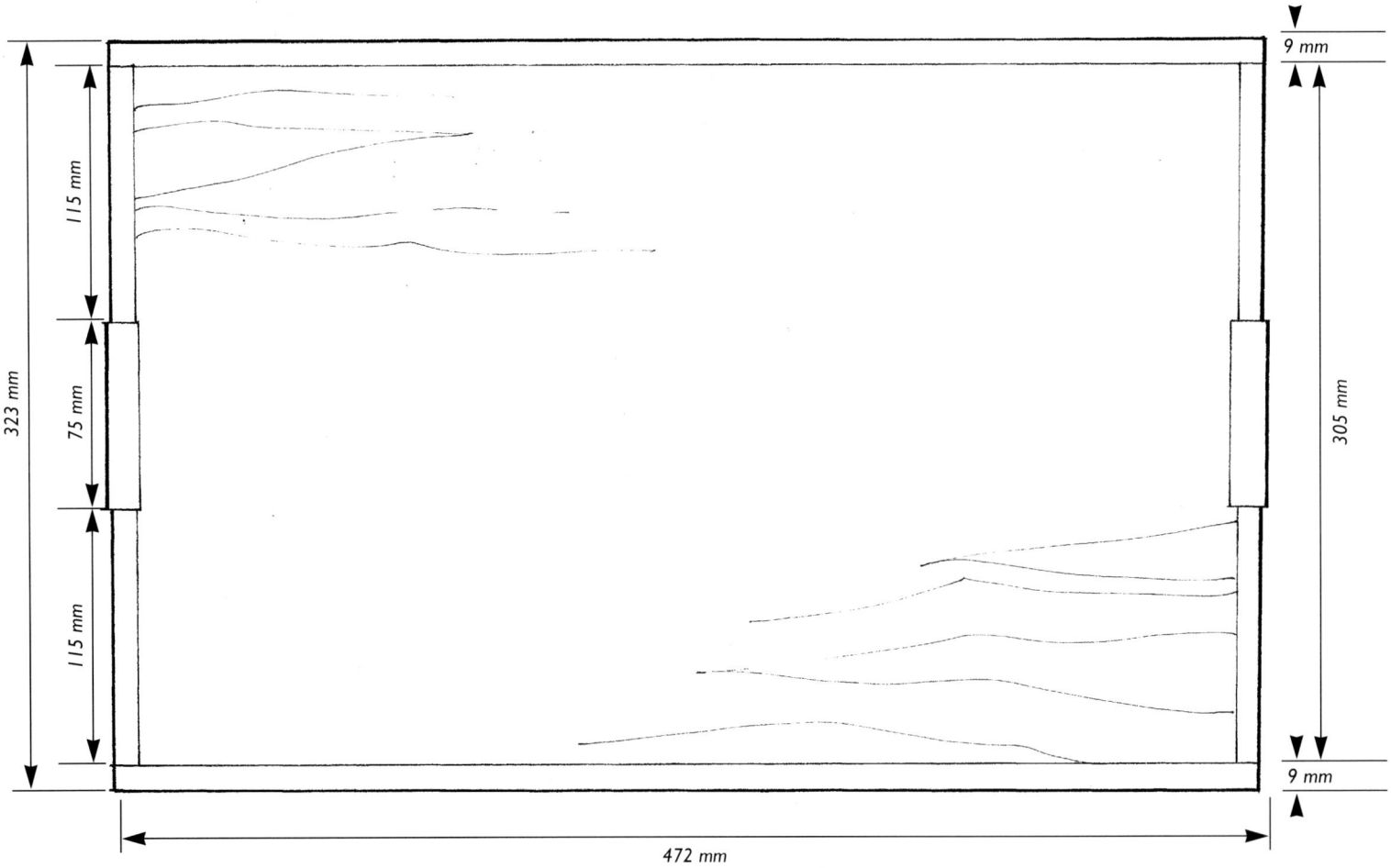

9 mm

115 mm

75 mm

115 mm

323 mm

305 mm

9 mm

472 mm

NOTES

Dessins à échelle réduite

L'aspect final de l'ouvrage dépend beaucoup des essences de bois choisies pour le cadre, les poignées et le fond.

Vue latérale

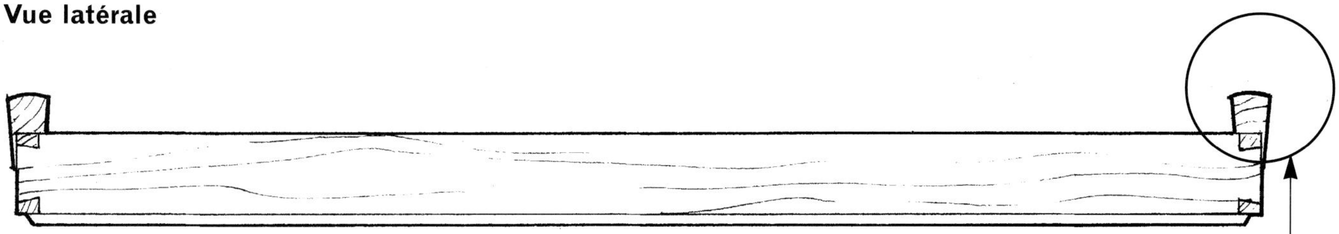

Vue d'une extrémité

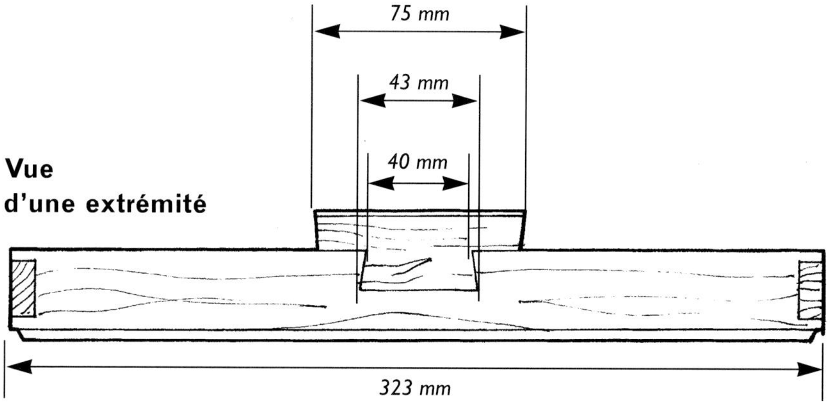

75 mm

43 mm

40 mm

323 mm

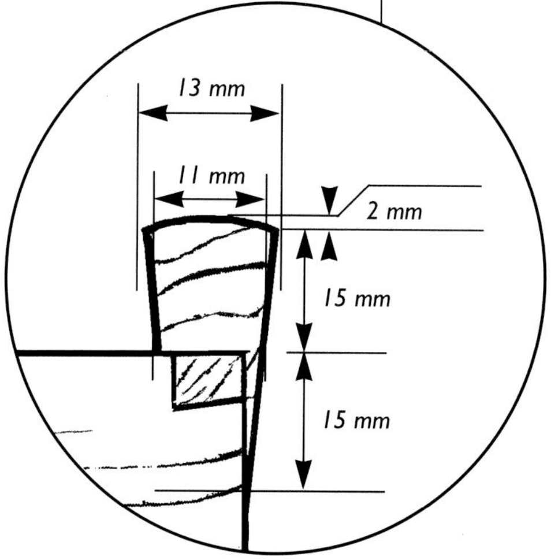

Détail d'une poignée (élévation)

13 mm

11 mm

2 mm

15 mm

15 mm

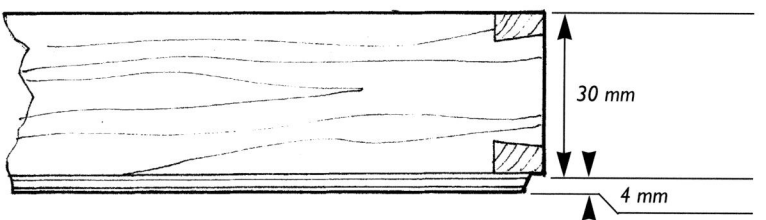

30 mm

4 mm

Détail d'un angle (élévation).
Notez le retrait chanfreiné du fond.

OUVRAGE N° 7 : MIROIR MURAL ET TABLETTE voir page 175

Les deux éléments en panneaux de médium
ont été habillés à chant de bois massif et revêtus
sur une face d'un placage d'érable moucheté.
Le motif géométrique est formé de losanges
en placage de sycomore naturel et teinté.

NOTES

Dessins à échelle réduite

Tablette

Vue frontale

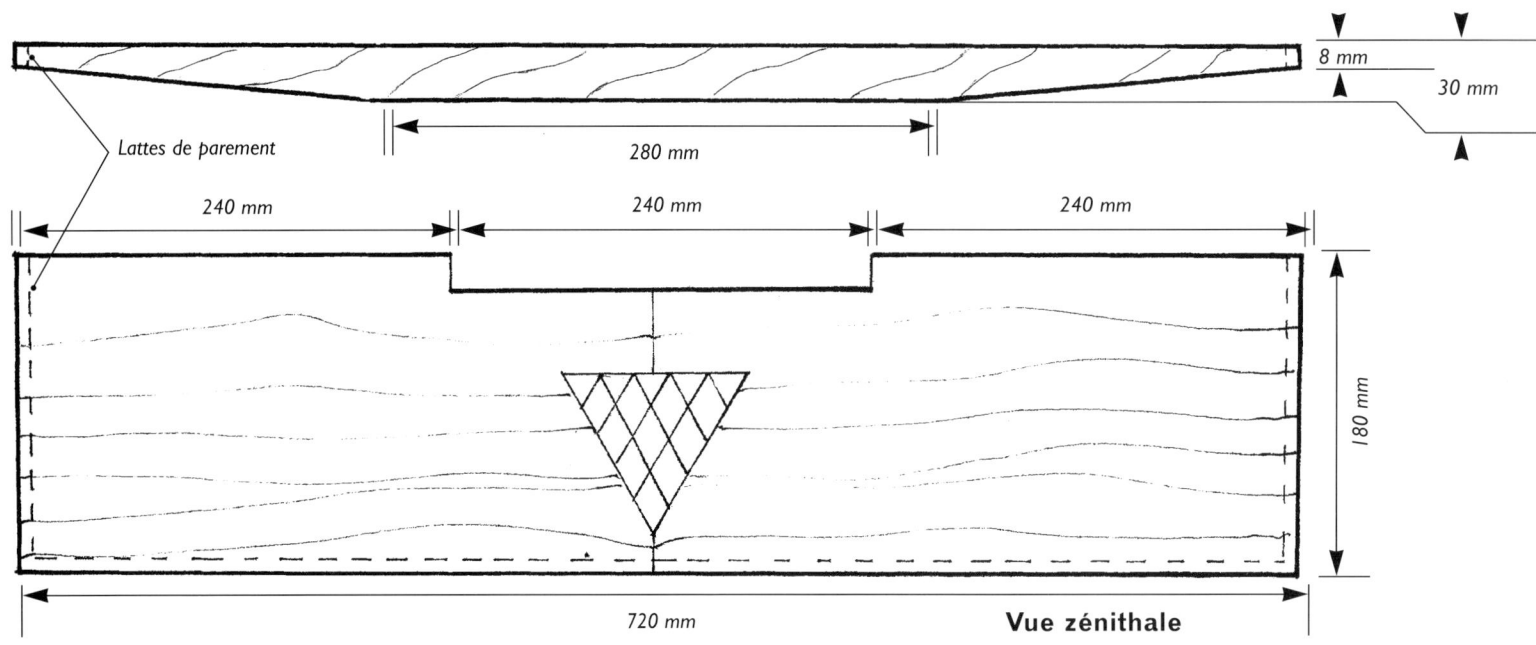

8 mm
30 mm

Lattes de parement

280 mm

240 mm   240 mm   240 mm

180 mm

720 mm   **Vue zénithale**

Miroir

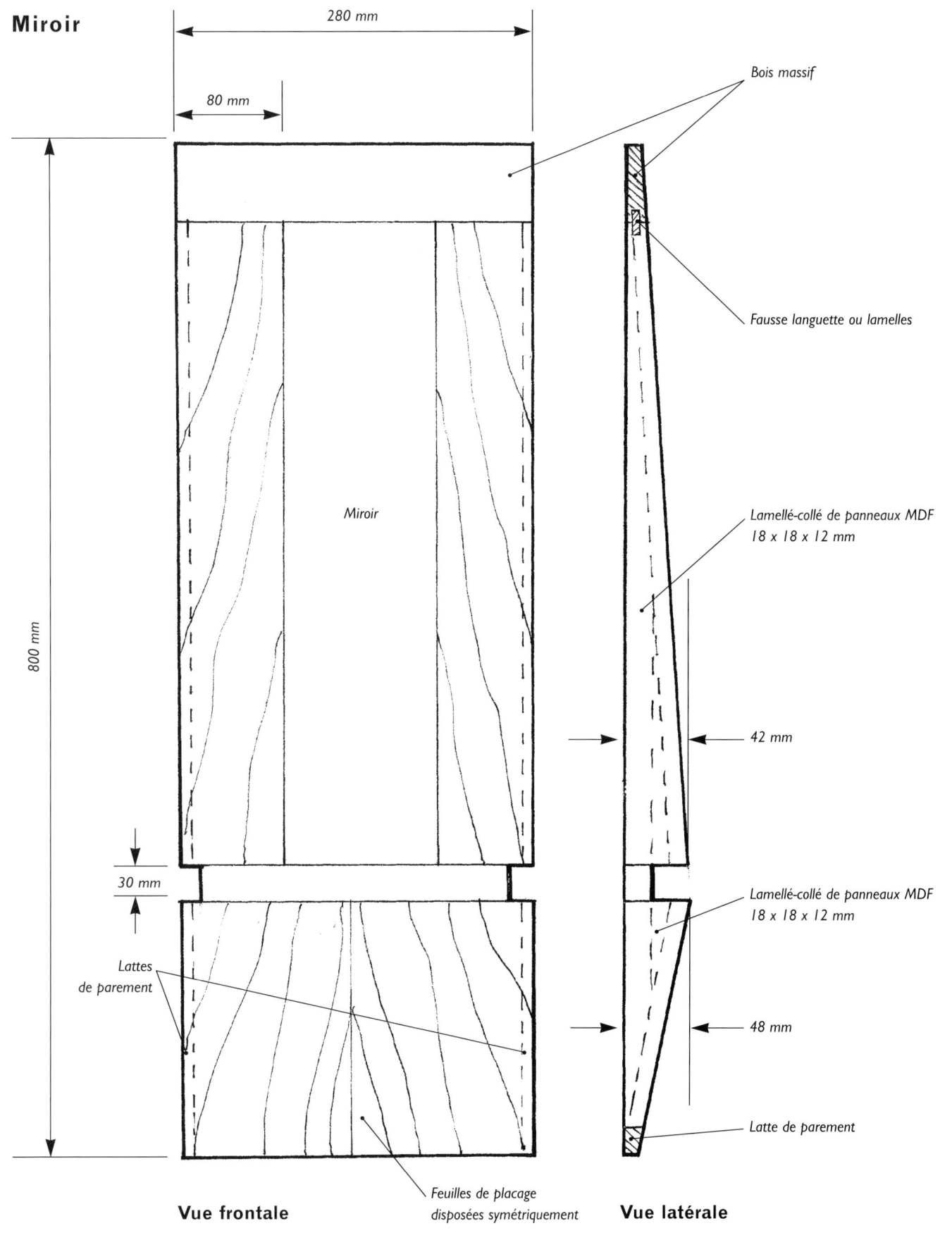

280 mm

80 mm

Bois massif

Fausse languette ou lamelles

Lamellé-collé de panneaux MDF
18 x 18 x 12 mm

Miroir

800 mm

42 mm

30 mm

Lamellé-collé de panneaux MDF
18 x 18 x 12 mm

Lattes
de parement

48 mm

Feuilles de placage
disposées symétriquement

Latte de parement

Vue frontale

Vue latérale

OUVRAGE N° 8 : JATTE À FRUITS voir page 182

Le façonnage de ce petit récipient aussi utile
qu'esthétique permet de ce familiariser
avec les techniques de base du tournage sur bois.

Coupe médiane

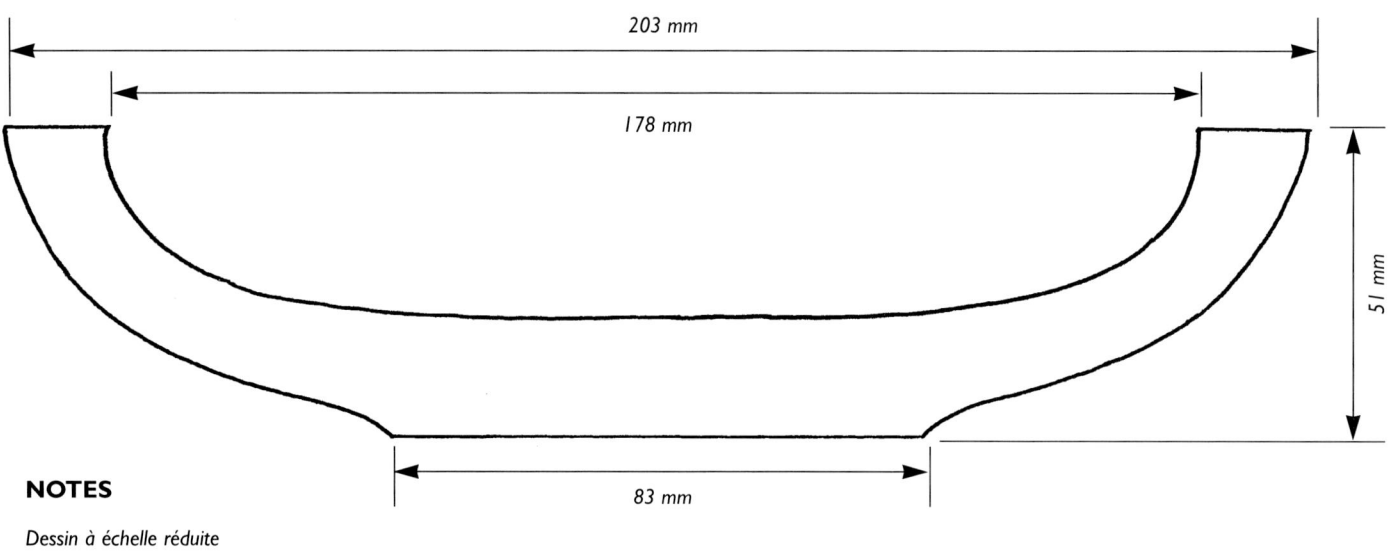

203 mm

178 mm

51 mm

83 mm

NOTES

Dessin à échelle réduite

*Un rebord périphérique de grande
largeur permet plusieurs options
décoratives : cercles concentriques,
rainure périphérique ou coloration.*

OUVRAGE N° 9 : BOÎTE À BIJOUX voir page 190

**Modèle parfait de forme symétrique offerte
par la nature, la coquille Saint-Jacques inspire
sculpteurs et ébénistes depuis des siècles.**

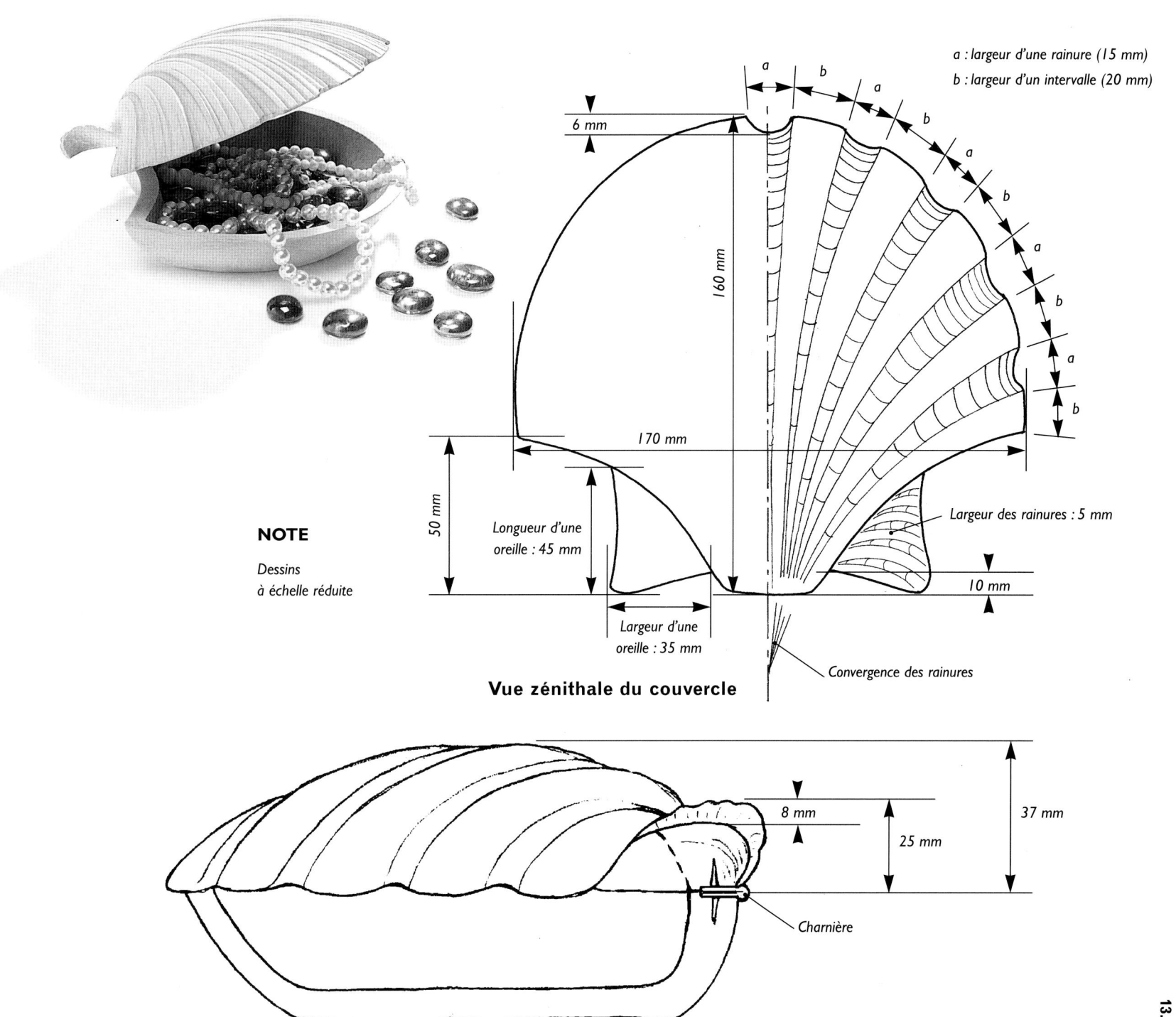

a : largeur d'une rainure (15 mm)
b : largeur d'un intervalle (20 mm)

6 mm

160 mm

170 mm

NOTE

*Dessins
à échelle réduite*

50 mm

*Longueur d'une
oreille : 45 mm*

*Largeur d'une
oreille : 35 mm*

Largeur des rainures : 5 mm

10 mm

Convergence des rainures

Vue zénithale du couvercle

8 mm

37 mm

25 mm

Charnière

Vue latérale du coffret. La boîte est représentée en coupe.

**Arrière de la boîte
(vue zénithale)**

**Vue zénithale
de la boîte**

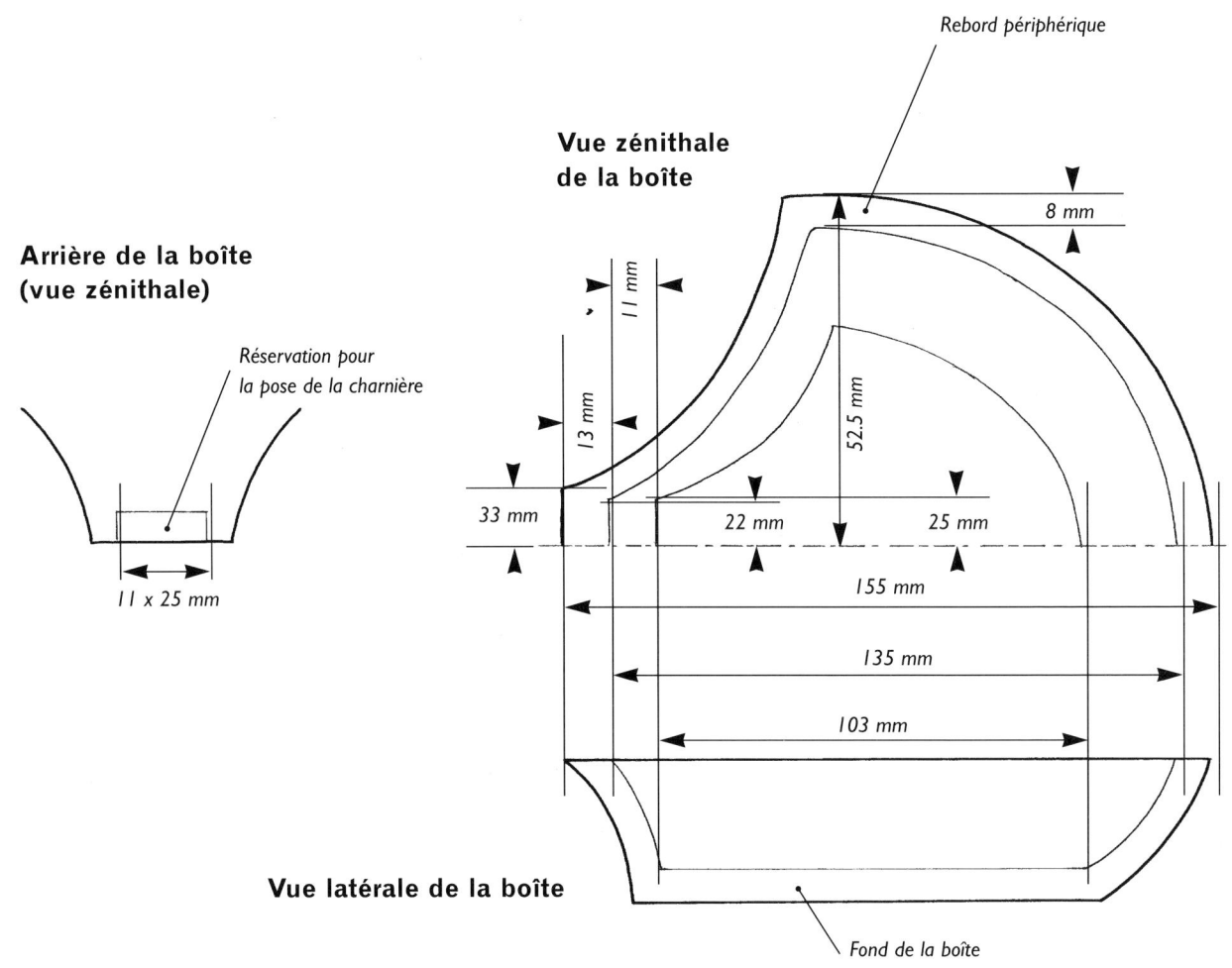

Rebord périphérique

Réservation pour
la pose de la charnière

11 x 25 mm

8 mm

11 mm

13 mm

52.5 mm

33 mm

22 mm

25 mm

155 mm

135 mm

103 mm

Vue latérale de la boîte

Fond de la boîte

Couvercle supporté par des carrelets façonnés à forme

NOTES

Dessins à échelle réduite

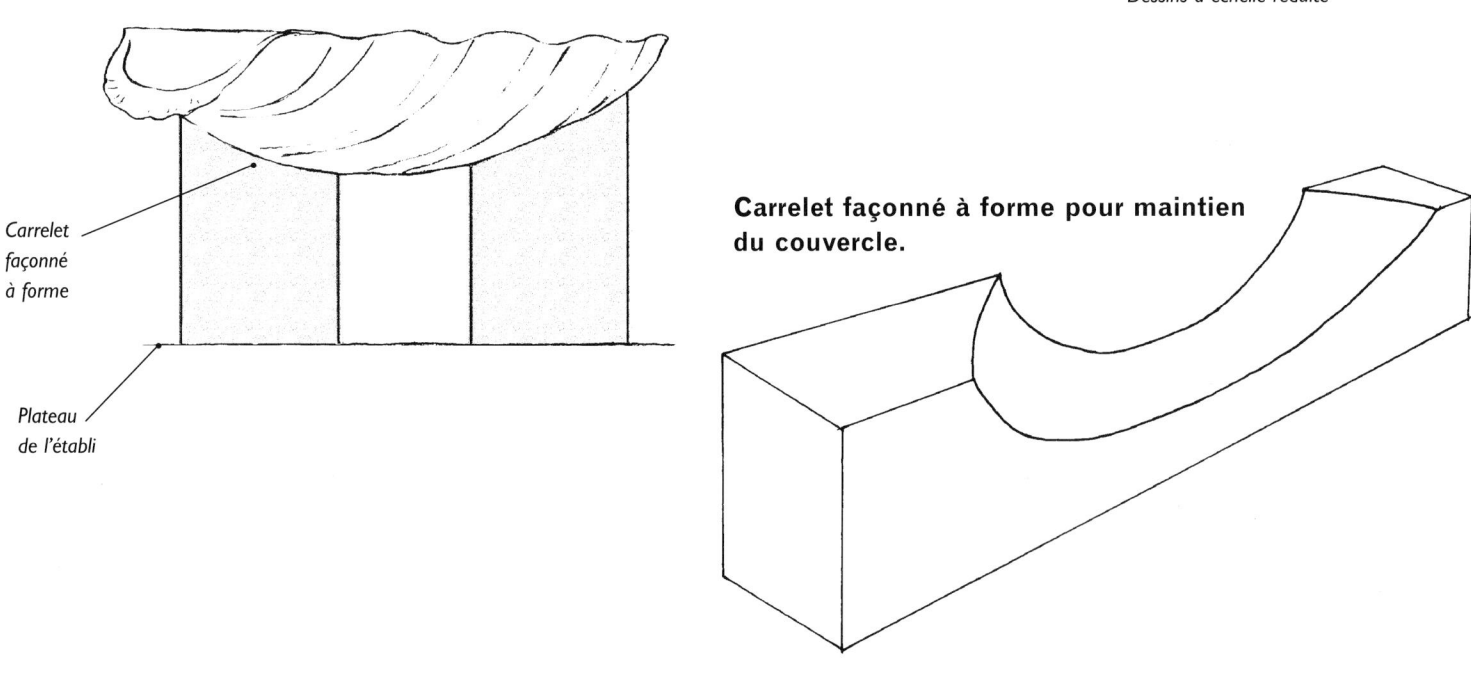

Carrelet
façonné
à forme

Plateau
de l'établi

**Carrelet façonné à forme pour maintien
du couvercle.**

GLOSSAIRE

Acier rapide Acier de grande dureté dont se compose la denture ou le tranchant de nombre de scies, lames ou fers.

Affilage Dernier stade de l'affûtage effectué, le plus souvent, à l'aide d'un feutre rotatif et de pâte à roder.

Aggloméré Panneau manufacturé composé de particules de bois agglomérées par collage. Les faces du panneau sont généralement formées de particules fines, l'âme de particules plus grossières. Dans la construction de meubles, l'aggloméré est toujours habillé de lattes de parement.

Alène Outil à lame cylindrique et pointue employée pour le marquage des trous avant perçage.

Arbre Pièce métallique axiale permettant l'entraînement de l'accessoire de coupe sur nombre de machines-outils.

Assemblage à mi-bois Technique d'assemblage où chacune des deux pièces de bois est découpée sur la moitié de son épaisseur sur l'emprise jointive.

Avoyage Inclinaison latérale alternative des dents d'une scie, favorisant le passage de la lame.

Barbe Fine protubérance de métal qui se forme à l'extrémité du tranchant d'un outil après meulage et lissage à la pierre. La barbe est éliminée au cours de l'émorfilage.

Cale d'établi Accessoire permettant le maintien d'une pièce de bois de faible section pour une découpe à longueur.

Cannelure Rainure à fond arrondi réalisée le plus souvent à des fins décoratives.

Carbure de tungstène Métal de très forte dureté utilisé pour le renfort des dentures de scie et des fers et lames de machines-outils. Les lames renforcées au carbure de tungstène gardent leur efficacité plus longtemps que celles en acier rapide.

Chanfrein Surface plane induite par abattage de l'arête d'une pièce de bois ou de métal.

Chant de référence Chant dressé après établissement de la face de référence et à partir de celle-ci. Tous les traçages nécessaires au dimensionnement de la pièce doivent être effectués à partir de la face et du chant de référence.

Charnière rectangulaire Charnière de forme simple, souvent en laiton étiré, utilisée pour la pose de portes en applique ou intégrées.

Chasse-clous Petit accessoire métallique permettant de noyer un clou sous le nu d'une pièce de bois. L'extrémité du trou peut être bouchée à la pâte à bois.

Cintrage Méthode traditionnelle permettant le façonnage de pièces de bois de forme courbe. La pièce est chauffée en étuve, puis plaquée contre un gabarit de la forme souhaitée jusqu'à séchage complet.

Ciseau à lame chanfreinée Ciseau droit dont la lame présente deux arêtes latérales supérieures chanfreinées.

Ciseau à mortaiser Ciseau à lame épaisse et à biseau effilé conçu pour la taille des mortaises. Il s'utilise le plus souvent avec un maillet.

Ciseau droit Ciseau de menuisier à lame droite non chanfreinée, assez robuste pour être utilisé avec un maillet.

Colle animale Cette colle fabriquée à partir de matière animale (peau, os, etc.) est notamment employée pour la pose de placage à la main.

Colle au néoprène Cette colle s'applique sur les surfaces jointives des deux pièces à assembler. On attend qu'elle devienne légèrement collante au doigt pour procéder au montage.

Colle urée-formol Colle à base de résine synthétique souvent utilisée pour le pressage à chaud ou à froid.

Colle vinylique Colle à l'acétate de polyvinyle, couramment employée en menuiserie, notamment pour les assemblages.

Combiné à bois Machine-outil associant ordinairement les fonctions de dégauchisseuse, de raboteuse, de scie circulaire, de perceuse/mortaiseuse et de ponceuse.

Contre-fer Présent sur la plupart des rabots d'établi, le contre-fer est ajusté au fer de façon à guider le copeau lors de la découpe.

Contreplaqué Panneau manufacturé composé de plis (feuilles de bois) superposés et disposés à fil croisé. Le nombre de plis est variable et la qualité du panneau dépend dans une large mesure de l'encollage. Certains contreplaqués sont résistants à l'eau.

Couteau de traçage Couteau à lame biseautée sur une face, conçu pour le traçage à l'aide d'un équerre ou d'une règle métallique. Le couteau de traçage est préférable au crayon.

Couteau diviseur Accessoire métallique fixé derrière la lame d'une scie circulaire. Son rôle est d'empêcher le resserrement du trait de scie et le blocage de la lame.

Débit sur quartier Méthode de débitage radial qui permet d'obtenir des planches richement figurées.

Défonceuse Outil électroportatif à usages multiples. La défonceuse accepte une très grande variété de fraises et d'embouts, permettant de nombreuses découpes, dont feuillures, entailles et moulures.

Dégauchisseuse Machine-outil de rabotage, principalement utilisée pour l'établissement d'une face et d'un chant de référence sur les pièces de bois de débit.

Demi-varlope Rabot à main d'usage polyvalent, souvent utilisé pour le corroyage des pièces de bois.

Dressage Découpe finale d'une surface plane à l'aide d'un ciseau à large lame conçu à cet effet (ciseau de dressage).

Émorfilage Stade de l'affûtage qui consiste à ôter la barbe formée à l'extrémité du tranchant de l'outil par lissage sur une pierre à eau ou à huile.

Entaille Rainure de section carrée ou rectangulaire découpée en travers du fil.

Équerre Essentielle pour un traçage précis des angles droits, l'équerre est l'un des instruments de base du travail du bois. Les équerres métalliques sont généralement les plus précises.

Équerre réglable (ou fausse équerre) Instrument permettant le traçage d'angles quelconques, indispensable pour le traçage de queues d'aronde sans gabarit.

Étuvage Séchage du bois à l'air chaud. Depuis l'introduction du chauffage central et de la climatisation, il est nécessaire d'abaisser le taux d'humidité du bois en-deçà du seuil admis autrefois. C'est pourquoi cette méthode de séchage est aujourd'hui couramment pratiquée.

Étuve Four dans lequel on place le bois débité pour un séchage à l'air chaud (étuvage).

Face de référence Première face dressée lors du corroyage d'une pièce de bois.

Fermoir Ciseau de sculpteur. Certains fermoirs sont à tranchant oblique à droite ou à gauche.

Fil Disposition des fibres sur une pièce de bois. La plupart des planches présentent un fil longitudinal. La régularité du fil varie selon les essences : les bois à fil rectiligne sont faciles à travailler, ceux à fil ondé ou irrégulier nécessitent plus de savoir-faire.

Feuilleret Rabot spécialisé permettant le rabotage des feuillures et des épaulements.

Feuillure Retrait partiel à angle droit le long de l'arête d'une pièce de bois. Utilisé pour l'assemblage à angle droit de deux composants.

Fil ondé Veinage décoratif présent sur certaines feuilles de placages.

Flammage Traitement décoratif d'une pièce de bois par exposition des surfaces à la flamme d'une lampe souder.

Fraise Accessoire de coupe conçu pour un emploi avec une défonceuse. Les fraises existent en une grande variété de formes et de profils offrant de nombreuses options de découpe.

Fraiseuse à lamelles Outil électroportatif spécialement conçu pour la pose de lamelles d'assemblage sur deux surfaces jointives. La fraiseuse façonne les logements permettant la mise en place des lamelles.

Foret à trois pointes Foret à bois dont la pointe centrale assure un guidage précis du perçage.

Forets Accessoires (également appelés mèches), de divers diamètres et profils, permettant le perçage du bois ou du métal à l'aide d'outils à mains ou motorisés.

Gerces Fentes de surface produites par un séchage trop rapide.

Gouge à dégrossir Lors d'un tournage sur bois, cette gouge est utilisée au premier stade du travail pour retirer un volume important de rebut.

Grain La dureté d'un papier abrasif est fonction de son grain, indiqué par un nombre (de 50 pour les plus grossiers à 600 pour les plus fins). Les papiers à grain fin sont utilisés pour le lissage de finition, ceux à grain grossier pour le ponçage préliminaire.

Griffe d'établi Butée amovible insérée dans une réservation ménagée sur le plateau de l'établi et permettant le maintien des pièces de bois. Le plateau comporte généralement plusieurs griffes.

Guide parallèle Guide réglable permettant d'effectuer une découpe parallèle à l'une des arêtes d'une pièce de bois, à une distance choisie.

Huiles à bois Appliquée en plusieurs couches, ces huiles naturelles mettent en valeur le veinage du bois, mais sont plus fragiles que les vernis. On les emploie surtout sur les bois durs et exotiques. Huile de lin, de teck ou d'abrasin figurent parmi les options possibles.

Laine d'acier Accessoire de ponçage et de lissage. Existe en plusieurs degrés de dureté. On l'utilise parfois pour la lubrification à la cire de grandes dimensions.

Lamellé-collé Procédé permettant le façonnage de pièces de bois de forme courbe par assemblage et collage en moule de fines feuilles de placage.

Laminé Panneau manufacturé similaire au latté, mais dont l'âme est formée de lattes de section moins importante. Les laminés de bonne qualité présentent une feuille de placage supplémentaire sur chaque face, posée à même direction de fil que les lattes.

Languette Fine lame façonnée à chant d'une pièce de bois pour emboîtement dans une rainure de largeur correspondante. La fausse languette (non solidaire

de la pièce jointive) est utilisée pour le renforcement des assemblages bord à bord.

Vernis Produits de finition à aspect satiné ou brillant. Il existe des vernis glycérophtaliques (à base de solvants) ou acryliques (à l'eau).

Lasure Teinte à bois à vocation à la fois protectrice et décorative, qui laisse visible le veinage du bois.

Latté Panneau manufacturé, dont l'âme formée de lattes de bois est recouverte de placage sur les deux faces.

Latte de parement Latte de bois massif collée sur les chants des panneaux manufacturés à fin de protection et d'esthétique.

Loupe Nom donné aux feuilles de placage ornées de motifs circulaires en forme d'œil. Ces motifs correspondent à des nœuds dormants qui n'ont pu donner naissance à des rameaux ou des branches. Les loupes sont les placages les plus recherchés.

Mandrin Pièce d'un perceuse permettant l'adaptation de forets ou d'embouts spécialisés. Le mandrin est le plus souvent serré à l'aide d'une clé conçue à cet effet.

Marqueterie Travail du bois à caractère décoratif qui consiste à juxtaposer des éléments de placage sur un support en bois massif ou manufacturé. La marqueterie est souvent utilisée en ébénisterie.

Marteau à plaquer Accessoire utilisé pour la pose de placage à la main. Il assure la parfaite assise de l'élément de placage et permet l'expulsion des excédents de colle.

Masque antipoussière Masque de filtration couvrant le nez et la bouche. Il permet d'éviter l'inhalation de poussières de bois.

Mèche Forstner Mèche à bois à pointe de guidage

utilisée pour le perçage de trous à fond plat de gros diamètre.

Meulage Premier stade de l'affûtage des lames et fers des outils à main. Il s'effectue à l'aide d'une meule.

Mortaise Réservation de forme rectangulaire destinée à l'accueil d'un tenon.

Moulure Baguette de bois décorative. Les moulures existent en une grande variété de profils.

Onglet Découpe d'une pièce de bois selon un angle à 45°. Les assemblages à onglets sont le plus souvent renforcés par des tourillons ou des lamelles.

Panneau de médium (fibres moyenne densité) Panneau manufacturé à usage très polyvalent. Il ne nécessite pas la pose de lattes de parement et supporte bien une teinte à bois ou un vernis. Son utilisation n'est cependant pas recommandée pour la construction d'objets à caractère décoratif.

Papier grenat Papier abrasif d'usage polyvalent utilisé à tous les stades du travail du bois.

Papier au carbure de silicium Papier abrasif autolubrifiant de grande dureté, employé pour le lissage final des bois durs.

Papier au corindon Plus résistant que le papier grenat, ce papier abrasif s'emploie pour le ponçage à main comme pour le ponçage motorisé. Très utile pour la finition des bois durs.

Perceuse à colonne Machine-outil, à pied ou d'établi, permettant le perçage de trous précis et parfaitement droits.

Pince Accessoire à profil biseauté ou conique, permettant le montage d'une fraise sur le mandrin d'une défonceuse.

Placage Feuille de bois très fine, appliquée par collage sur un support en bois massif ou manufacturé. Les bois exotiques et rares sont le plus souvent utilisés en placages. Les placages à caractère décoratif présentent généralement une épaisseur voisine de 1 mm.

Placage à la cale Technique de pose des feuilles de placage faisant intervenir un ensemble de cales de bois et de presses à vis.

Planche à dresser Accessoire de guidage construit en atelier permettant le dressage des chants d'une pièce de bois.

Plateau (tournage) Lors d'un tournage frontal, pièce vissée à la base de la pièce de bois travaillée et permettant sa fixation sur l'arbre du tour.

Ponceuse à bande Outil de ponçage électroportatif travaillant par rotation d'une bande de papier abrasif.

Ponceuse à cylindre Outil de ponçage fonctionnant par rotation d'un cylindre habillé de papier abrasif.

Ponceuse à disque Outil de ponçage électroportatif travaillant par rotation d'un disque habillé de papier abrasif.

Ponceuse excentrique Ponceuse électroportative travaillant par mouvement rotatif et vibratoire du plateau supportant le papier abrasif. Elle présente l'avantage de ne pas laisser de marques sur la surface travaillée.

Poudre de carborundum Poudre abrasive ordinairement utilisée sur une plaque métallique pour la préparation des outils avant affûtage. Le lubrifiant utilisé est l'eau ou l'huile.

Poupée mobile Sur un tour à bois, la poupée mobile est située à l'extrémité de l'arbre. Elle permet le

maintien de la pièce de bois travaillée par le biais d'une contre-pointe tournante ou fixe.

Pressage sous vide Dispositif de pressage par le vide, permettant le façonnage de pièces en lamellé-collé. La pièce encollée et le gabarit sont placés dans un conteneur souple parfaitement hermétique que l'on vide de son air à l'aide d'un pompe à vide.

Presse à manche Outil de pressage permettant la fixation de pièces de bois sur l'établi ou la mise sous presse des assemblages après collage. Certaines presses à manches sont serrées par vissage (presses à vis).

Presse d'établi La presse frontale est l'accessoire le plus important de établi du travailleur du bois. Elle est parfois complétée par une presse latérale (ou presse parisienne), située à l'extrémité gauche ou droite du meuble.

Protecteur Accessoire recouvrant l'emprise des fers et des lames sur les machines-outils et empêchant leur contact avec les mains de l'utilisateur.

Queue d'aronde Tenon de forme évasée façonné en série sur l'un des éléments lors d'un assemblage à queues d'aronde. L'autre élément d'emboîtage façonné sur la seconde pièce de bois est appelé tenon.

Rabot à recaler Ce rabot petit et léger, que l'on peut manier d'une seule main, est très utile pour le travail sur bois de bout. Son fer attaque le bois selon un angle relativement plat.

Rabot à replanir Rabot utilisé pour le lissage de finition des surfaces. Il est alors réglé à une profondeur de coupe minimale.

Raboteuse Machine-outil de rabotage employée après

la dégauchisseuse pour la taille des pièces de bois à épaisseur.

Racloir Outil de lissage utilisé sur certain bois et placages lorsque l'emploi d'un rabot traditionnel s'avère impossible. Le racloir d'ébéniste est un accessoire en acier capable de découpes très fines.

Rainure Entaille étroite découpée dans le sens ou en travers du fil. Elle est souvent associée à une languette pour l'assemblage de pièces de bois.

Rifloir Outil de sculpture sur bois à faces abrasives, similaire à la râpe ou à la lime. Permet un enlèvement de matière très progressif.

Ronce Placage obtenu par tranchage d'une grume au niveau de l'intersection entre le tronc et une branche. Le veinage des loupes rappelle le dessin d'une plume d'oiseau.

Sablage Traitement décoratif d'une pièce de bois par projection de sable sur les surfaces.

Scie à archet Petite scie à cadre métallique utilisée pour la découpe de formes courbes.

Scie à baguette Scie à lame très fine qui présente un nombre de dents par pouce souvent supérieur à 26.

Scie à chantourner Scie à cadre permettant la découpe de courbes à très faible rayon.

Scies à dos Scies sur lesquelles le dos de la lame est enserré dans une barrette d'acier ou de laiton.

Scie à main Scie non motorisée servant à la découpe de planches de bois massif ou de panneaux manufacturés (scie à tronçonner, scie à refendre, etc.).

Scie à queues d'aronde Scie à dos de faible longueur dotée d'une lame de 16 à 21 dents par pouce. On l'utilise principalement, comme son nom l'indique, pour le façonnage des queues d'aronde.

Scie à tenon Scie à dos, à lame de 13 à 15 dents par pouce, employée pour diverses découpes d'assemblage, et notamment pour le façonnage de tenons.

Scie à tronçonner Scie à main employée pour la découpe de pièces de bois massif en travers du fil.

Scie circulaire sur table Machine-outil dont la lame circulaire peut être élevée, abaissée ou inclinée latéralement.

Scie sauteuse Scie électroportative travaillant par va-et-vient de la lame, capable de découpes rectilignes ou courbes dans les planches et les panneaux manufacturés.

Séchage à l'air Jusqu'à l'émergence du chauffage central et de la climatisation, ce mode de séchage était le seul connu. Après débitage de la bille, les planches sont empilées et séparées entre elles par des lattes de bois

transversales. La pile de bois est entreposée à l'air libre pour un temps qui varie selon l'épaisseur des planches ; on compte ordinairement un an pour chaque épaisseur de 25 mm.

Serre-joint dormant Outil utilisé pour la mise sous presse d'assemblages de grandes dimensions. Il se compose d'une butée fixe et d'une mâchoire coulissante que l'on immobilise sur la barre de support par le biais d'une cheville d'acier.

Soie Extrémité effilée de la lame d'un ciseau qui est enfoncée à force dans le manche en bois.

Support En marqueterie, c'est la pièce de bois sur laquelle sont collées les feuilles de placage.

Tampon Pelote de laine naturelle enveloppée dans une toile de lin ou de coton. Le tampon est employé pour l'application du vernis, notamment en ébénisterie et restauration de meubles.

Tannin Matière organique, présente dans le chêne et dans certains autres bois, qui cause l'apparition de taches et de traînées lorsqu'elle entre en contact avec un métal ferreux. Pour cette raison, nombre de ferrures de meuble sont en étain.

Tenon Ergot de forme carré ou rectangulaire façonné à l'extrémité d'une pièce de bois pour emboîtement dans une mortaise.

Toupie Machine-outil, d'usage essentiellement industriel, permettant le façonnage de pièces de bois par rotation d'une fraise saillant d'une table de support. Dans l'atelier d'un amateur, la toupie est le plus souvent remplacée par une défonceuse montée sur table.

Tour à bois Machine permettant la rotation d'une pièce de bois sur un arbre et son façonnage à l'aide d'outils à main conçus à cet effet.

Tourillon Petite pièce de bois employée en série pour la liaison des surfaces jointives lors d'un assemblage à tourillons.

Traçage Premier stade de toute réalisation. C'est une phase cruciale qui doit être effectuée à l'aide d'instruments appropriés (couteau, équerres et règles métalliques).

Trait de scie Largeur de la découpe effectuée par une scie.

Trusquins Instruments composés d'un plateau et d'une tige réglable permettant un traçage fin et précis à partir d'une face ou d'un chant de référence. Le trusquin de traçage, doté d'une pointe effilée, est d'un usage polyvalent. Le trusquin de coupe, doté d'une petite lame biseautée, convient particulièrement pour un tracé en travers du fil. Les deux pointes réglables du trusquin d'assemblage permettent le traçage en une seule passe des parois d'une

mortaise ou des joues d'un tenon.

Varlope Plus long que la demi-varlope, ce rabot convient particulièrement bien pour le rabotage des faces et des chants de grande longueur.

Vernissage au tampon Technique de finition traditionnelle faisant intervenir un vernis à base de gomme-laque. Le vernissage au tampon est toujours employé par les ébénistes et restaurateurs de meubles anciens.

Virole Bague métallique enserrant l'extrémité du manche en bois de certains ciseaux pour renforcer celui-ci et éviter qu'il ne se fende lors du montage de la lame.

Vis à bois Elles existent en deux catégories : les vis traditionnelles à tête fendue ont une tête de forme variable (fraisée, ronde, etc.) et sont filetées sur tout ou partie de la tige ; les vis à empreinte fermée (cruciforme, Posidriv, etc.) nécessitent, pour leur pose, l'emploi d'un tournevis de forme appropriée et présentent, pour la plupart, un double filetage sur toute la longueur de la tige.

Vis noyée Vis posée après avant-trou et fraisage afin que sa tête soit au même nu ou légèrement en retrait de la surface travaillée.

Visière Accessoire permettant la protection des yeux lors d'un travail avec un outil motorisé.

INDEX

a

acajou, 186, 187, 195, 200, 203, 208
acide oxalique, 94
affûtage
    des fraises, 41
    des outils tranchants, 24-25, 26-27
    établi pour, 13
    guides, 27
aggloméré, 28, 42, 172, 204
alène, 86
ammoniaque, 94
Arbortech, 78, 187
assemblage
    à entaille, 138-141, 142-147
    à entaille arrêtée, 138
    à entaille en queue d'aronde, 138
    à mi-bois, 98-101, 102-107
    à mi-bois d'angle, 98, 102-107
    à mi-bois en T, 98
    à mi-bois en X, 98
    à onglet, 130-133, 134-137
    à queues d'aronde, 148-153, 154-160
    à tenon et mortaise, 116-121, 122-129
    à tenon et mortaise renforcé par clavettes, 116, 122-129
    à tourillons, 112-115
    bord à bord, 108, 126-127
    découpe, 41
    et placage, 174
    mise sous presses, 30-31, 132-133, 136, 159
    montage, 30-31, 32, 106, 152
    traçage, 99, 109, 117-118, 130-131, 138-139, 149, 150
assurance, 13
atelier
    chauffage, 10
    éclairage, 11, 13, 61, 90
    électricité, 11
    organisation, 10, 12-13
    plan, 12-13
    poussière, 13
    produits inflammables, 13, 39
    rangements, 12-13, 15, 203
    sécurité, 11, 16, 53, 96
    situation, 10-11
    superficie, 10-11
    ventilation, 90, 96, 203
aubier, 51, 195, 199

b

balsa, 194, 195
bibliothèque, 142-147, 217
bois de débit
    bois durs, 194-195
    corroyage, 38, 39, 51, 52-53, 90-91
    défauts, 38, 52, 195, 196-197, 199, 200-203
    déformations, 52, 201
    dommages, 202
    et environnement, 208
    finition, 89-95, 106, 129, 146, 168
    microfissures, 200-201
    nœuds, 200, 201, 202
    pour sculpture, 187
    pour tournage, 180-181
    rebut, 51, 195, 199
    retrait du bois, 196, 199, 200-201, 202, 203
    séchage, 50, 196-197, 202, 203
    sélection des pièces, 50-51, 181, 187, 195, 199, 200-201
    stockage, 10, 197, 202, 203
    taux d'humidité, 196
    techniques de sciage, 50, 51, 197, 198-199
    teinture, 94, 95
    veinage, 195
bois de rose, 195
bois de satin, 195
bois durs
    caractéristiques, 194-195
    emploi, 154, 195
    rabotage, 24
    sciage, 28, 35
bois tendres
    caractéristiques, 194-195
    et panneaux manufacturés, 204, 205

pour tournage sur bois, 181
sciage, 28
utilisation, 102, 142, 195
boîte à bijoux, 190-192, 223-224
boîte à onglets, 131
bouche-pores, 91, 189
bouleau, 194
boutons, 82-83
brosse métallique, 90
bruit, 16, 41
bubinga, 195
buis, 186
burins, 179

c

cadre
    de miroir, 134-137, 175-176
    assemblage à onglets, 130-133
cale à poncer, 90, 91
camphrier, 195
casque antibruit, 16, 52, 53, 55
cèdre, 195
cerisier, 186, 199, 203
chanfreins, 126, 136
charnières
    montage, 86-88
    types, 85
charnières rectangulaires, 85, 86-87
châtaignier, 194, 195
chêne, 92-93, 94, 95, 186, 187, 195
chèvre de sciage, 15
cintrage, 80
    à la vapeur, 80
cire, 92, 93-94, 95, 106, 189
    à céruser, 94
ciseau à bois
    affûtage, 26, 27
    à lame chanfreinée, 20
    à mortaiser, 20, 21, 67
    à tranchant oblique, 20-21, 21, 179
    choix, 20-21
    composants, 20, 21
    de dressage, 20, 21, 64-65, 66-67
    de sculpture sur bois, 187

de tournage sur bois, 179
droits, 20, 21
japonais, 20, 21, 24
préparation, 24, 25
rangement, 13
types, 20-21, 64-67
utilisation, 64-67, 100-101, 105, 119, 139, 140
coffret à bijoux, 167-168
coffret à CD, 112-115, 212-213
collage, 115, 132-133, 147, 170-171
colle néoprène, 207
colle urée-formol, 171, 207
colles à bois
    et panneaux manufacturés, 205
    pistolet à colle, 207
    pot à colle, 170-171
    types, 115, 147, 171, 207
colles animales, 170-171, 207
combinés à bois, 48
conception, 161-168
conifères, 194
contreplaqué, 124, 172, 205
coupoirs, 170
couteau diviseur, 36, 54-55
couteaux de traçage, 18, 56
crayons, 188, 190

d

débitage, 197
décoloration du bois, 94, 95
découpe
    chanfreins, 126, 136
    feuillures, 72
    formes courbes, 72, 78-79, 83, 114, 144
    entailles, 72
    mortaises, 74, 118-119, 124, 125
    moulures, 74
    tenons, 120, 125
défonceuse
    assemblages, 105, 116, 138, 141, 145, 148
    bruit, 41
    comme combiné à bois, 72-75
    composants, 40-41

et sculpture sur bois, 187

fraises, 13, 41, 72, 73

gabarits, 72, 75, 83

réservations, 82, 83

sur table, 75

utilisation, 40-41, 71, 72-75, 105

déforestation, 208

dégauchisseuse, 38, 39

demi-varlope, 22, 23

dentures de scie, 28, 35

dessin, 164-166, 167, 168, 188

dimensionnement, 18-19

dressage, 64-65, 66-67, 188

e

eau oxygénée, 94

ébauche, 188

ébène, 186

éclairage, 11, 13, 61, 90

électricité, 11; 28

encadrement, 29, 30, 130-133, 134-137

entretien

de l'établi, 14

des ciseaux, 24, 26-27

des couteaux, 18

des fraises de défonceuse, 41

des rabots, 24-25, 27

des scies, 28, 29, 34

des serre-joints, 31

du bois de débit, 10, 11, 197, 203

épicéa, 194

équerre

à combinaisons, 19

à onglets, 19

de menuisier, 196

métallique, 19, 70

réglable, 19, 130-131, 149

types, 19

utilisation, 56-57, 130-131

érable, 94, 102, 175, 186, 195

estampage, 189

établi

construction, 122-129, 214-215

entretien, 14, 129

pliable, 15

protection du plateau, 15

utilisation, 13, 14

étuvage, 50, 196-197, 202, 203

f

face de parement, 52, 53, 54

façonnage, 78-79

ferrure, 81-88

festonnage, 188

feuillerets, 22, 23

feuillures, 136

finition

couleur, 94, 95

matériaux, 90-95

placage, 174

préparation des surfaces, 90-91

sculpture sur bois, 188, 189

sécurité, 96

techniques, 90, 92-95

texture, 95, 168, 189

veinage, 92, 94, 95

flammage, 95

formes courbes, découpe, 72, 78-79, 83, 114, 144

fraiseuse à lamelles, 43, 108, 111, 127

frêne, 195

g

gaïac, 195

gouge

à biseau intérieur, 21

à dégrossir, 179

coudées, 187

coudées spatulées, 187, 189

de sculpture sur bois, 186-187

de tournage sur bois, 179

pour tournage entre pointes, 179

spatulées, 186

types, 21

utilisation, 191, 192

grain

bois de bout, 32, 65, 68-69

bouche-pores, 91, 189

dressage, 65

et choix du bois, 195

et placage, 172

et sculpture sur bois

finition, 92, 94, 95

ponçage, 47, 90

rabotage dans le sens du fil, 52-53, 54, 58, 59

rabotage en travers du fil, 56, 68-69

griffe

à charnière, 123, 129

d'établi, 15, 118

à araser, 170, 171

guide

à copier, 75, 83

de coupe, 42, 54, 55, 70-71, 72-73

de lissage (affûtage), 27

de perçage, 108, 110-111

et queues d'aronde, 148

et tourillons, 108, 110-111

guillaumes, 22

h

hêtre, 124, 181, 195, 202

houx, 195, 199

huile

d'abrasin, 93

de lin, 93

de teck, 92

i

if, 181, 195, 199

incendie (risques), 13, 39

insectes xylophages, 199, 202

iroko, 195

j

jarrah, 195

jatte à fruits, 182-184, 222

jelutong, 186, 187

l

laine d'acier, 90

laminé, 80, 207

lasures, 94, 95; 28

latté, 204, 205

lattes de parement, 172, 204, 205

lauan, 195

limes, 29, 186, 187

lissage (affûtage)

établi, 13

des outils tranchants, 24-25, 26-27

des fraises de défonceuse, 41

liste des éléments, 50

loquet, 84-85

loupe, 172, 182, 184, 206

lustrage, 93, 189

m

machines-outils

disposition dans l'atelier, 12

entretien, 34

et bruit, 16, 41

et poussière, 16

et sécurité, 16, 45, 51, 53, 55

pour la sculpture sur bois, 187

pour le tournage sur bois, 178-179

maillet, 32

à tête synthétique, 32

marteau, 32, 170, 171

à plaquer, 170, 171, 173

à panne fendue, 32

à pointes fines, 32

massette, 32

méranti, 195

meules, 13, 26, 27, 78, 187

meuleuses d'angle, 187

microfissures, 200, 201

miroir mural et tablette, 175-176, 220-221

moisissure, 202

mortaises, découpe, 74, 118-119, 124, 125

mortaiseuse, 12, 44-45, 76-77, 116

moulures

découpe, 74

placage, 174

ponçage, 91

n

nœuds, 200, 201, 202

noyer, 51, 102, 186, 194, 195, 199

o

organisation, de l'atelier, 10, 12-13

orme, 94, 181

outils

  affûtage, 26-27, 29

  à main, 17-32

  d'assemblage, 30-32

  de mesure, 18-19

  de sculpture sur bois, 186-187

  de tournage sur bois, 178-179

  de traçage, 18-19, 56-57

  motorisés, 12, 16, 33-48

  préparation, 24-25, 28

  tranchants

    affûtage, 26-27

    rangement, 12-13, 15

p

panneaux de médium

  et placages, 172

  et poussière, 16, 205

  sciage, 28

panneaux manufacturés

  collage, 205

  déformation, 204, 205

  et placages, 172, 204, 205

  poussières, 16, 41, 205

  rabotage, 204, 205

  sciage, 28, 42, 60, 205

  stockage, 204

  types, 204-205

papier grenat, 90

papiers abrasifs, 24-25, 90-91

perceuse

  à colonne à pied, 45, 76, 77

  à colonne à pied d'établi, 44, 108

  électroportative, 44-45, 76, 77

  et assemblages, 110-111

  sans fil, 44, 76

  types, 44-45, 76

  utilisation, 76, 77

pied à coulisse, 19, 53, 57

pierre à affûter, 24, 25, 26-27

pierre à eau, 24, 25, 26-27

  japonaise, 24, 25, 26-27

pince à avoyer, 29

pitchpin, 194

placage

  achat, 206

  à la cale, 172, 174

  à la main, 173, 174

  arasement, 171

  collage, 173, 174, 207

  décoratifs, 171, 206

  et sens du fil, 172

  finition, 174

  outils, 170-171

pressage sous vide, 174, 175

  préparation, 172-174

  ruban gommé, 171, 172, 173, 174, 206

  stockage, 206

  supports, 172

  types, 206

  utilisation, 175-176

planche à dresser, 59, 69, 170

planification, 13, 50

plateau de petit-déjeuner, 154-160, 218-219

poignées, 82-83, 186

poinçon, 86

ponçage, 43, 44, 46-47, 90-91, 146, 189

ponceuse

  à bande, 46-47, 79, 91

  à cylindre, 47, 78, 79

  à disque, 46-47, 79

  à patin triangulaire, 46

  et finition, 90, 91, 146

  et poussière, 46

  mixte, 46-47, 79

  types, 46-47

  vibrante, 46, 91

portes

  ferrures, 84-85

  charnières, 85-88

  en applique, 88

poussière

  extracteurs, 16, 41

  et panneaux manufacturés, 16, 41, 205

  et outils motorisés, 16, 39, 41, 46

et rangement, 13

pressage sous vide, 174, 175

presse

  à cadre, 136

  à ressort, 170

  à vis, 30, 31

  d'établi

    montage, 127-129

    types, 14-15

    utilisation, 14-15, 60, 62, 66

protecteur, 54, 55

protection des yeux, 16, 52, 96, 178

r

rabot

  à recaler, 22-23, 68

  à replanir, 22, 23

  d'établi, 22, 23, 24-25, 68, 69

rabotage

  dans le sens du fil, 52-53, 54, 58, 59

  des chants, 54, 59

  des panneaux manufacturés, 204, 205

  du bois de bout, 68-69

  en travers du fil, 59, 68-69

  et planche à dresser, 59, 69, 170

  et traçage, 58

  précision, 54

raboteuse, 38-39, 52-53, 54

rabot

  affûtage, 26-27

  composants, 22, 23, 24

  en bois, 22, 23

  fers, 23, 24-25

  préparation, 24-25

  Surform, 187

  types, 22-23, 58-59, 68-69

  utilisation, 22-23, 58-59, 68-69

racloir d'ébéniste, 142, 144, 189, 179

rangements, 12-13, 15

râpe, 186, 187

rapporteur, 19, 36, 42, 70, 91

réalisations

  bibliothèque, 142-147

cadre de miroir, 134-137, 216

coffret à bijoux, 167-168

coffret à CD, 112-115, 212-213

établi, 122-129, 214-215

jatte à fruits, 182-184, 222

miroir mural et tablette, 175-176, 220-221

plateau de petit-déjeuner, 154-160, 218-219

table à plateaux de verre, 102-106, 210-211

refente, 28, 34, 36, 54-55, 62-63

règles

  types, 19

  utilisation, 56-57

retrait du bois, 196, 199, 200-201, 202, 203

rifloirs, 187

ronce, 172, 182, 184, 206

ruban de masquage, 16, 55, 96, 178, 205

s

sablage, 95

saule, 195

sciage

  avec guides de coupe, 42, 54, 55, 70-71, 72-73

  bois de débit, 50, 196, 197, 198-199

  des panneaux manufacturés, 28, 205

  précision, 36-37, 43, 54, 60-63, 70-71

  techniques, 54-55, 60-63, 70-71, 78-79

scie

  à archet, 29, 63

  à baguette, 28, 29

  à cadre, 29

  à chantourner, 37

  à dos, 28, 61, 62

  affûtage, 29

  à onglets, 29, 37, 98, 116, 131, 136

  à panneau, 28, 61, 125

  à placage, 170

à queues d'aronde, 28, 29, 61

à refendre, 28

à ruban

   denture, 35

   emplacement dans

   l'atelier, 12

   entretien, 34

   et assemblages, 98

   façonnage, 78, 79

   lame, 34, 35

   pièces, 34-35

   refente, 55

   sécurité, 51

   utilisation, 51, 54, 70, 71

à tenon, 28, 61, 120, 131

à tronçonner, 28

choix, 61

circulaire, 36-37, 42

   plongeante, 42

   sur table de chantier, 37, 42, 71

électroportative, 37, 42-43

électroportative sans fil, 42

japonaise, 29

motorisée, 34-37

préparation, 28

radiale, 37, 70, 71, 138

rangement, 13

sauteuse, 43, 51, 78, 79

sur table, 36-37, 54-55, 70

trait de scie, 28, 29, 35, 61

sculpture sur bois

   choix du bois, 187

   finition, 188, 189

   outils, 186-187

   techniques, 188-192

   textures, 189

séchage à l'air, 50, 196, 202, 203

sécurité

   et finition, 96

   incendie, 13

   et machines-outils, 16, 45, 51, 52, 53, 55

   dans l'atelier, 11, 16

séquoia, 194

serre-joints (ou presses)

   à cames, 30, 31

dormants, 31

entretien, 31

rangement, 31

utilisation, 30-31, 101, 132-133, 136, 159

soude caustique, 94, 95

stockage

   bois de débit, 10, 197, 202, 203

   placages, 206

   panneaux manufacturés, 204

   support de perçage, 44-45, 108, 116

sycomore, 175, 182, 186, 194, 195

t

table

   à deux plateaux de verre, 102-106, 210-211

   conception, 166-167

teck, 195

teintes à bois, 50, 196-197, 202, 203

tenons (découpe), 120, 125

textures, 95, 168, 189

tilleul, 186, 187, 194

tournage sur bois

   choix du bois, 181

   jatte à fruits, 182-184, 222

   outils, 178-179

   sécurité, 178, 181

   techniques, 180-181, 182-184

   tournage entre pointes, 178, 180-181

   tournage sur plateau, 178, 180-181, 182-184

   tours à bois, 178-184

tournevis

   à cliquet, 32

   automatique, 32

   cruciforme, 32

   d'ébéniste, 32

traçage

   des assemblages, 99, 109, 117-118, 130-131, 138-139, 149, 150

   et bois de débit, 51, 56-57

   et dimensionnement, 56-57

et rabotage, 58

et sciage, 60-61, 62

outils, 18-19, 56-57

pour la sculpture sur bois, 188

trait de scie, 28, 29, 35, 61

traitement

   à l'ammoniaque, 94, 95

   à la soude, 95

tranchage, 188

traverses, 136

tréteaux, 15, 60

tronquoirs, 179

trusquin, 18

   d'assemblage, 18, 117-118

   de coupe, 18, 57, 149

   de traçage, 18, 57

   utilisation, 57

v

valet d'établi, 15, 60, 118

varlope, 22, 223

veinage, 188, 192

ventilation, 90, 203

vernis, 92, 94

   au tampon, 92

verrous, 84

vêtements de travail, 16, 52, 53, 55, 96, 178, 205

vilebrequin, 44, 76

vis, 86

visseuse

   embouts pour, 32

   sans fil, 44

   types, 32

w

wastringue, 72, 78

Workmate, 15, 60

REMERCIEMENTS

Toutes les photographies de cet ouvrage sont de Colin Bowling et Paul Forrester, à l'exception des suivantes :

Chapitre 11 (Sculpture sur bois)
Christie's Images : page 188 (à gauche) et 189 (en bas)

Chapitre 12 (Bois et matériaux)
Environmental Images/Herbert Giradet : page 208 (à gauche et en bas à droite)/ Peter Solness : page 208 (en haut à droite)
Holt Studios International/Nigel Cattlin : page 202 (en bas à droite) / Dick Roberts : page 202 (en bas à gauche)
Oxford Scientific Films/Harold Taylor : page 195 (à gauche et à droite)
Still Pictures/Mark Edwards : page 208 (au centre à droite) / Dylan Garcia : page 201 (en haut à droite) / Frank Vidal : page 194 (au centre) / Martin Wright : page 194 (en bas)

Encart sur le design
Fred Baier : page 5 (en bas à droite)
Garry Knox Bennett : page 4 (en bas à gauche)
David Upfill-Brown : page 2 (en haut à droite)

Wendell Castle Inc (Minneapolis Institute of Arts) : page 4 (en haut à gauche)
Christie's Images : page 3 (artiste : Apelli et Varesio), page 6 (en haut à gauche), page 7 (à droite), page 1 (en bas à droite et au centre à droite)
John Coleman : page 7 (en haut à gauche)
Andrew Crawford : page 7 (en haut à gauche)
E.T. Archive : page 6 (en bas à gauche)
Ian Heseltine, SF Furniture : page 7 (insert à droite)
John Makepeace Furniture Studio/Mike Murless : page 5 (en haut à droite)
PP Mobler ApS : page 4-5 (au centre)
Declan O'Donoghue, SF Furniture : page 2 (en bas à droite) et page 7 (en bas à gauche)
Thomas Stender : page 1 (en haut à droite), page 2 (en haut à gauche), page 6 (à droite)
Trannon, David Colwell : page 5 (au centre à droite, en haut)
Andrew Varah : page 2 (au centre à droite)
Wales & Wales : page 4 (au centre à gauche)
Rupert Williamson/Edward Barber : page 6 (au centre en haut)
Toby Muir-Wilson : page 1 (en bas à gauche)